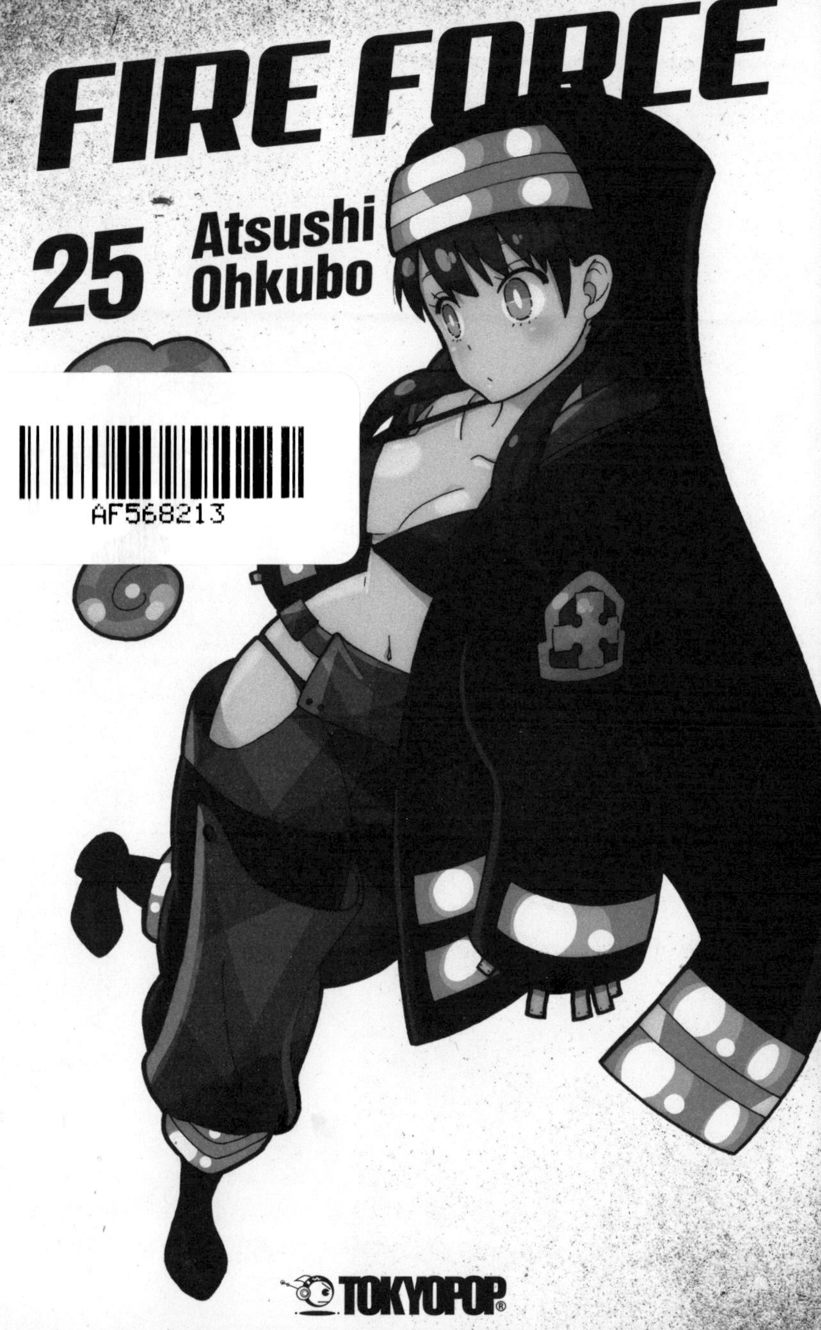
FIRE FORCE
25
Atsushi
Ohkubo
TOKYOPOP®

you?

me?

Band 25

Atsushi Ohkubo

Who are Are you

FIRE FORCE

FIRE FORCE Die Feuerwehrsoldaten der Sondereinheit

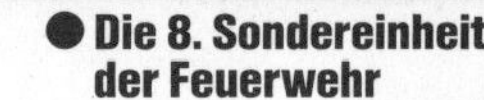

Die 8. Sondereinheit der Feuerwehr

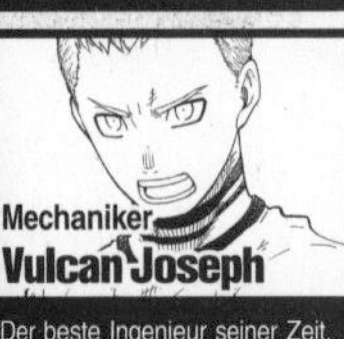

Mechaniker
Vulcan Joseph

Der beste Ingenieur seiner Zeit, wird als »Gott des Feuers und der Schmiedekunst« bezeichnet. Schmiedet wie versprochen ein neues Excalibur für Arthur.

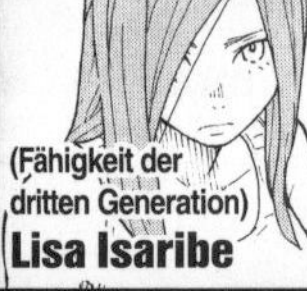

(Fähigkeit der dritten Generation)
Lisa Isaribe

Ehemals eine von Dr. Giovanni eingeschleuste Spionin, gehört jetzt zur achten Einheit. Kontrolliert Flammententakel.

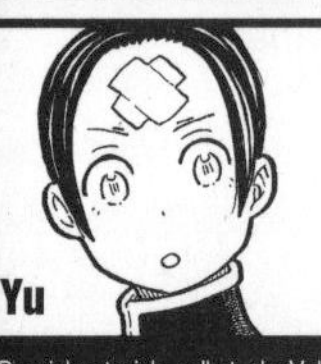

Yu

Bezeichnet sich selbst als Vulcans Lehrling. Erholt sich nach Dr. Giovannis Angriff von seinen Verletzungen.

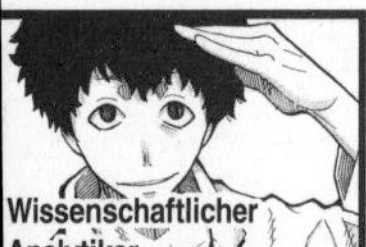

Wissenschaftlicher Analytiker
Victor Licht

Ein Genie, das der achten Einheit von Haijima als Chemiker zugewiesen wurde. Hat gestanden, ein Spion zu sein.

macht sich Gedanken über

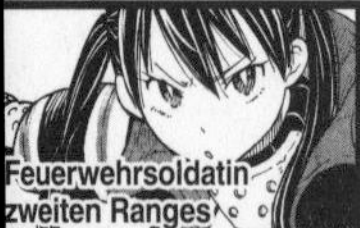

Feuerwehrsoldatin zweiten Ranges
(Fähigkeit der dritten Generation)
Tamaki Kotatsu

Var Mitglied der ersten Sondereinheit, ient nun bei der achten. Ihre Flamme at die Form einer Nekomata.

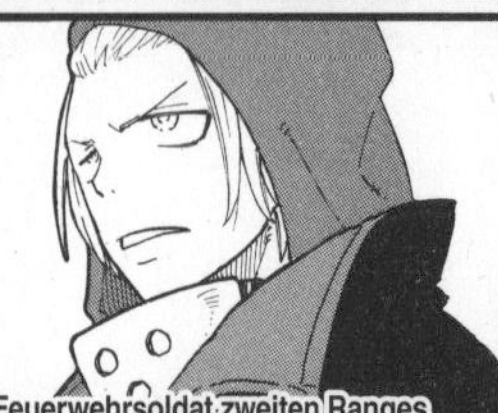

Feuerwehrsoldat zweiten Ranges
(Fähigkeit der dritten Generation)
Arthur Boyle

Ein Mitschüler von Shinra aus der Ausbildungsschule. Nennt sich selbst »Ritterkönig« und praktiziert auf seine Art das Rittertum. Ein Vollidiot, dem zu viel Kopfarbeit nicht liegt. Komischer Kerl, der durch Wahnvorstellungen stärker wird. Bei der Suche nach Orichalcum für die Wiederherstellung von Excalibur begegnet er seinen lang vermissten Eltern im Untergrund!

beaufsichtigt

vertraut

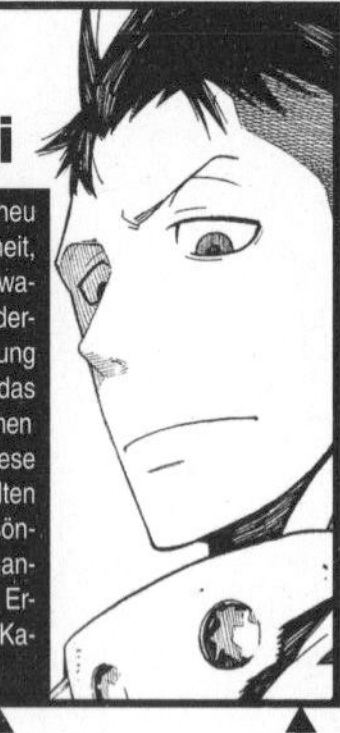

Kommandeur
(ohne Fähigkeit)
Akitaru Obi

Der freundliche Chef der neu gegründeten achten Einheit, deren Ziele die Überwachung der anderen Sondereinheiten und die Enthüllung der Wahrheit über das Selbstentzündungsphänomen sind. Auch ohne Pyrokinese hat er mit seinem gestählten Körper die Kraft und Persönlichkeit, die einem Kommandeur gebührt. Ergreift in Erwartung der drohenden Katastrophe die Initiative.

»Idiot!!«

beaufsichtigt

vertraut

starke Verbindung

Feuerwehrsoldat zweiten Ranges
(Fähigkeit der dritten Generation)
Shinra Kusakabe

Will ein Held werden, der die Menschheit vor dem Selbstentzündungsphänomen rettet! Seine Waffe sind Flammenkicks. Trägt die besondere Flamme »Adora Burst« in sich. Um nach Adora zu gelangen, lernt er bei Kommandeur Shinmon, seine Sinne zu schärfen.

liebes Mädchen

findet ihn bei Einsätzen cool

findet sie stark, aber komisch

»Streng dich an, Neuer!«

fürchtet

strenge Führung

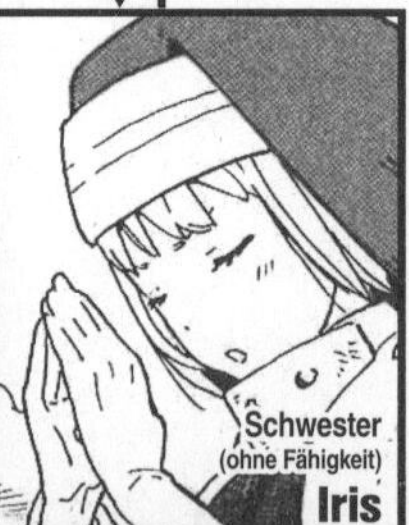

Schwester
(ohne Fähigkeit)
Iris

Schwester des heiligen Sol-Tempels, deren Gebete bei den Seelenmessen für die Flammenwesen unentbehrlich sind. Beweist selbst im Angesicht einer großen Anzahl von Flammenwesen eine unerschütterliche Willensstärke.

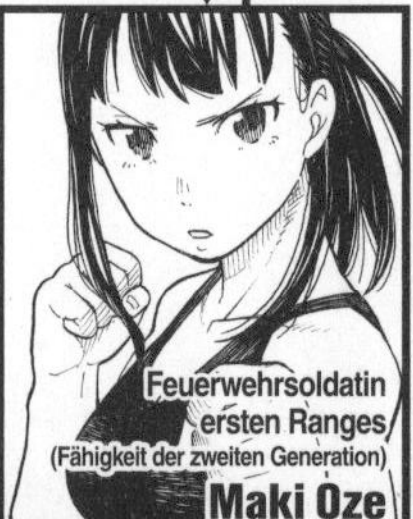

Feuerwehrsoldatin ersten Ranges
(Fähigkeit der zweiten Generation)
Maki Oze

Ehemalige Soldatin mit Talent für die Manipulation von Flammen und für die Kampfkunst. Wirkt cool, ist aber eigentlich hoffnungslos romantisch mit einer Schwäche für Liebesgeschichten.

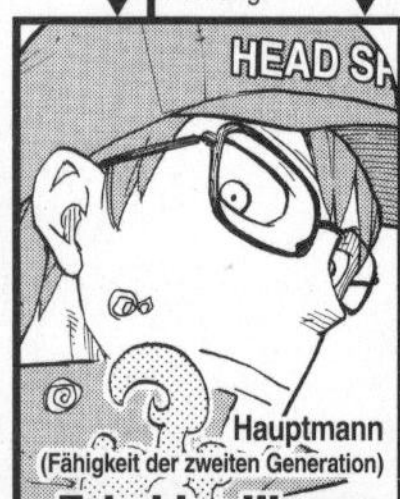

Hauptmann
(Fähigkeit der zweiten Generation)
Takehisa Hinawa

Ein kühler und nüchterner ehemaliger Soldat, der von den Neulingen wegen seiner Strenge gefürchtet wird. Seine Lieblingspistole ist ein Andenken an einen guten Freund, der sich in ein Flammenwesen verwandelte.

Mädchenklub

respektiert

Der heilige Sol-Tempel & der Prediger

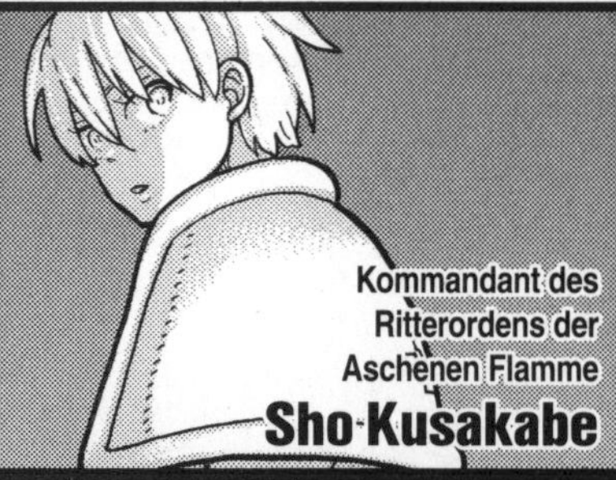

Shinras kleiner Bruder, der getrennt von diesem aufwuchs und einen Ritterorden des Predigers leitet. Mit seiner Fähigkeit kann er die Zeit für andere anhalten. War quasi Haumeas Puppe, als er jedoch die Wärme seines Bruders spürt, verlässt er die Kirche.

Fünfte Säule
Inka

Kann die Wege der Flammen vorhersehen. Stieß wegen ihrer Abneigung gegen Langeweile zu den Anhängern des Predigers.

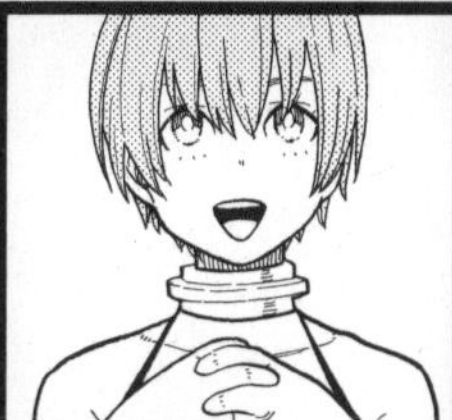

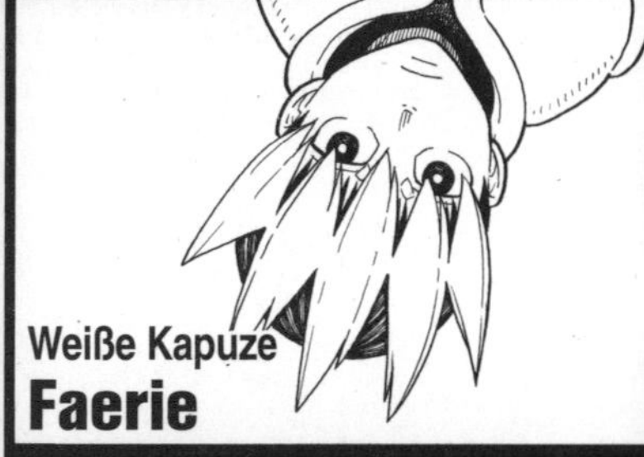

Mitglied der Verheerungseinheit, das plötzlich mitten in der Luft auftauchte. Stachelt die Menschen an, das riesige Flammenwesen aufzuhalten. Sho hieb ihn mit seinem Schwert entzwei ...

Die 7. Sondereinheit der Feuerwehr

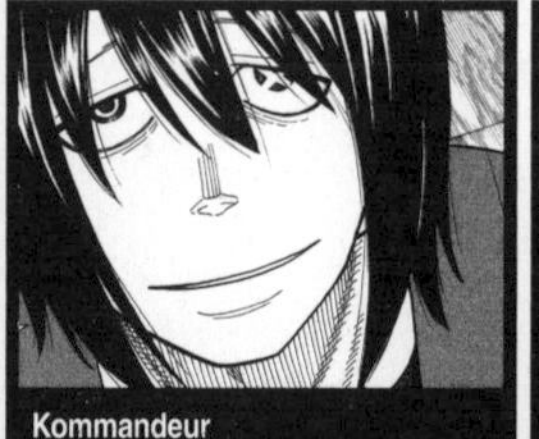

Kommandeur
Benimaru Shinmon

Ein Hybrid-Feuerwehrsoldat, der Fähigkeiten der zweiten sowie dritten Generation einsetzt. Unter dem Namen »Moonlight Mask« rettete er die achte Einheit und schützt sie seitdem.

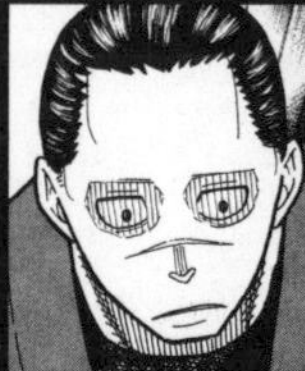

Hauptmann
Konro Sagamiya

Trägt ein »Stigma« nach der Erfahrung eines Adora Link. Spricht Benimaru mit »junger Herr« an.

Haijima Heavy Industries

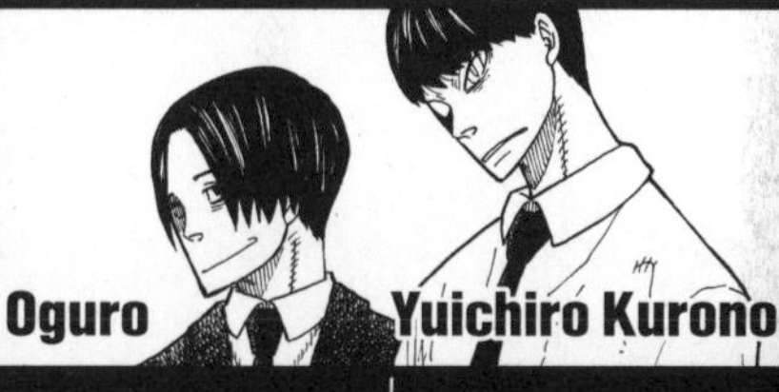

Hat die schnellste Karriere in der Geschichte von Haijima hingelegt. Es fehlt ihm an Menschlichkeit, aber mit seinen stets perfekten Ergebnissen bringt er alle Kritiker zum Schweigen. Keine Feuerfähigkeit.

Trägt den Spitznamen »Todesgott« und hat ein Faible für Schwächere. Da er nur auf Befehle von oben hört, war Oguro gezwungen, am Einsatzort zu erscheinen. Fähigkeiten der dritten Generation.

Die 2. Sondereinheit der Feuerwehr

Kommandeur
Gustav Honda

Die 4. Sondereinheit der Feuerwehr

Kommandeur
Pan Ko Paat

Was bisher geschah ...

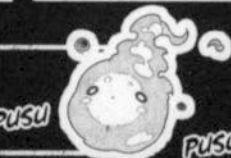

Nachdem Arthurs Excalibur im Kampf am Gefängnis zerstört wurde, schmiedet Vulcan ein neues aus dem im Untergrund entdeckten Relikt. Zur gleichen Zeit lernt Shinra bei Benimaru, seine Sinne für den Adora Link zu schärfen, um aus eigener Kraft nach Adora zu gelangen. Derweil ist sein kleiner Bruder Sho aufgewühlt und verlässt die Kirche. Im Tempel des heiligen Sol wird die letzte Messe abgehalten und der Vorhang für die große Katastrophe hebt sich. Bei einem schweren Erdbeben erscheint im Pazifik ein riesiges Flammenwesen. Während die Sondereinheiten dagegen kämpfen, taucht die Weiße Kapuze Faerie auf und es kommt zur Konfrontation mit Sho!

FIRE FORCE 25
INHALT

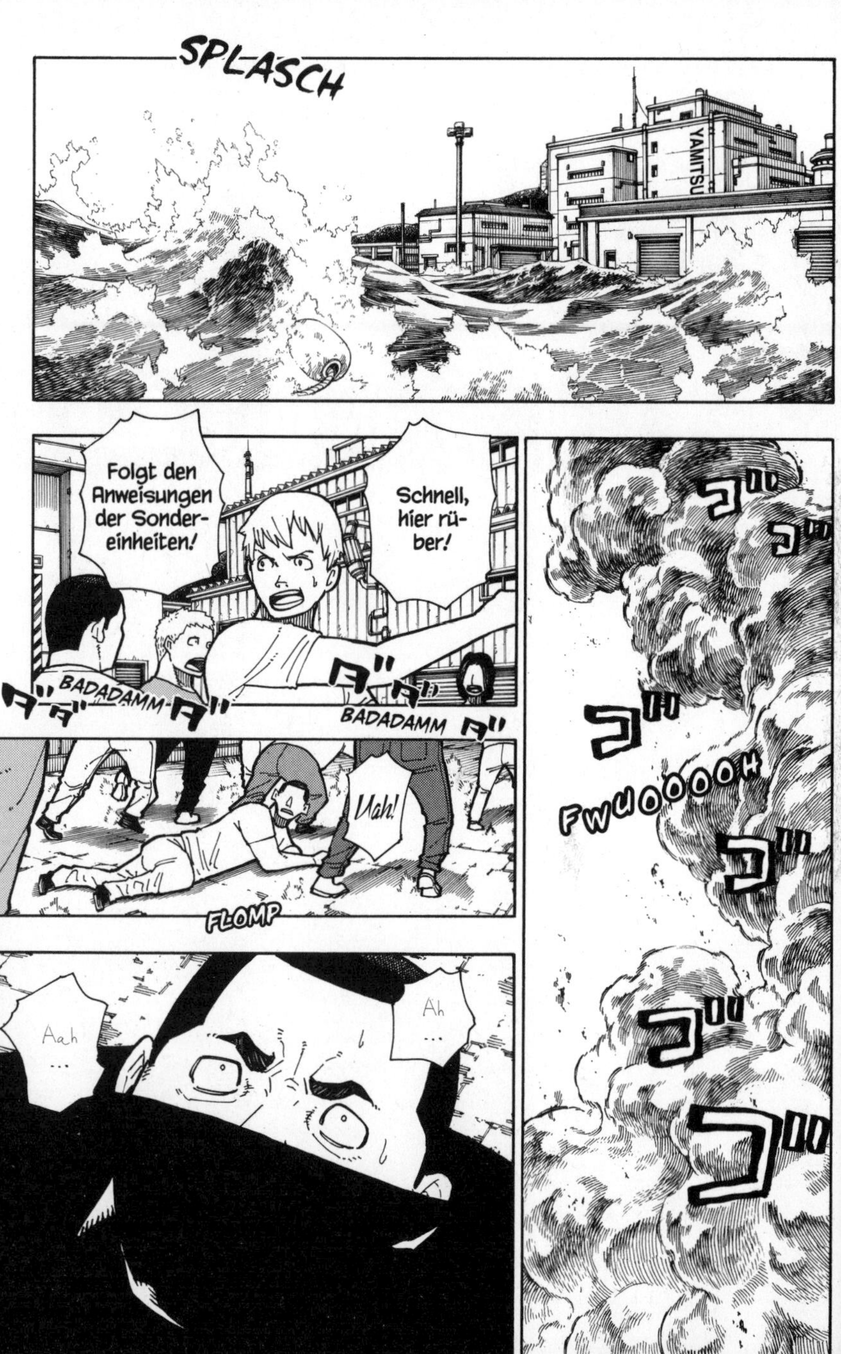

SPLASCH
YAMITSU
FWUOOOOH
Schnell, hier rüber!
Folgt den Anweisungen der Sondereinheiten!
BADADAMM
BADADAMM
Uah!
FLOMP
Äh …
Aah …

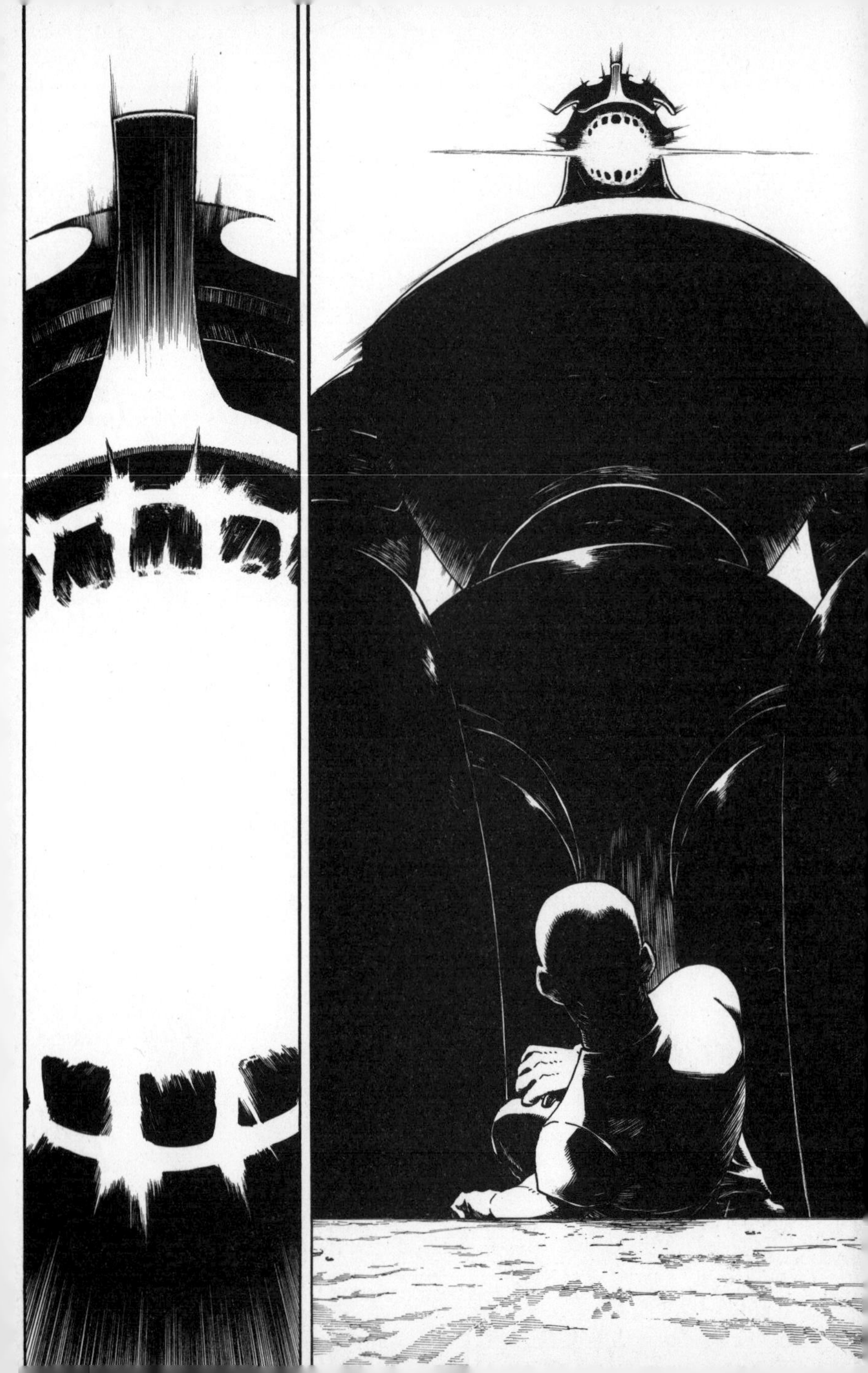

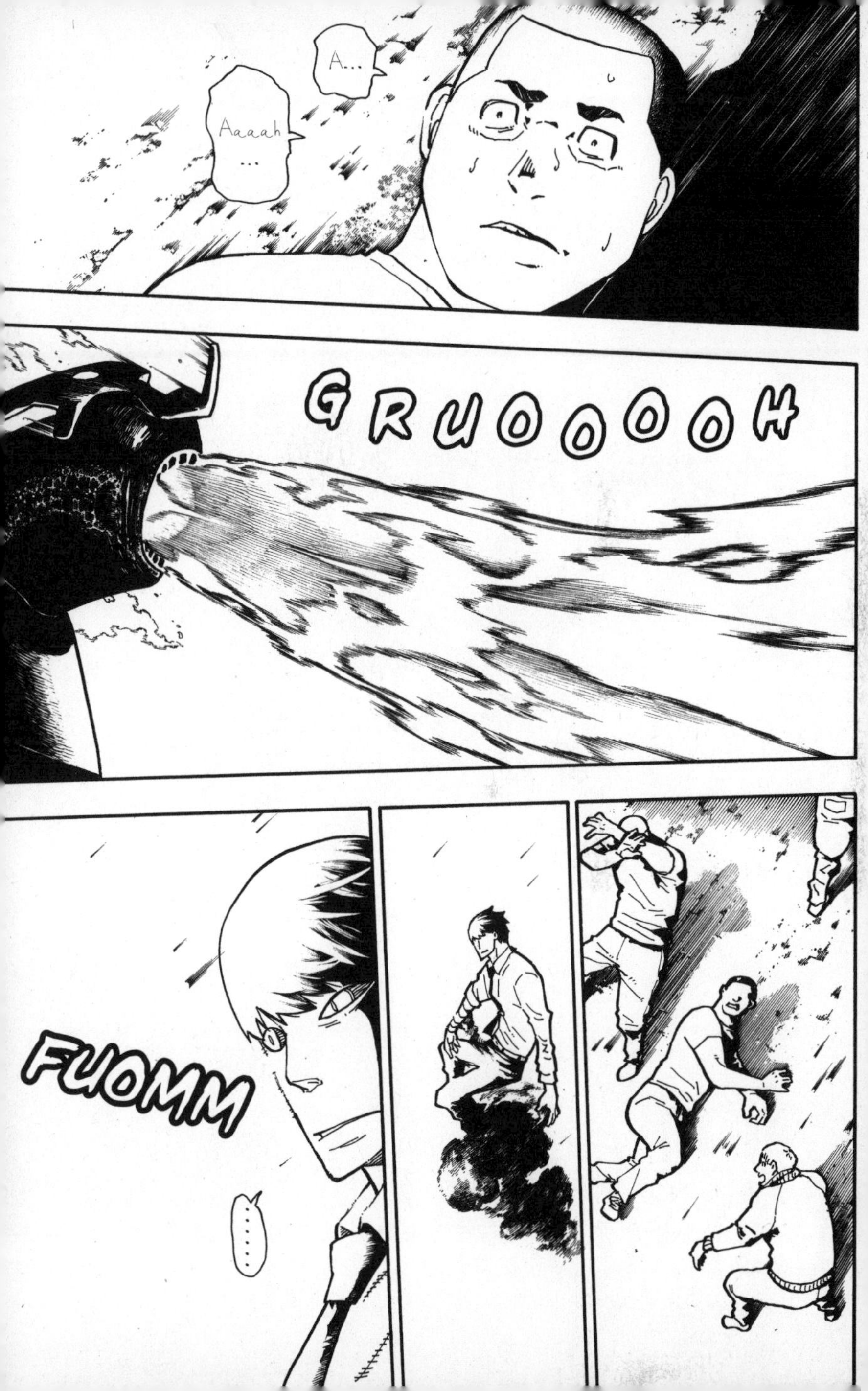

A...

Aaaah ...

GRUOOOOH

FUOMM

......

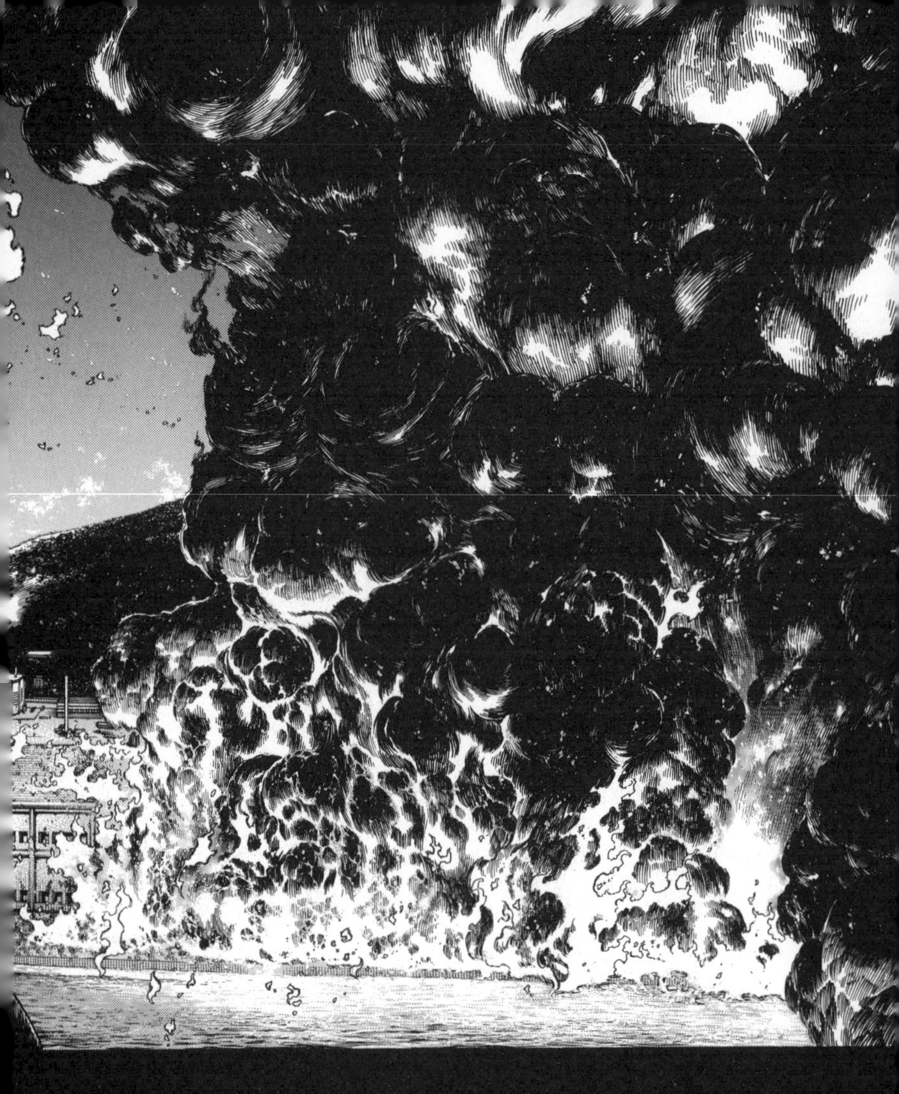

monsterkampffront

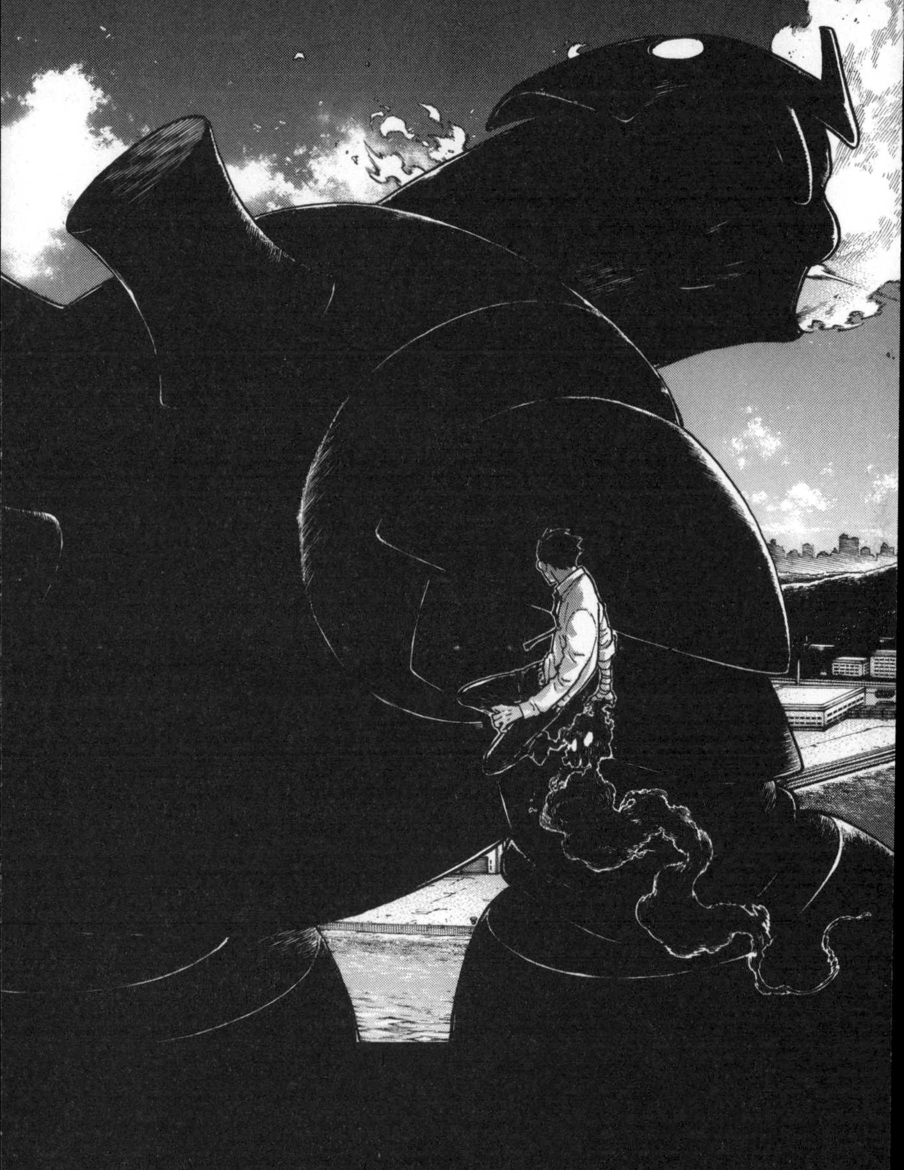

Kapitel 214 : Mega

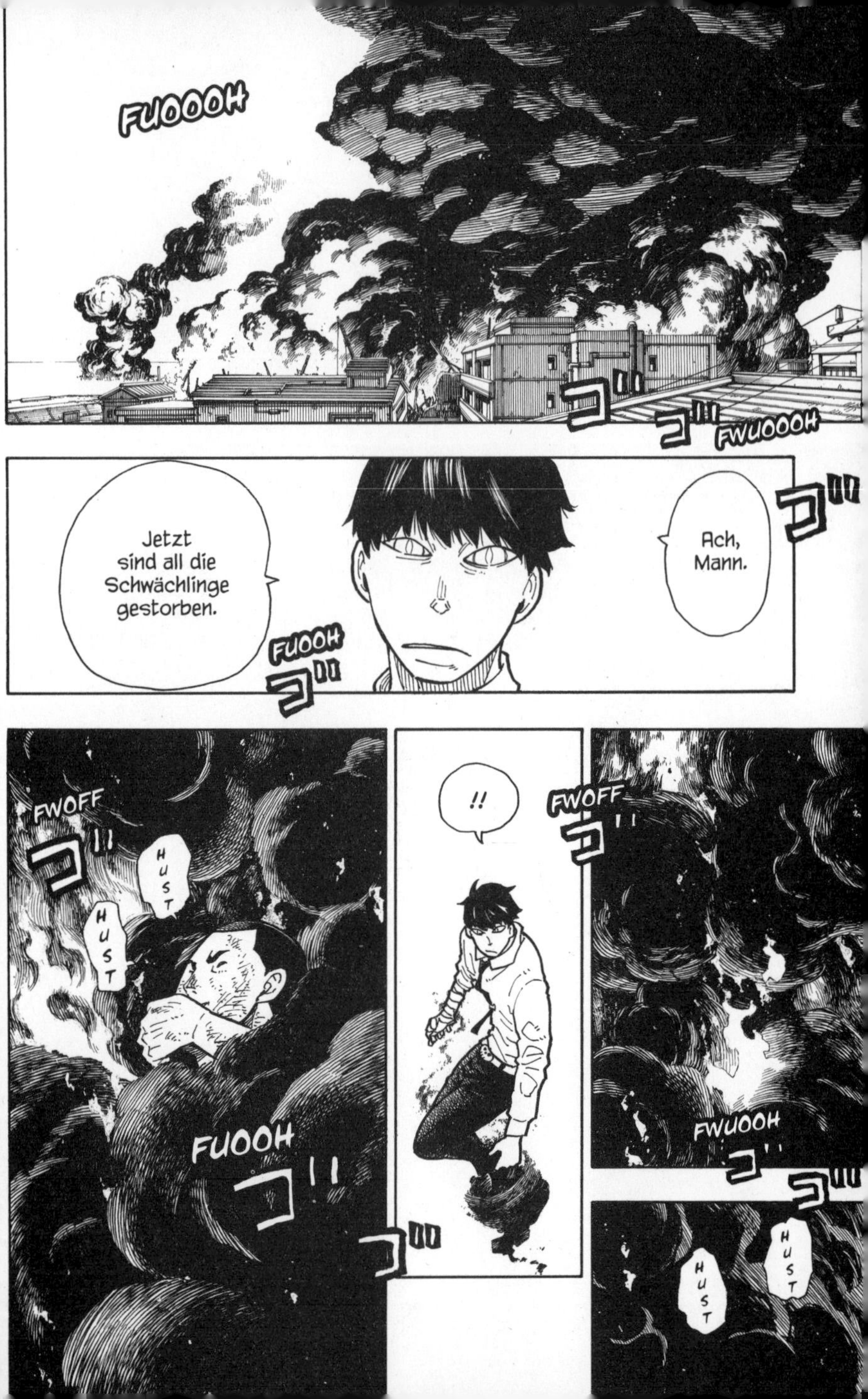

FUOOOH
ゴ
ゴ
FWUOOOH

ゴ
Ach, Mann.
Jetzt sind all die Schwächlinge gestorben.
FUOOH
ゴ

FWOFF
ゴ
FWUOOH
ゴ
!!
FWOFF
ゴ
HUST
HUST
FUOOH
ゴ
ゴ
ゴ
HUST
HUST

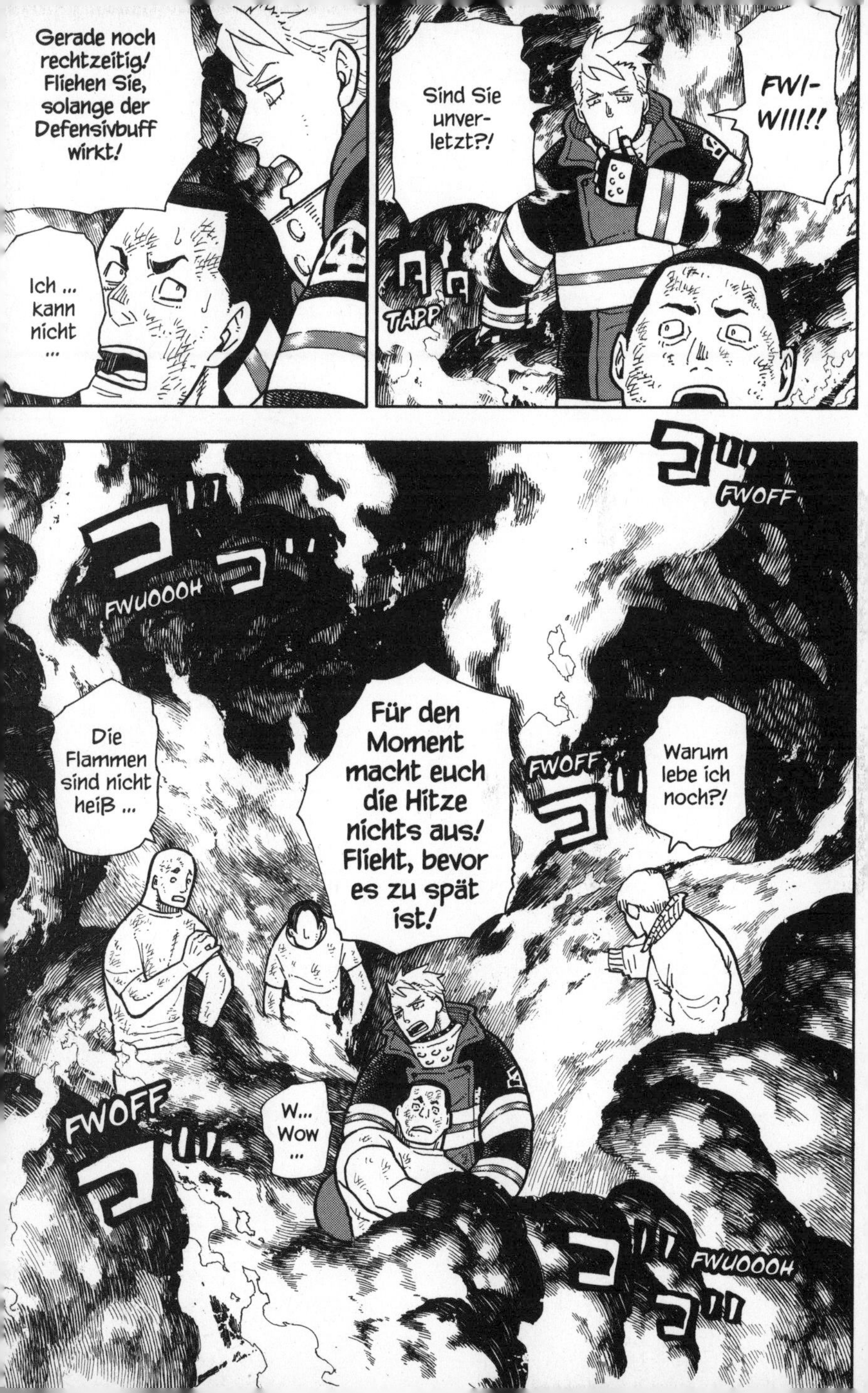

FWI-WIII!!

Sind Sie unverletzt?!

TAPP

Gerade noch rechtzeitig! Fliehen Sie, solange der Defensivbuff wirkt!

Ich ... kann nicht ...

FWOFF

FWUOOOH

Warum lebe ich noch?!

FWOFF

Für den Moment macht euch die Hitze nichts aus! Flieht, bevor es zu spät ist!

Die Flammen sind nicht heiß ...

W... Wow ...

FWOFF

FWUOOOH

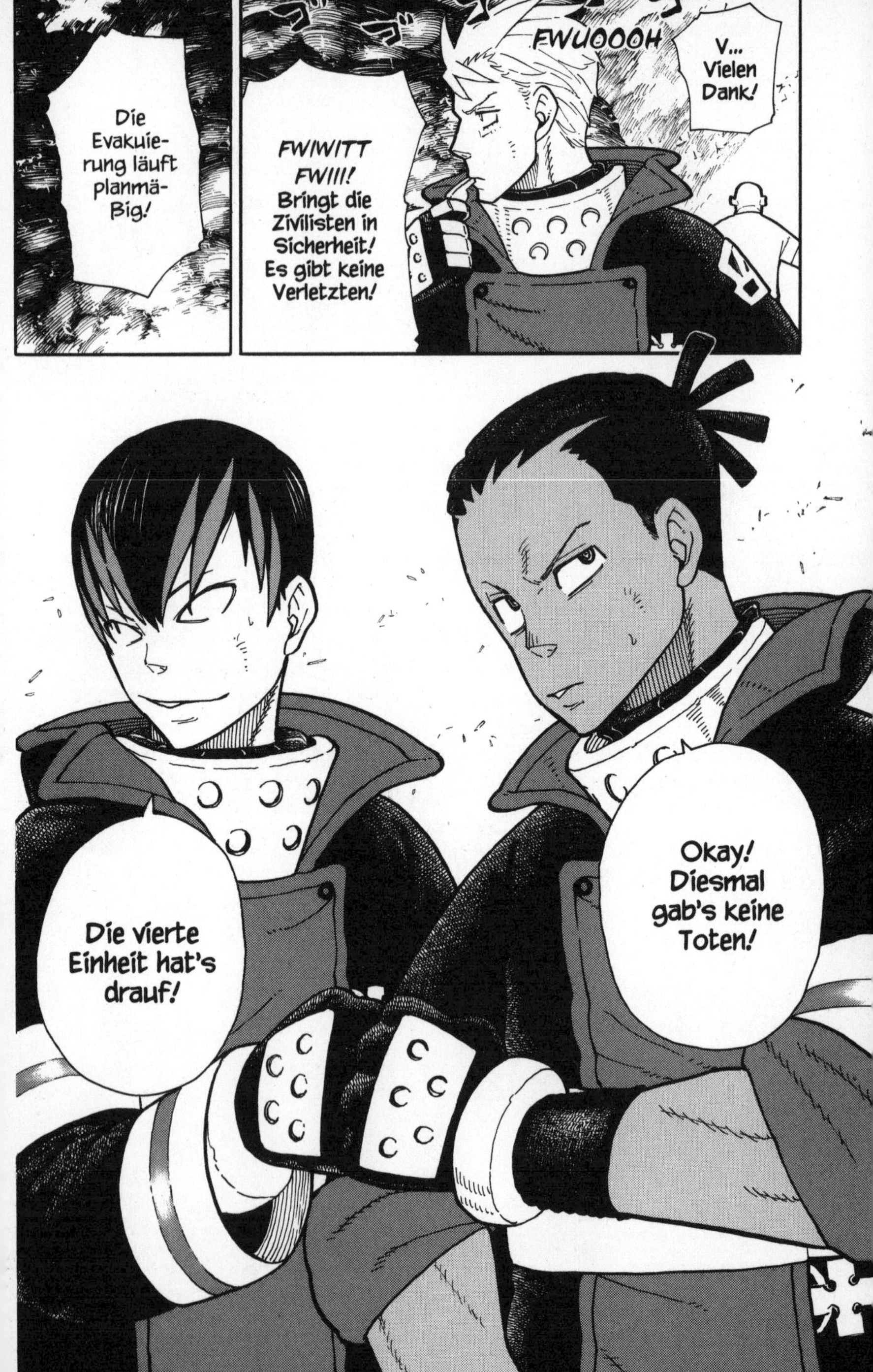
V... Vielen Dank!
FWUOOOH
FWIWITT FWIII! Bringt die Zivilisten in Sicherheit! Es gibt keine Verletzten!
Die Evakuierung läuft planmäßig!
Okay! Diesmal gab's keine Toten!
Die vierte Einheit hat's drauf!

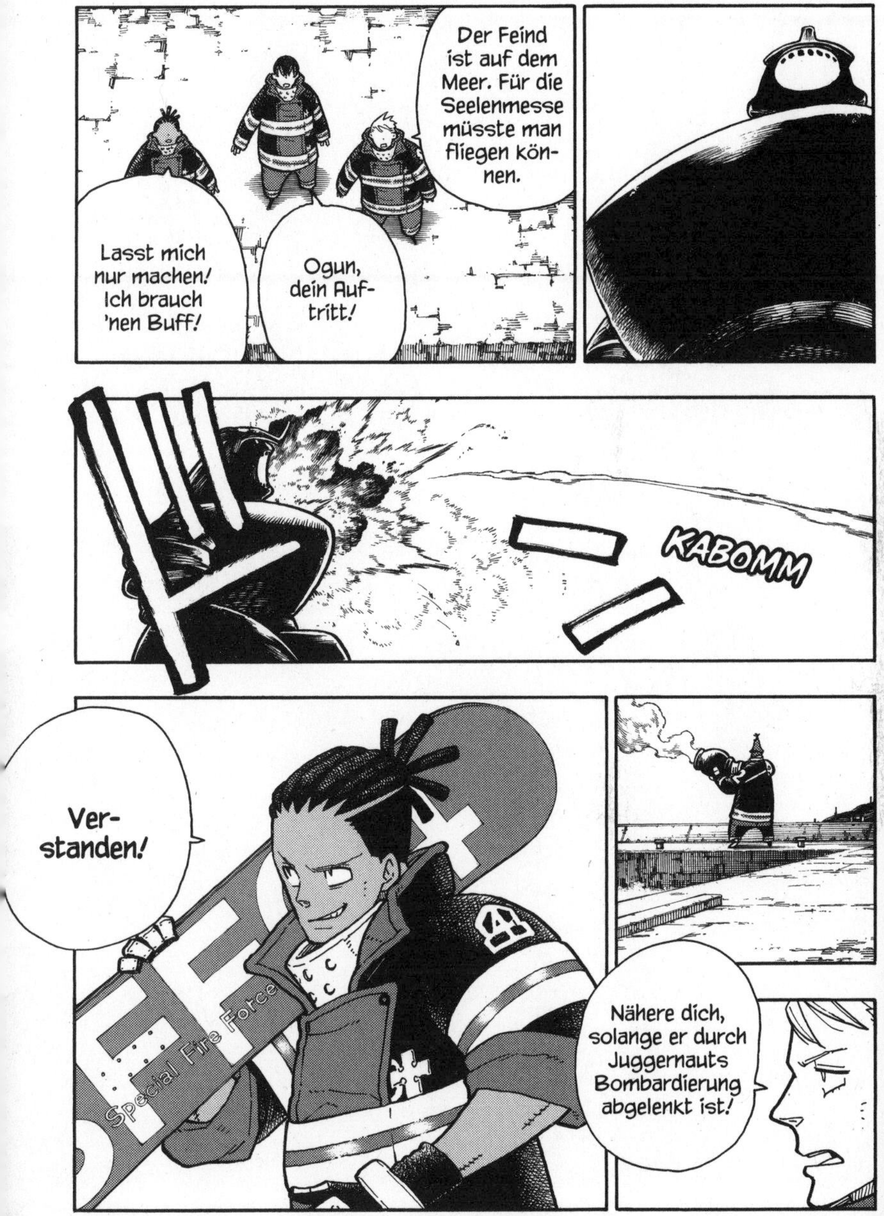

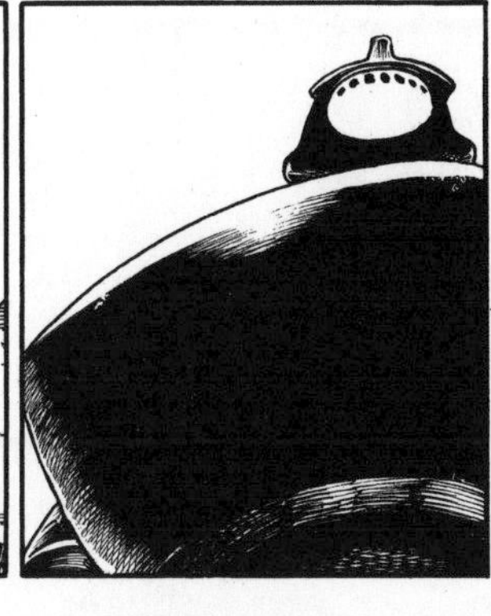

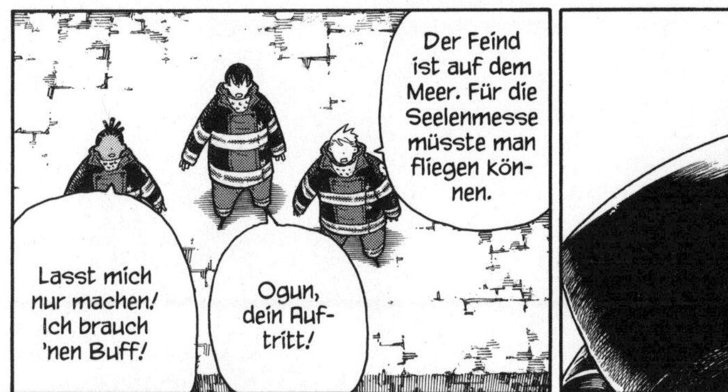

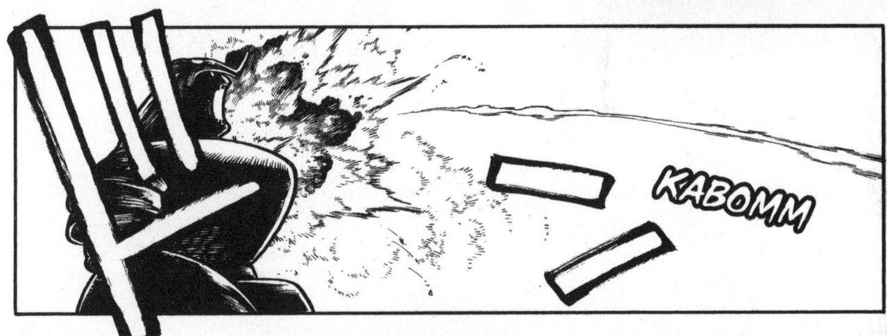

Nähere dich, solange er durch Juggernauts Bombardierung abgelenkt ist!

Verstanden!

Special Fire Force

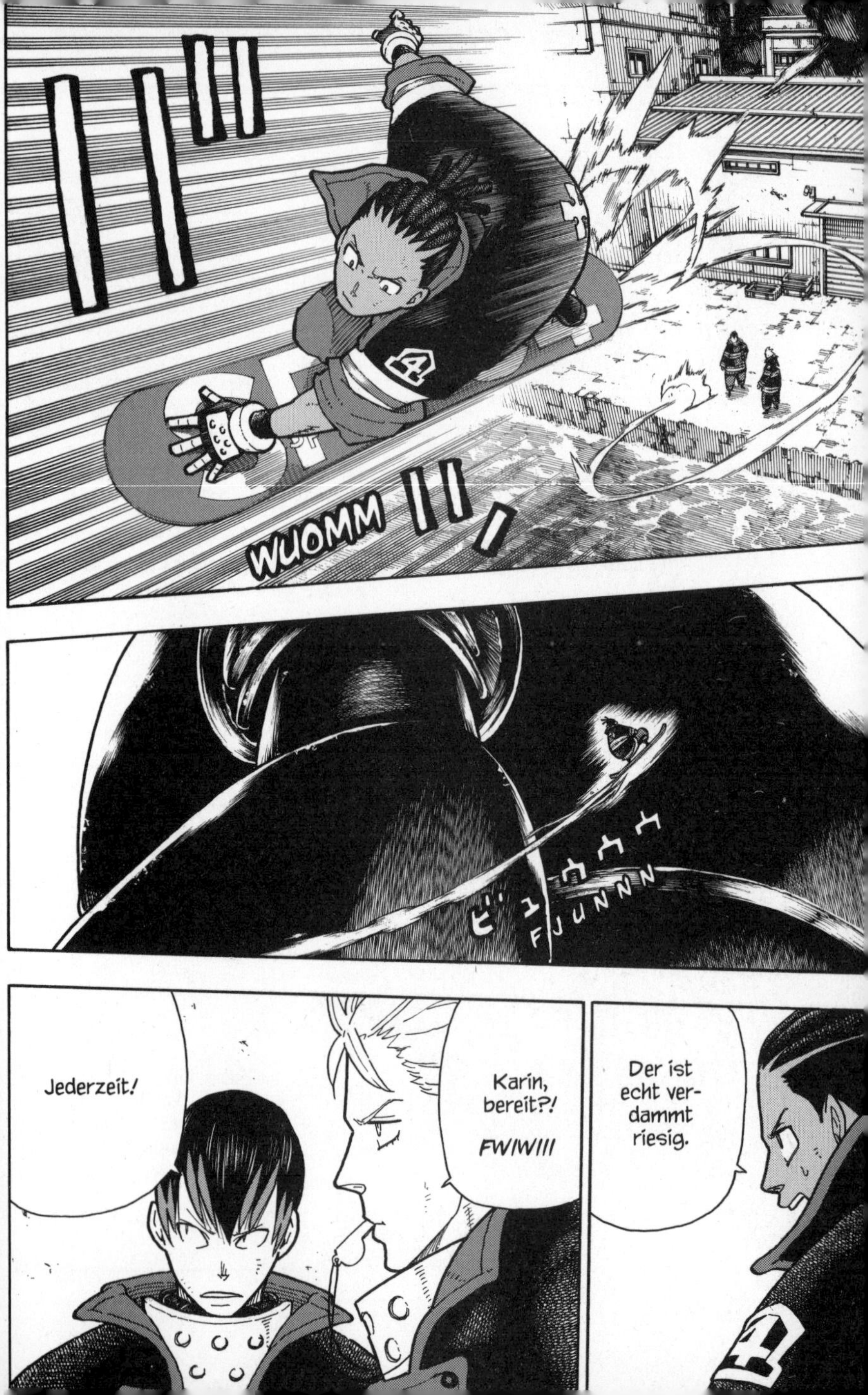

WUOMM

FJUNNN

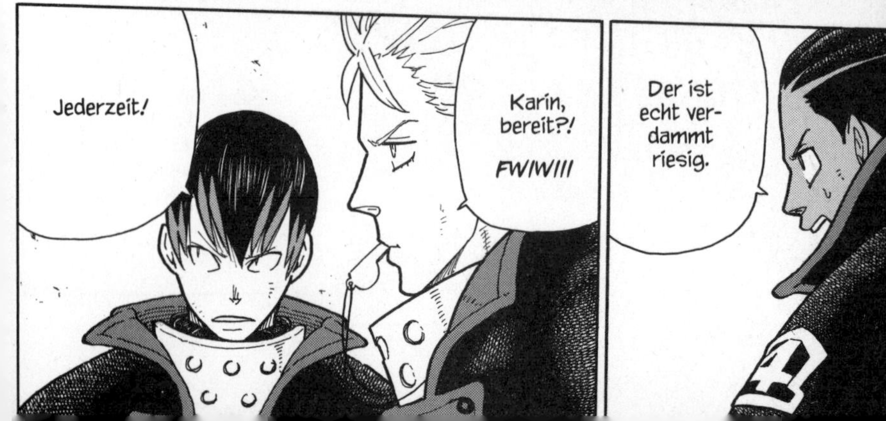

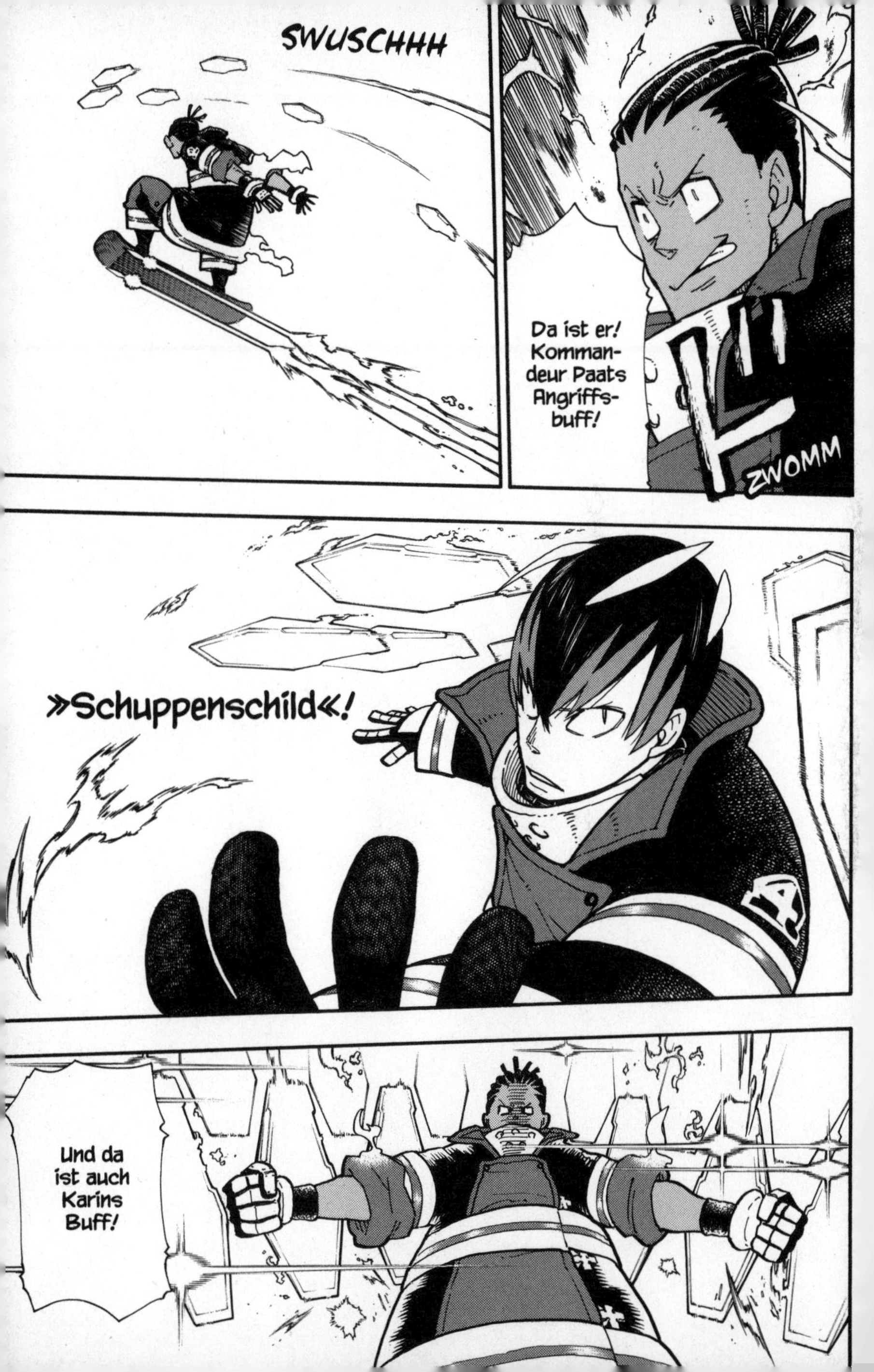

Da ist er! Komman-
deur Paats
Angriffs-
buff!

ZWOMM

SWUSCHHH

»Schuppenschild«!

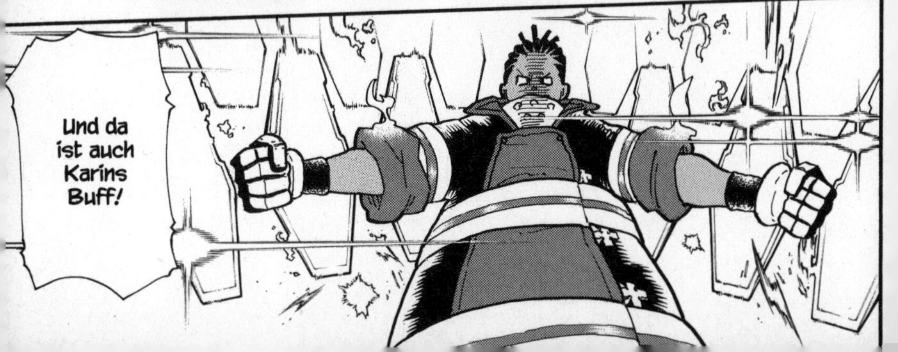

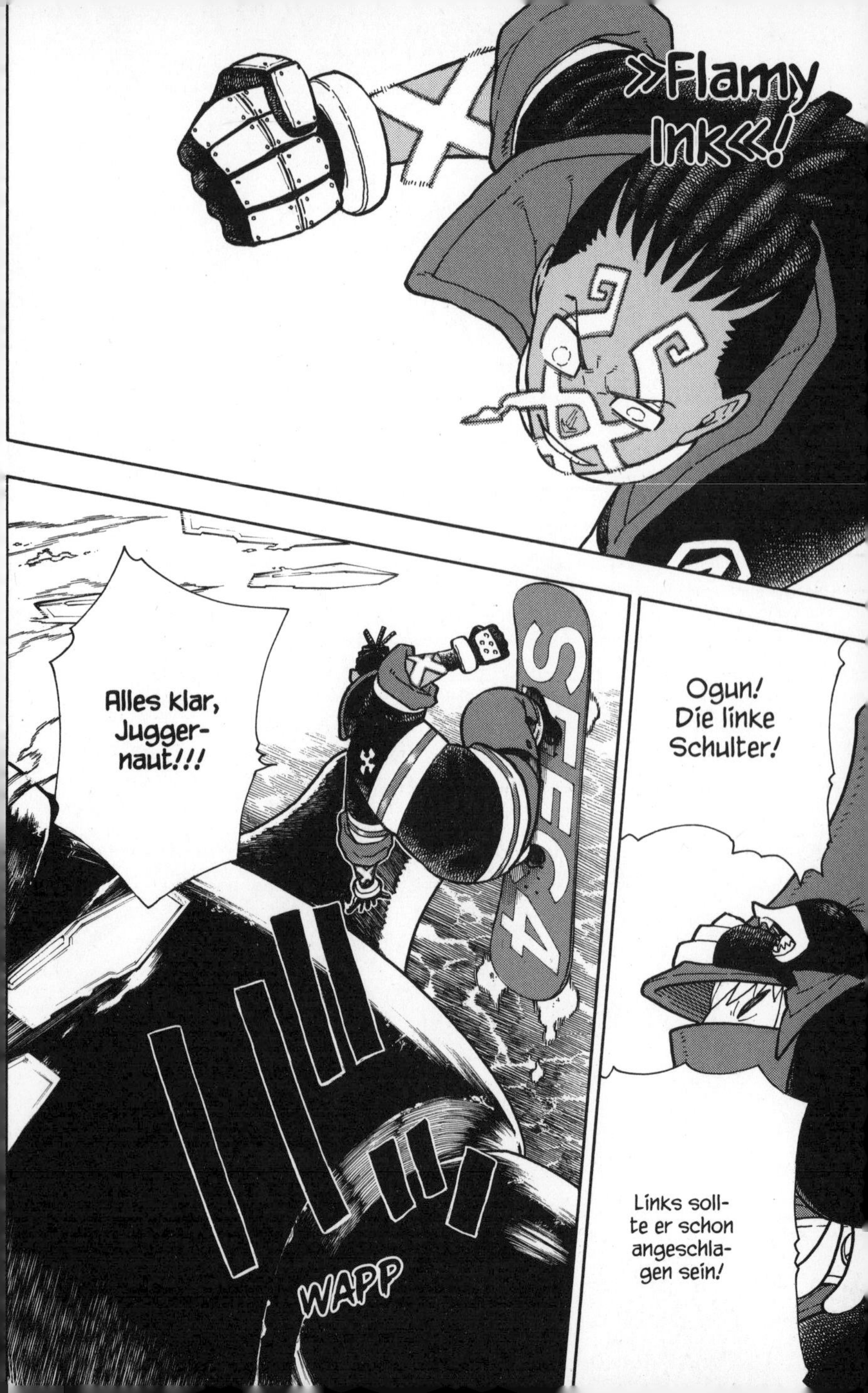
»Flamy Ink«!
Ogun! Die linke Schulter!
Links sollte er schon angeschlagen sein!
Alles klar, Juggernaut!!!
SFEC 4
WAPP

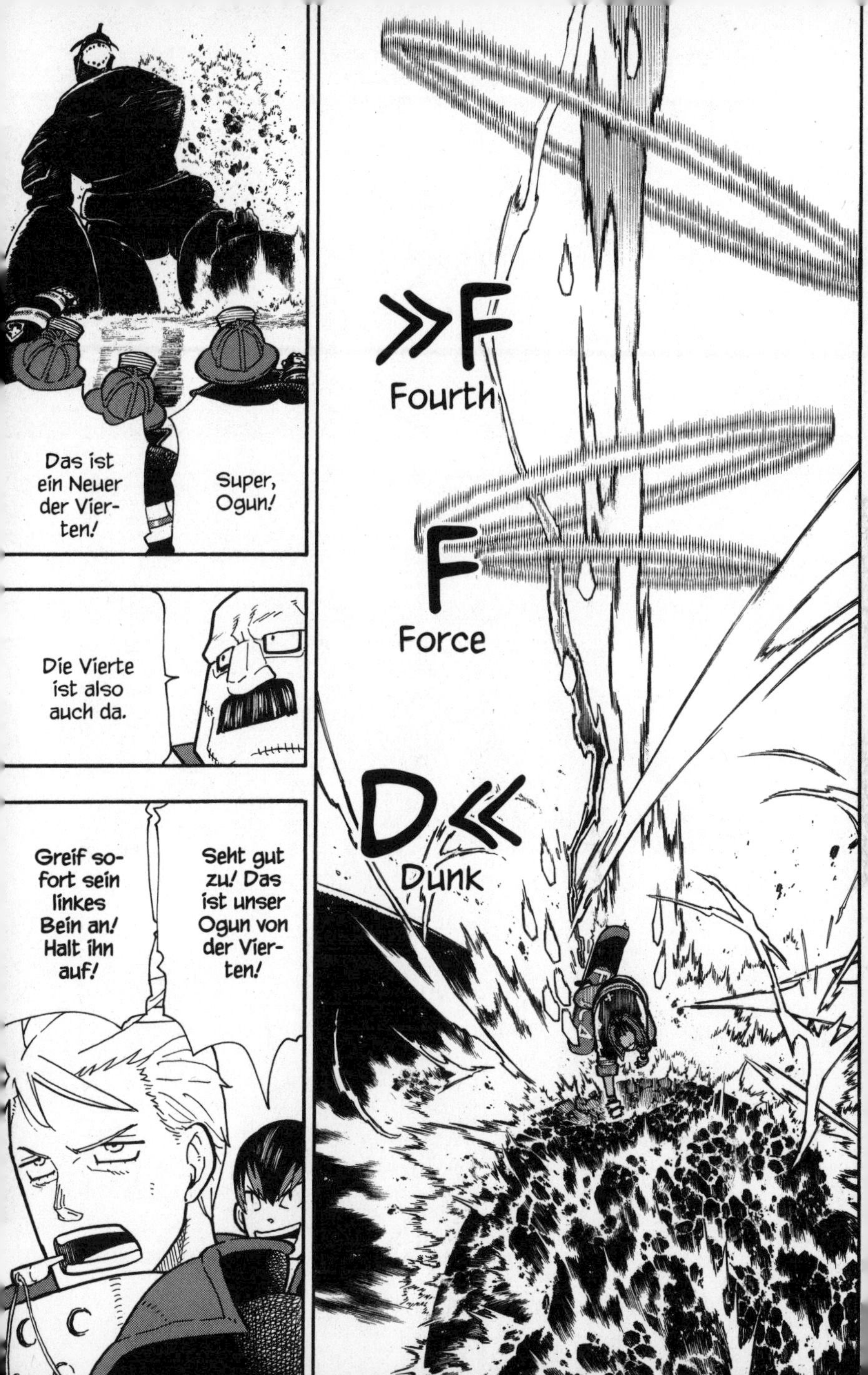
»F
Fourth
F
Force
D«
Dunk
Super, Ogun!
Das ist ein Neuer der Vier-ten!
Die Vierte ist also auch da.
Seht gut zu! Das ist unser Ogun von der Vier-ten!
Greif so-fort sein linkes Bein an! Halt ihn auf!

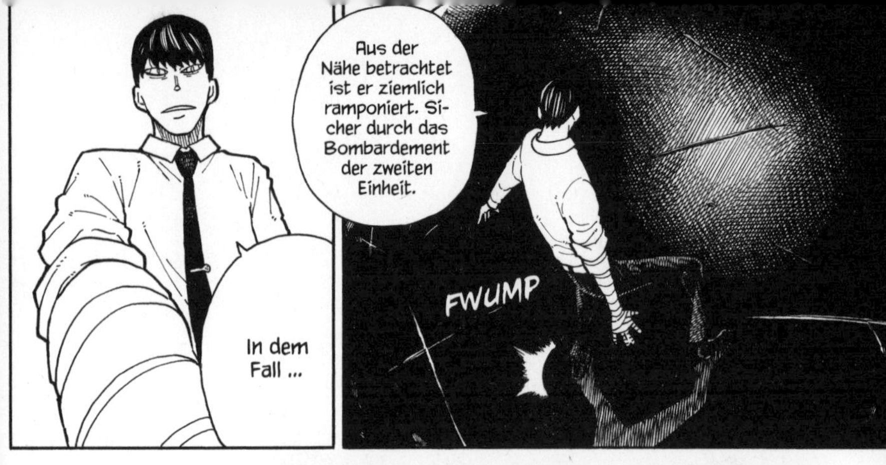
Aus der Nähe betrachtet ist er ziemlich ramponiert. Sicher durch das Bombardement der zweiten Einheit.
FWUMP
In dem Fall ...

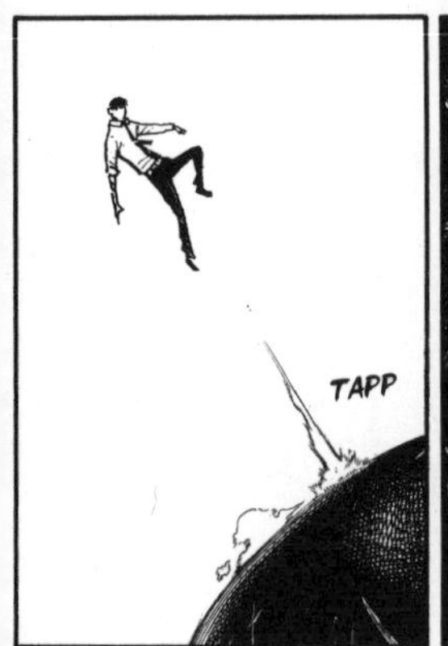
TAPP

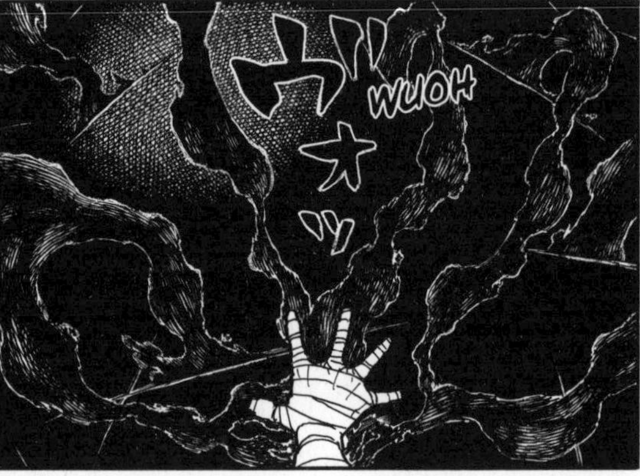
WUOH

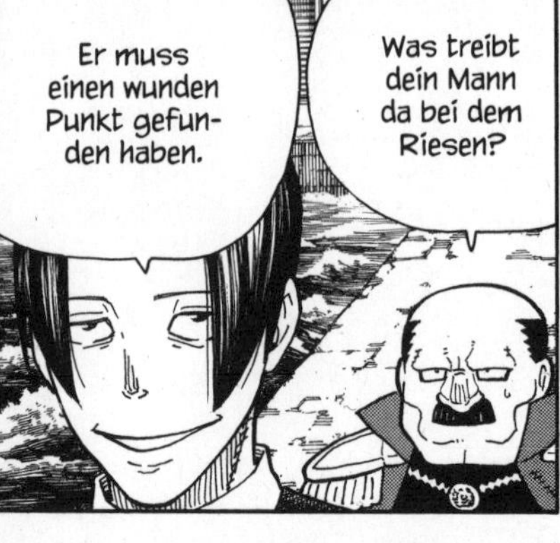
Was treibt dein Mann da bei dem Riesen?
Er muss einen wunden Punkt gefunden haben.

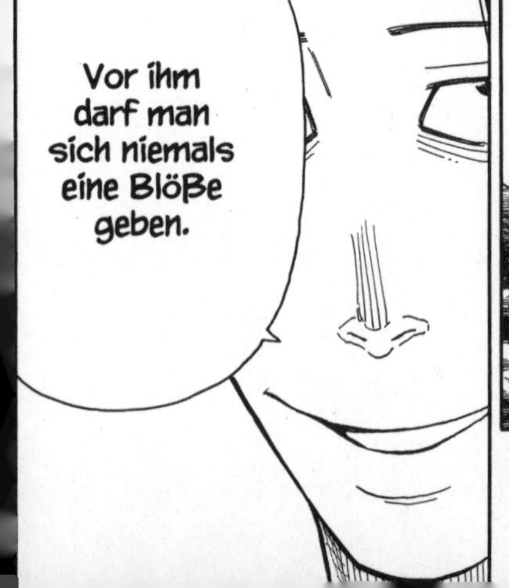
Vor ihm darf man sich niemals eine Blöße geben.

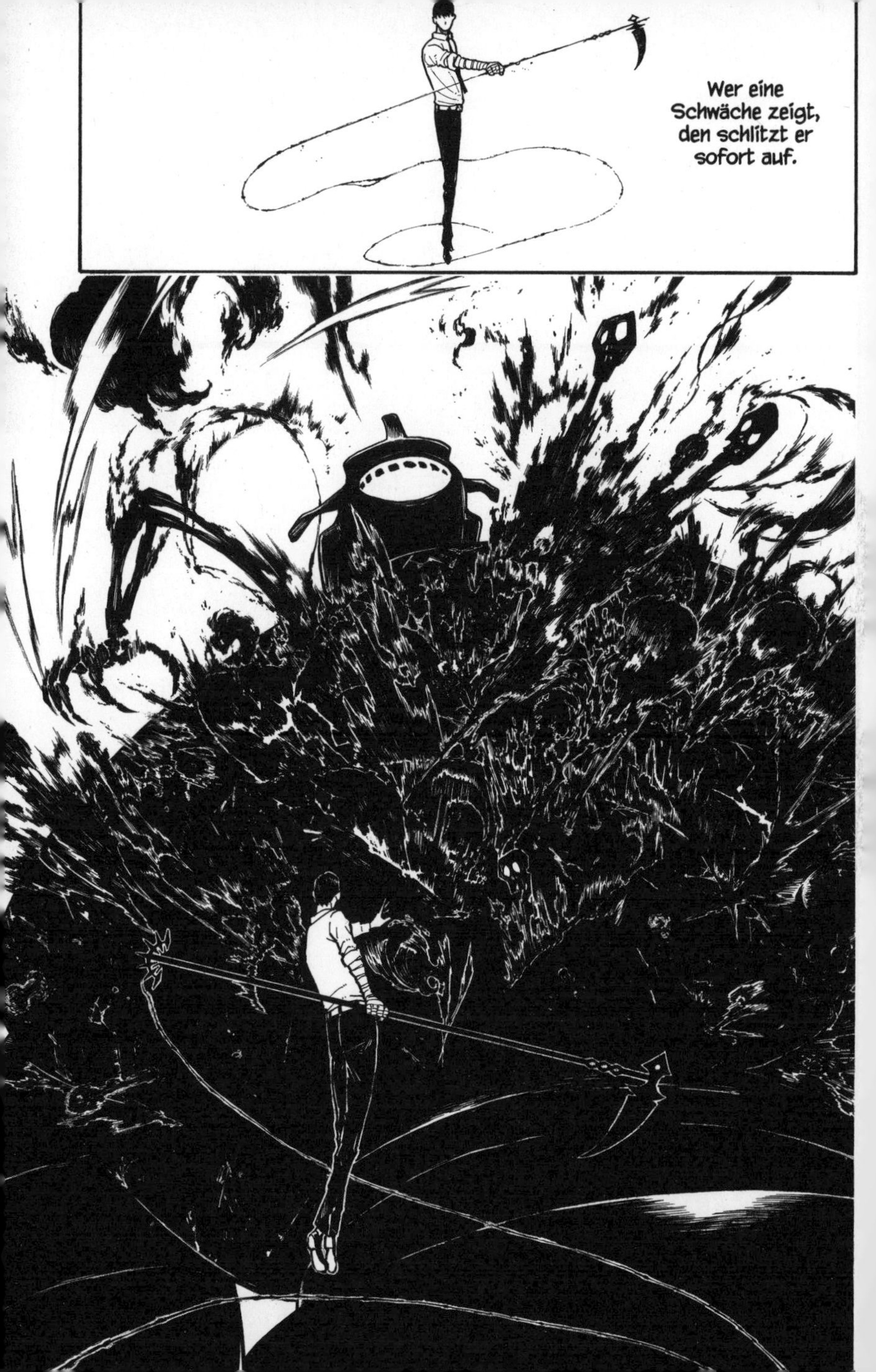
Wer eine
Schwäche zeigt,
den schlitzt er
sofort auf.

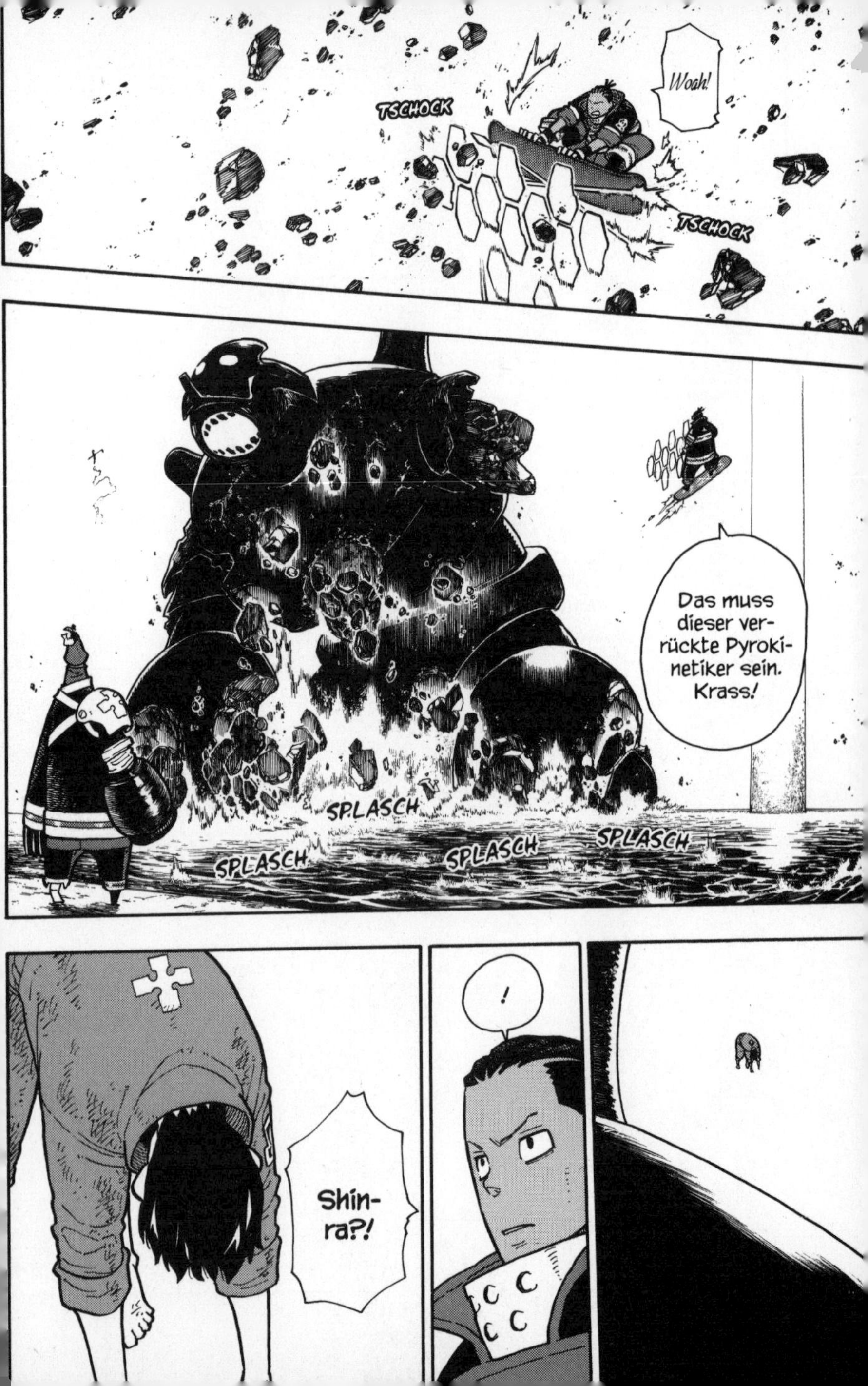

Woah!

TSCHOCK

TSCHOCK

Das muss dieser verrückte Pyrokinetiker sein. Krass!

SPLASCH

SPLASCH

SPLASCH

SPLASCH

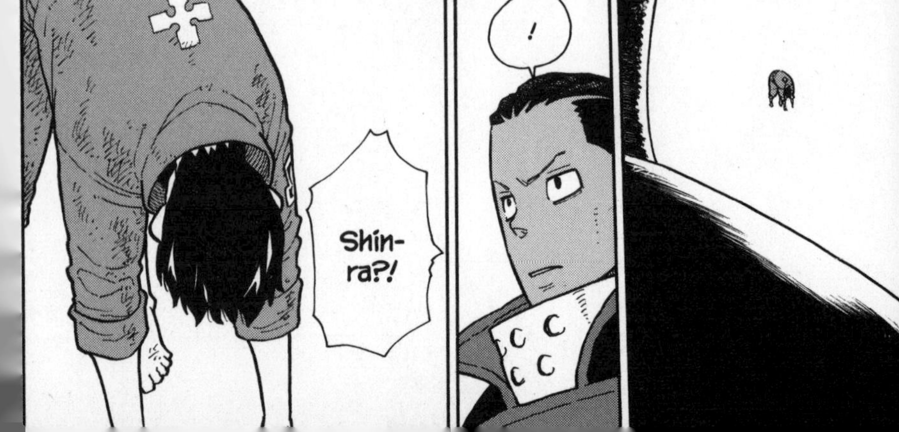

Kommandeur Paat, Shinra ist da oben!

Was macht er da?!

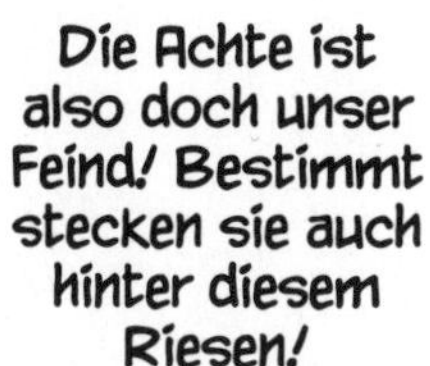

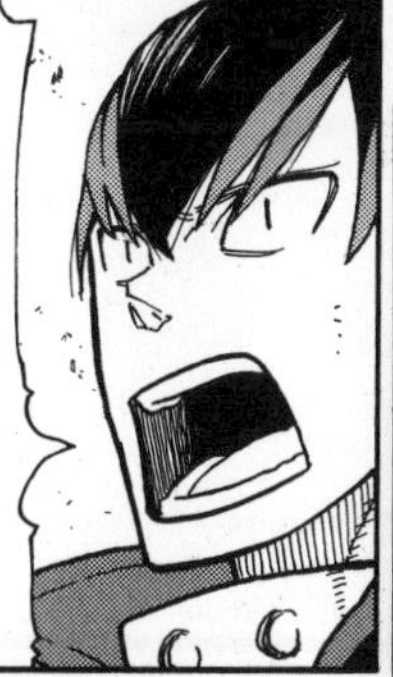

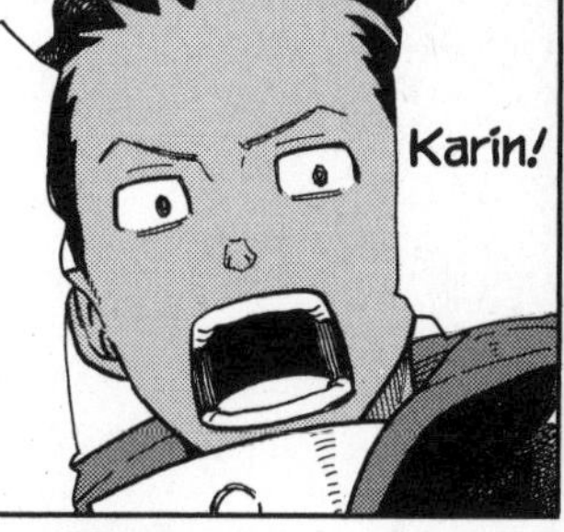

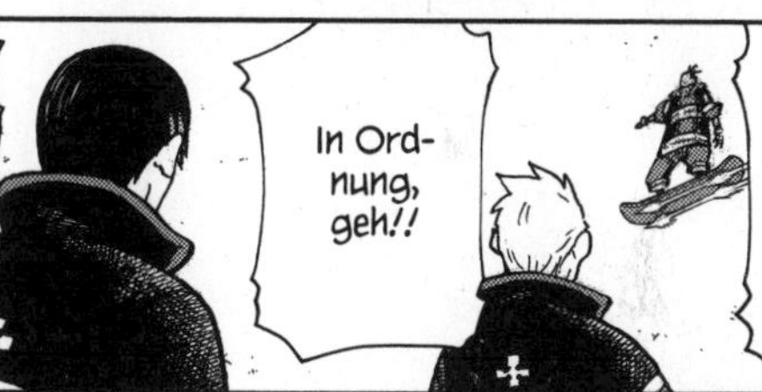

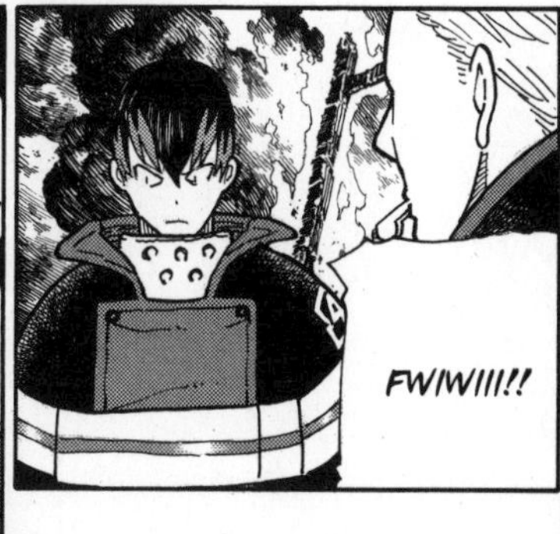

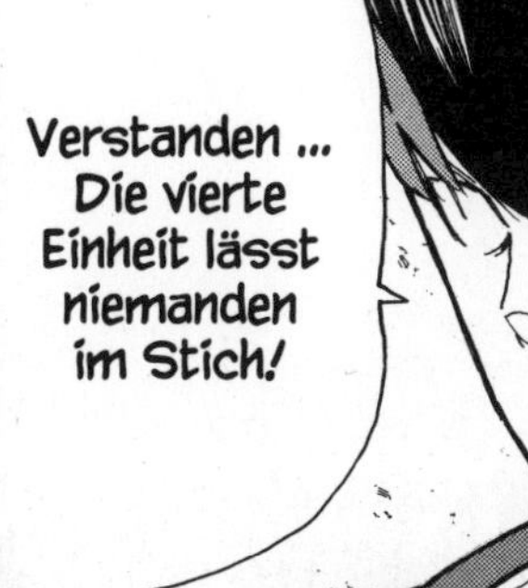

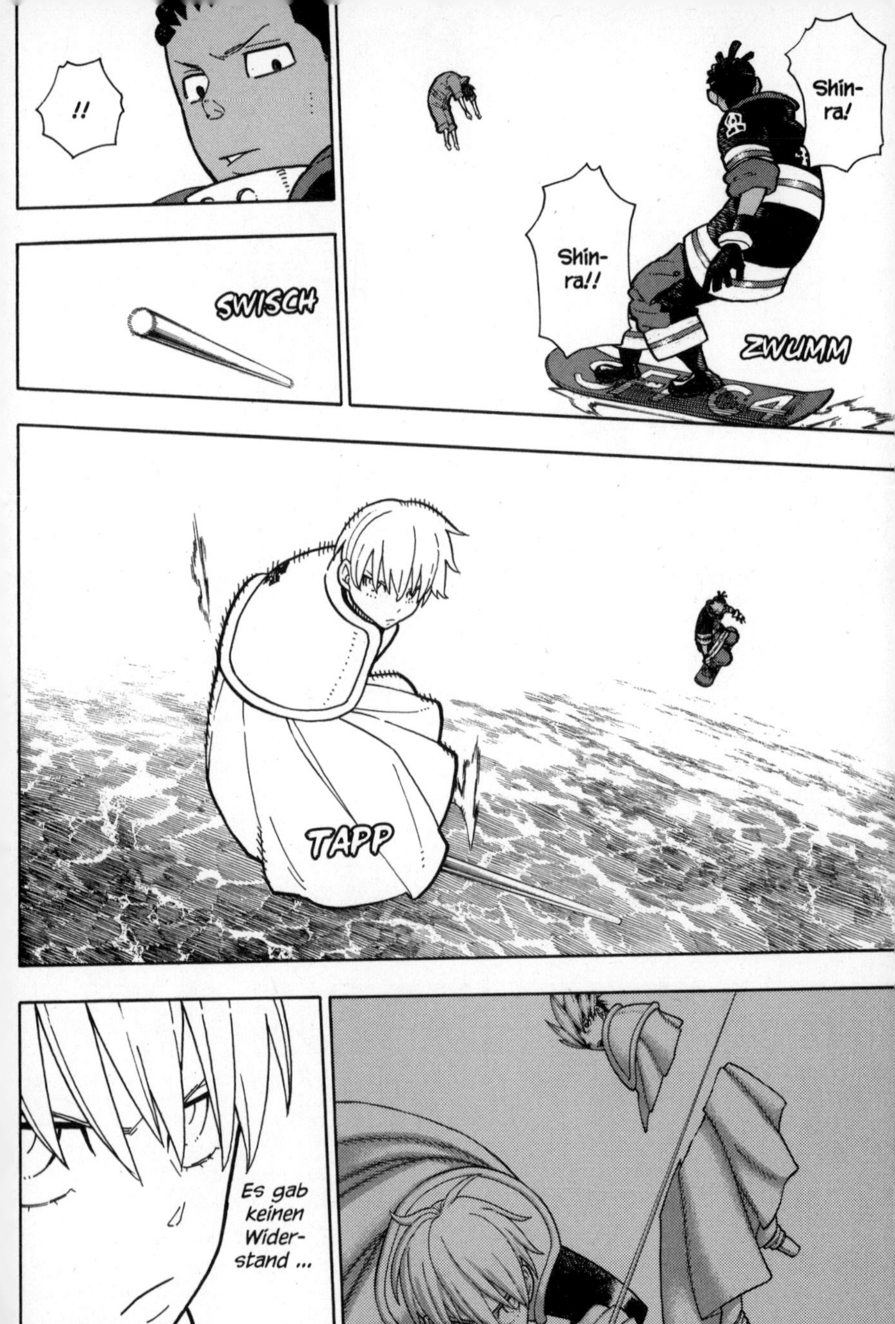
Shin-
ra!
Shin-
ra!!
ZWUMM
!!
SWISCH
TAPP
Es gab
keinen
Wider-
stand ...

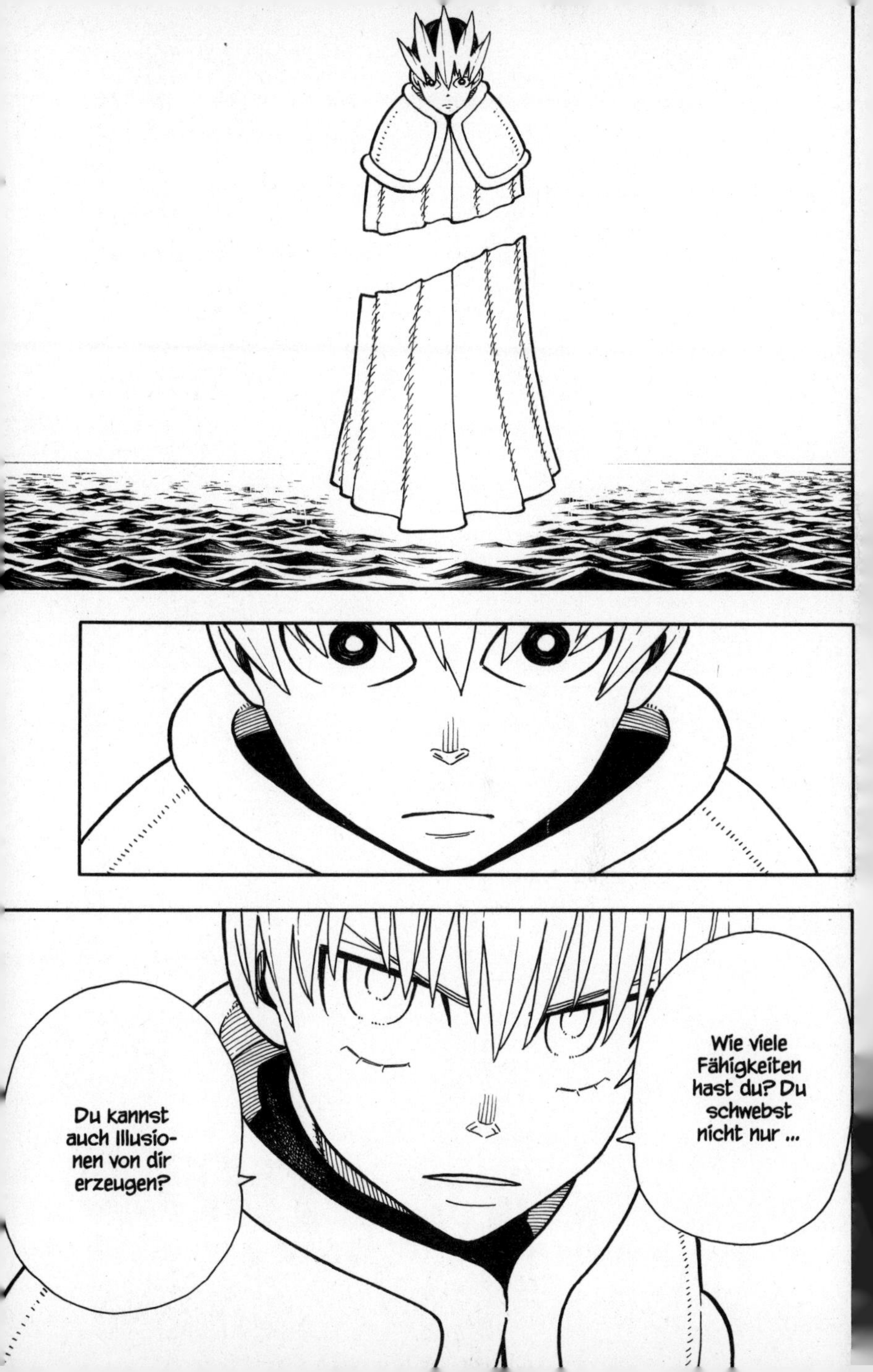

Wie viele Fähigkeiten hast du? Du schwebst nicht nur ...
Du kannst auch Illusionen von dir erzeugen?

FIRE FORCE

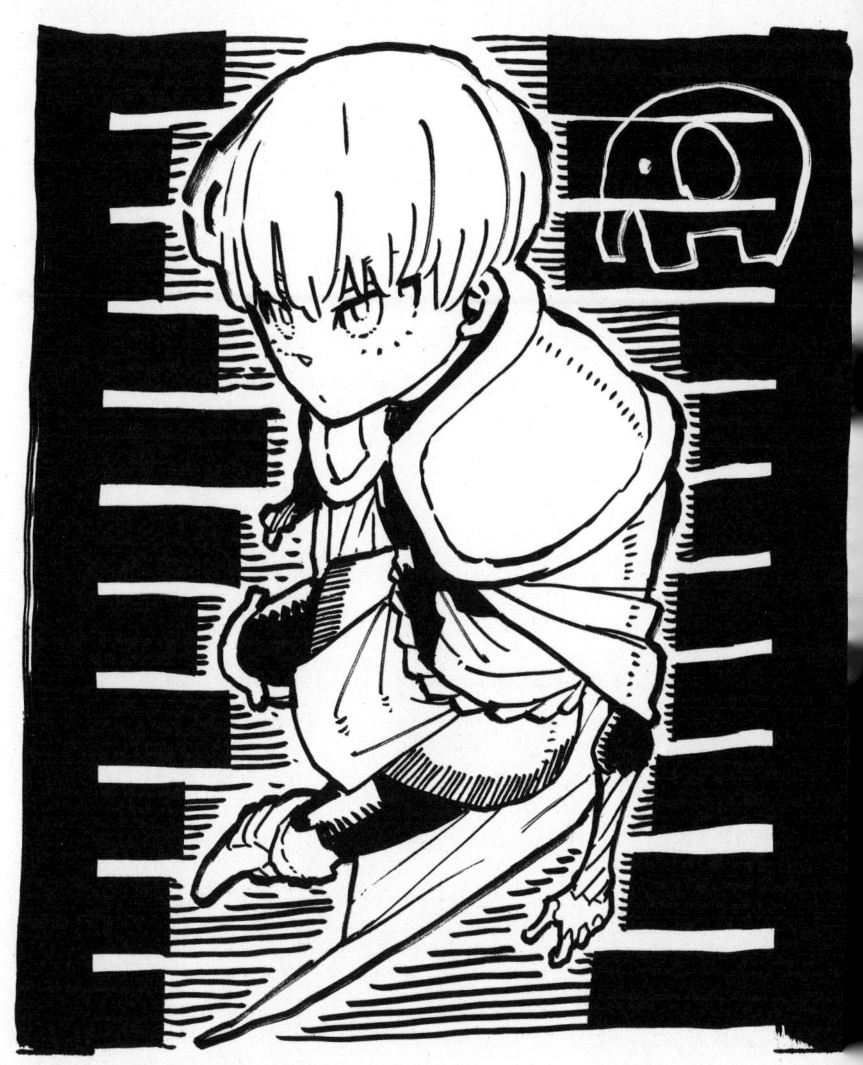

Kapitel 215: Entzündung

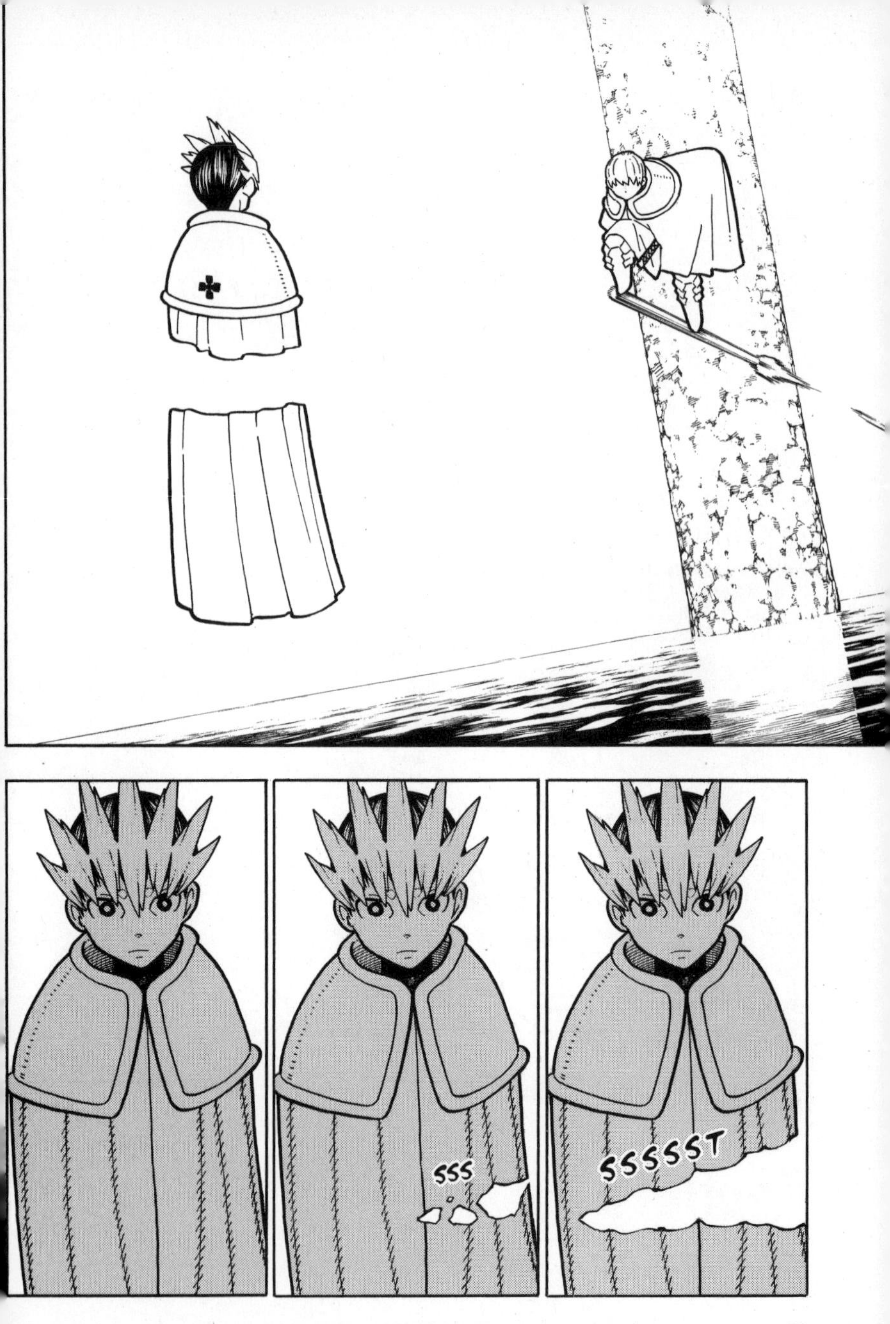

SSS

SSSSST

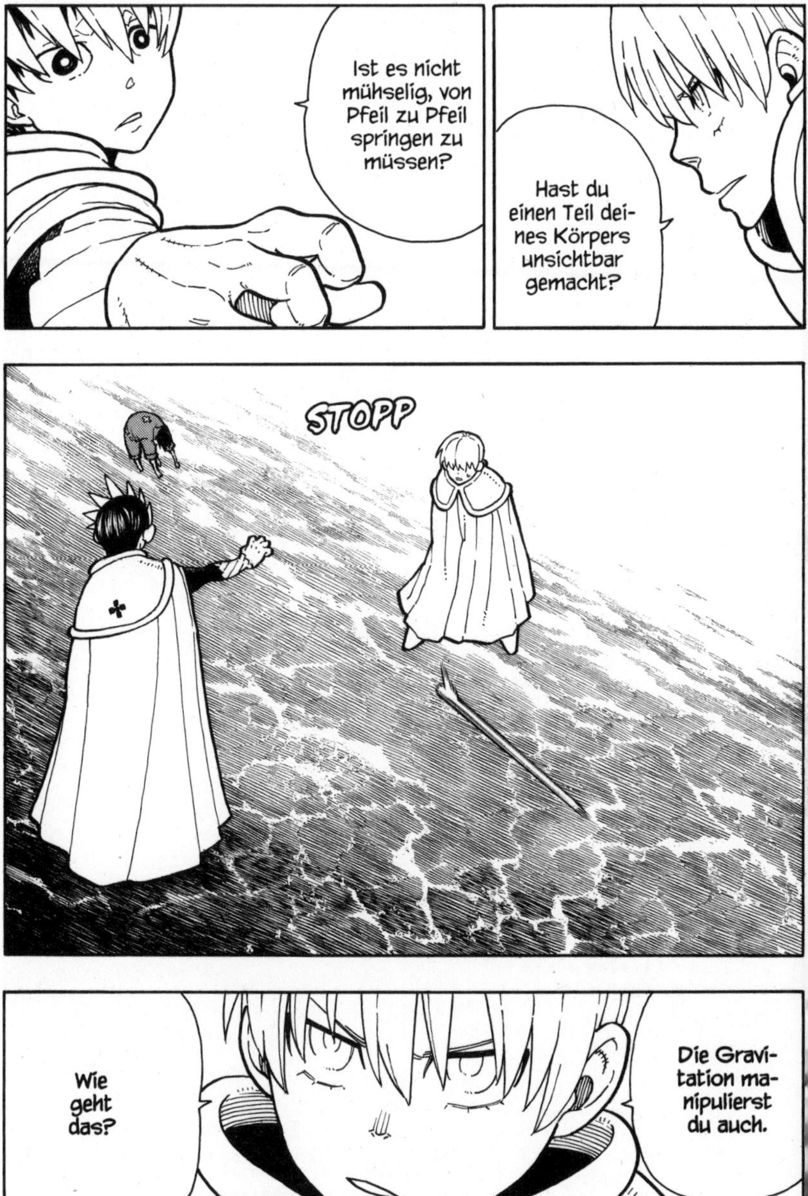

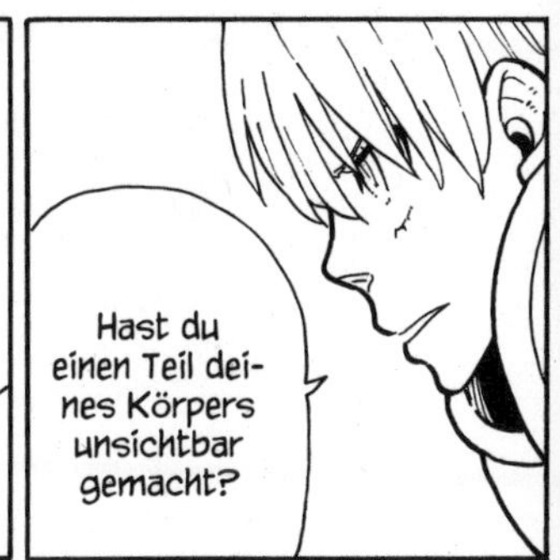
Hast du einen Teil deines Körpers unsichtbar gemacht?

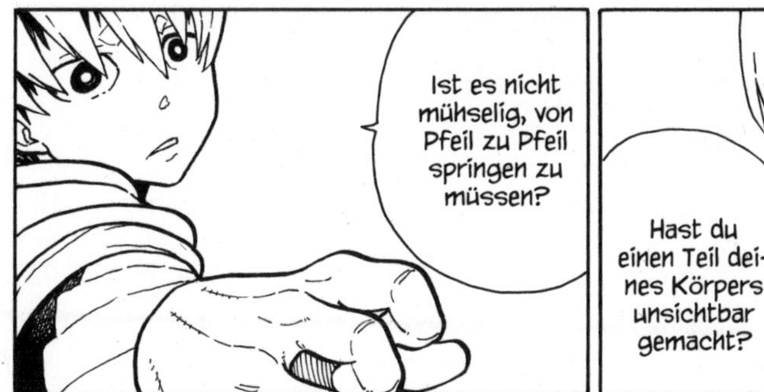
Ist es nicht mühselig, von Pfeil zu Pfeil springen zu müssen?

STOPP

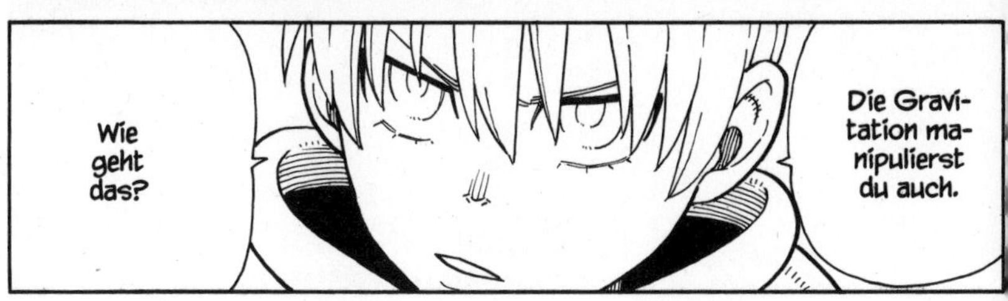
Die Gravitation manipulierst du auch.
Wie geht das?

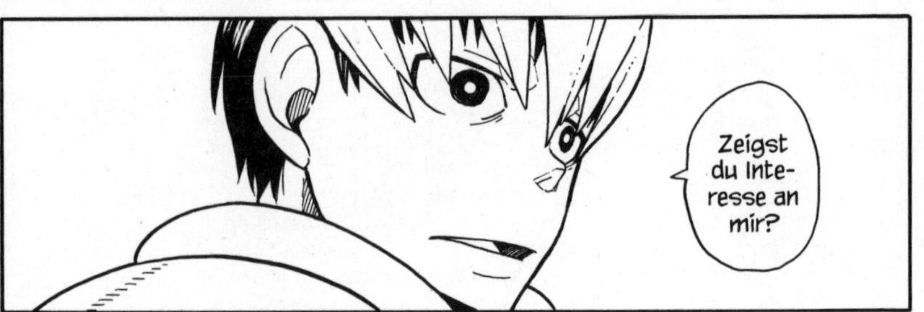
Zeigst du Interesse an mir?

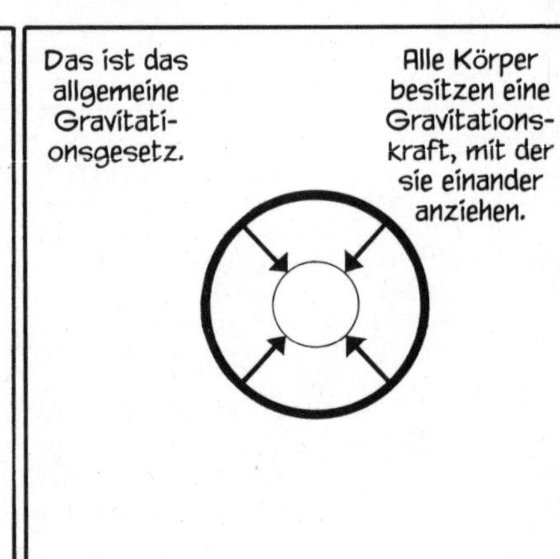
Alle Körper besitzen eine Gravitationskraft, mit der sie einander anziehen.
Das ist das allgemeine Gravitationsgesetz.

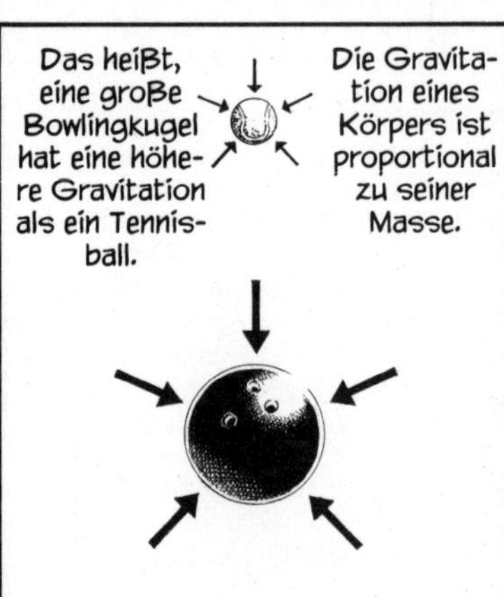
Die Gravitation eines Körpers ist proportional zu seiner Masse.
Das heißt, eine große Bowlingkugel hat eine höhere Gravitation als ein Tennisball.

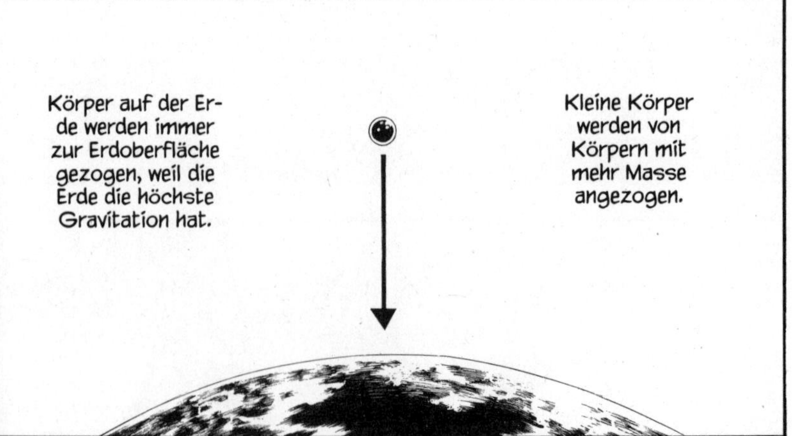
Kleine Körper werden von Körpern mit mehr Masse angezogen.
Körper auf der Erde werden immer zur Erdoberfläche gezogen, weil die Erde die höchste Gravitation hat.

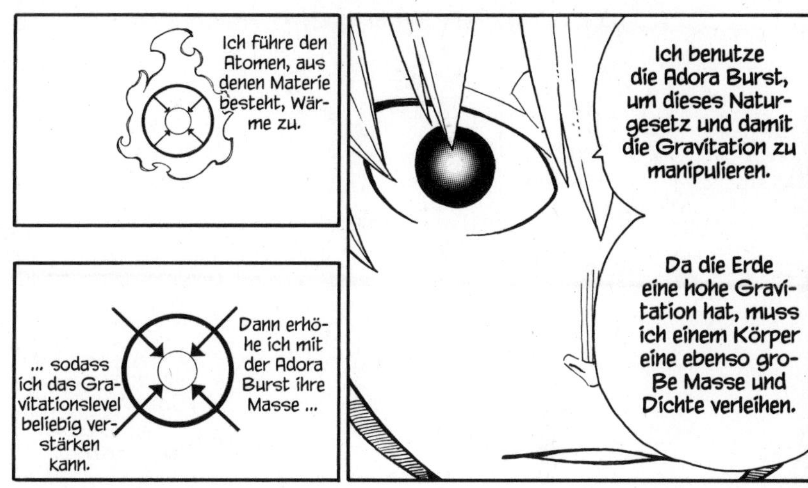
Ich benutze die Adora Burst, um dieses Naturgesetz und damit die Gravitation zu manipulieren.
Da die Erde eine hohe Gravitation hat, muss ich einem Körper eine ebenso große Masse und Dichte verleihen.
Ich führe den Atomen, aus denen Materie besteht, Wärme zu.
Dann erhöhe ich mit der Adora Burst ihre Masse ...
... sodass ich das Gravitationslevel beliebig verstärken kann.

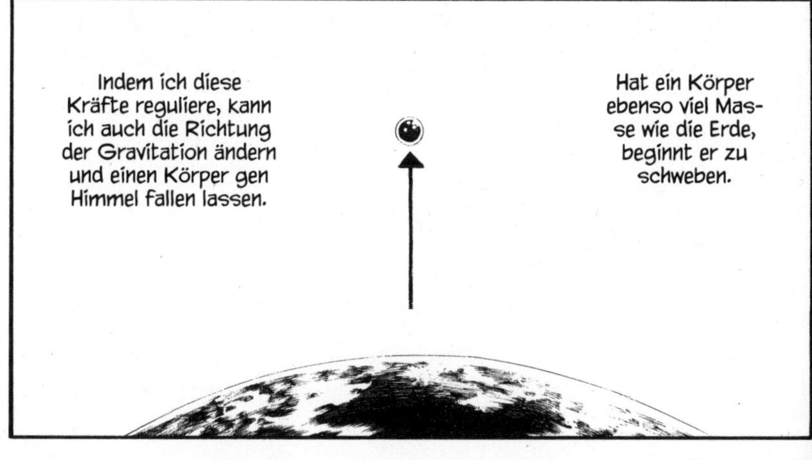
Hat ein Körper ebenso viel Masse wie die Erde, beginnt er zu schweben.
Indem ich diese Kräfte reguliere, kann ich auch die Richtung der Gravitation ändern und einen Körper gen Himmel fallen lassen.

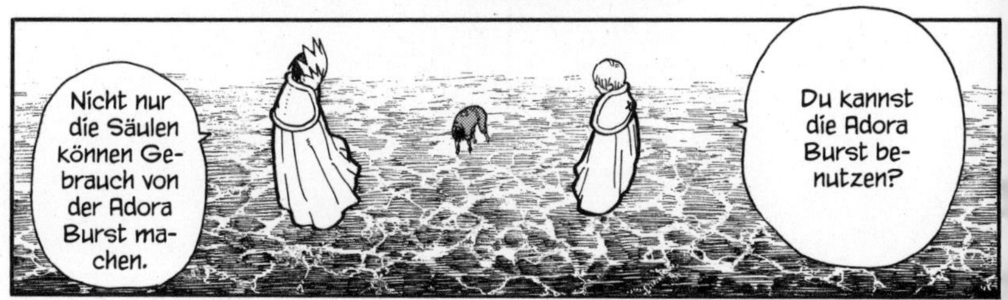
Du kannst die Adora Burst benutzen?
Nicht nur die Säulen können Gebrauch von der Adora Burst machen.

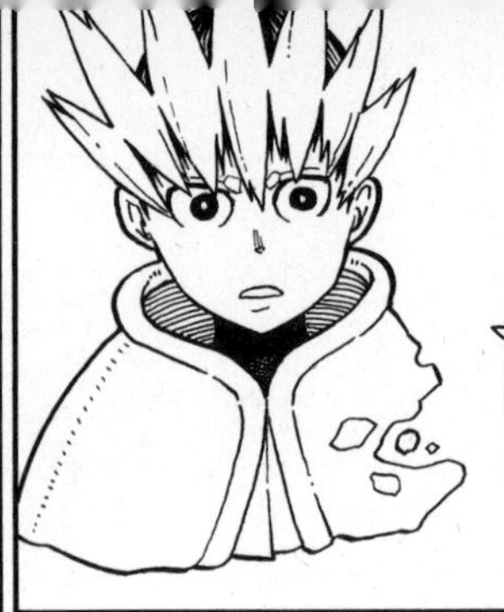
Ich wäre der Richtige als dein Wächter gewesen.

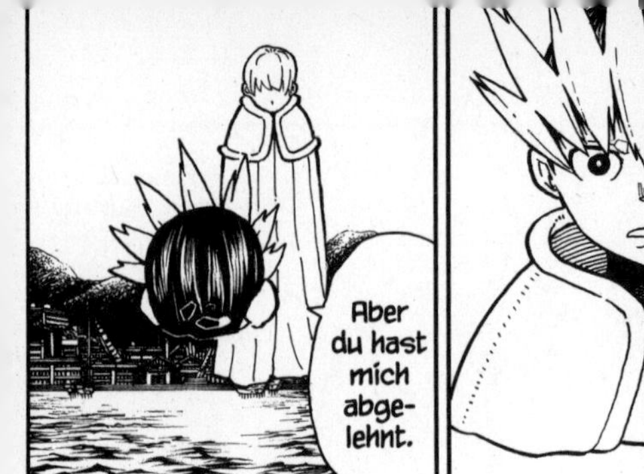
Aber du hast mich abgelehnt.

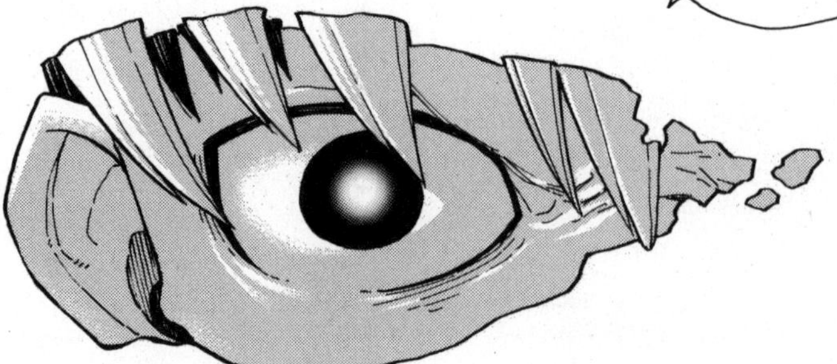
Ich hätte dich beschützen können.

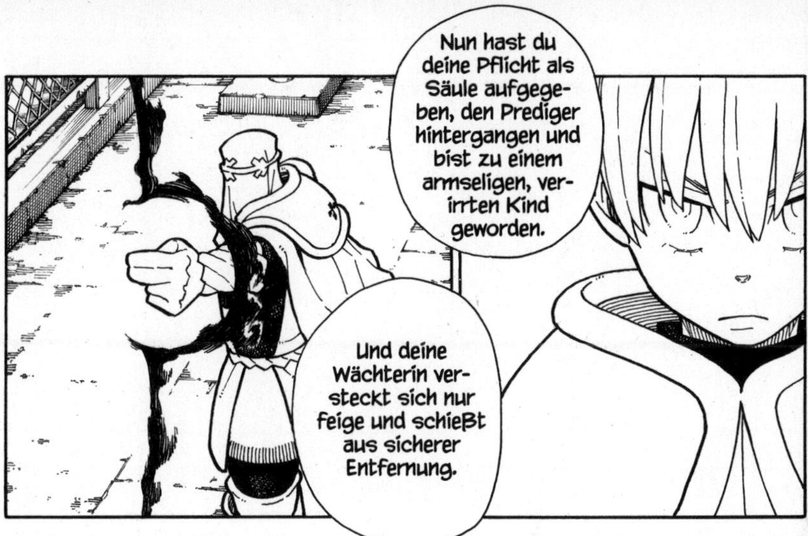
Nun hast du deine Pflicht als Säule aufgegeben, den Prediger hintergangen und bist zu einem armseligen, verirrten Kind geworden.
Und deine Wächterin versteckt sich nur feige und schießt aus sicherer Entfernung.

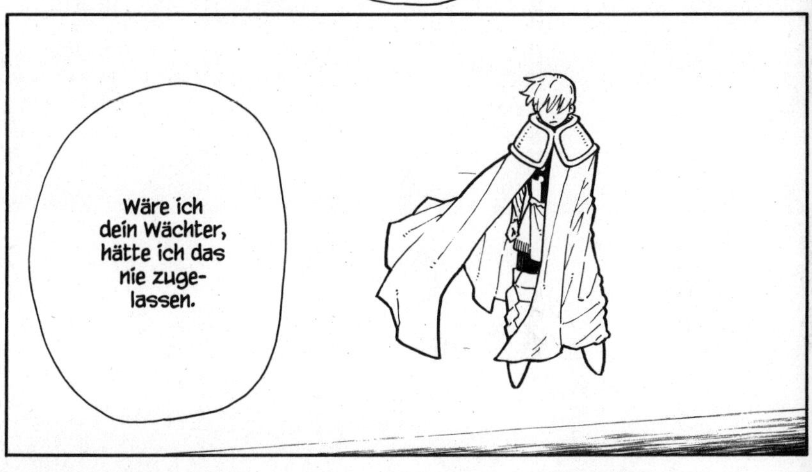
Wäre ich dein Wächter, hätte ich das nie zugelassen.

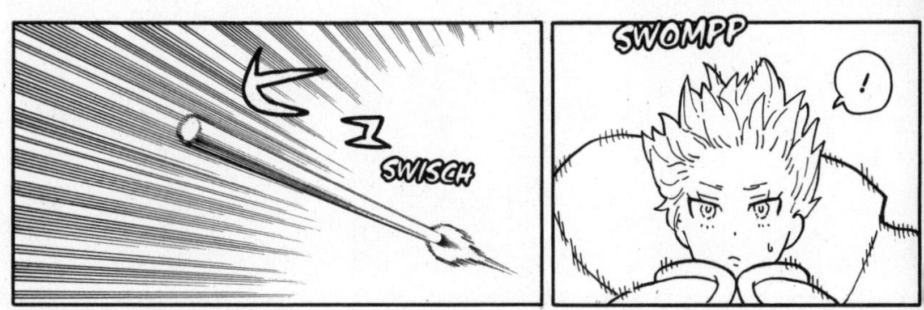
SWOMPP
!
SWISCH

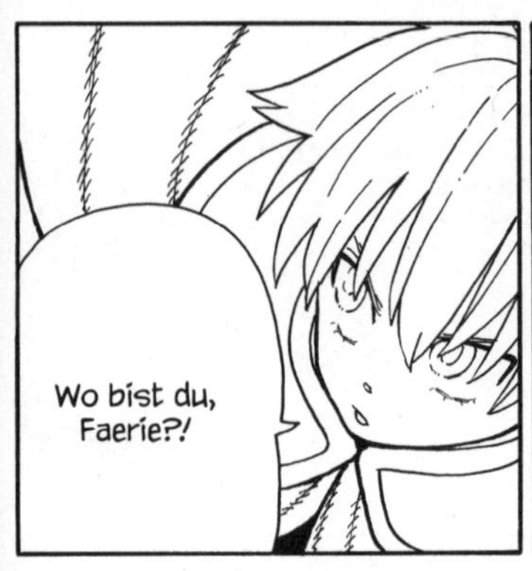
Wo bist du, Faerie?!
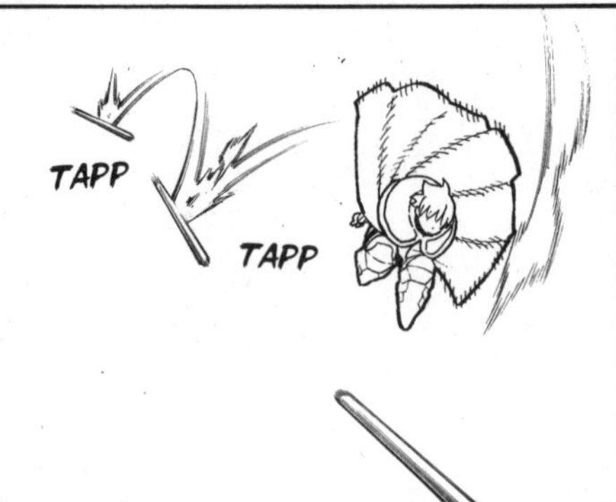
TAPP
TAPP
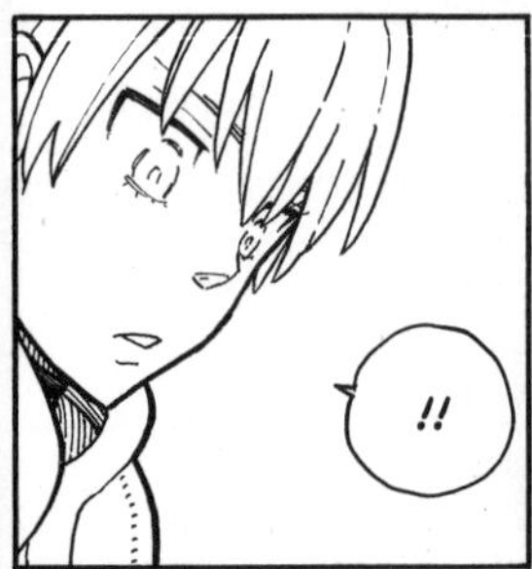
!!
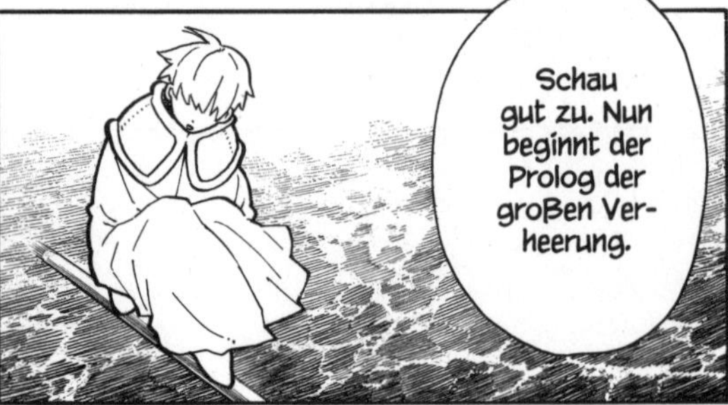
Schau gut zu. Nun beginnt der Prolog der großen Verheerung.
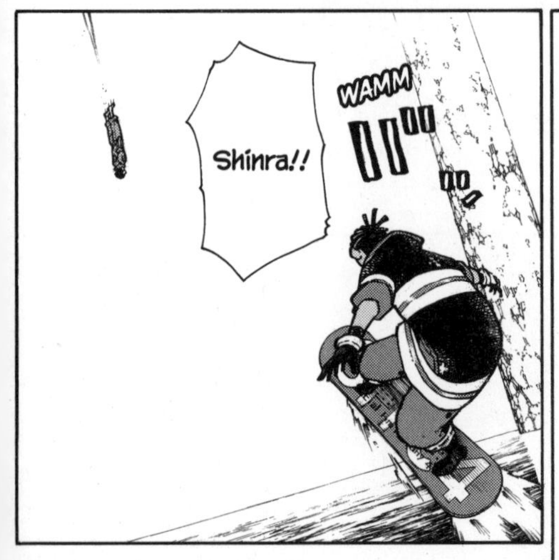
WAMM
Shinra!!
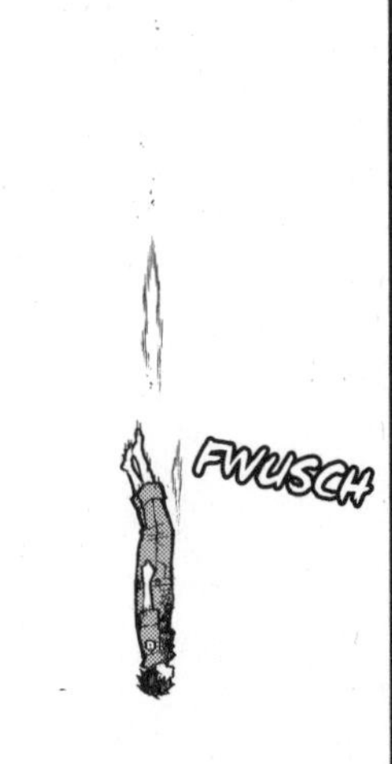
FWUSCH

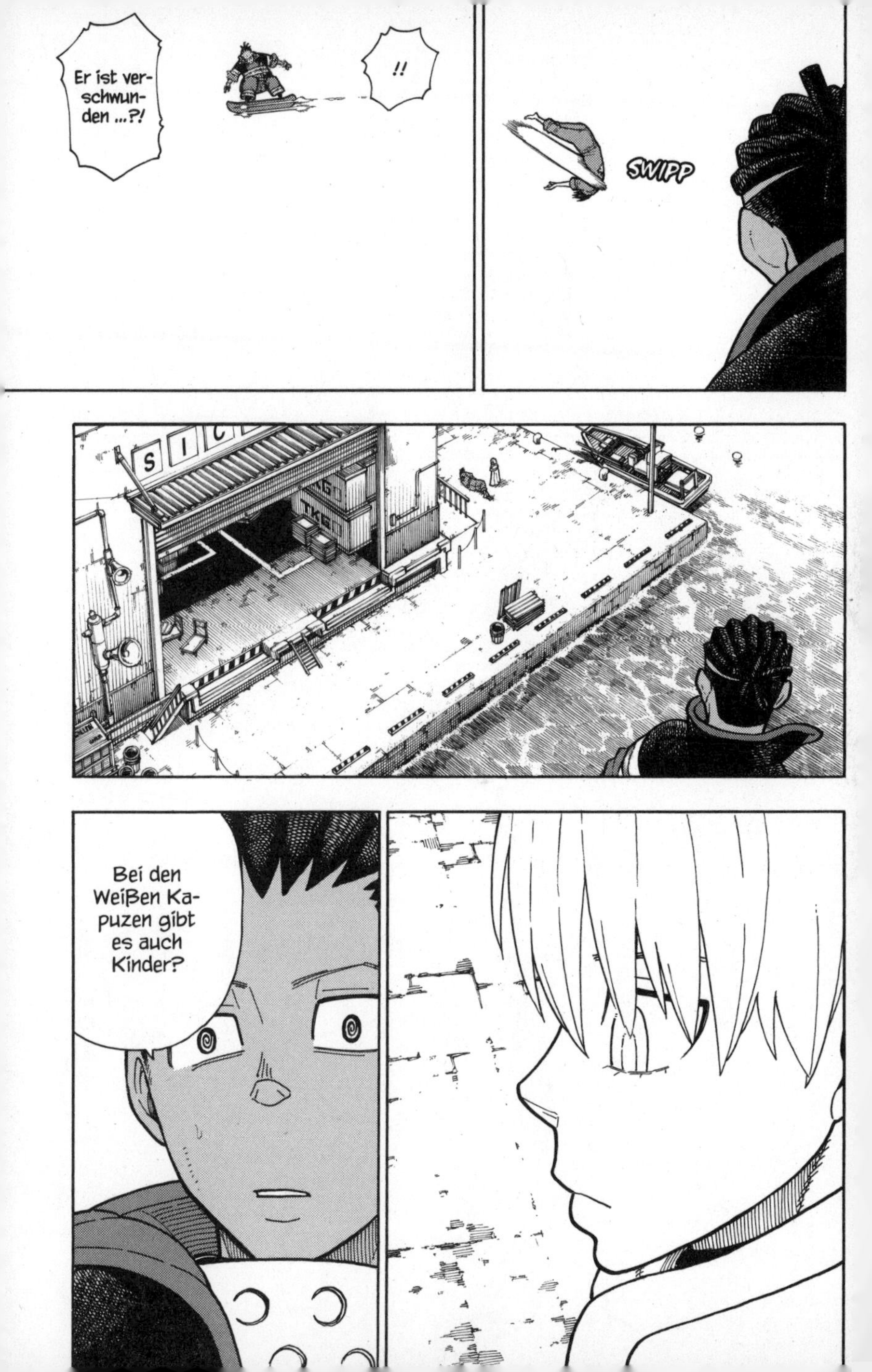

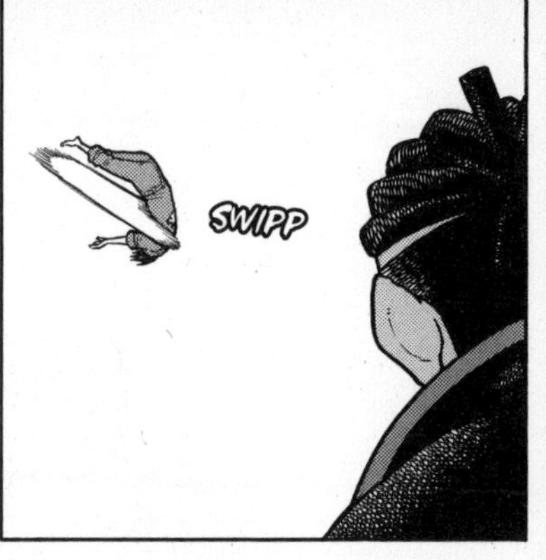

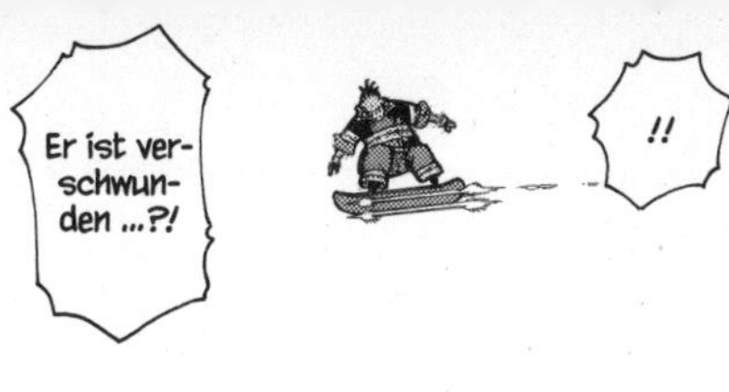

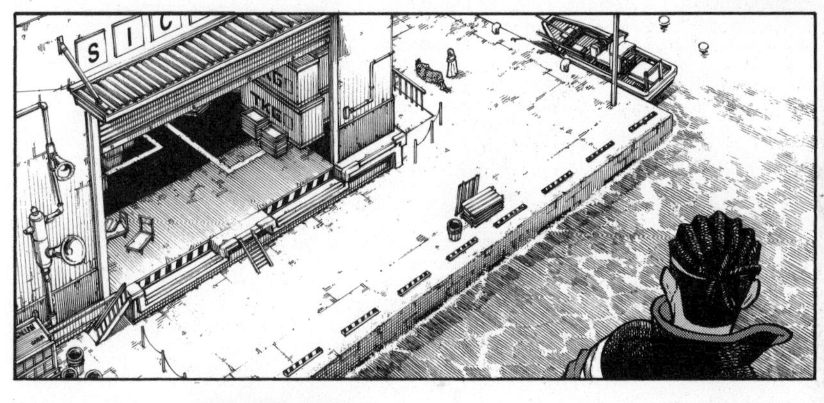

Bei den Weißen Kapuzen gibt es auch Kinder?

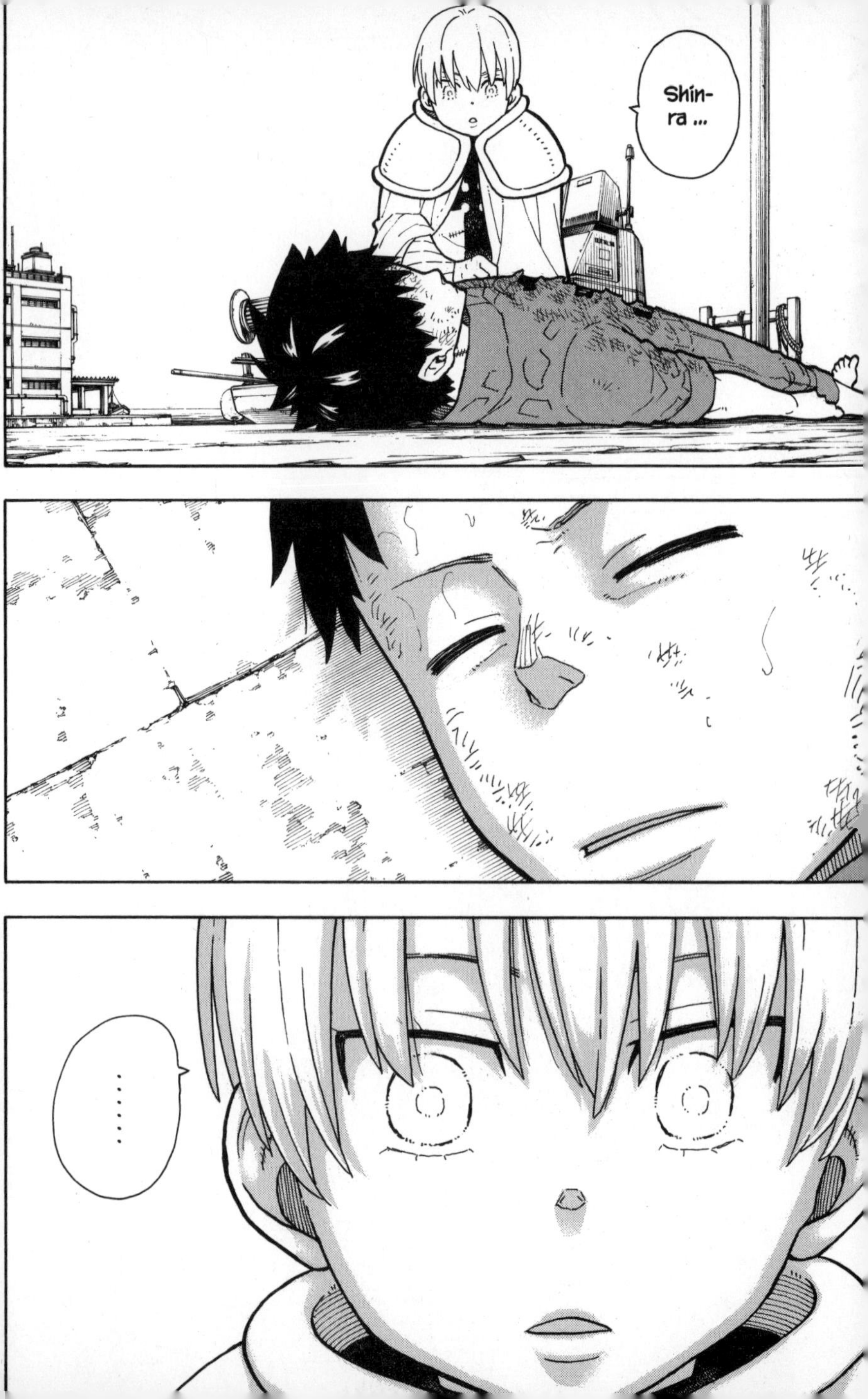

Shin-
ra ...

......

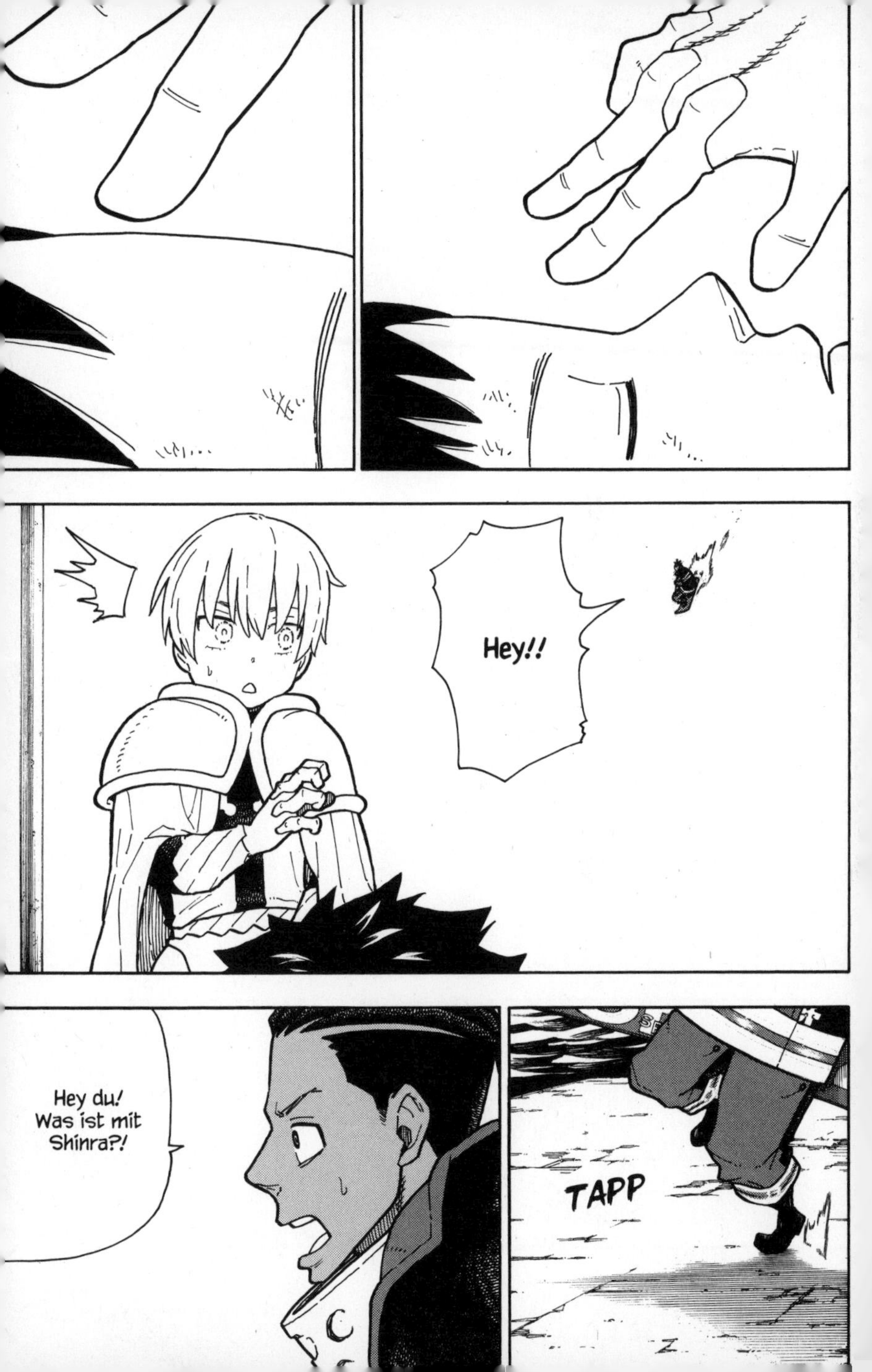

Hey!!

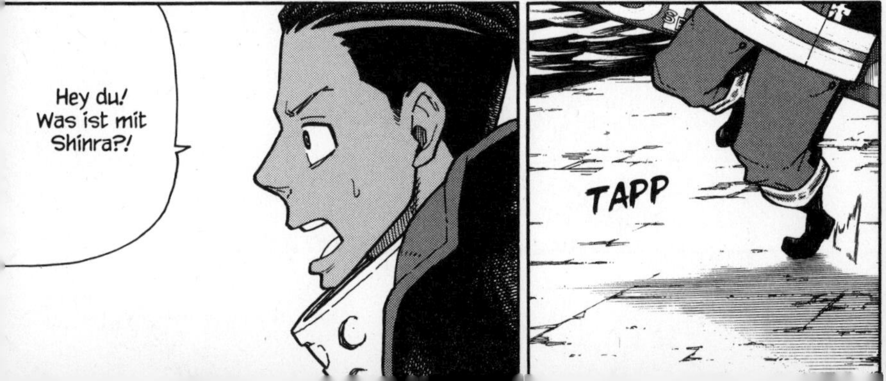

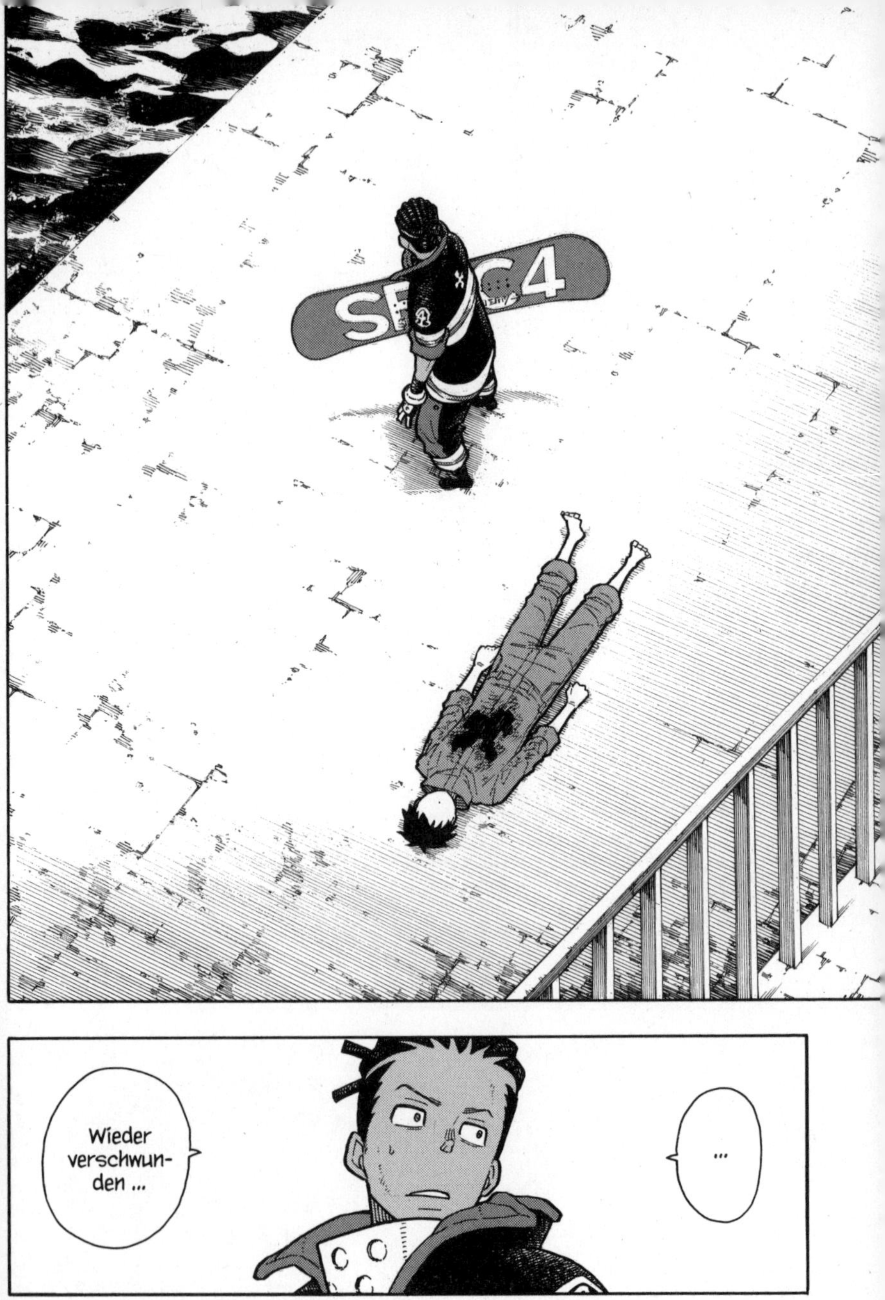

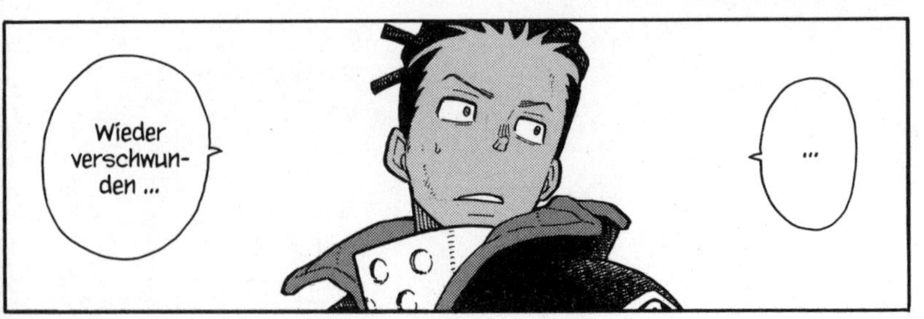
...
Wieder verschwunden ...

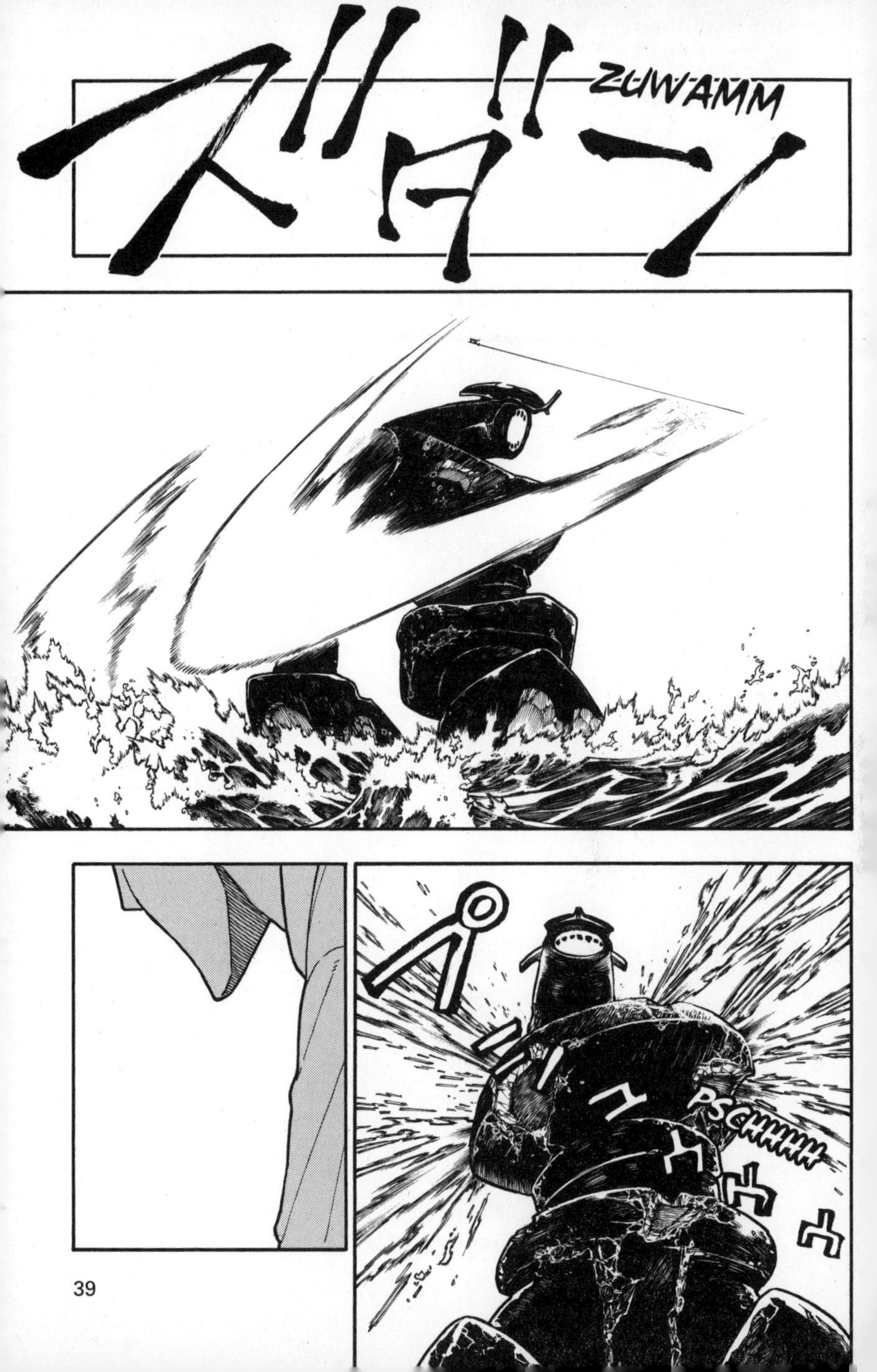

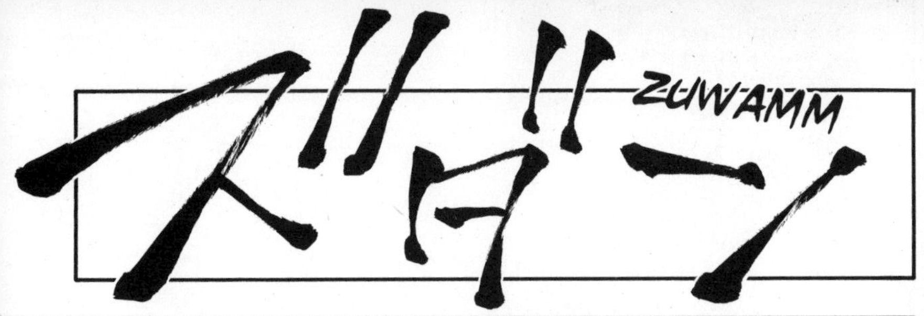
ZUWAMM

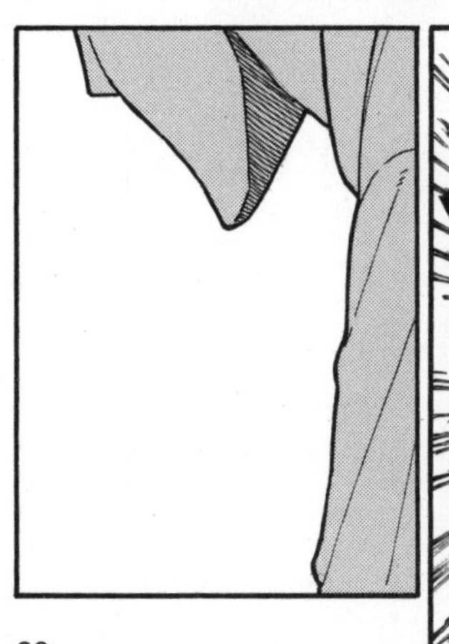

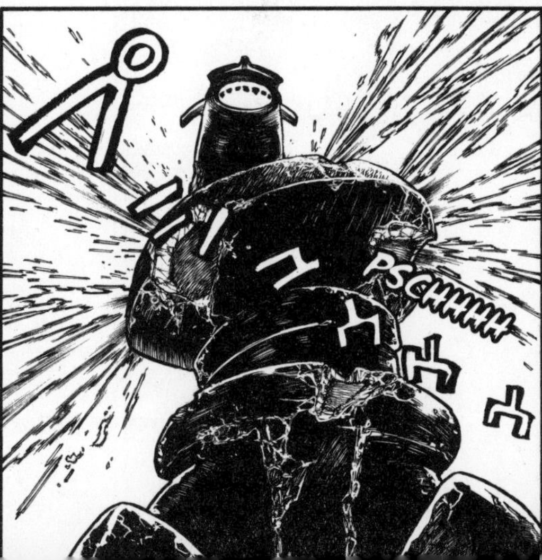
PSCHHHH

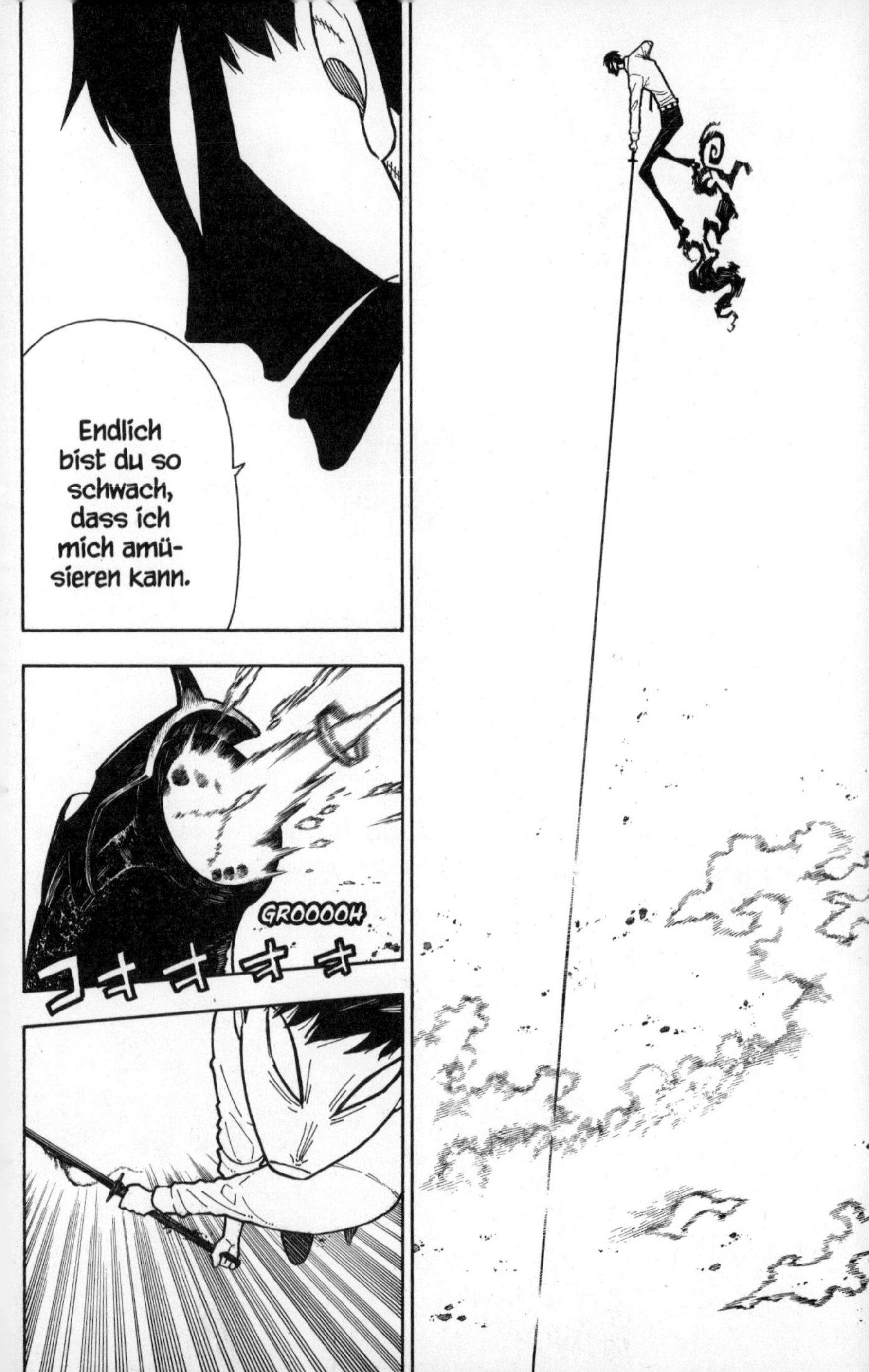
Endlich bist du so schwach, dass ich mich amüsieren kann.
GROOOOH
コォオオオ

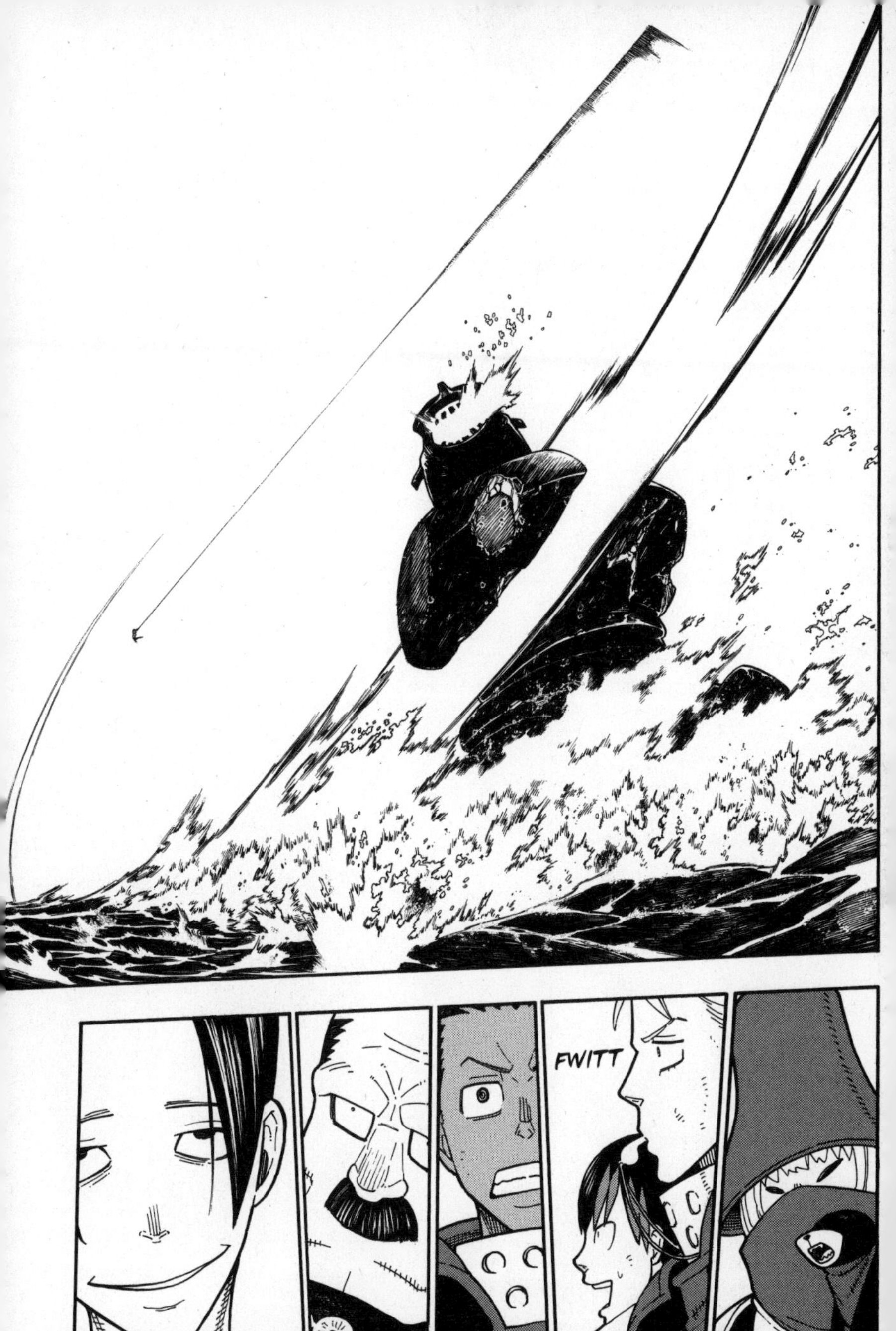
FWITT

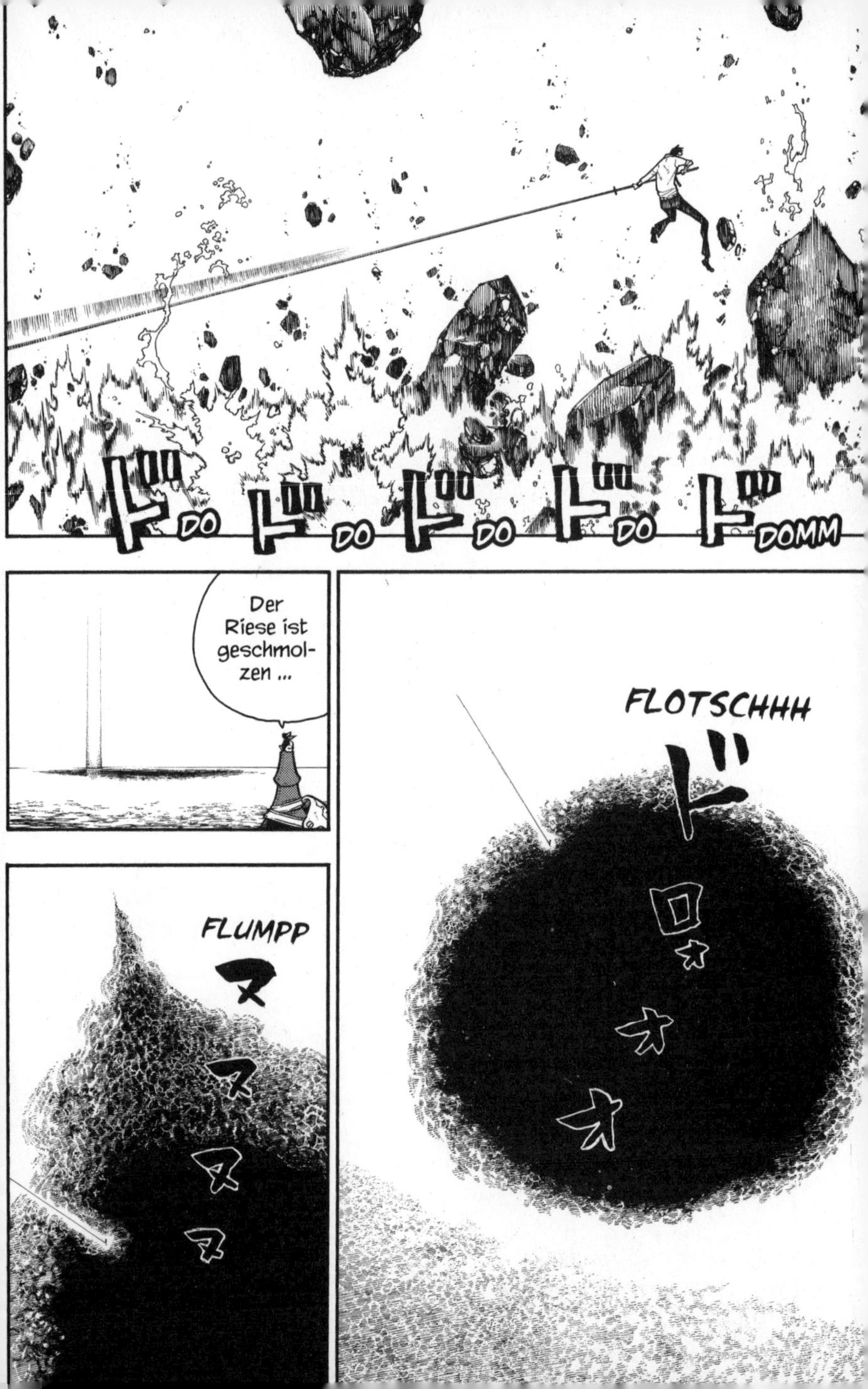

ドDO ドDO ドDO ドDO ドDOMM

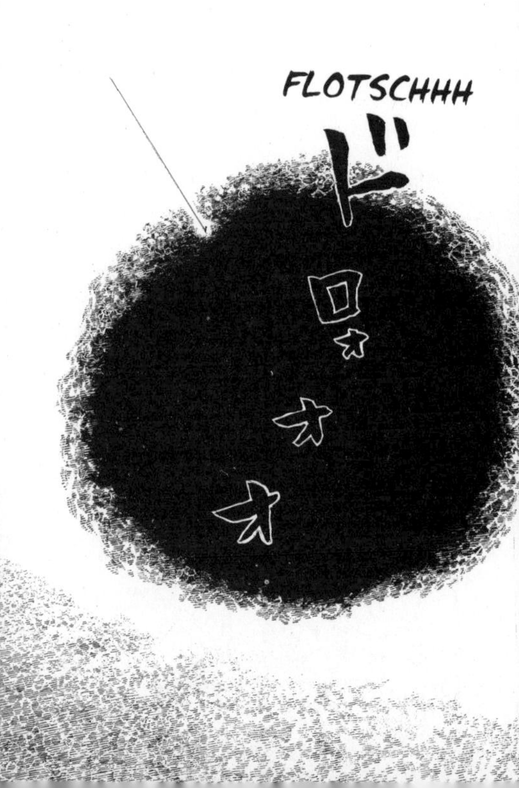

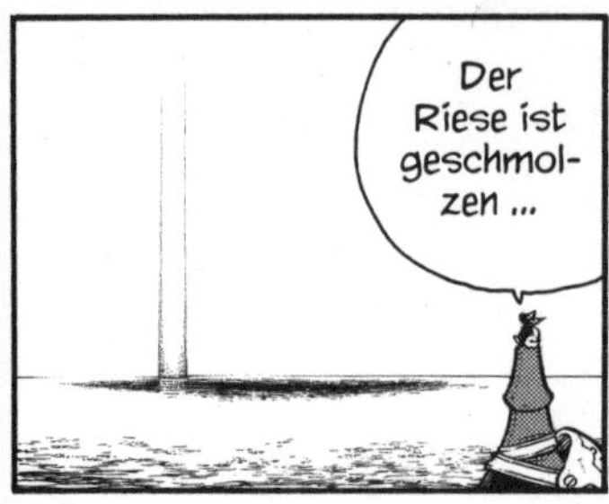

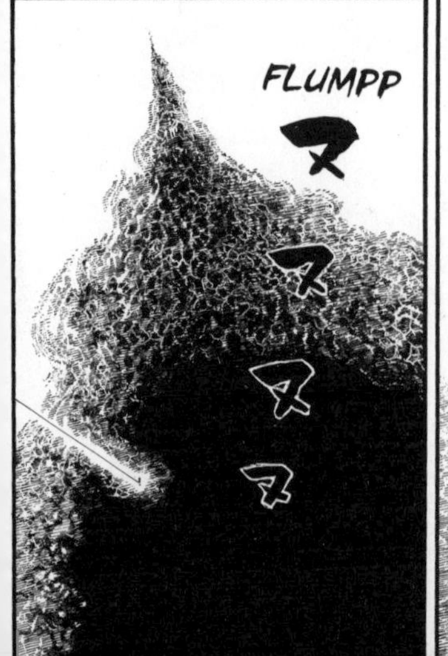

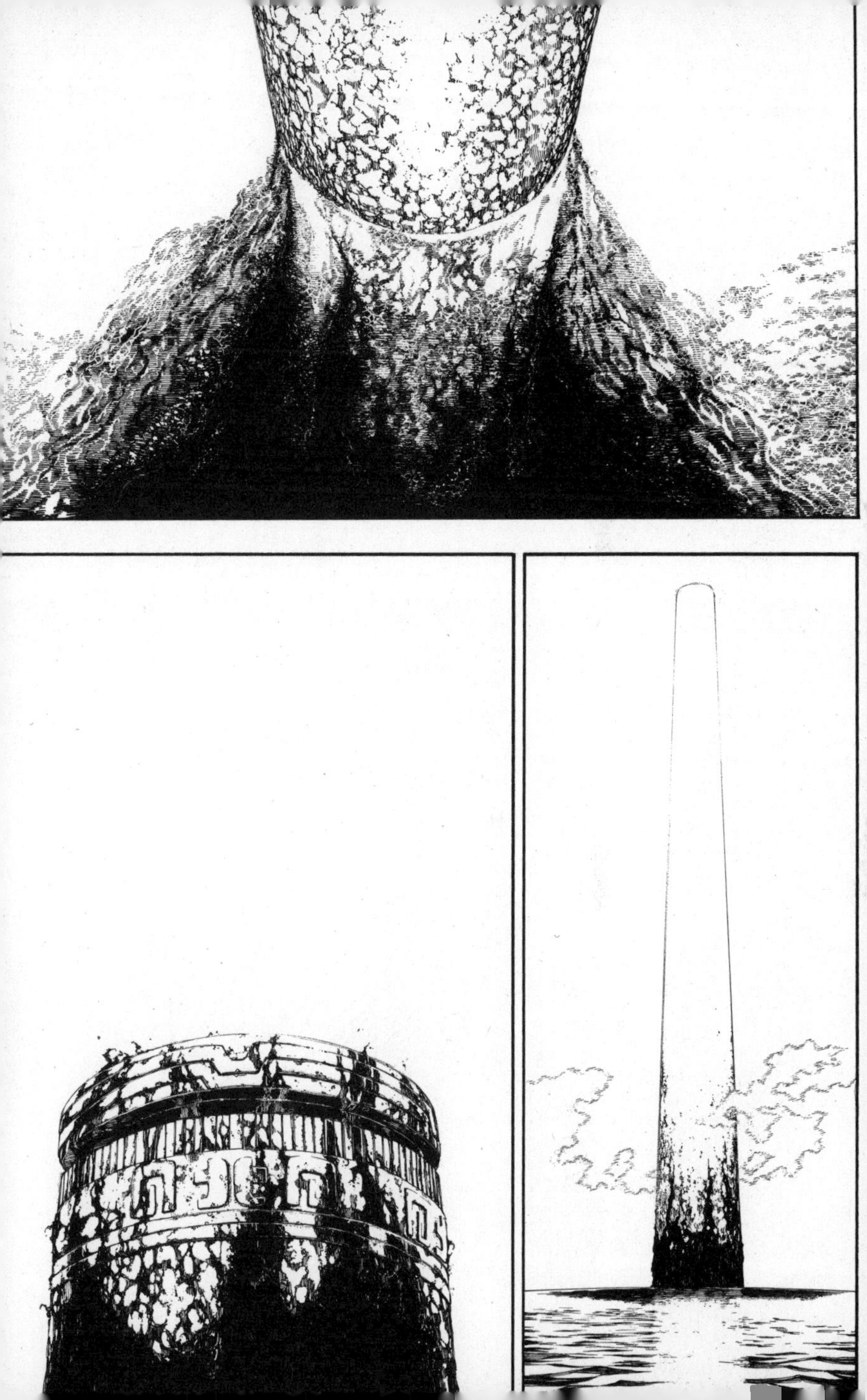

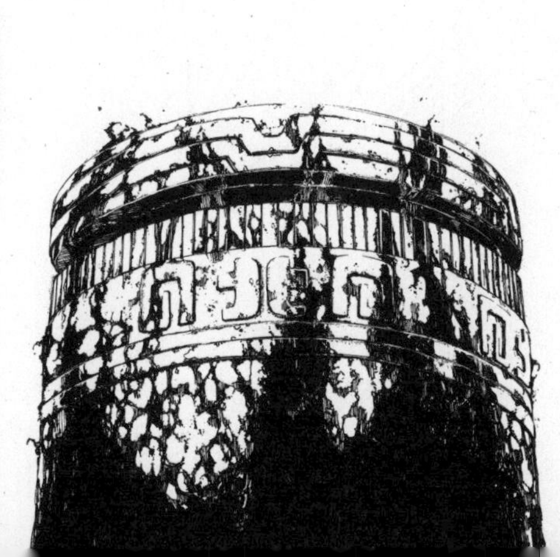

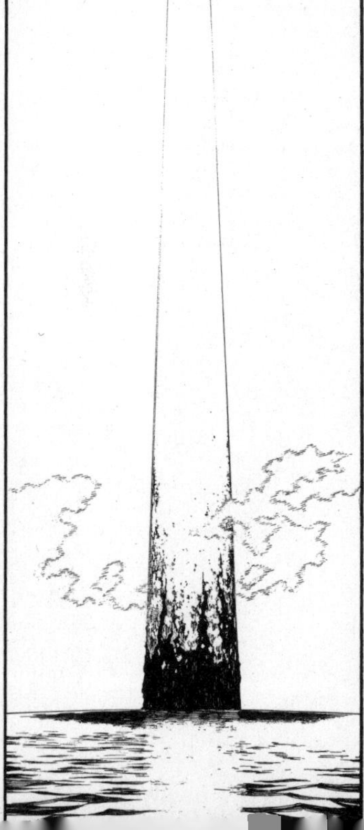

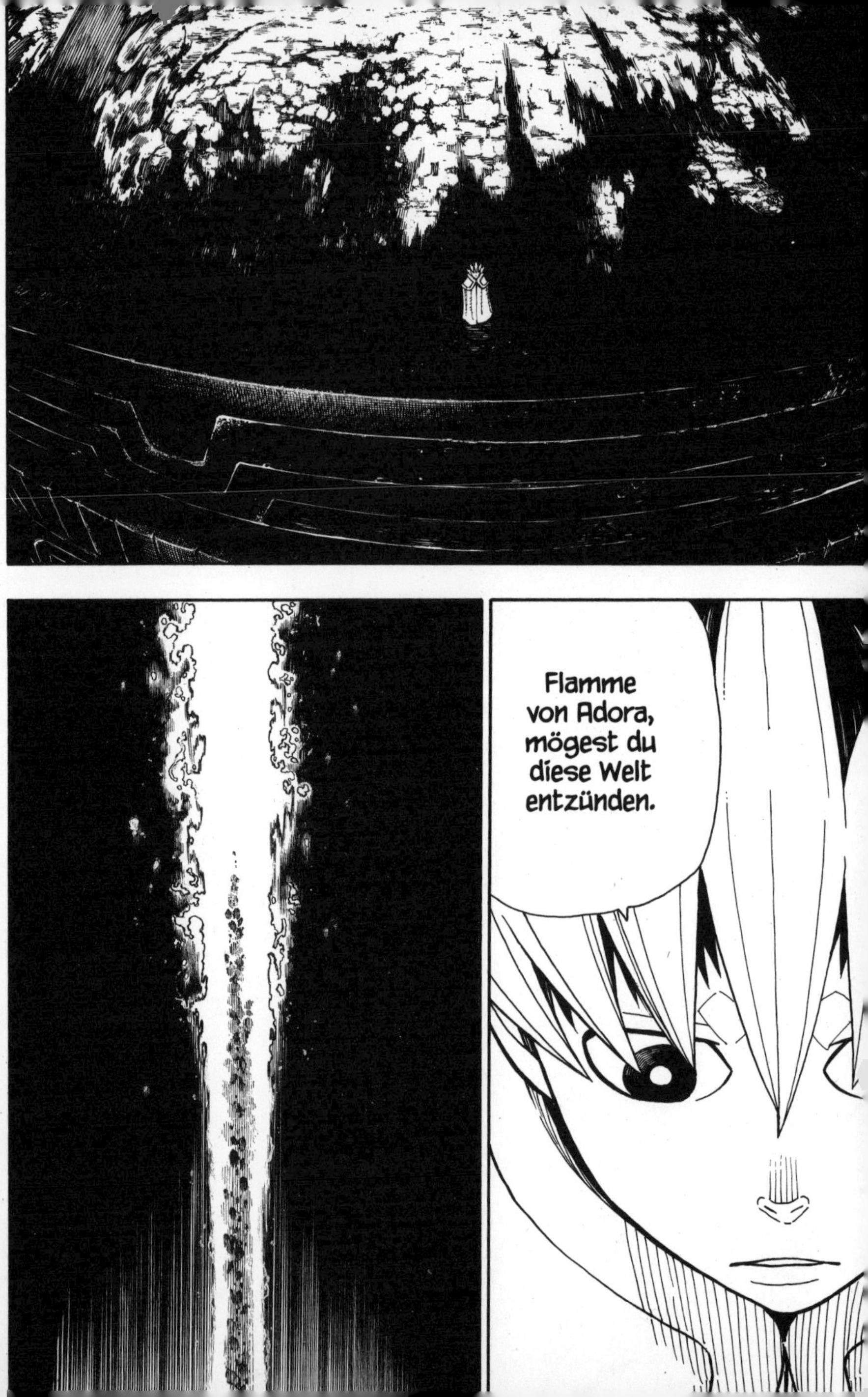

Flamme
von Adora,
mögest du
diese Welt
entzünden.

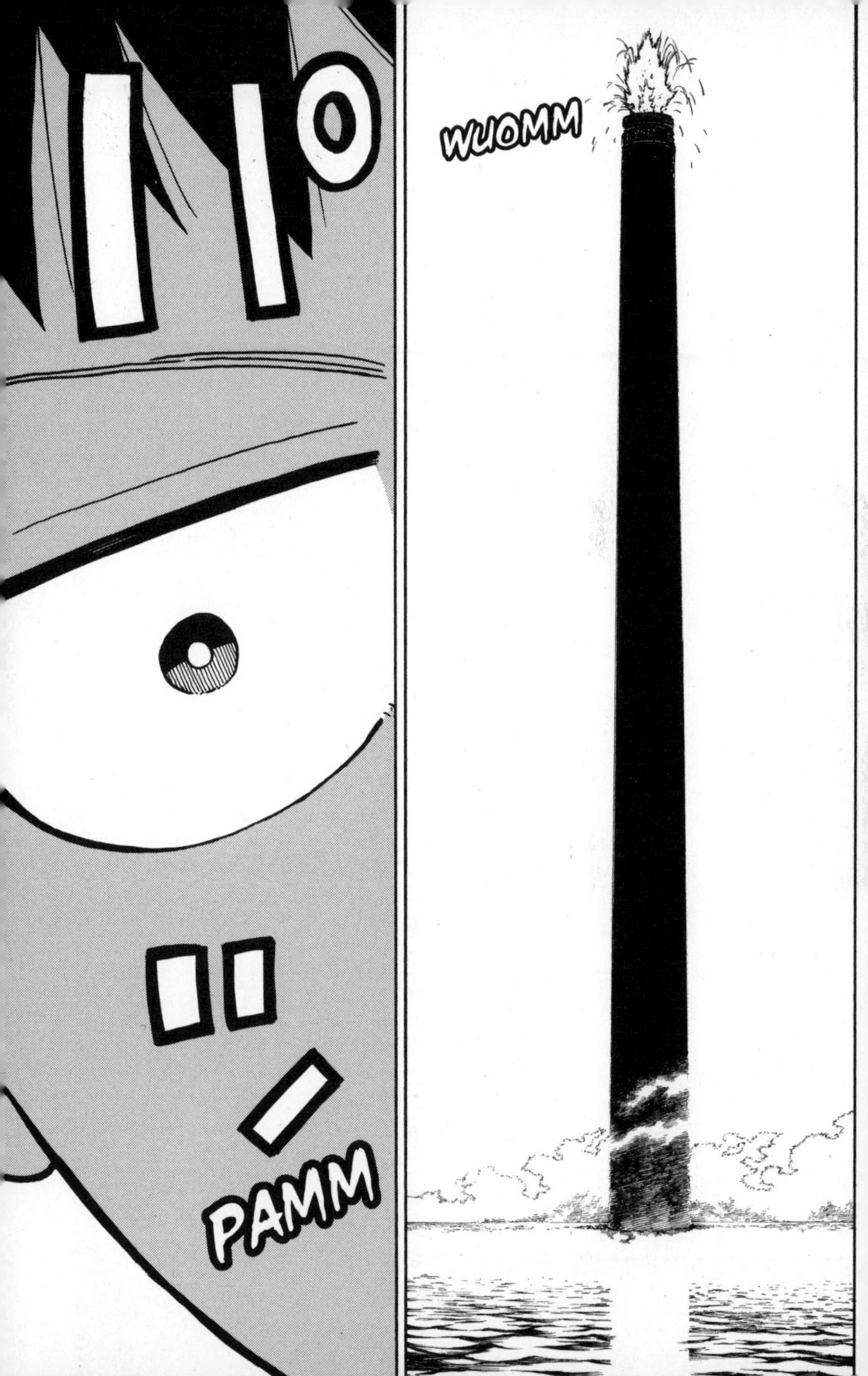
WUOMM
PAMM

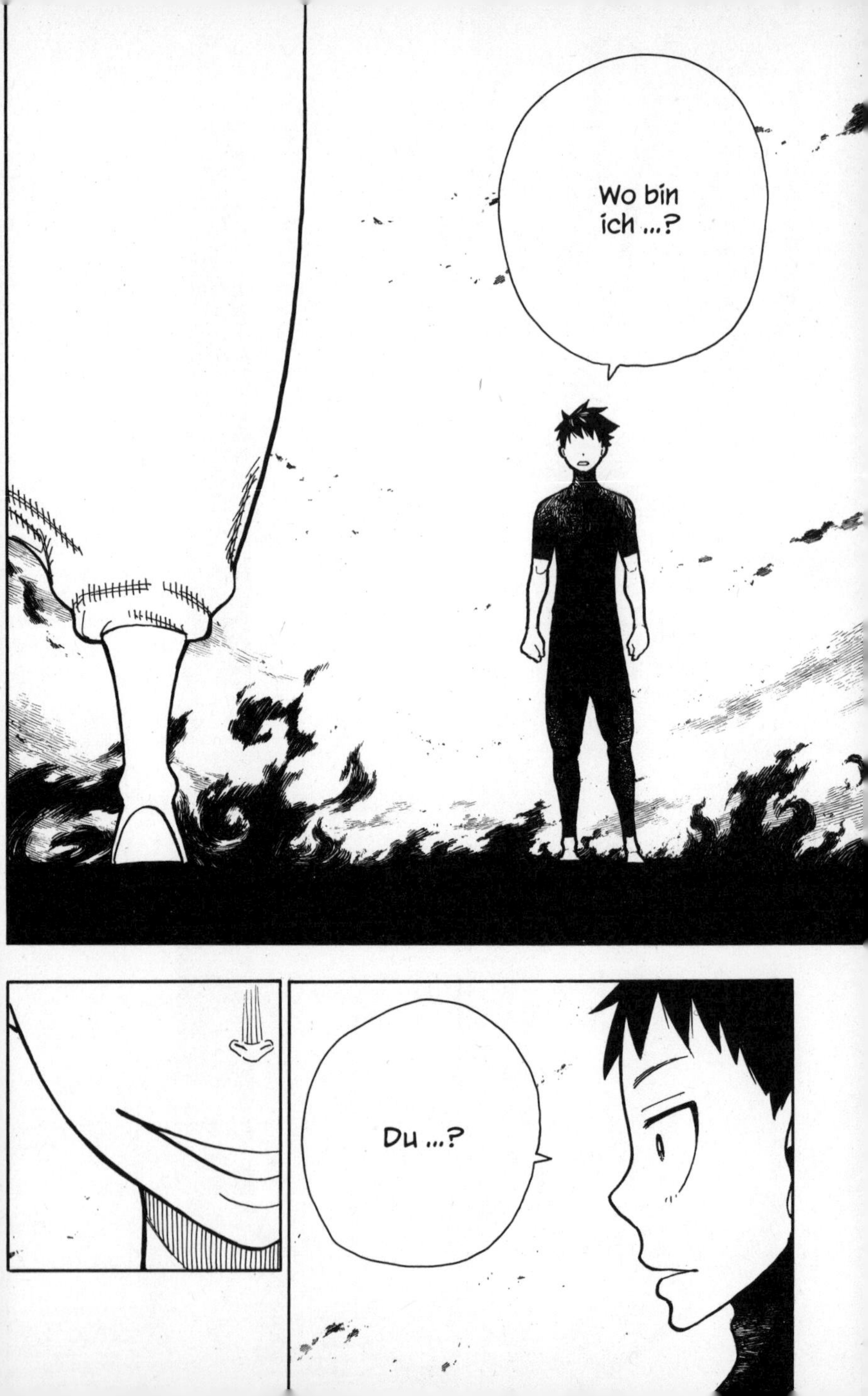

Wo bin ich ...?

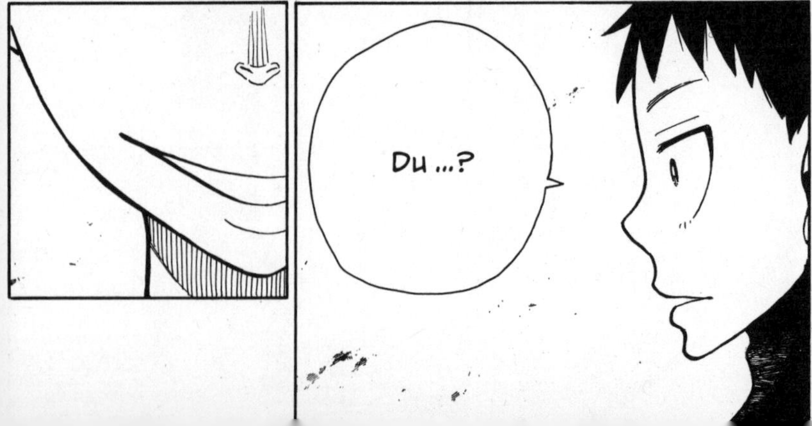

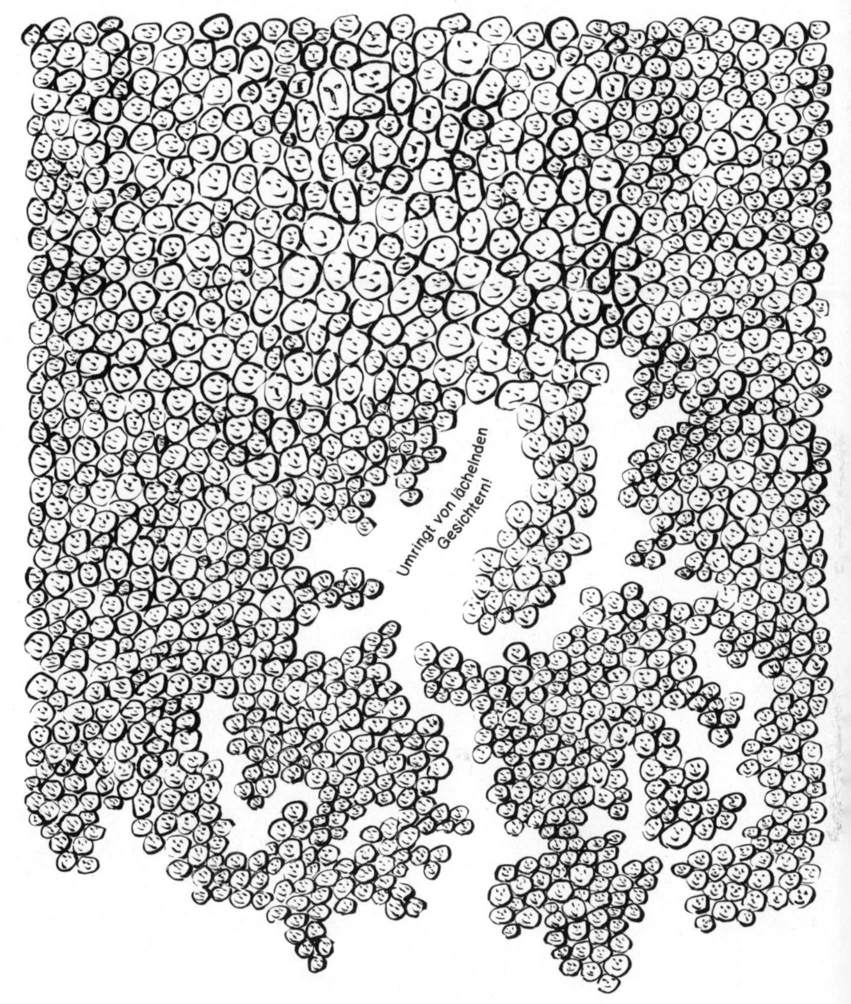

Kapitel 216:
Der Wahnsinn vergangener Zeiten

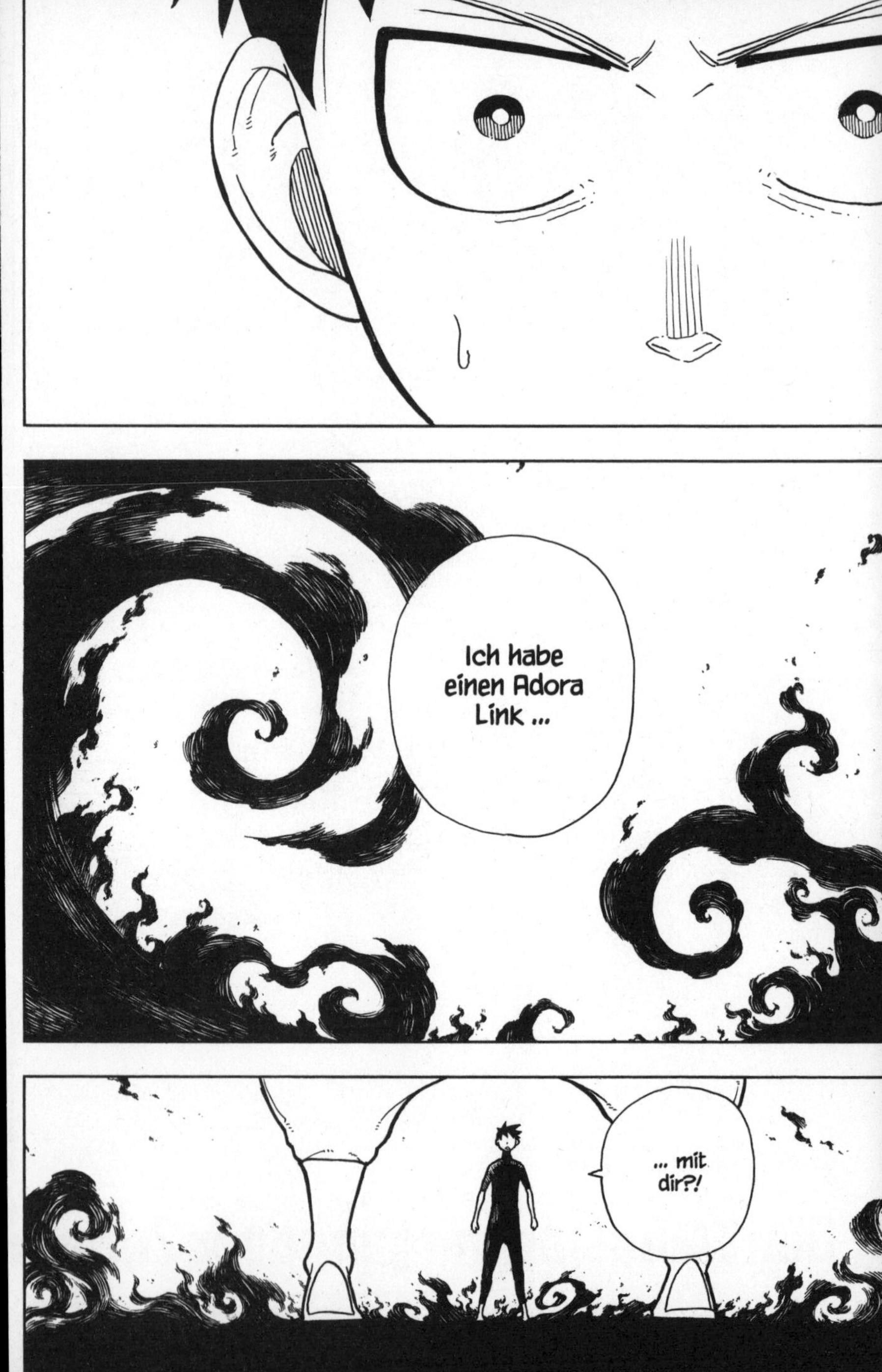
Ich habe einen Adora Link ...
... mit dir?!

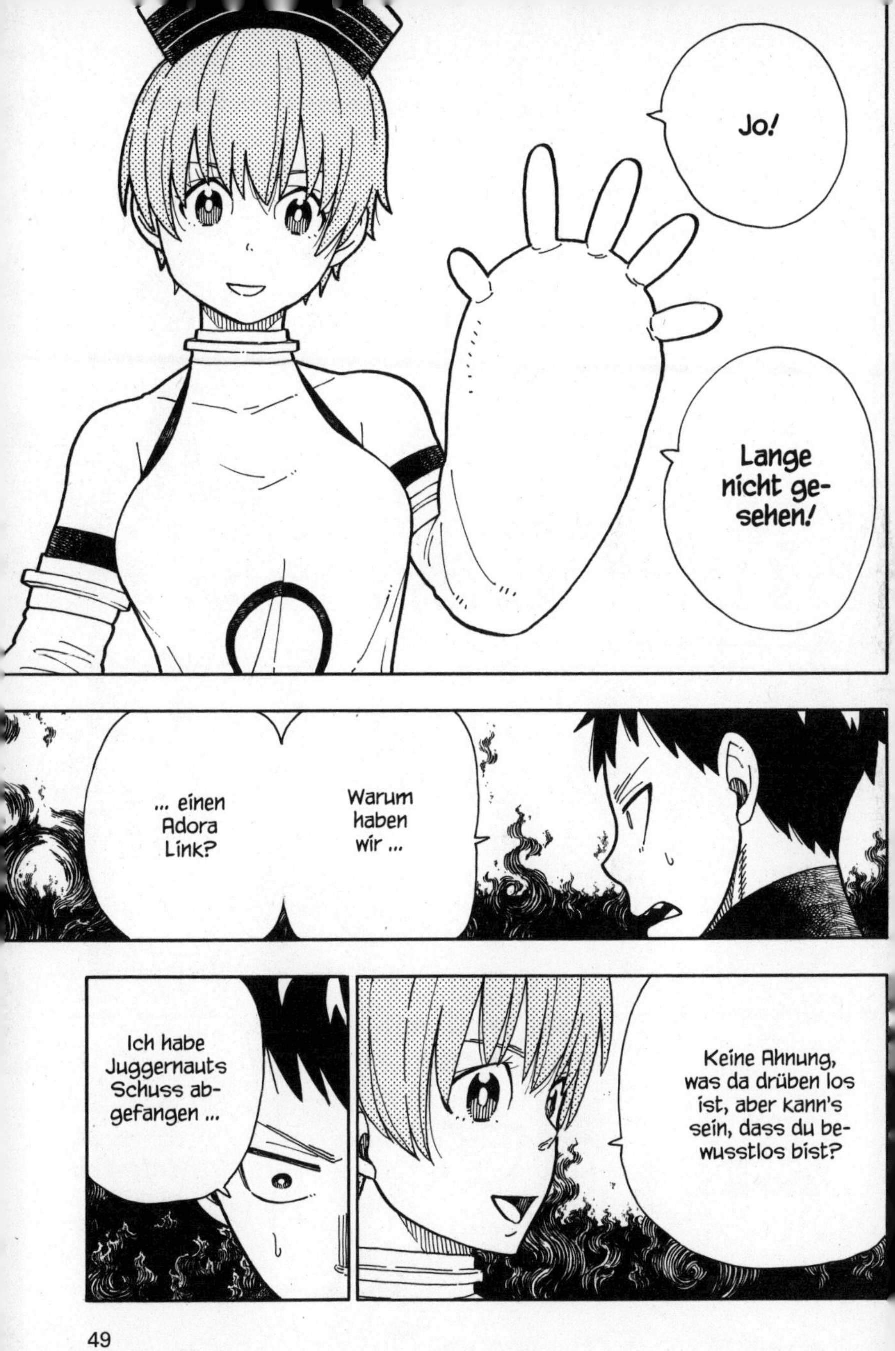

Jo!

Lange nicht gesehen!

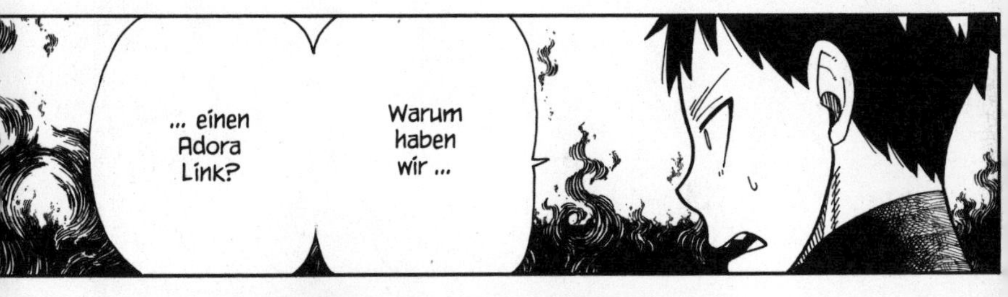

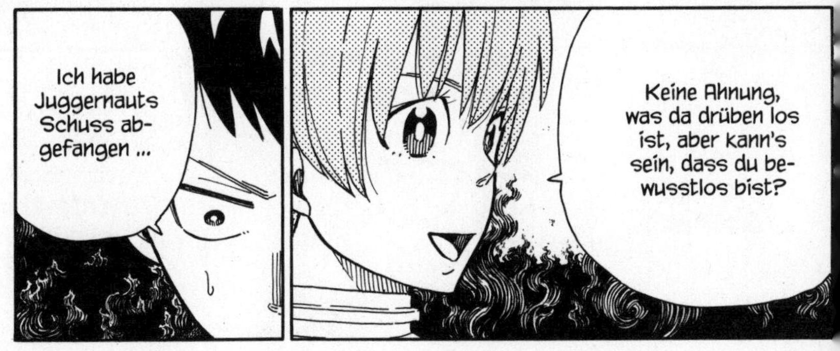

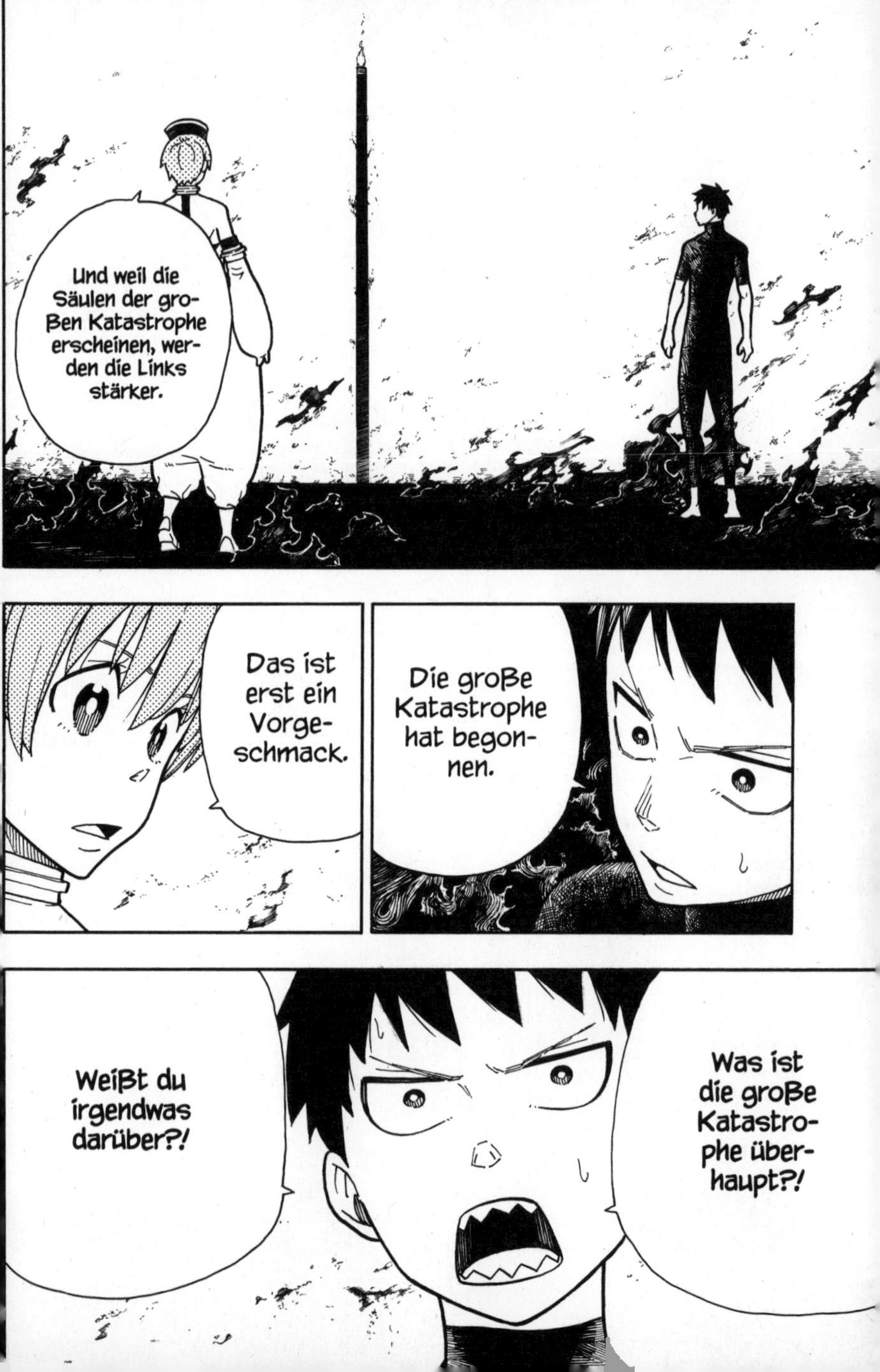

Und weil die Säulen der großen Katastrophe erscheinen, werden die Links stärker.

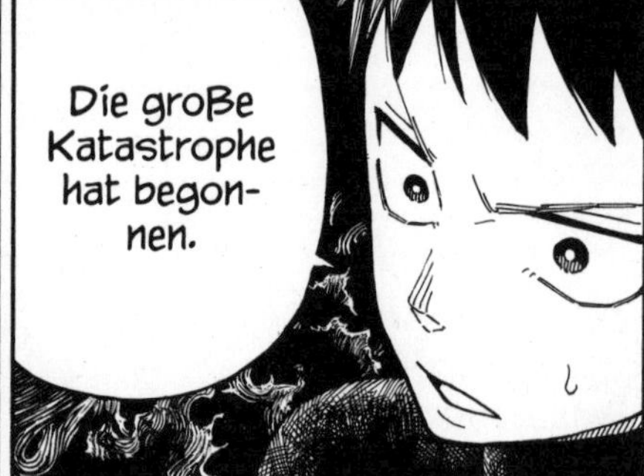

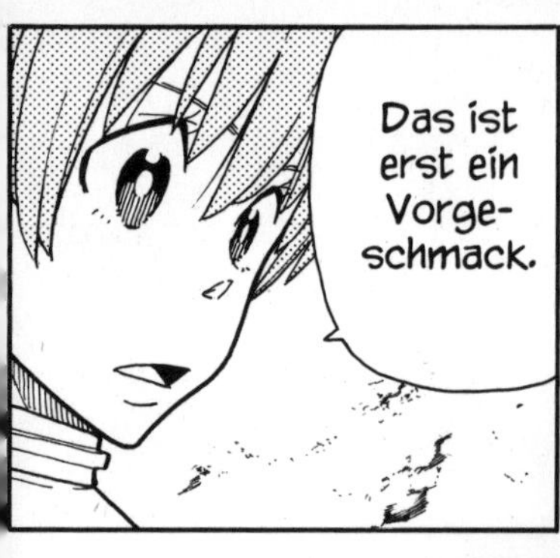

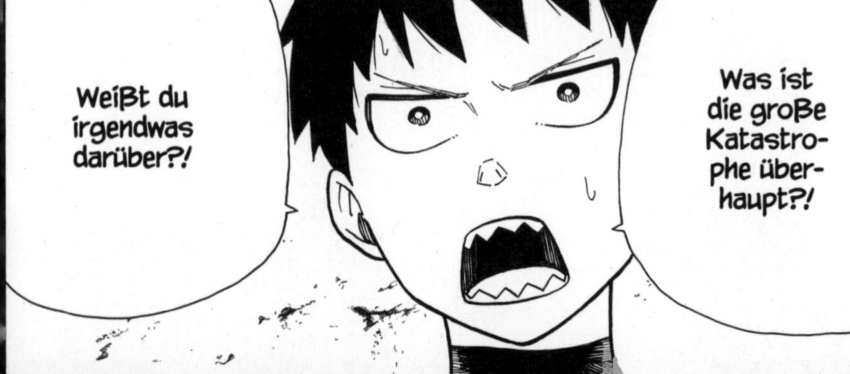

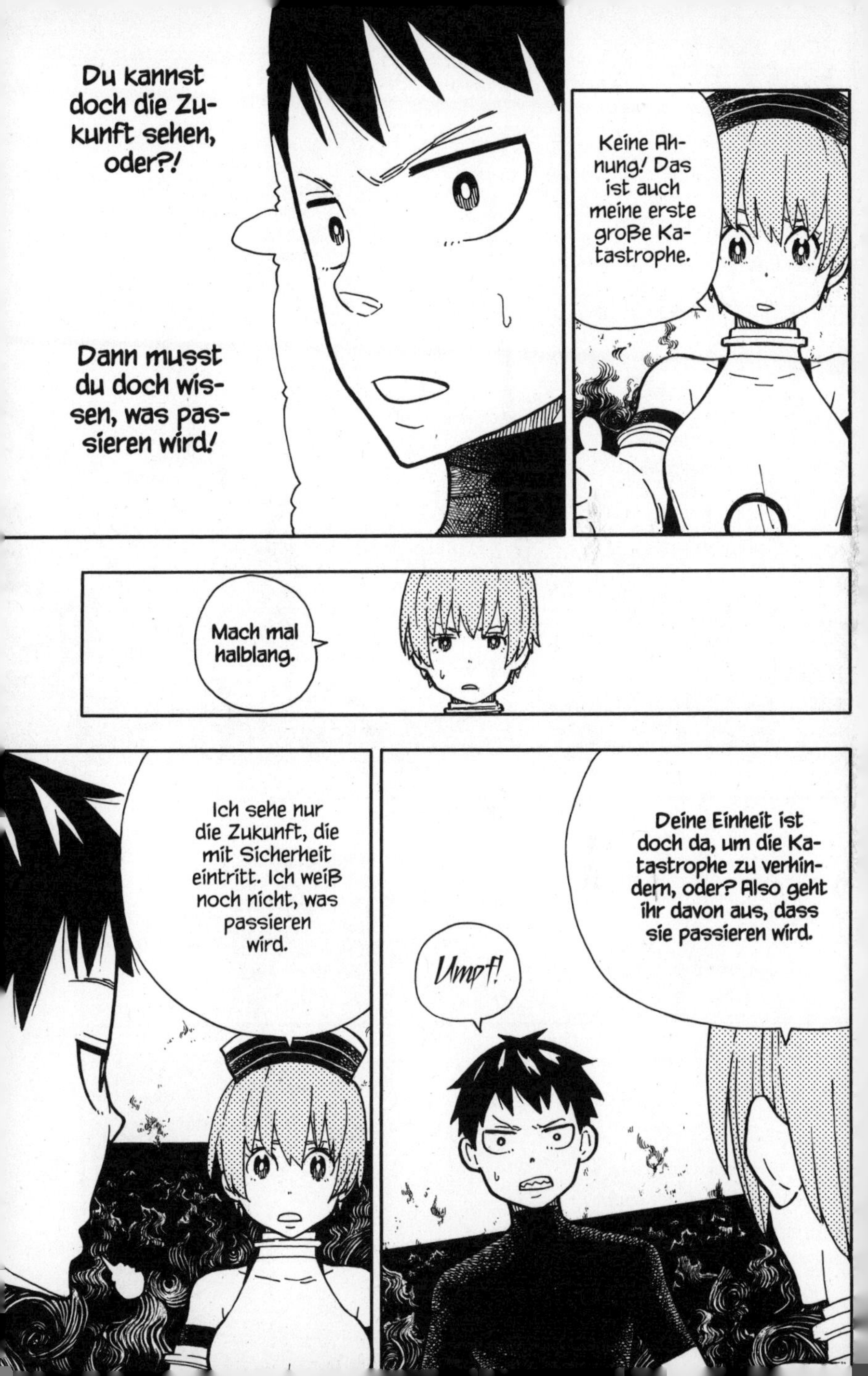

Du kannst doch die Zukunft sehen, oder?!

Dann musst du doch wissen, was passieren wird!

Keine Ahnung! Das ist auch meine erste große Katastrophe.

Mach mal halblang.

Ich sehe nur die Zukunft, die mit Sicherheit eintritt. Ich weiß noch nicht, was passieren wird.

Umpf!

Deine Einheit ist doch da, um die Katastrophe zu verhindern, oder? Also geht ihr davon aus, dass sie passieren wird.

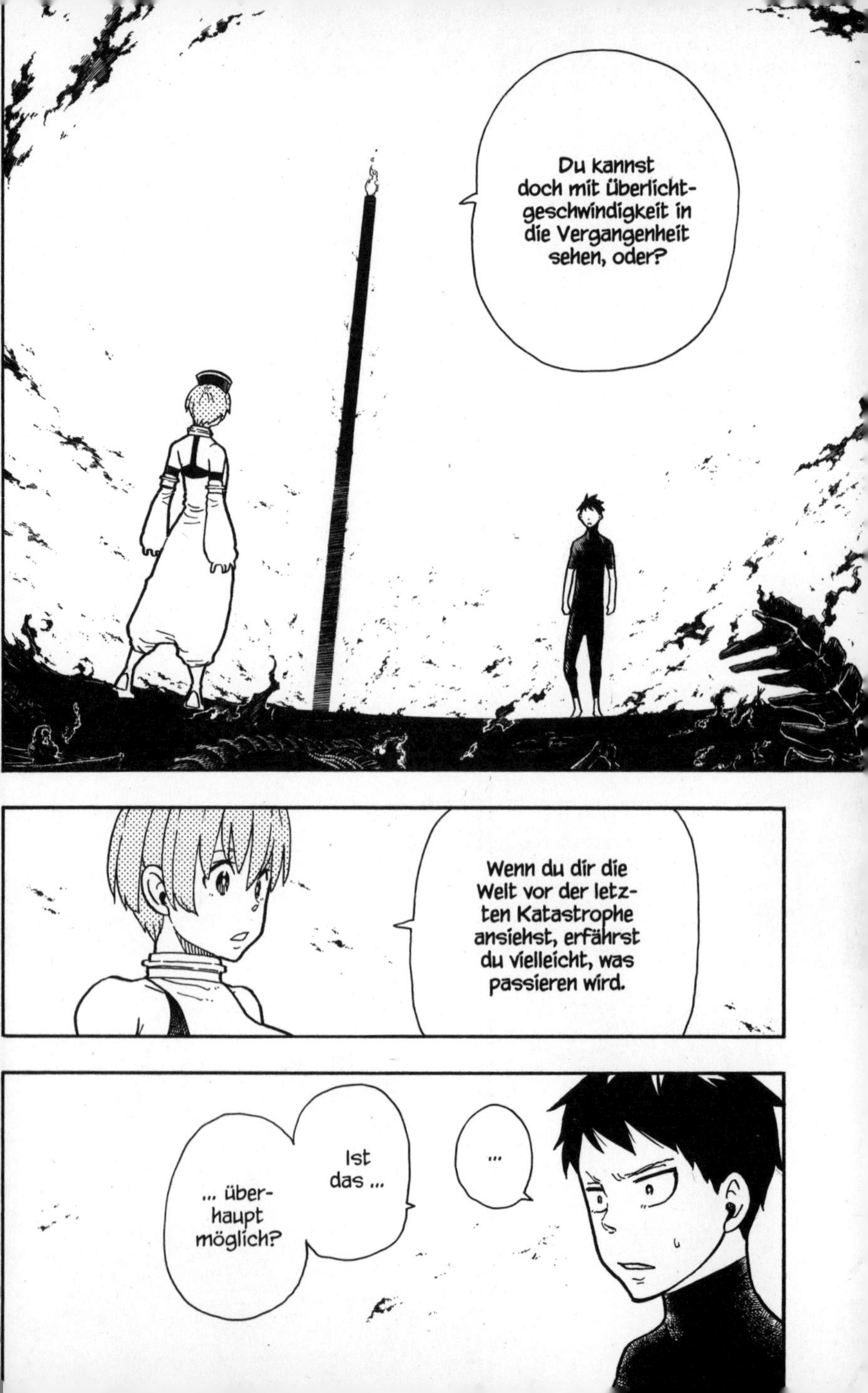

Du kannst doch mit überlicht-geschwindigkeit in die Vergangenheit sehen, oder?

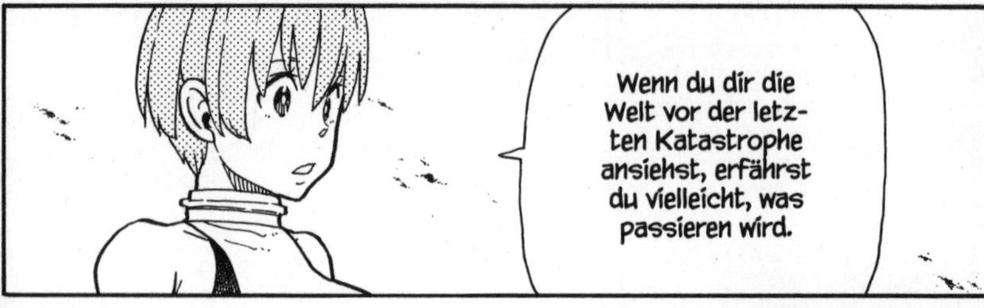

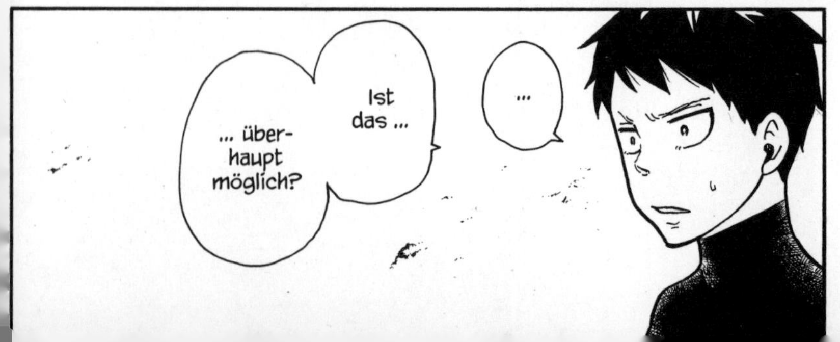

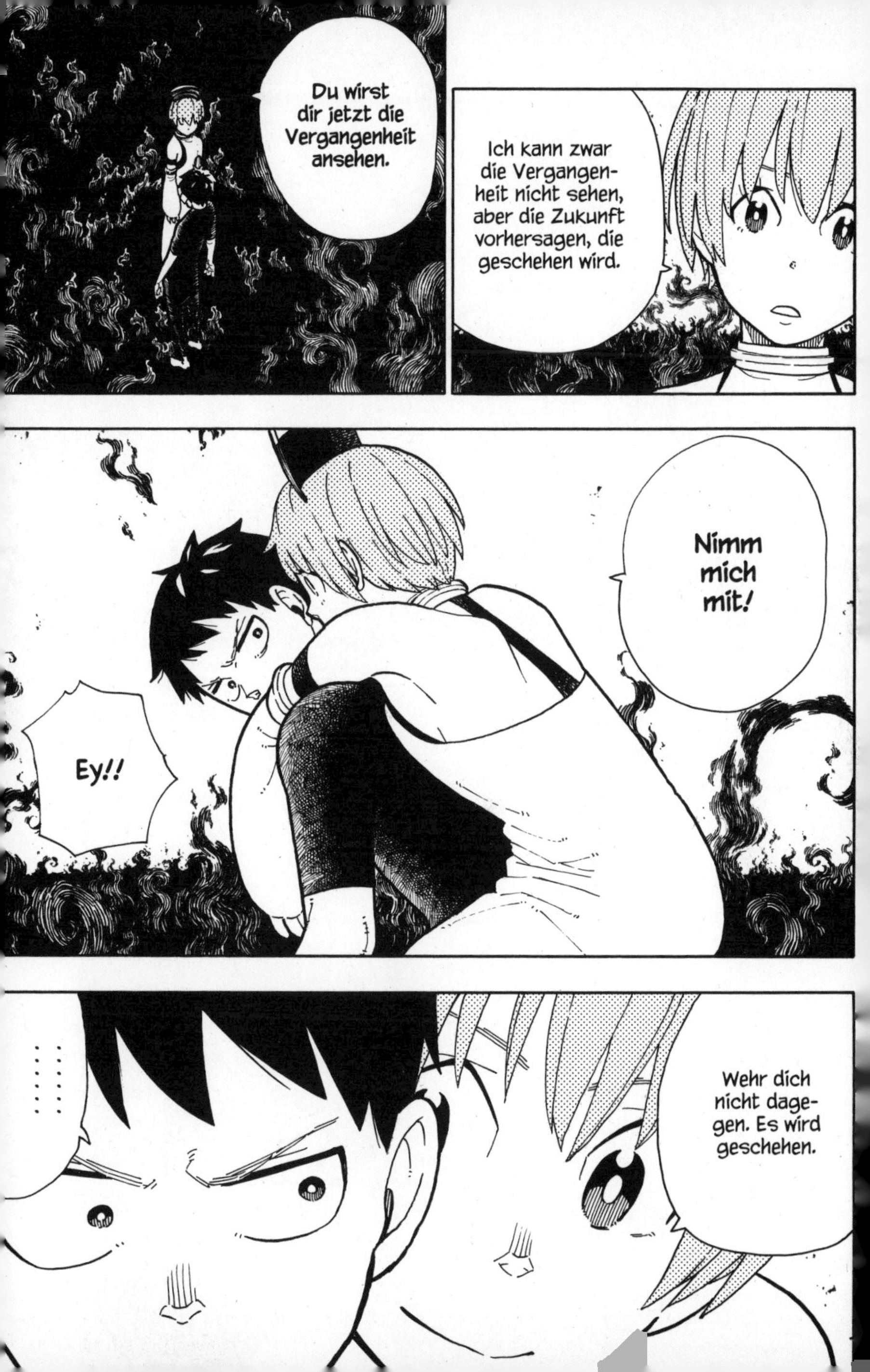

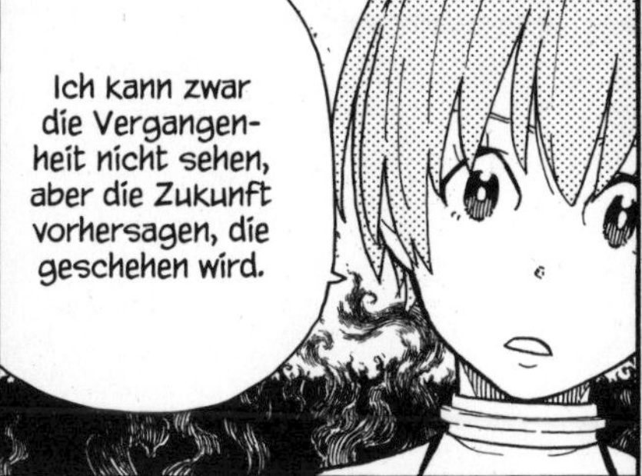
Ich kann zwar die Vergangenheit nicht sehen, aber die Zukunft vorhersagen, die geschehen wird.

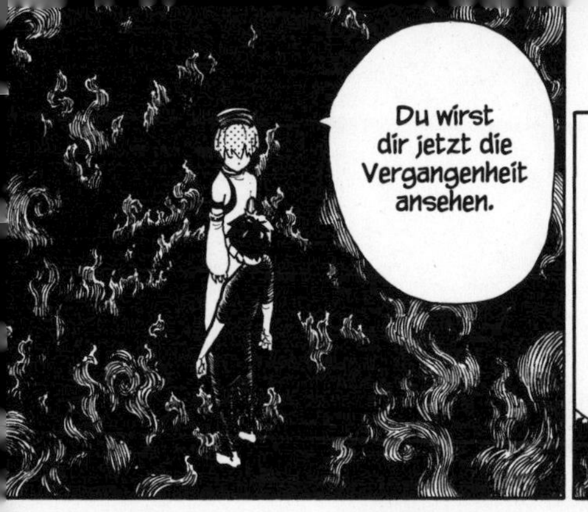
Du wirst dir jetzt die Vergangenheit ansehen.

Nimm mich mit!
Ey!!

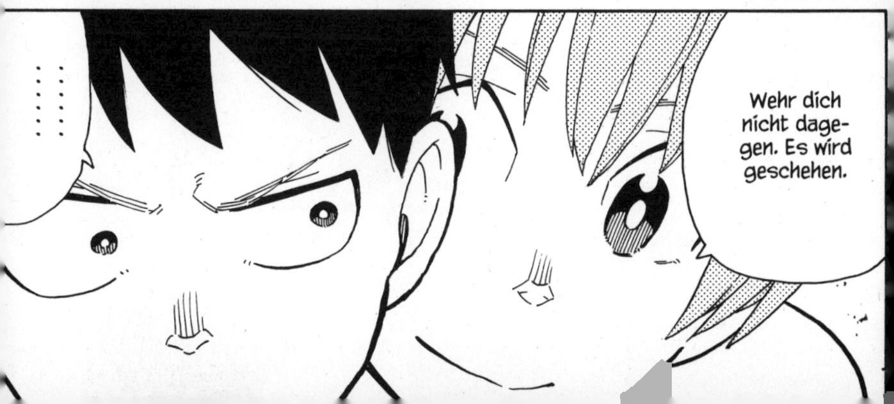
Wehr dich nicht dagegen. Es wird geschehen.
......

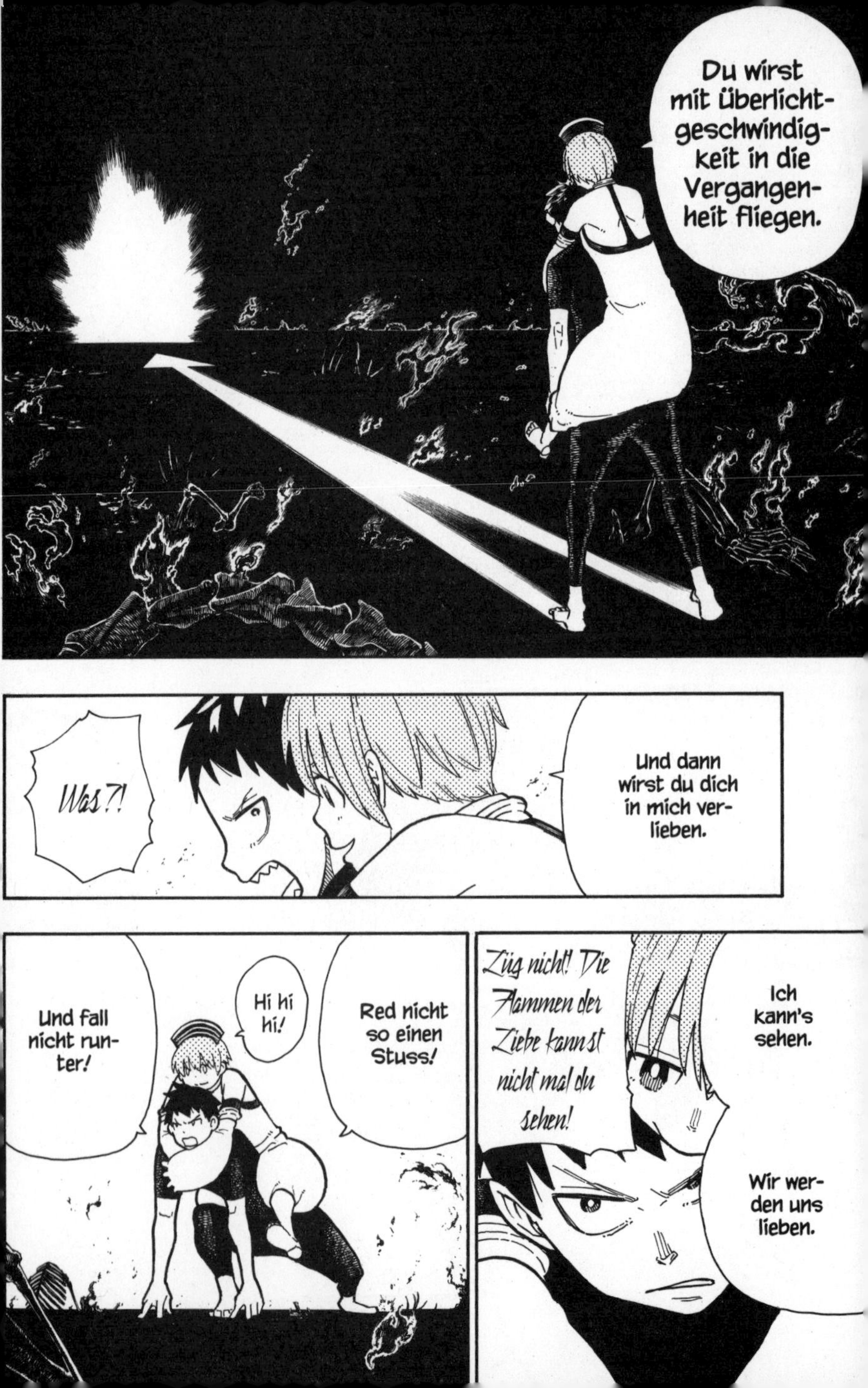

Du wirst mit Überlicht-geschwindigkeit in die Vergangenheit fliegen.

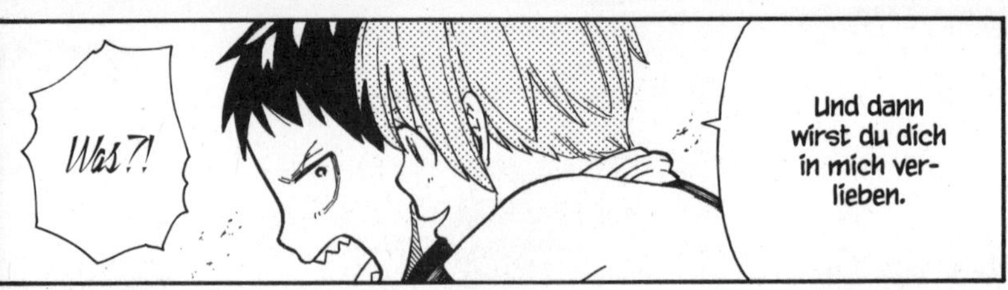

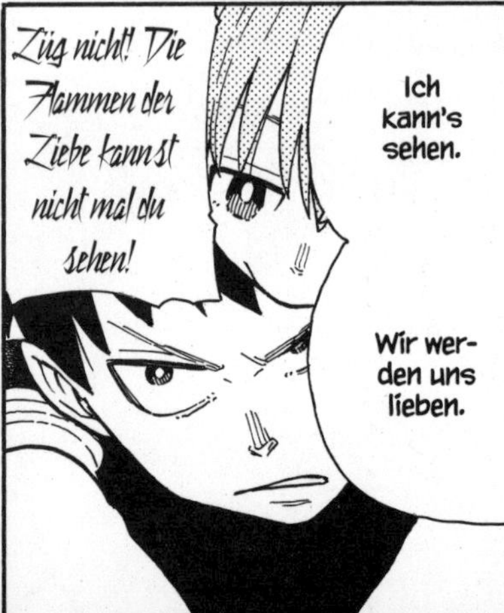

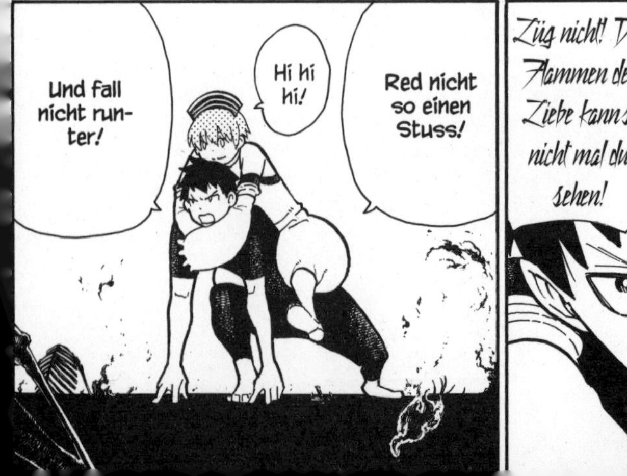

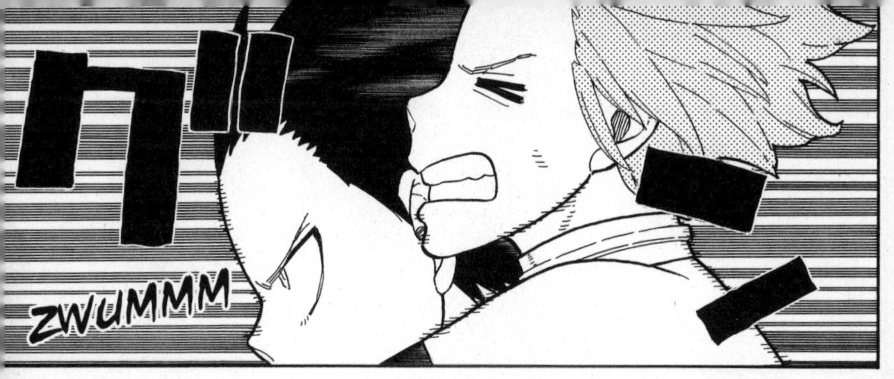
ZWUMMM

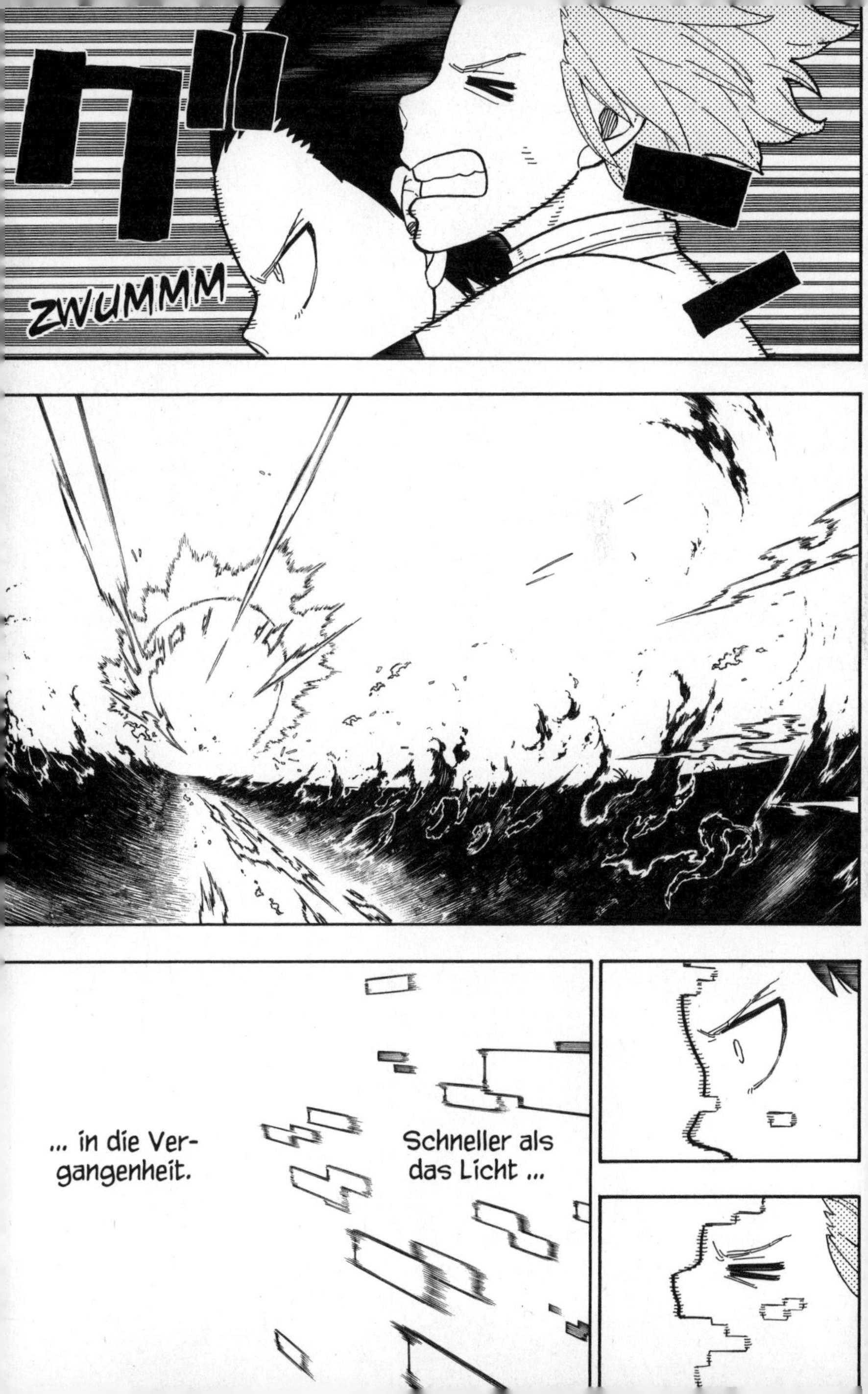

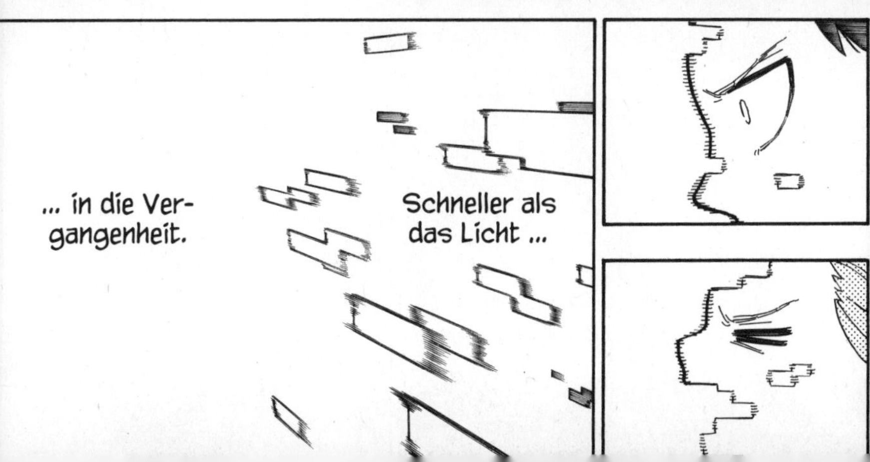
Schneller als das Licht ...
... in die Vergangenheit.

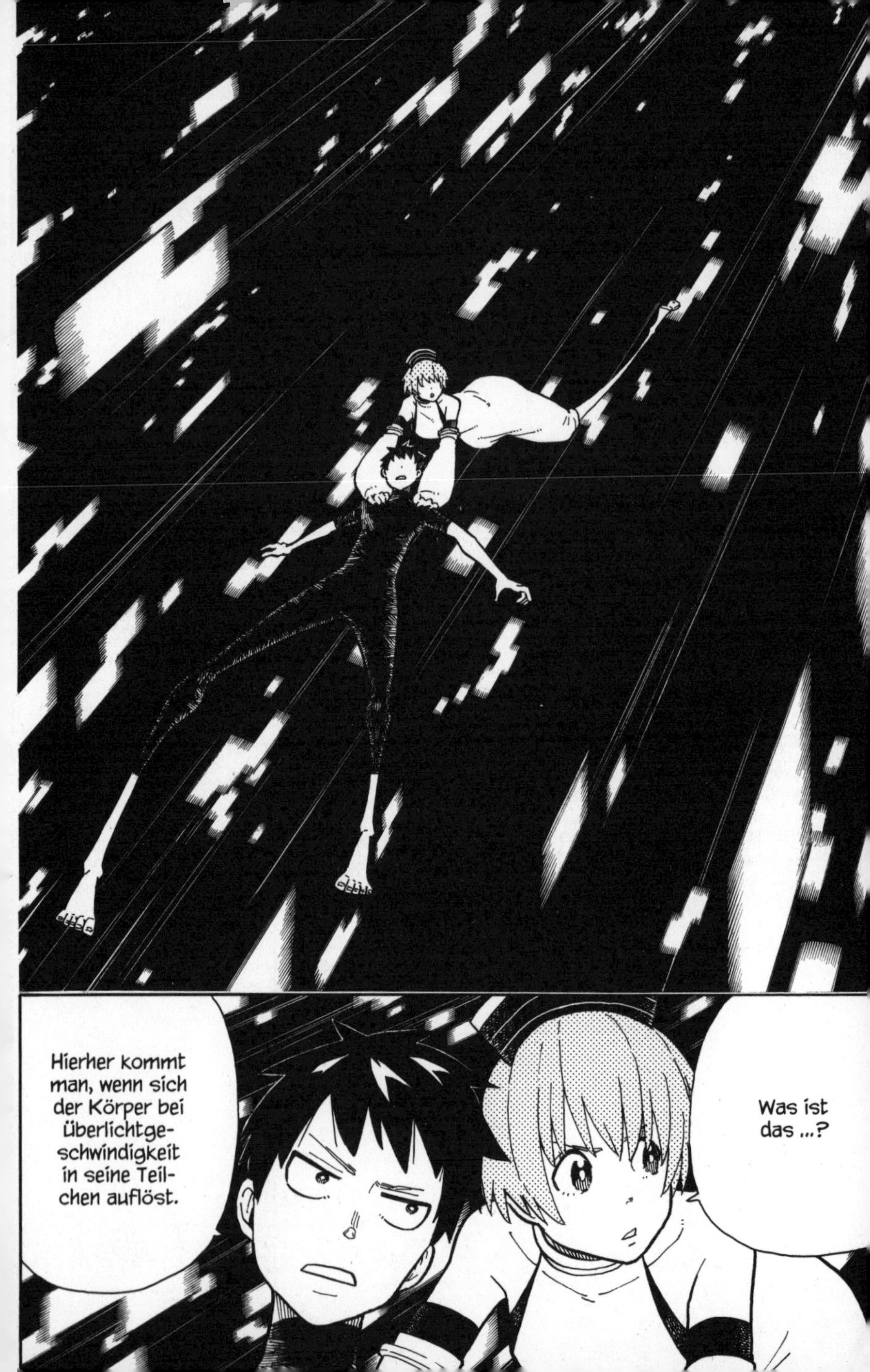
Was ist das ...?
Hierher kommt man, wenn sich der Körper bei Überlichtgeschwindigkeit in seine Teilchen auflöst.

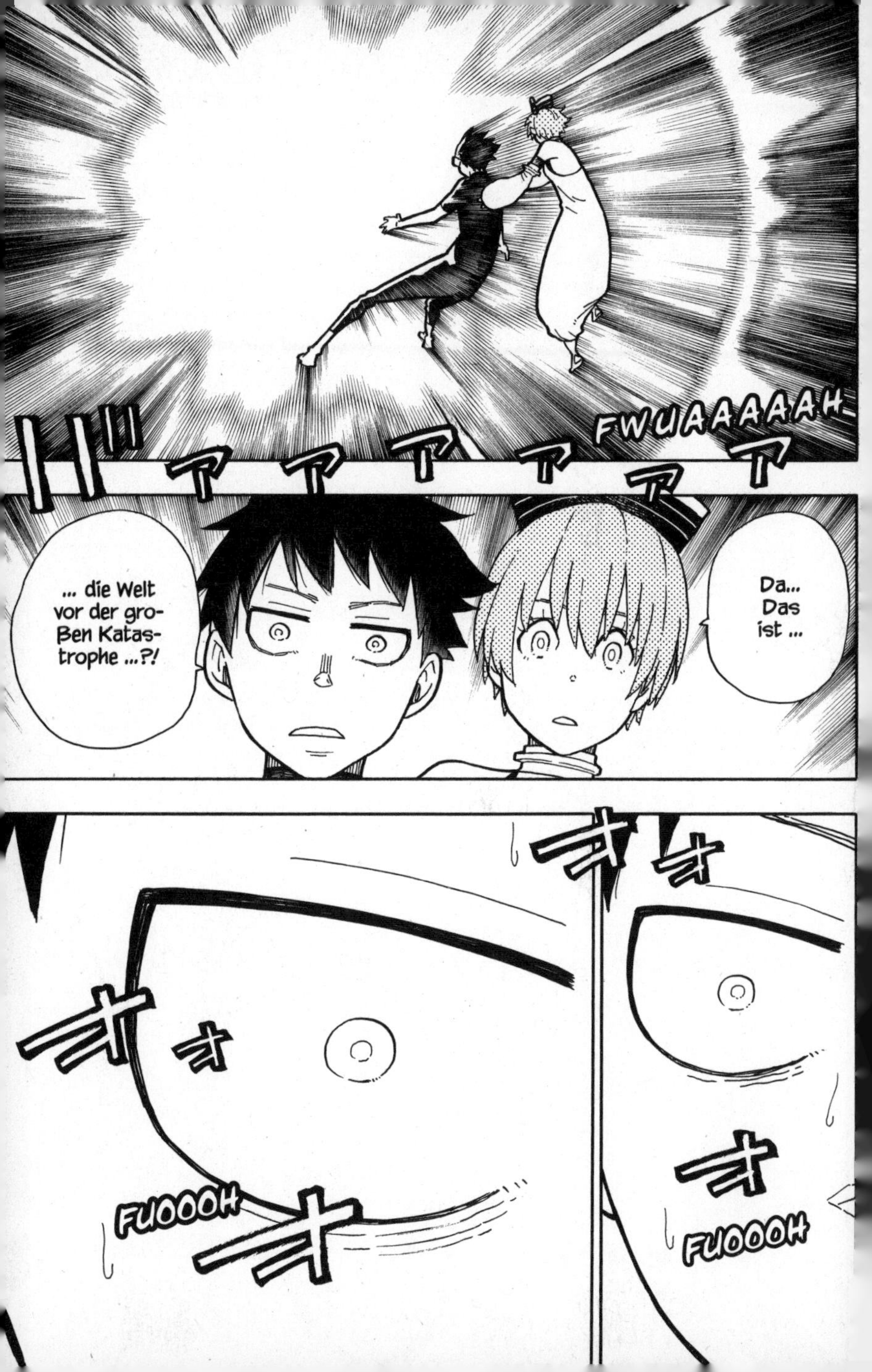

FWUAAAAAAH

Da... Das ist ...

... die Welt vor der großen Katastrophe ...?!

FUOOOH

FUOOOH

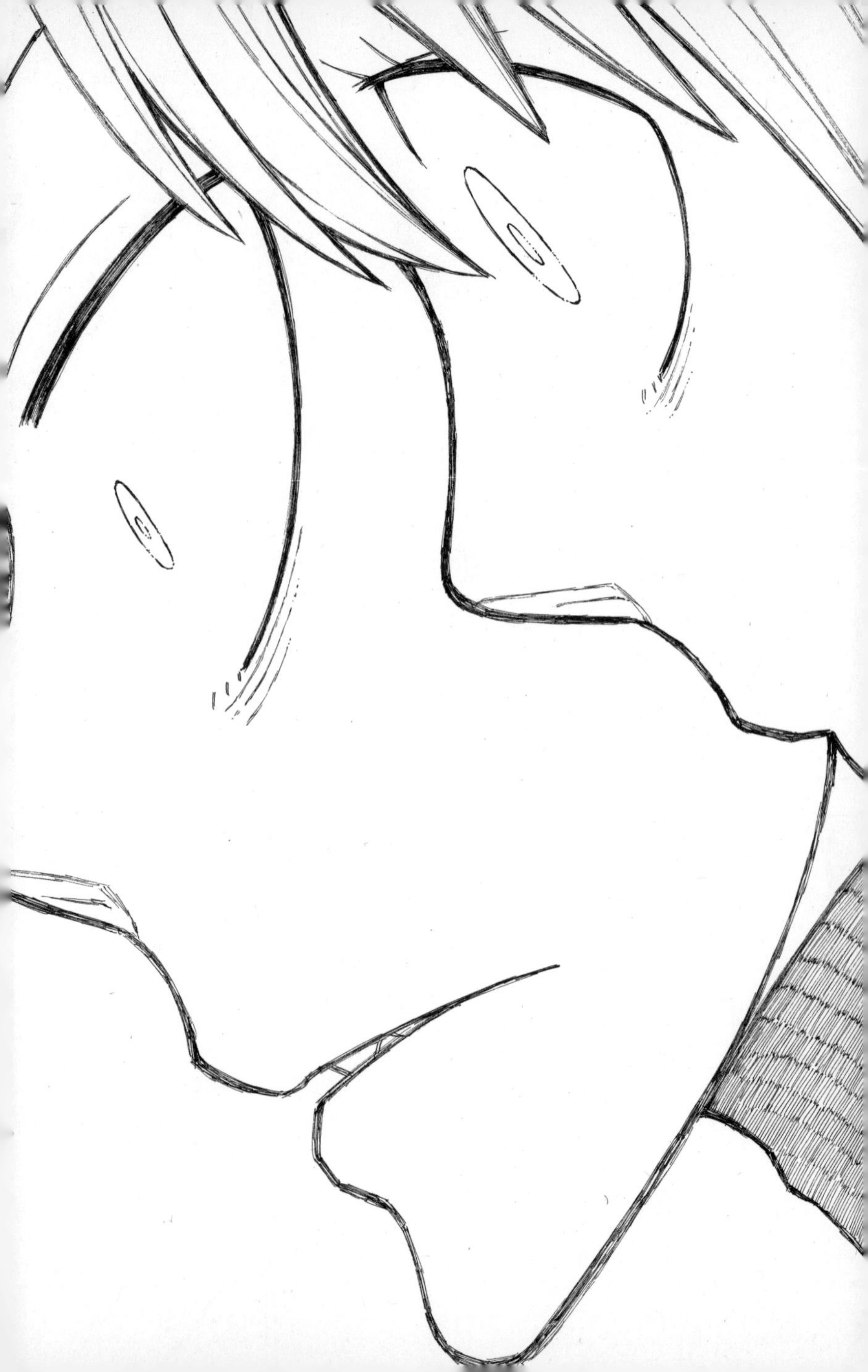

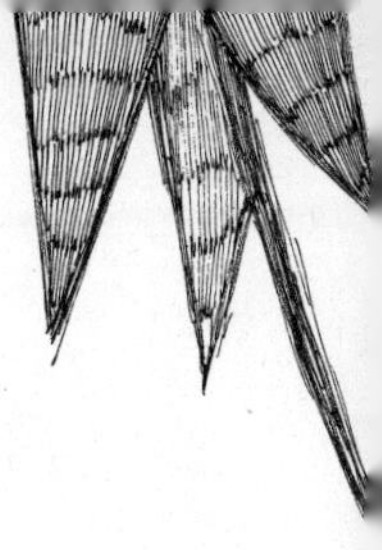

Ich hatte mir die Vergangenheit ausgemalt. Das Tokyo vor der großen Katastrophe ... Menschen wie wir führten ihr Leben genau wie wir. Mit dem einzigen Unterschied, dass die menschliche Selbstentzündung damals noch nicht existierte. Zumindest dachte ich das ...

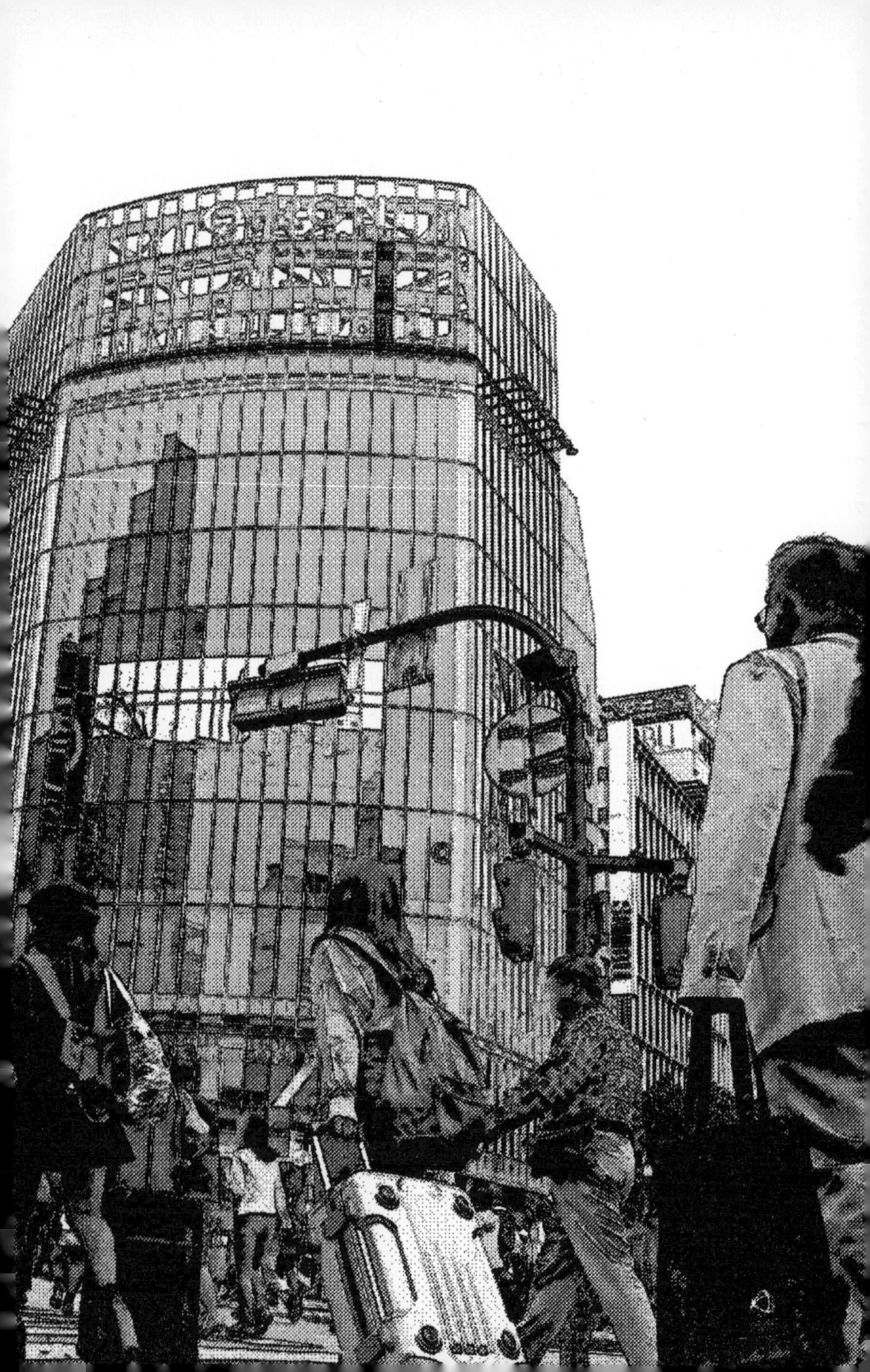

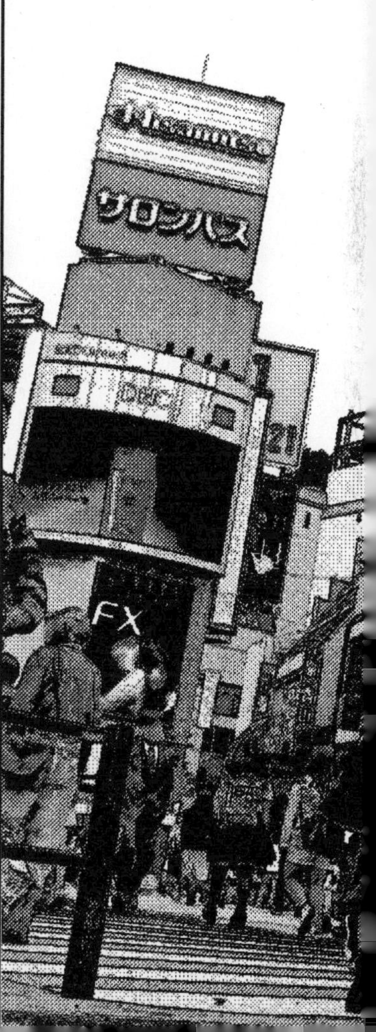
サロンパス
FX

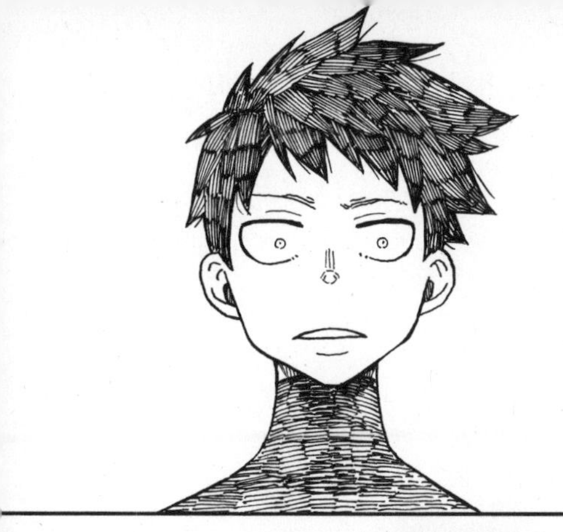

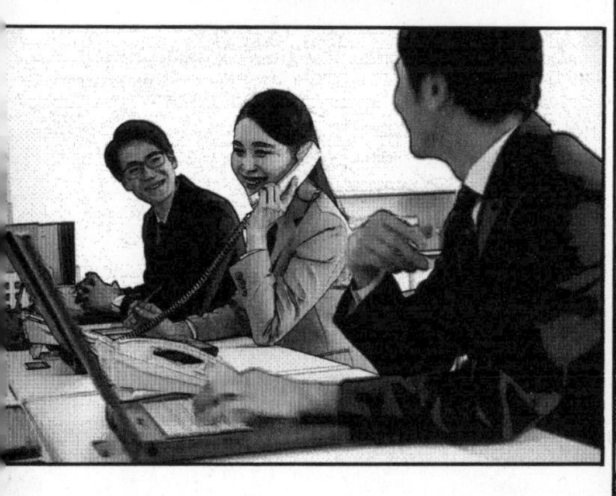

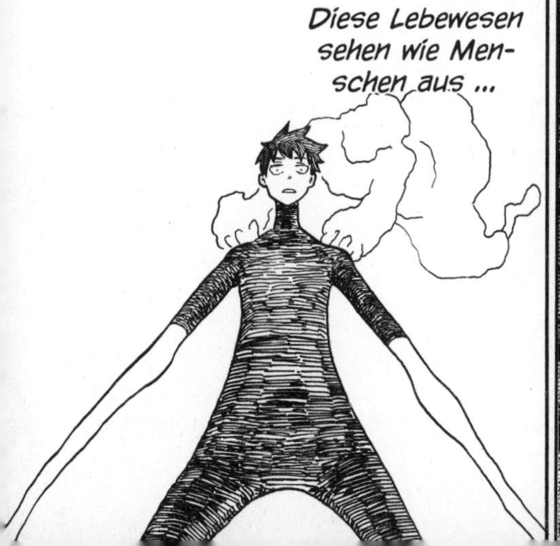
Diese Lebewesen sehen wie Menschen aus ...

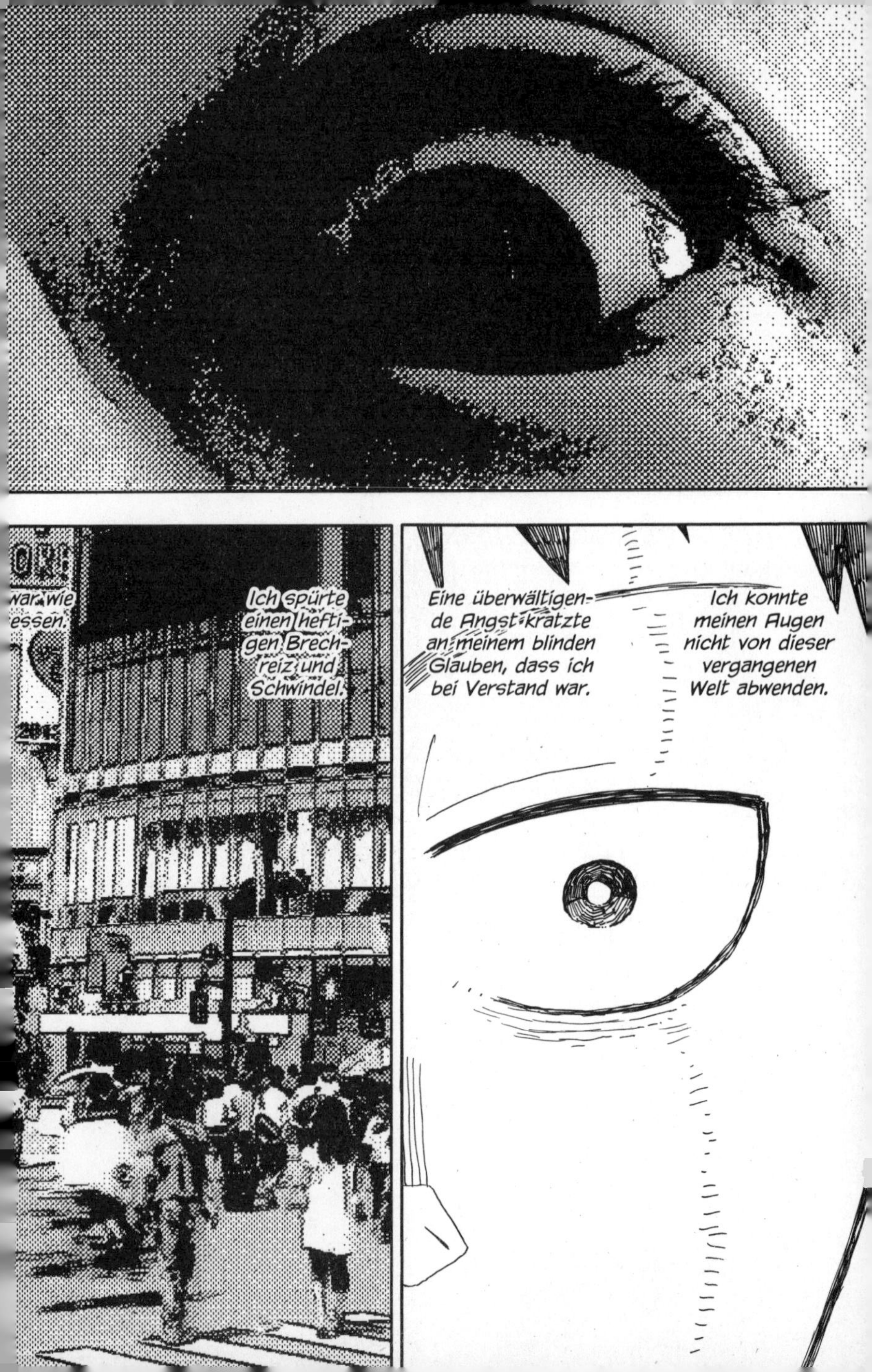

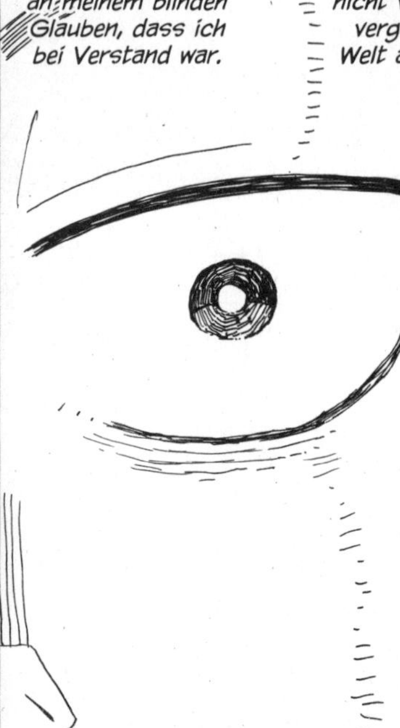
Ich konnte meinen Augen nicht von dieser vergangenen Welt abwenden.
Eine überwältigende Angst kratzte an meinem blinden Glauben, dass ich bei Verstand war.

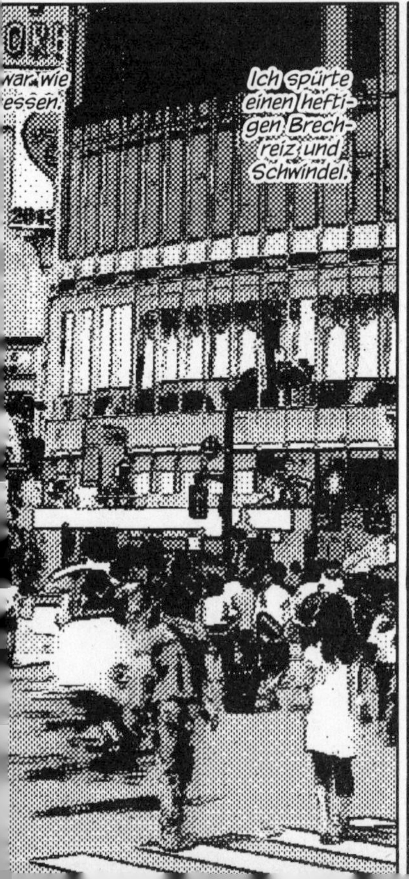
Ich spürte einen heftigen Brechreiz und Schwindel.
war wie
essen.

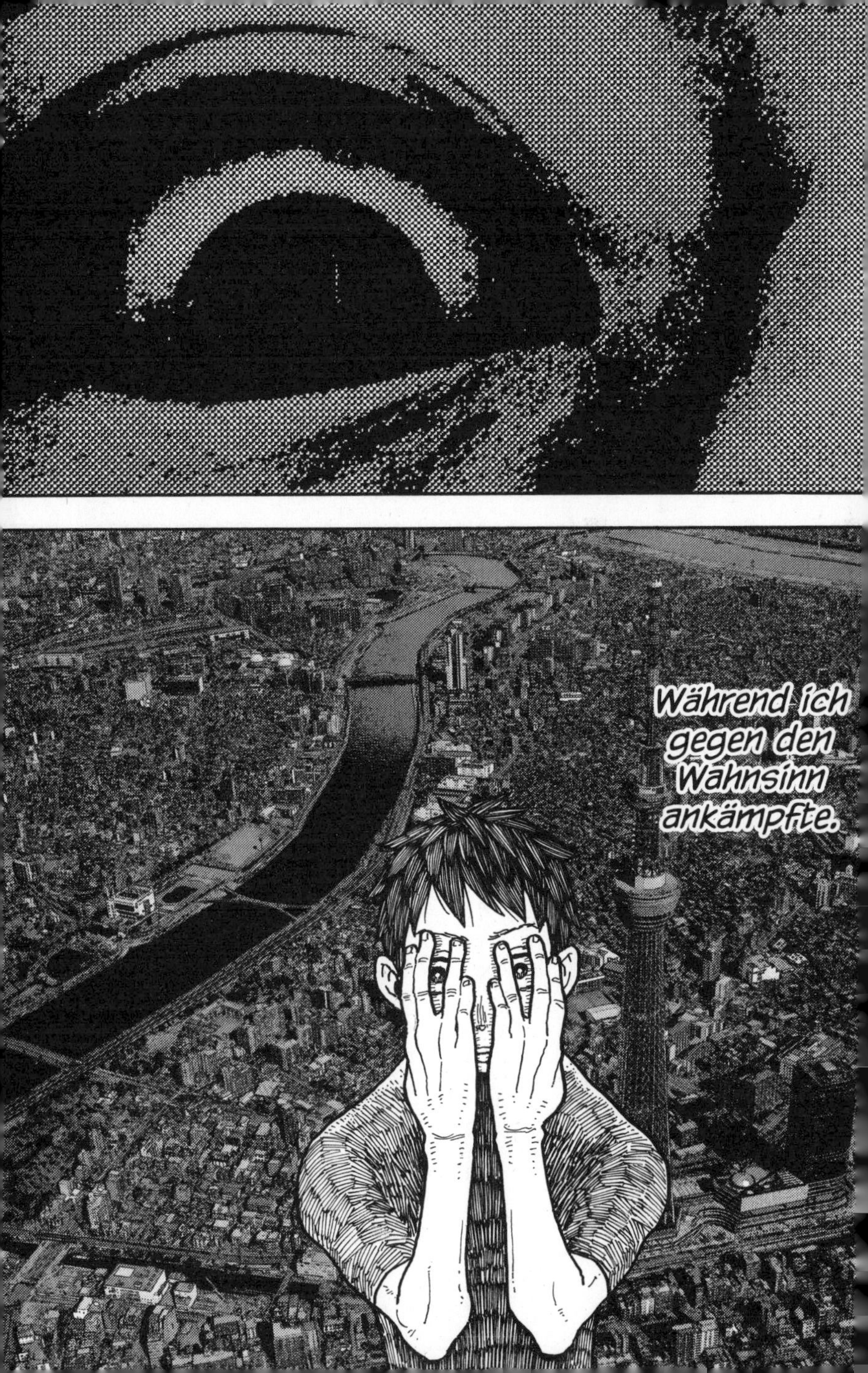

Während ich
gegen den
Wahnsinn
ankämpfte.

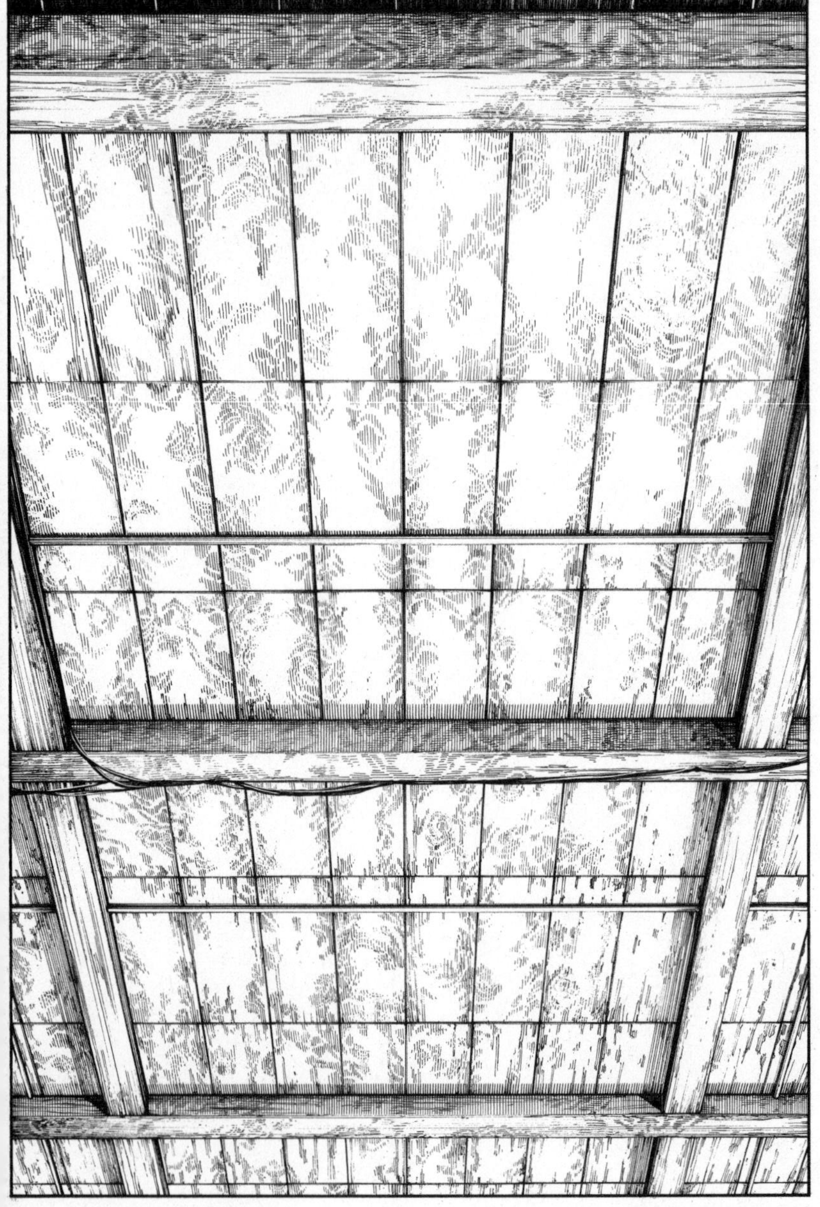

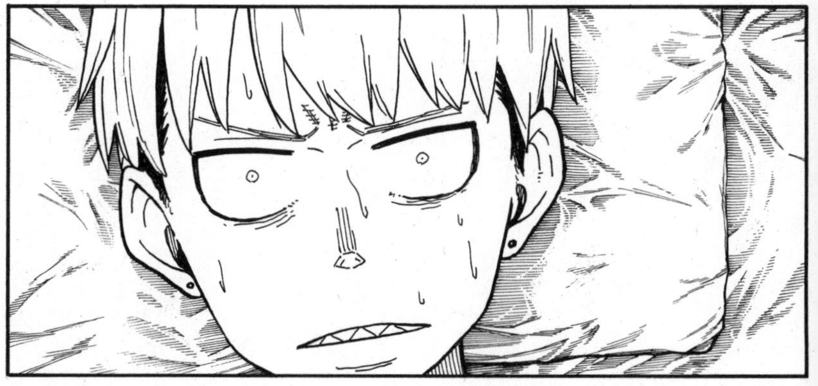

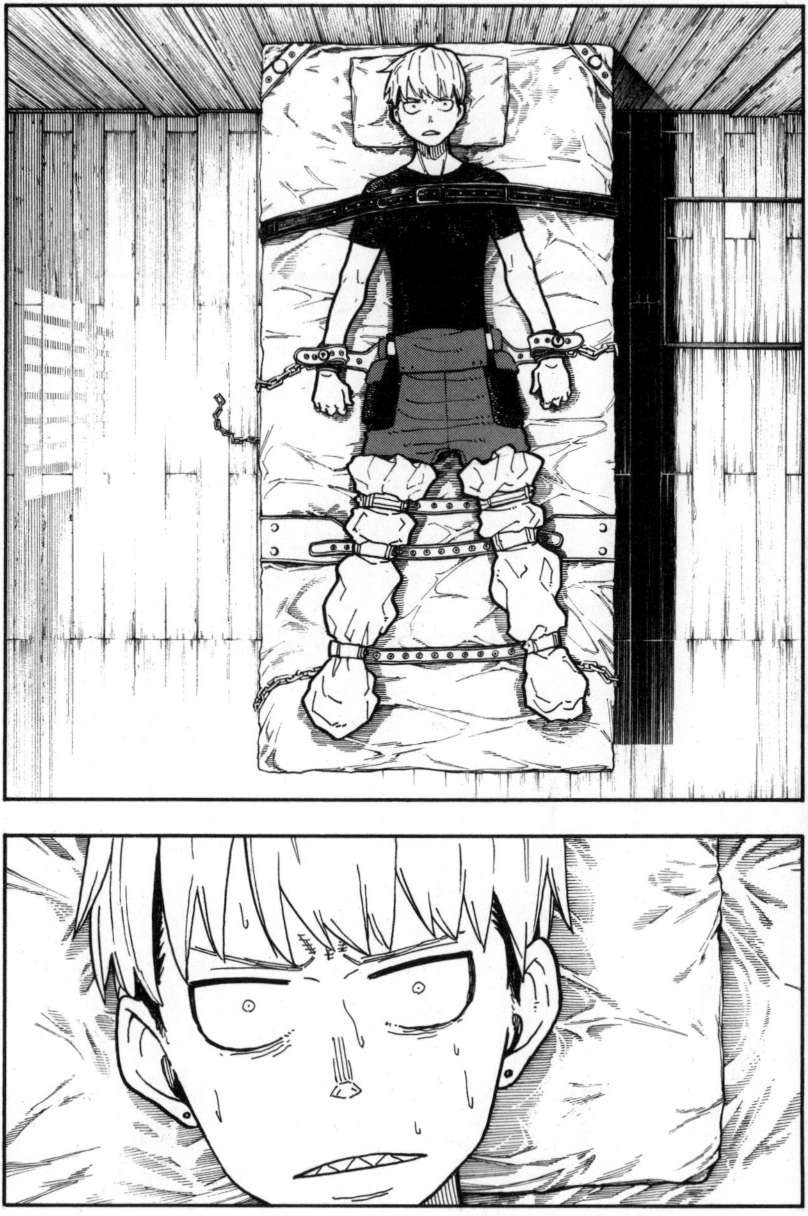

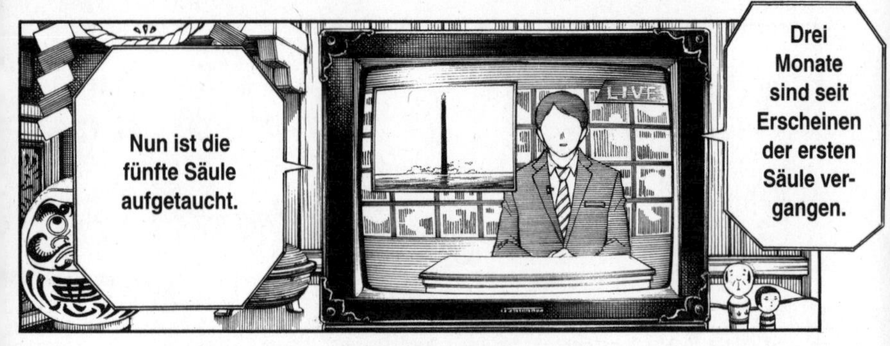
Drei Monate sind seit Erscheinen der ersten Säule vergangen.
LIVE
Nun ist die fünfte Säule aufgetaucht.

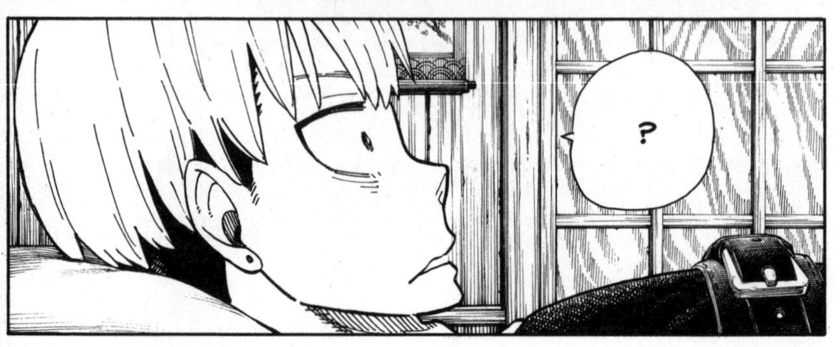
?

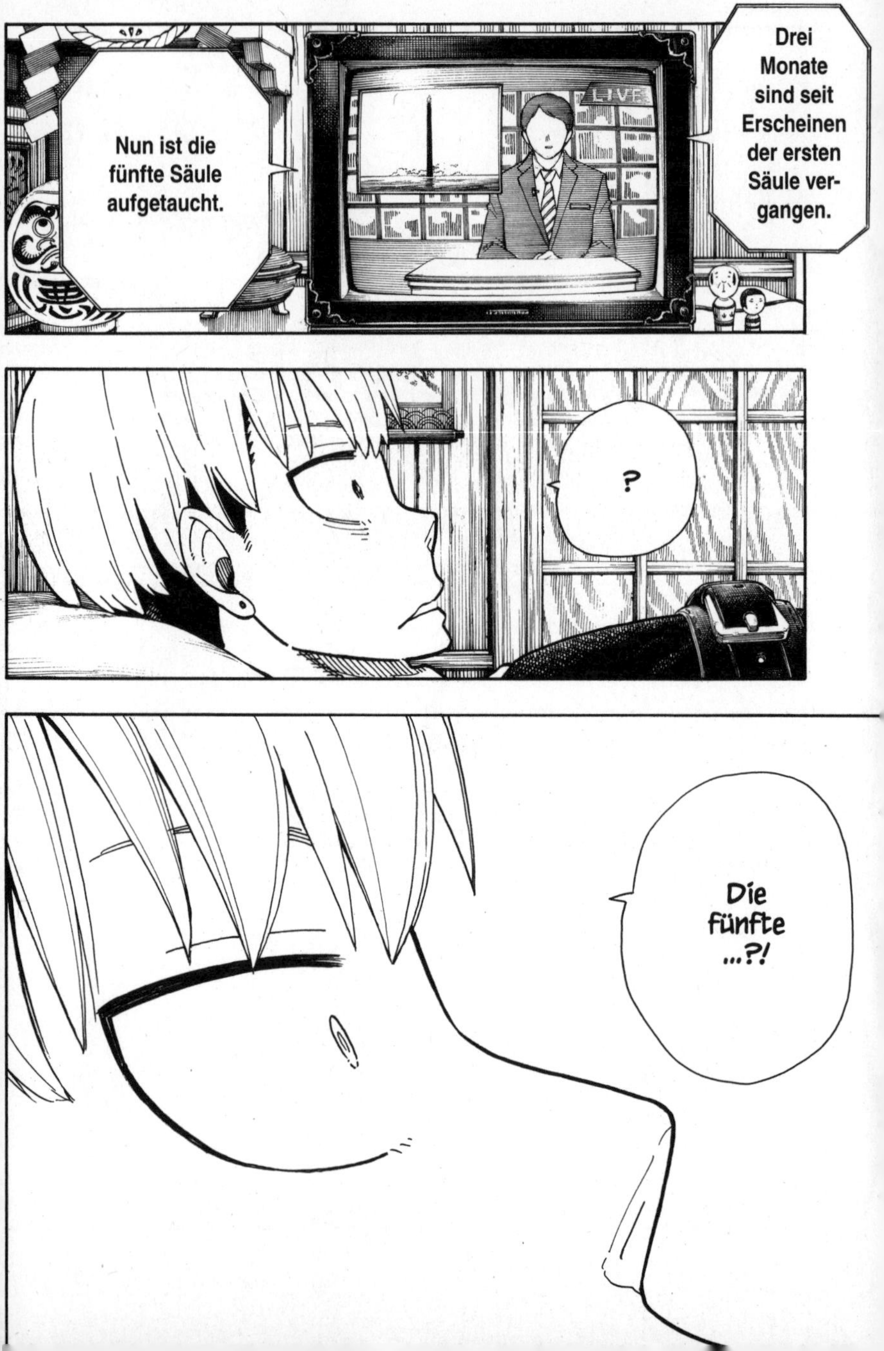

Die fünfte ...?!

Kapitel 217: Unbewusst

Gegenwart

Vergangenheit

Zukunft

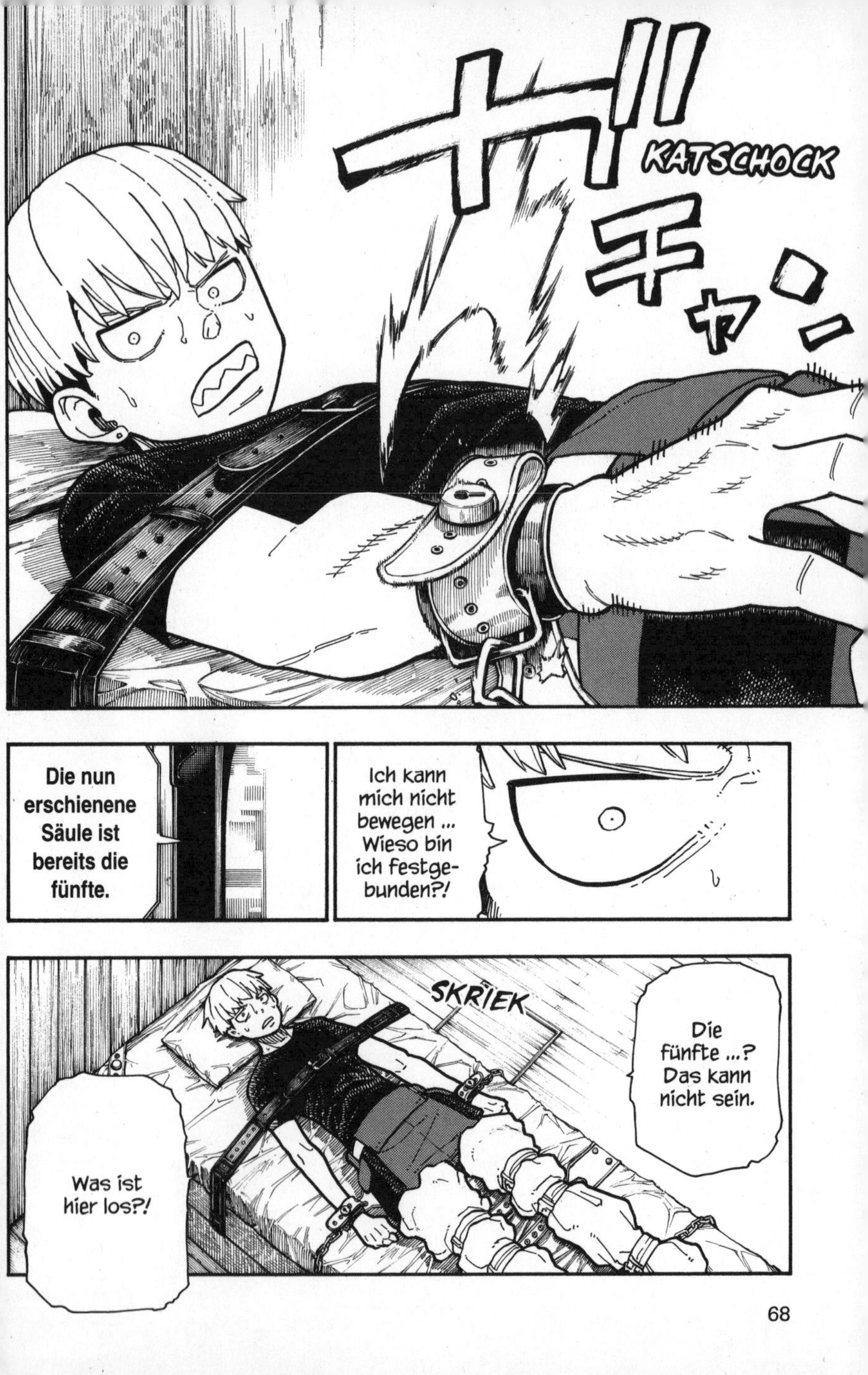

ガチャン

KATSCHOCK

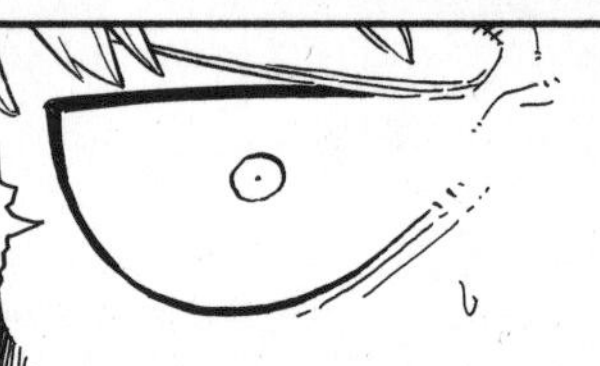

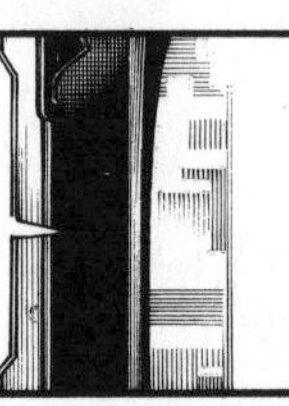

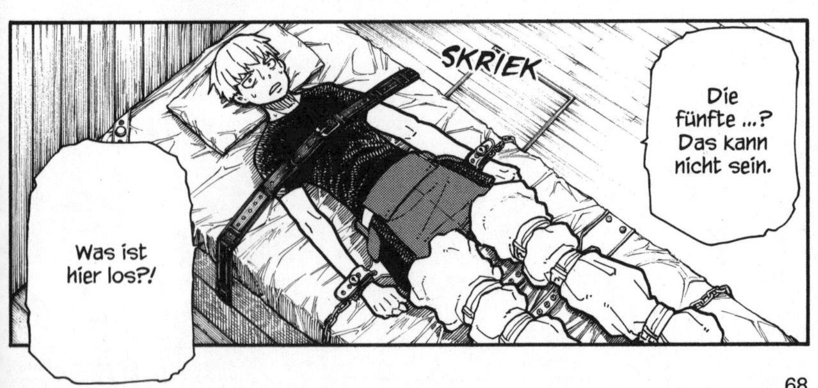

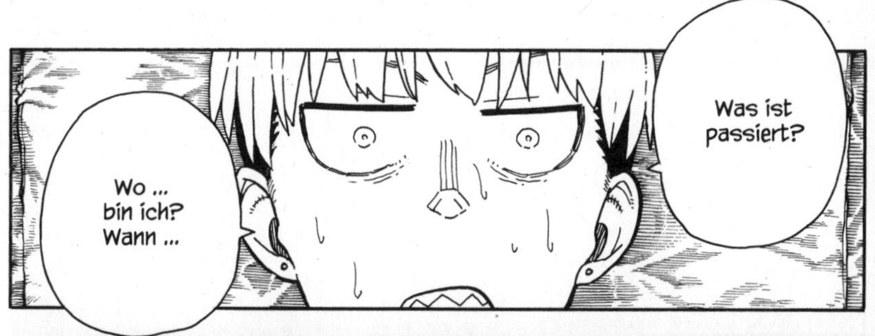
Was ist passiert?
Wo ... bin ich? Wann ...

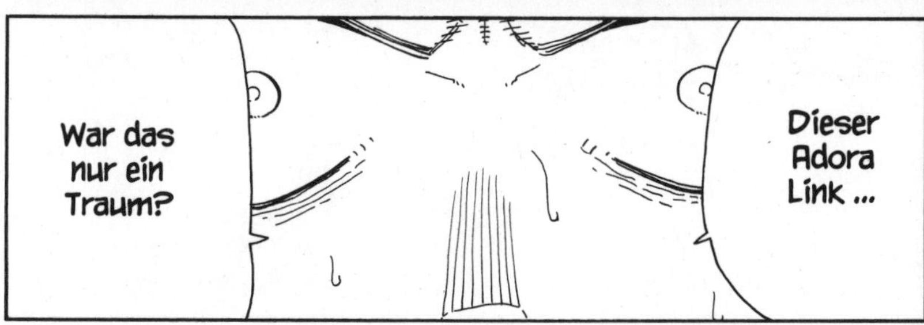
Dieser Adora Link ...
War das nur ein Traum?

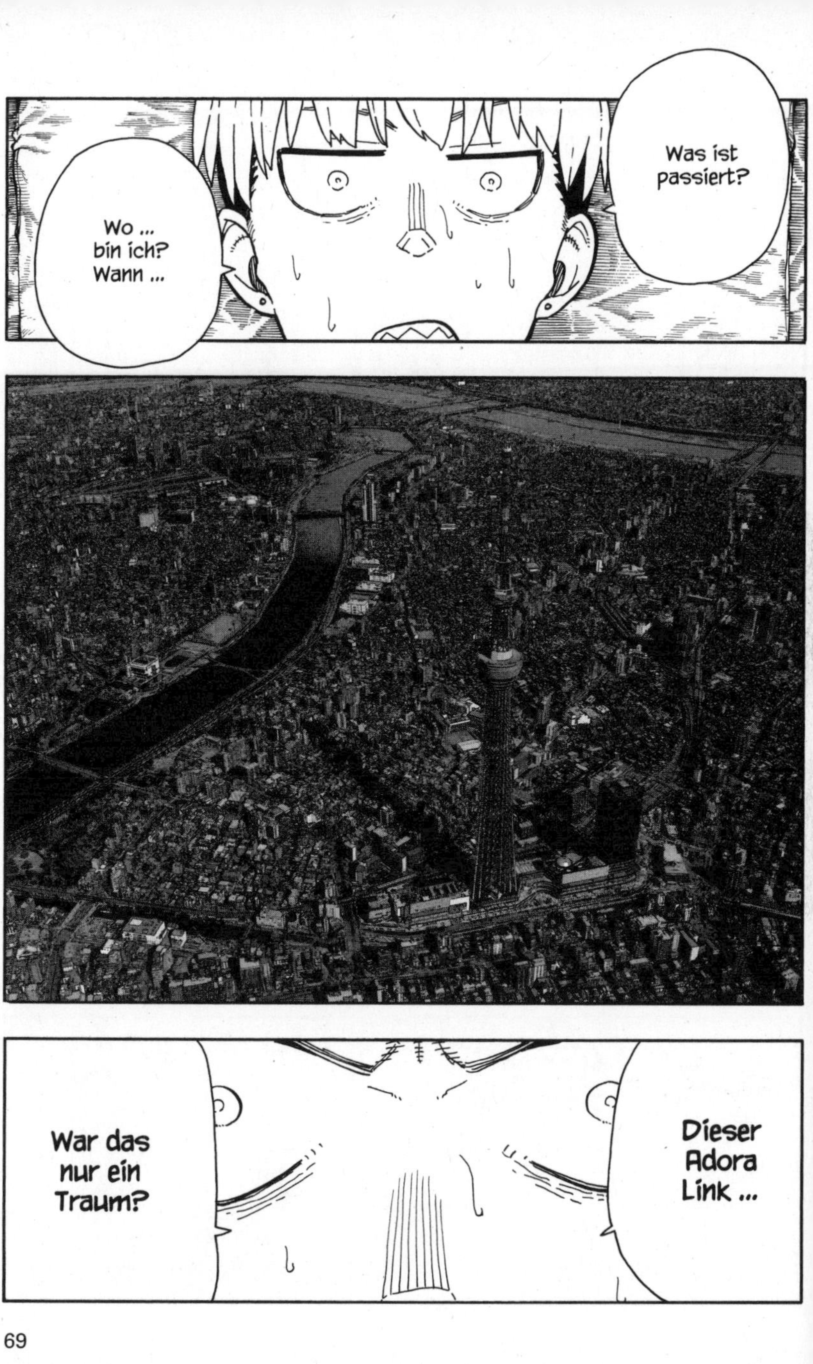

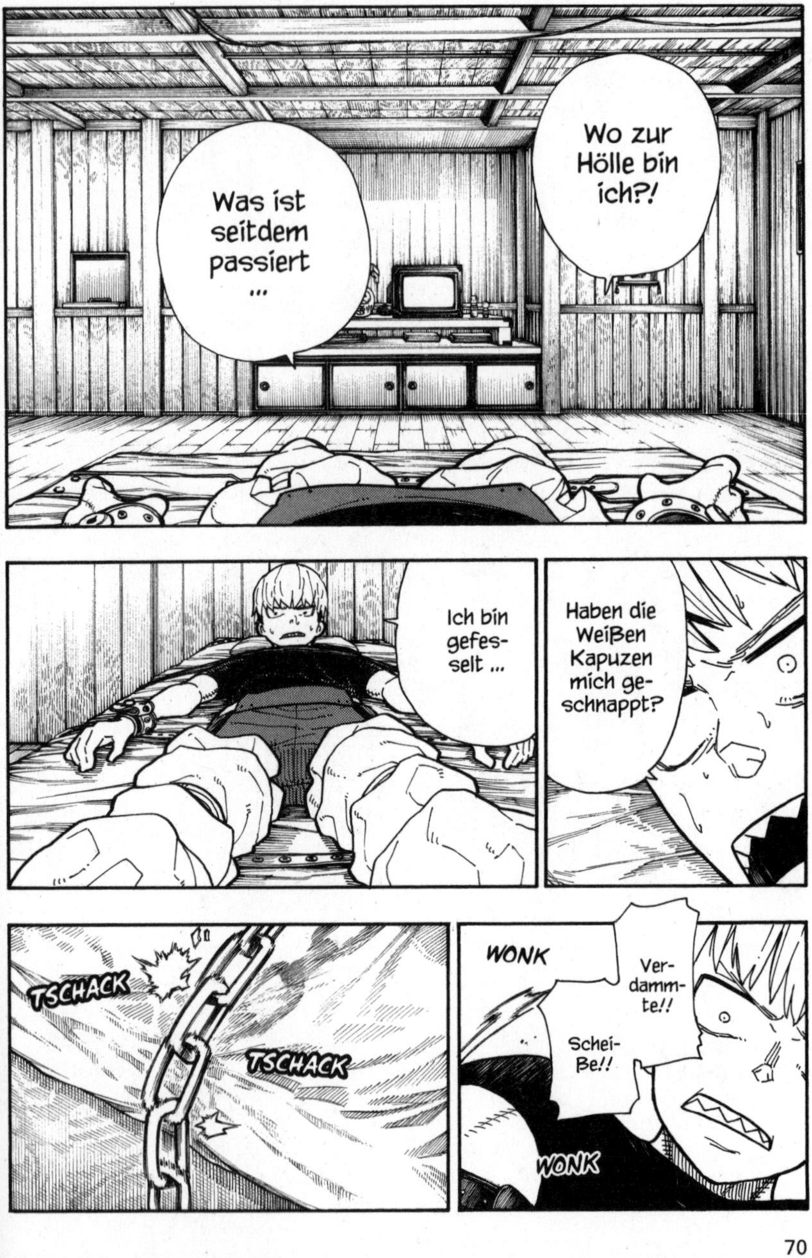

Wo zur Hölle bin ich?!

Was ist seitdem passiert ...

Haben die Weißen Kapuzen mich geschnappt?

Ich bin gefesselt ...

WONK

Verdammte!!

Scheiße!!

WONK

TSCHACK

TSCHACK

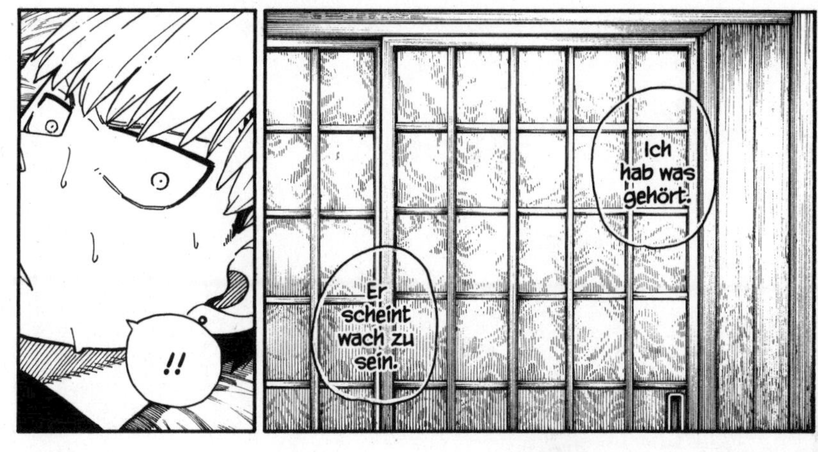
Ich hab was gehört.
Er scheint wach zu sein.
!!

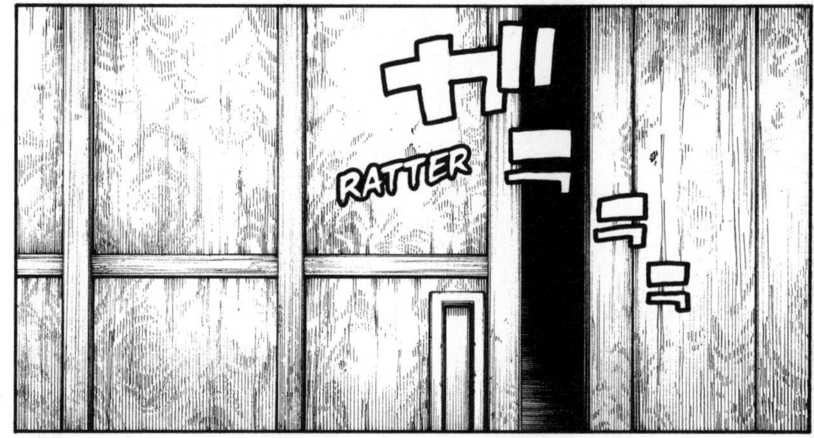
RATTER

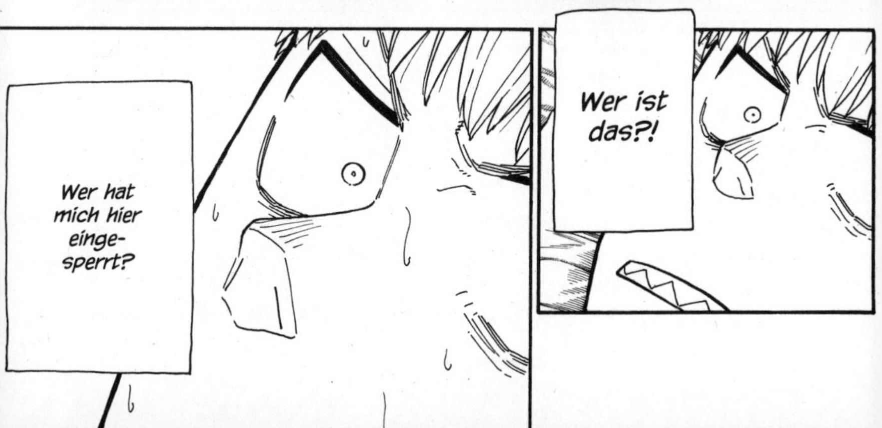
Wer ist das?!
Wer hat mich hier einge-sperrt?

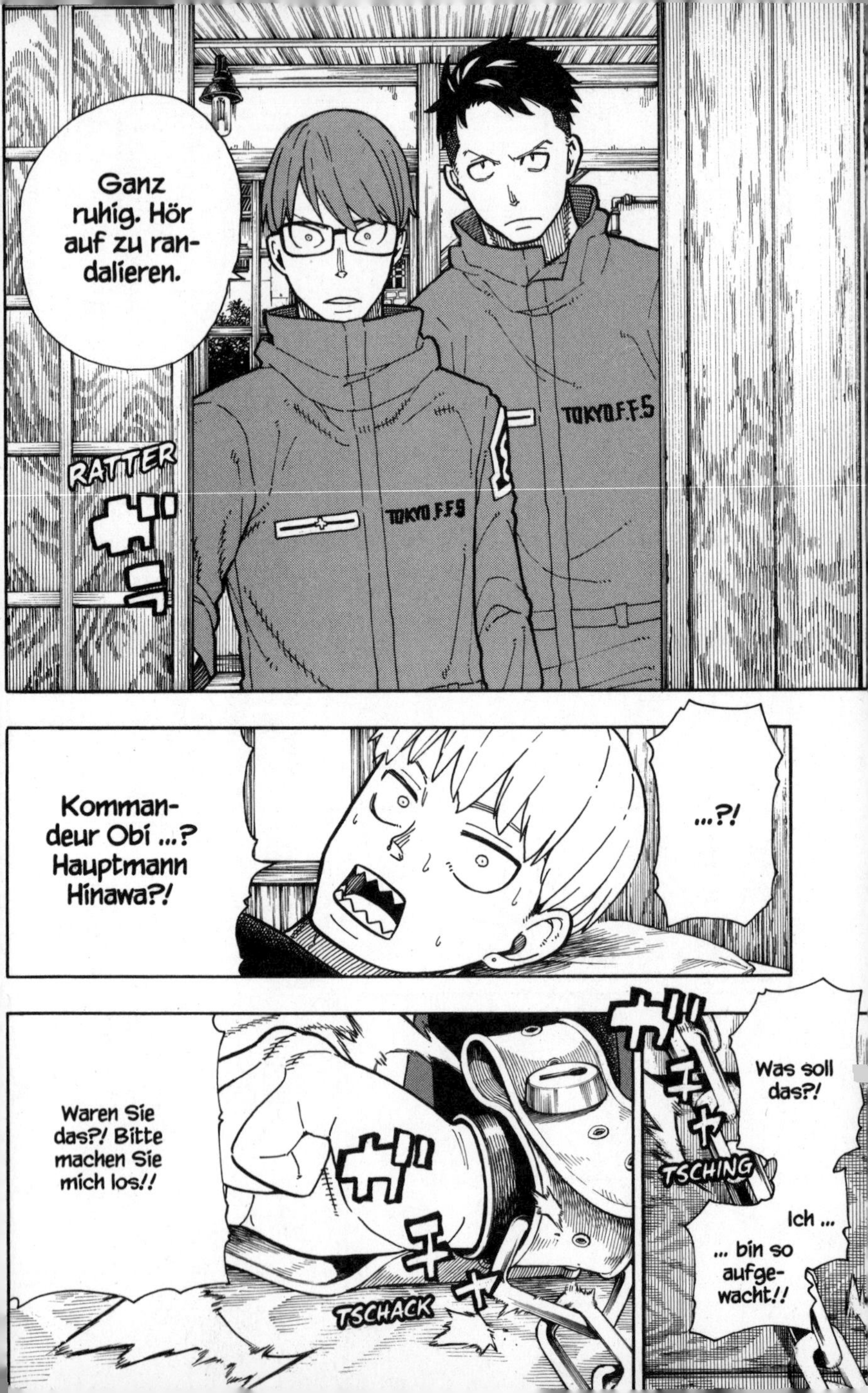

Ganz ruhig. Hör auf zu randalieren.

RATTER

TOKYO F.F.S

TOKYO F.F.S

...?!

Kommandeur Obi ...? Hauptmann Hinawa?!

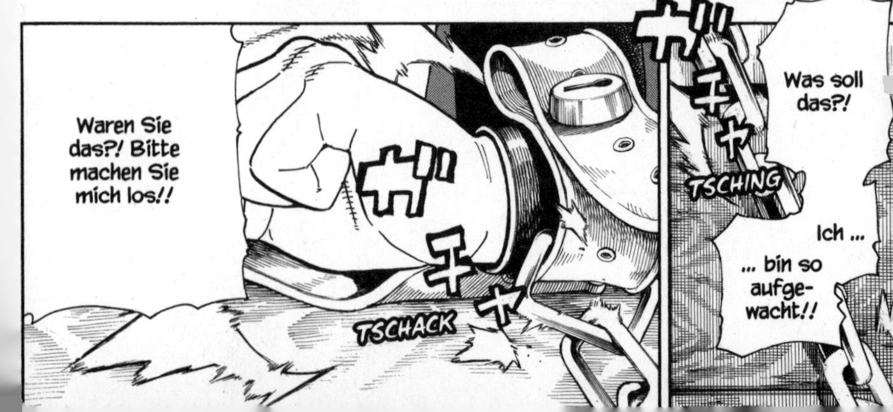

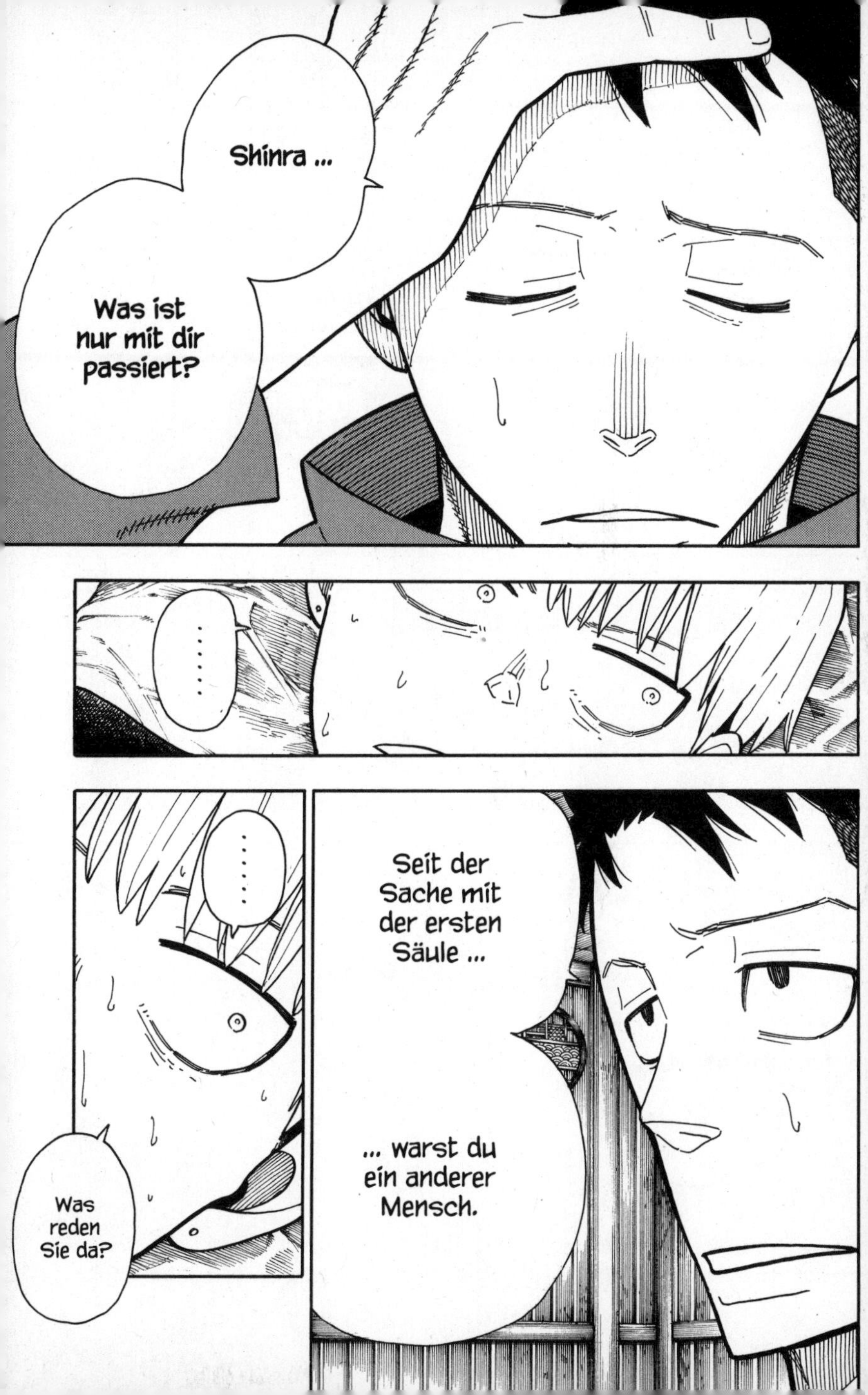

Shinra ...

Was ist nur mit dir passiert?

......

Seit der Sache mit der ersten Säule ...

... warst du ein anderer Mensch.

......

Was reden Sie da?

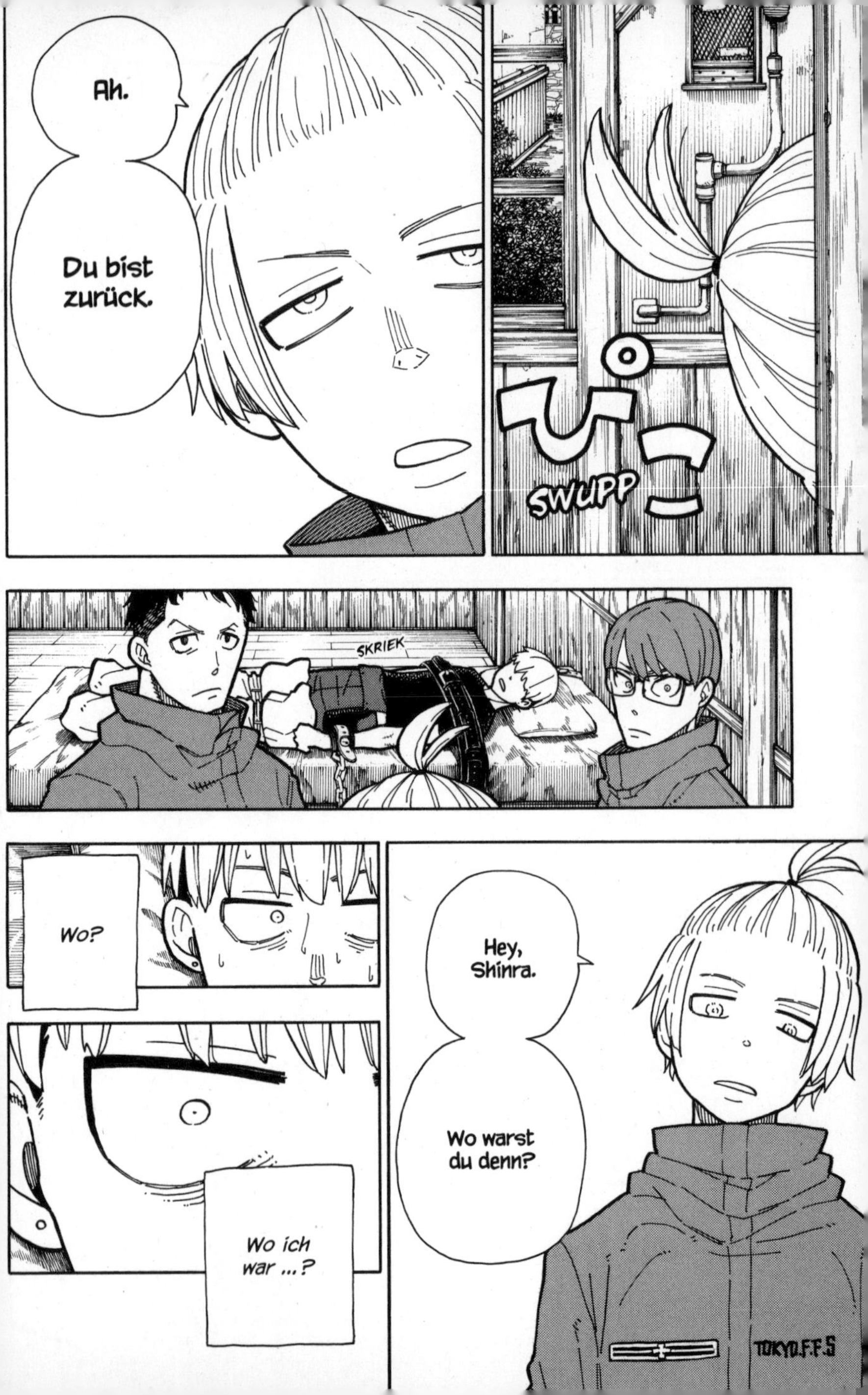

ぴこ
SWUPP

Ah.
Du bist zurück.

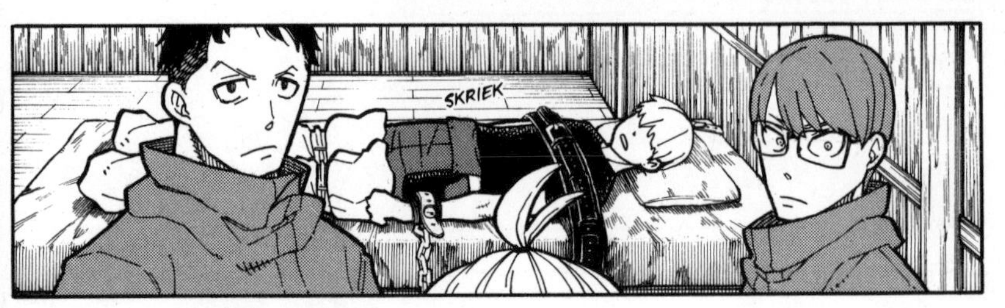

Hey, Shinra.
Wo warst du denn?

Wo?

Wo ich war ...?

TOKYO.F.F.S

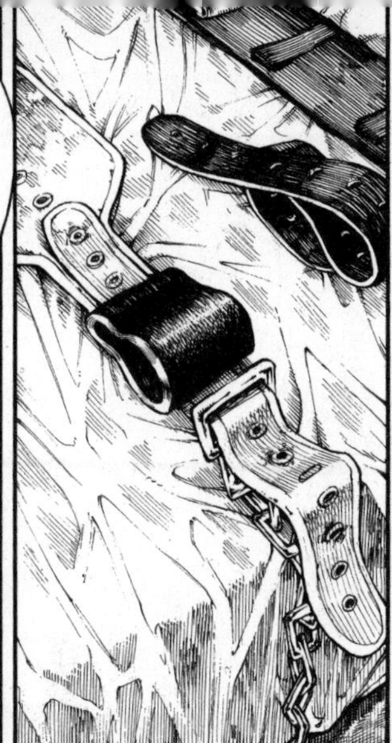

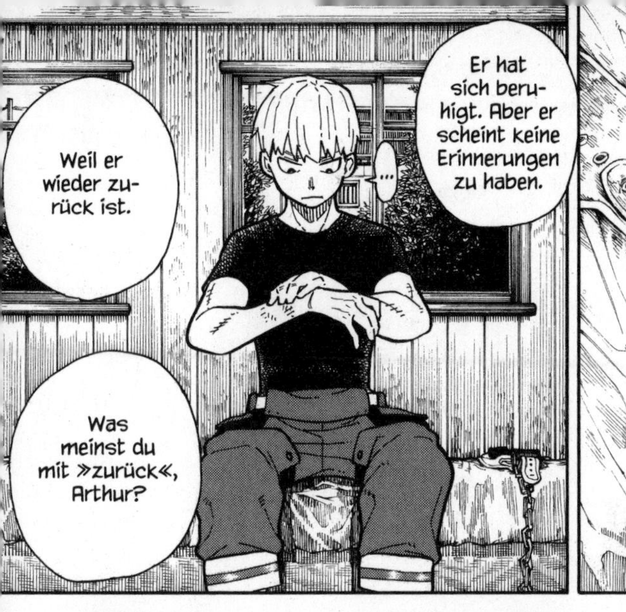
Er hat sich beruhigt. Aber er scheint keine Erinnerungen zu haben.
...
Weil er wieder zurück ist.
Was meinst du mit »zurück«, Arthur?

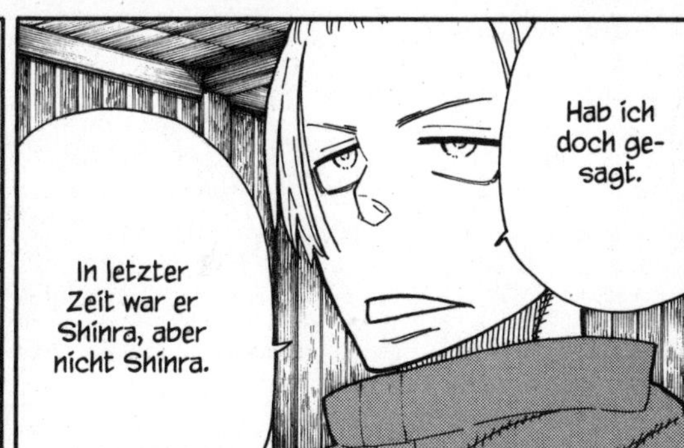
Hab ich doch gesagt.
In letzter Zeit war er Shinra, aber nicht Shinra.

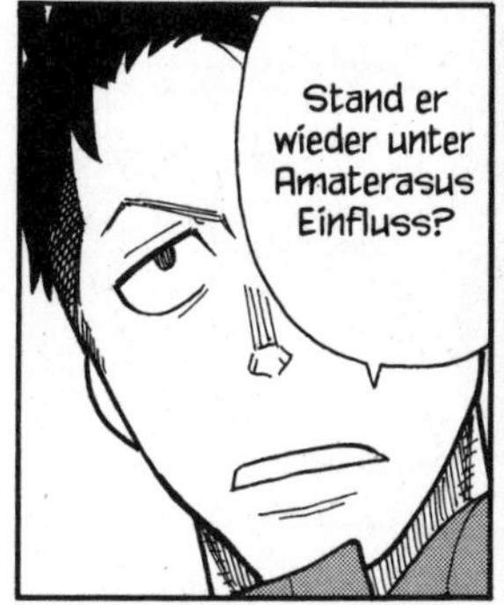
Stand er wieder unter Amaterasus Einfluss?

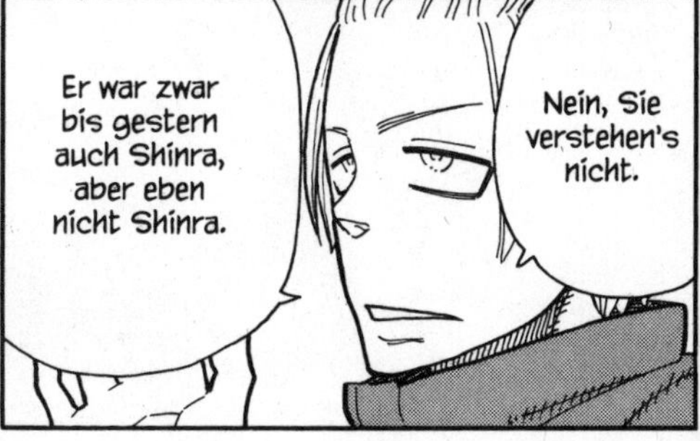
Nein, Sie verstehen's nicht.
Er war zwar bis gestern auch Shinra, aber eben nicht Shinra.

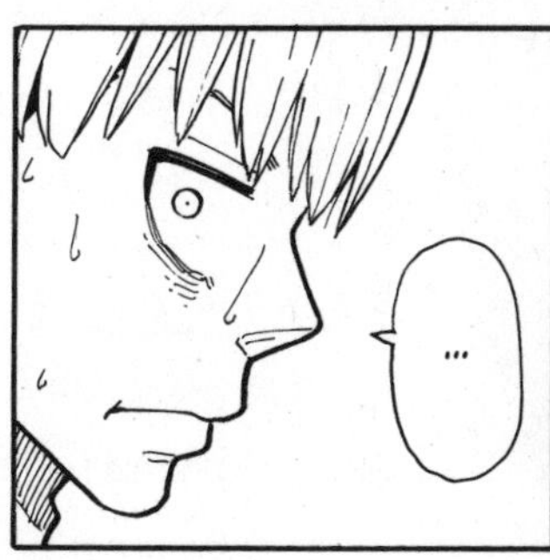
...

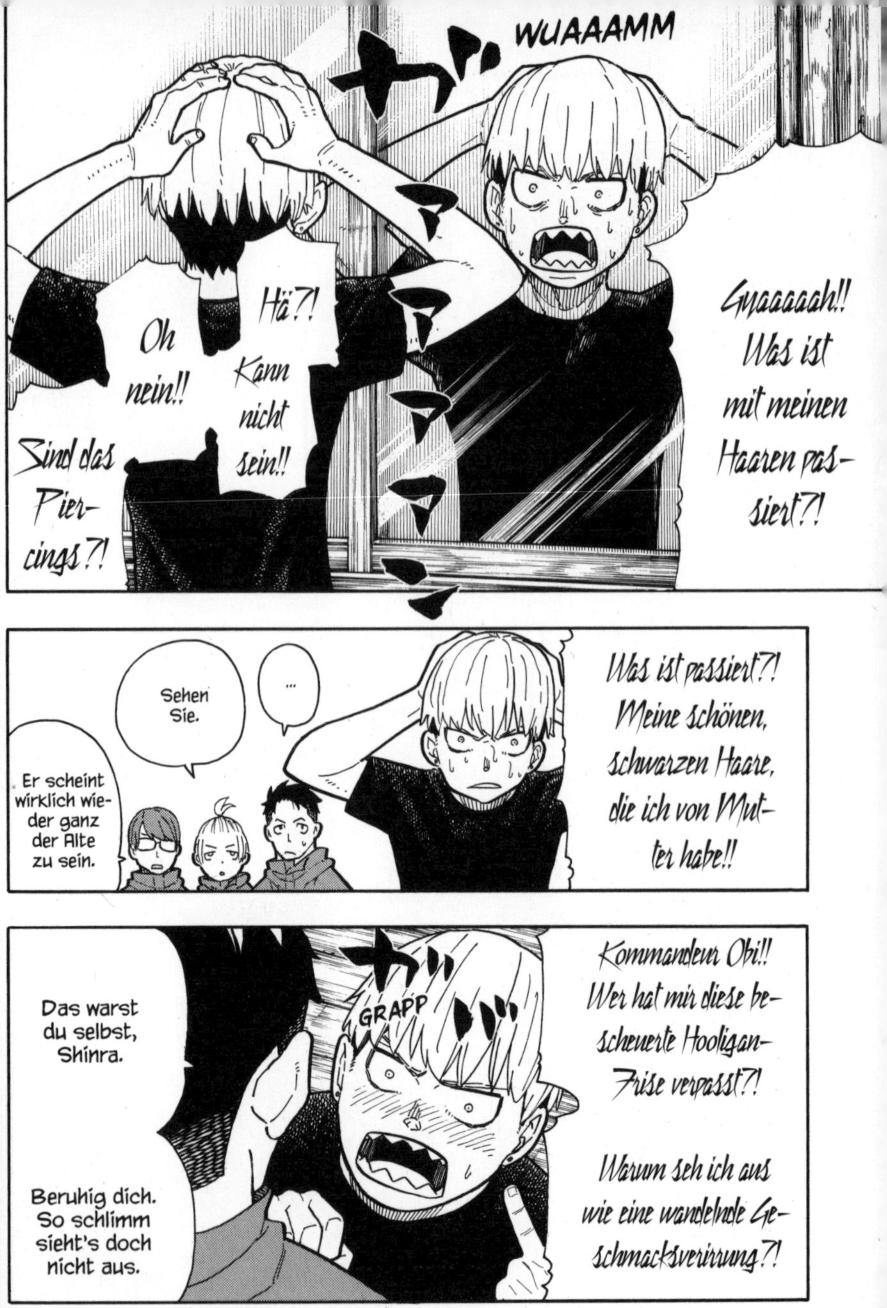

WUAAAMM

Guaaaaah!! Was ist mit meinen Haaren passiert?!

Hä?! Kann nicht sein!!

Oh nein!!

Sind das Piercings?!

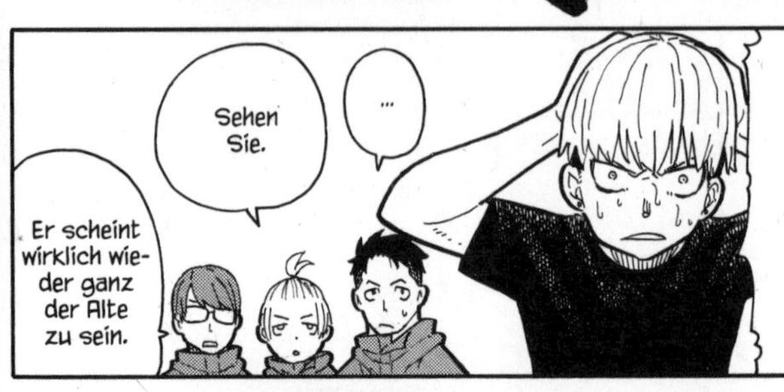

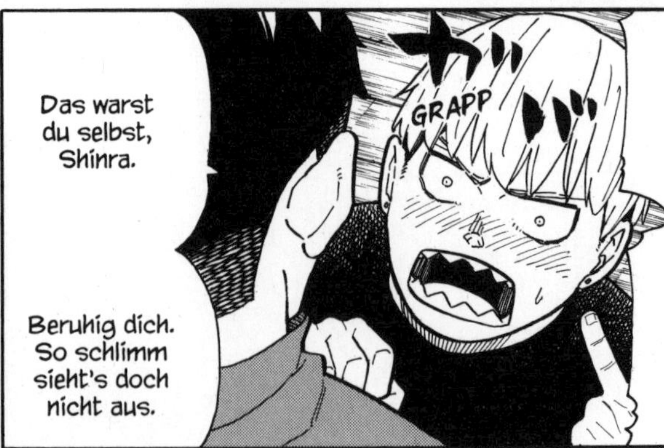

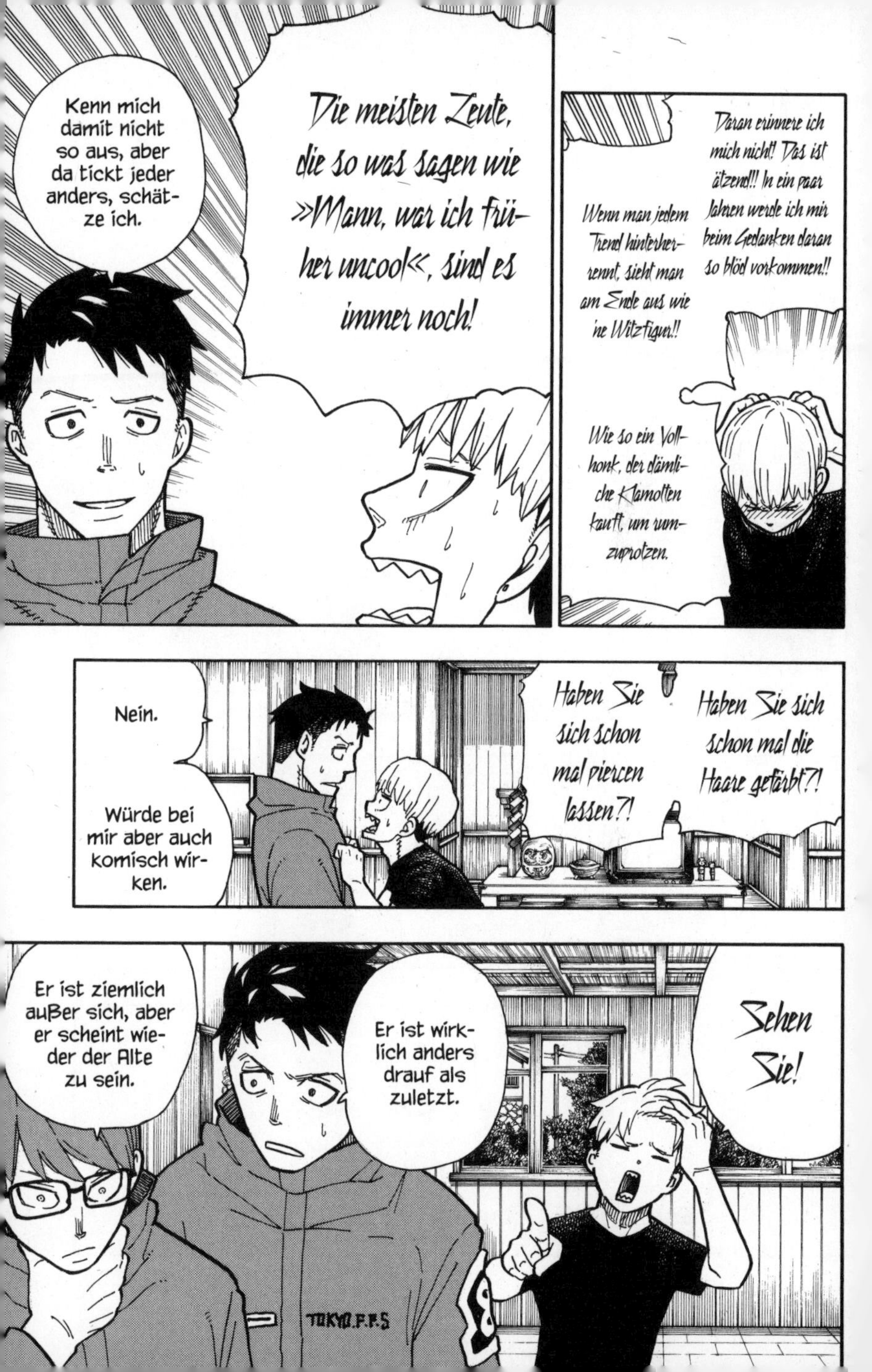

Daran erinnere ich mich nicht! Das ist ätzend!! In ein paar Jahren werde ich mir beim Gedanken daran so blöd vorkommen!!
Wenn man jedem Trend hinterherrennt, sieht man am Ende aus wie 'ne Witzfigur!!
Wie so ein Vollhonk, der dämliche Klamotten kauft, um rumzuprotzen.
Die meisten Leute, die so was sagen wie »Mann, war ich früher uncool«, sind es immer noch!
Kenn mich damit nicht so aus, aber da tickt jeder anders, schätze ich.

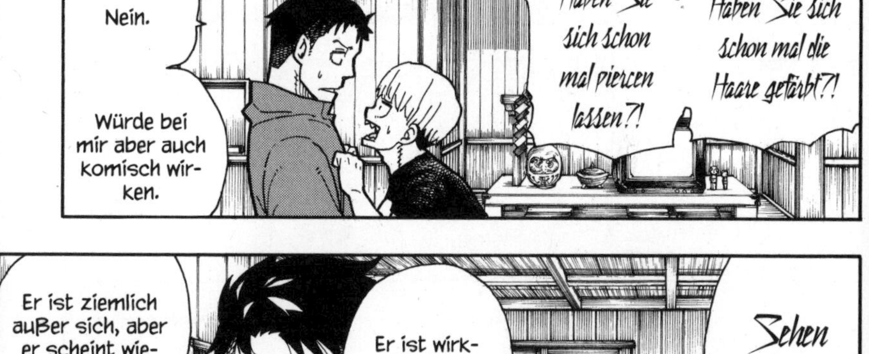

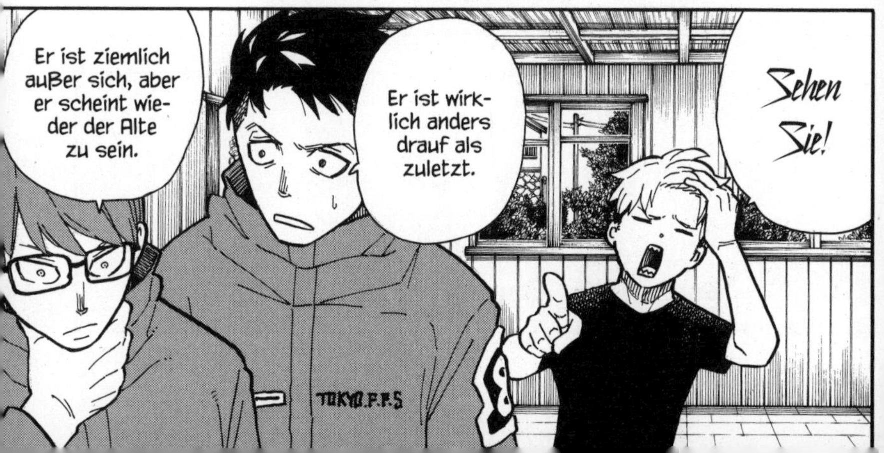

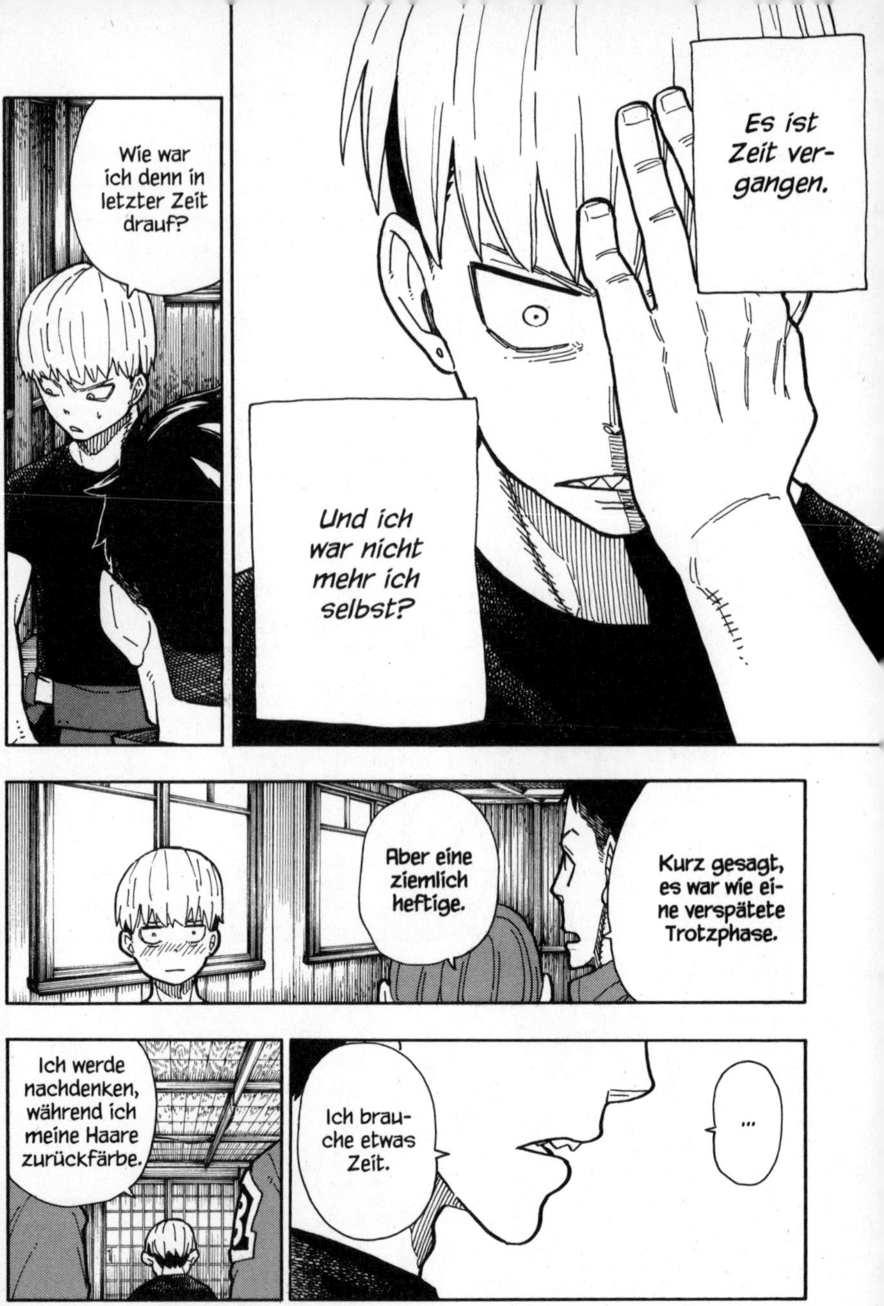

Es ist Zeit vergangen.

Und ich war nicht mehr ich selbst?

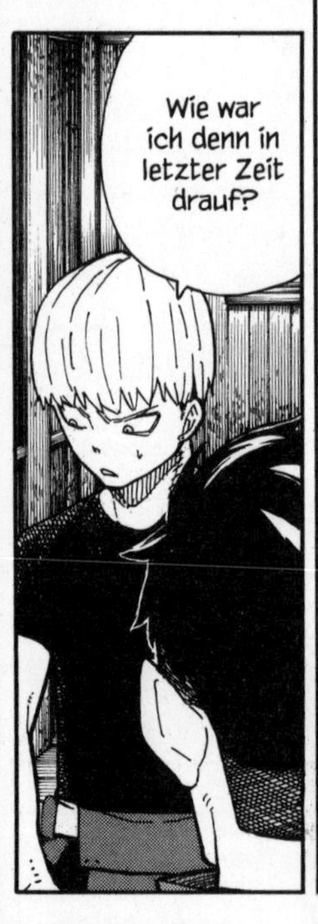

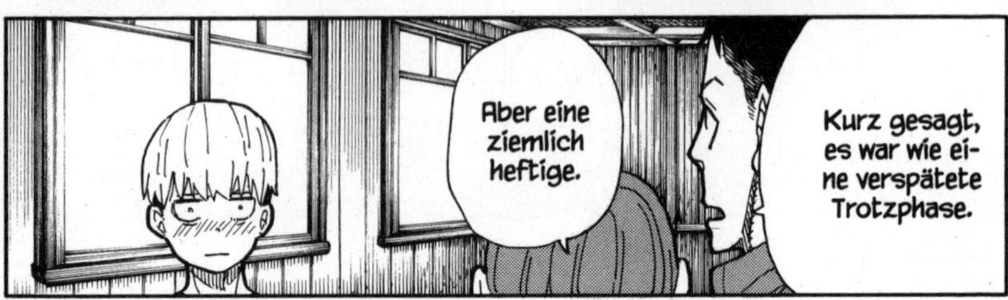

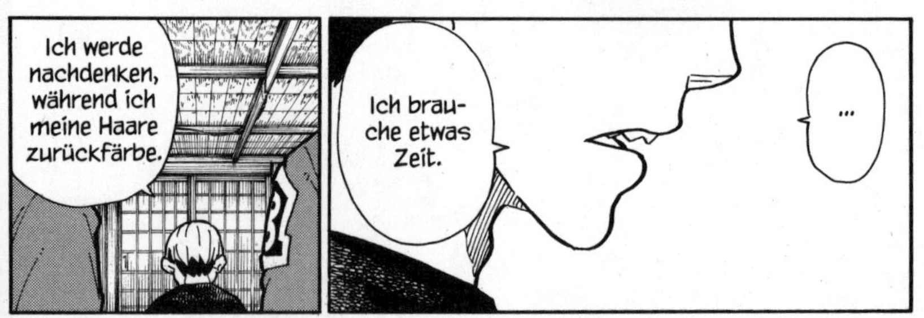

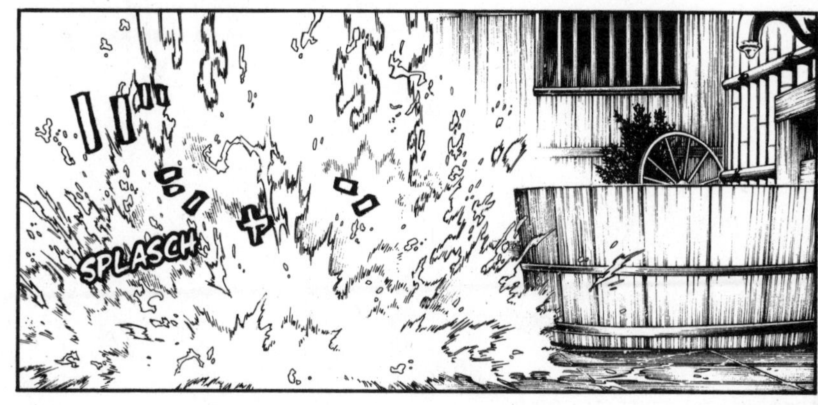
SPLASCH

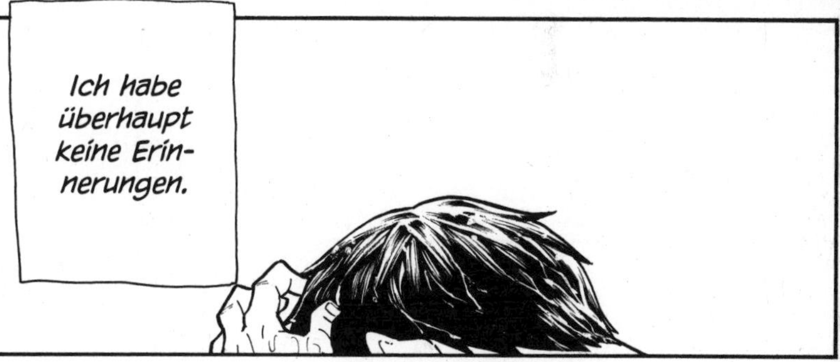
Ich habe überhaupt keine Erinnerungen.

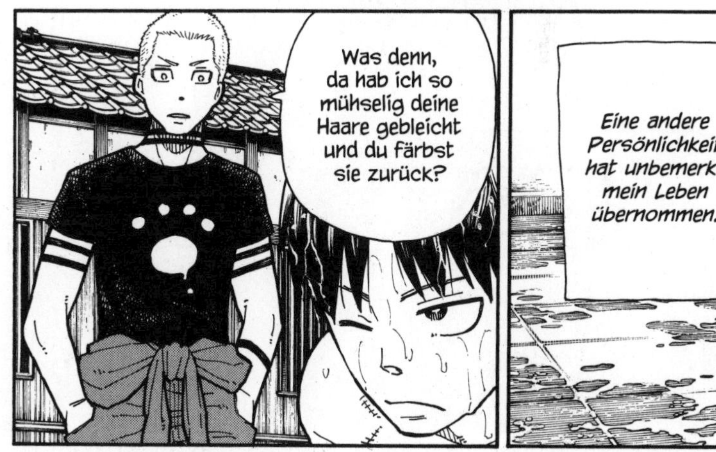
Eine andere Persönlichkeit hat unbemerkt mein Leben übernommen.
Was denn, da hab ich so mühselig deine Haare gebleicht und du färbst sie zurück?

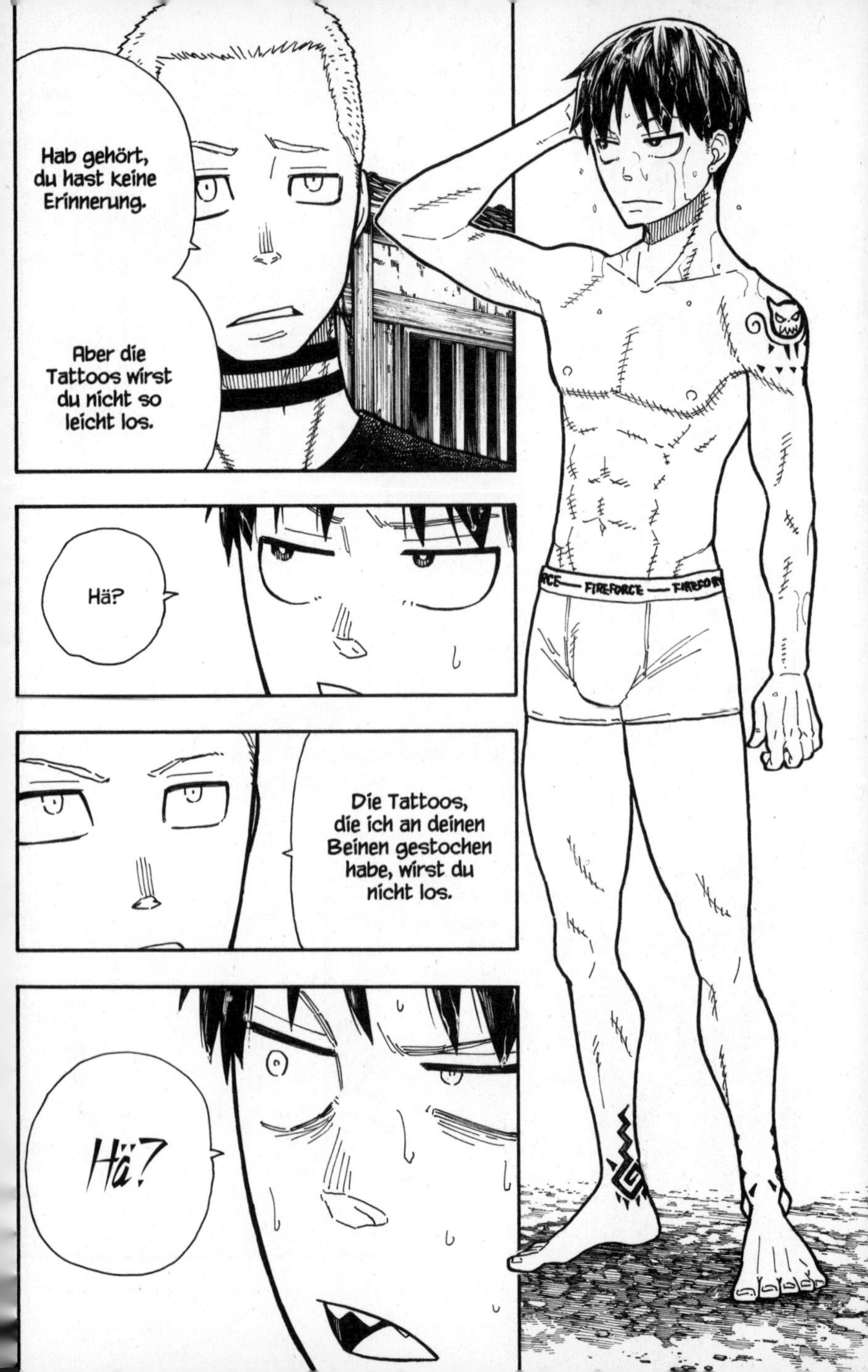
Hab gehört, du hast keine Erinnerung.
Aber die Tattoos wirst du nicht so leicht los.
Hä?
Die Tattoos, die ich an deinen Beinen gestochen habe, wirst du nicht los.
Hä?
FIREFORCE

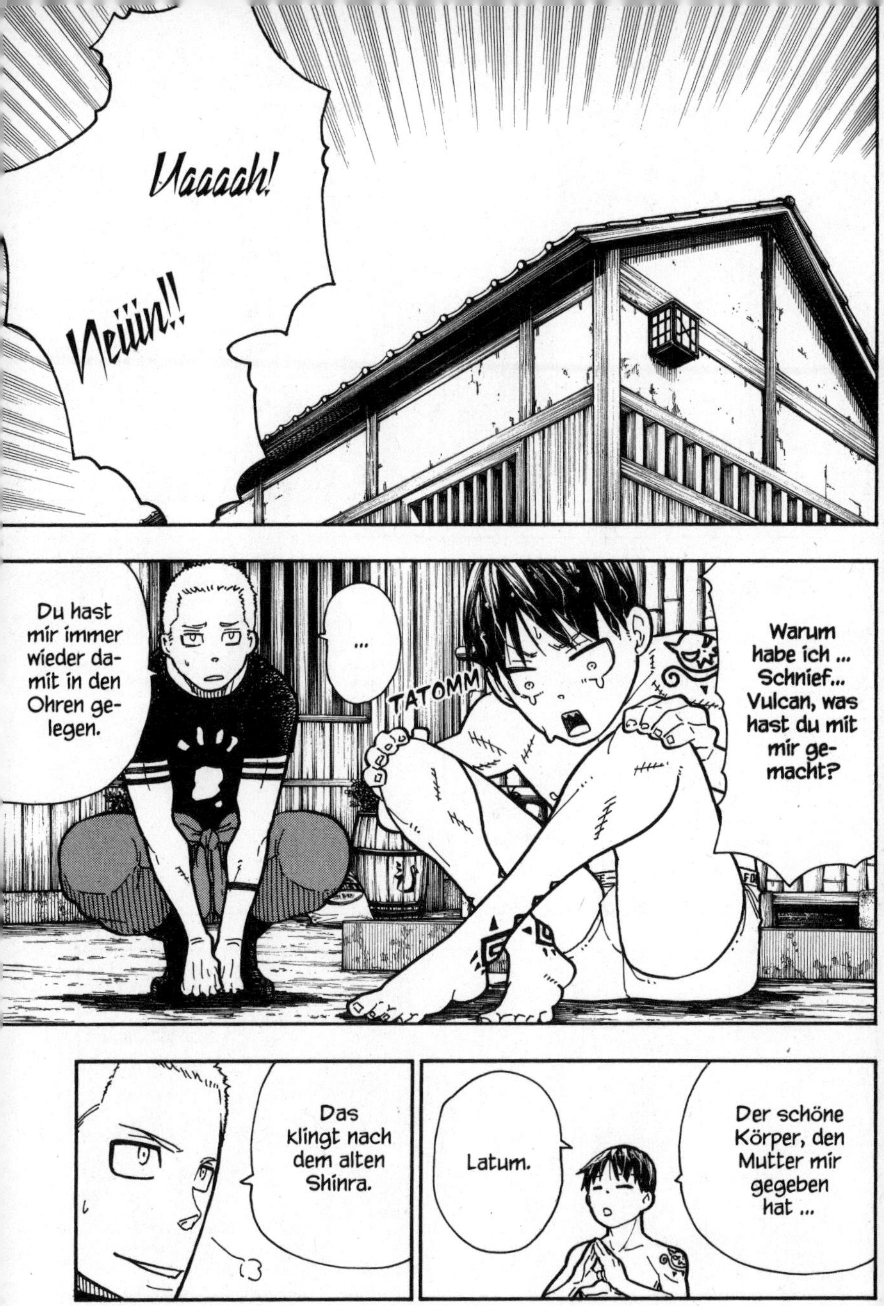

Uaaaah!

Neiiin!!

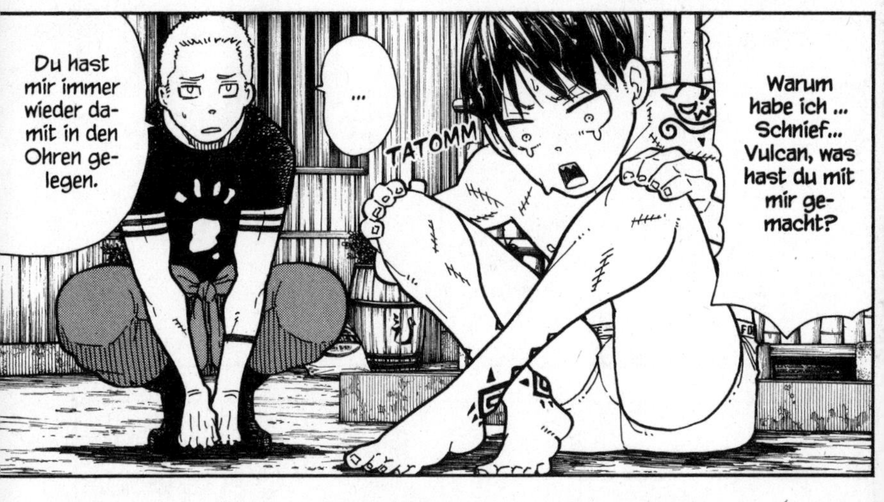

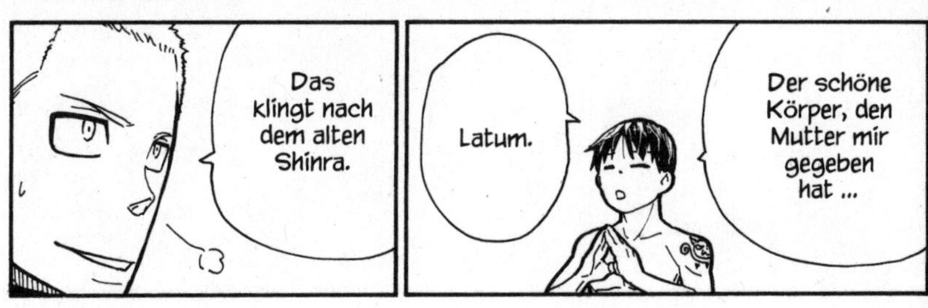

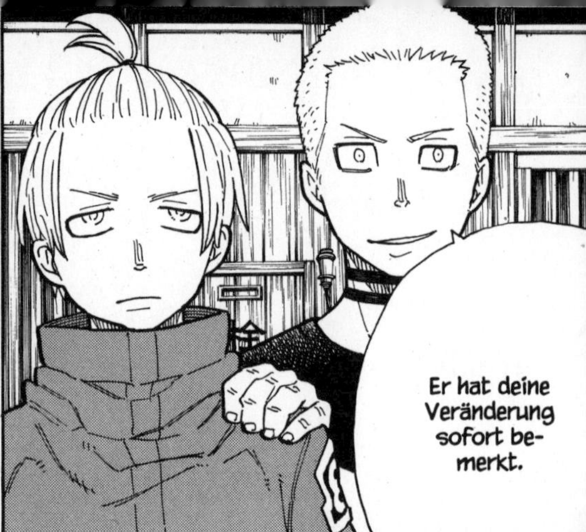
Er hat deine Veränderung sofort bemerkt.

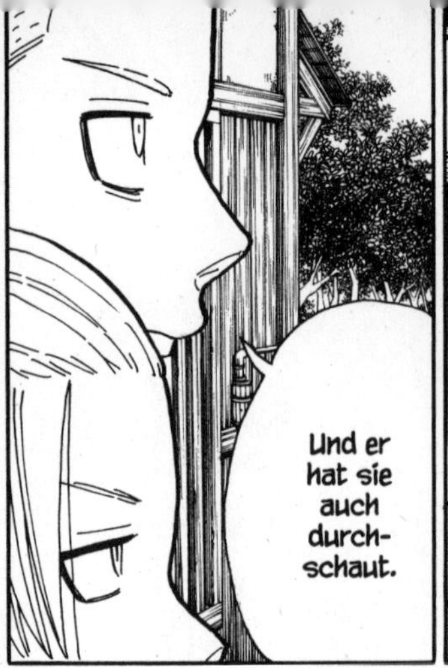
Und er hat sie auch durchschaut.

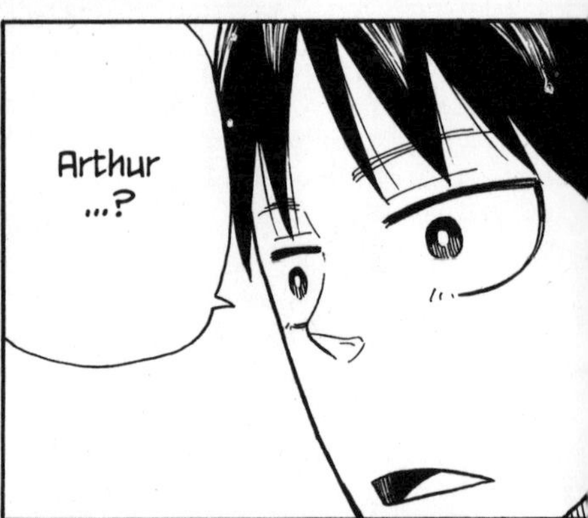
Arthur ...?

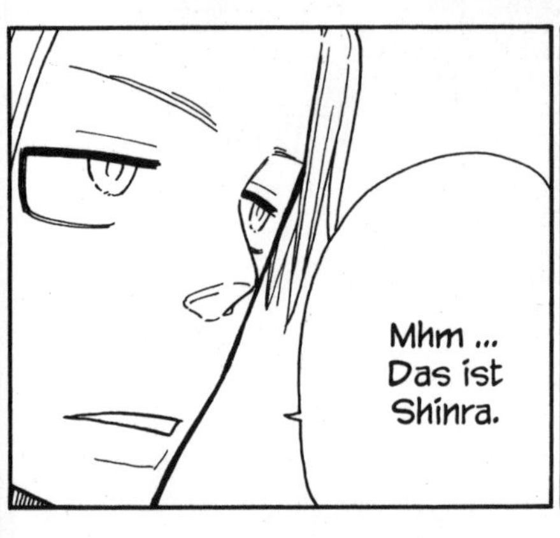
Mhm ... Das ist Shinra.

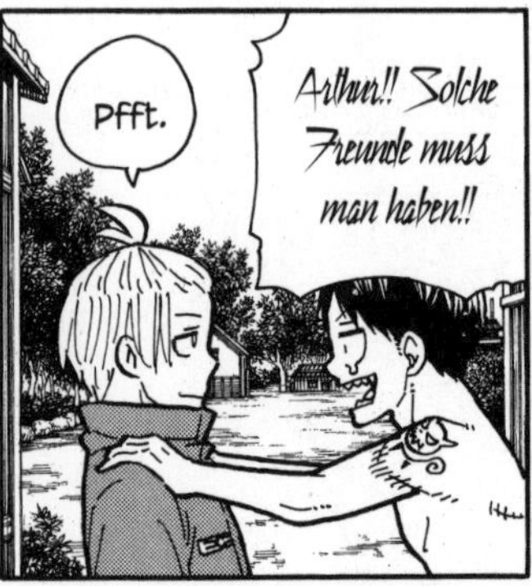
Arthur!! Solche Freunde muss man haben!!
Pfft.

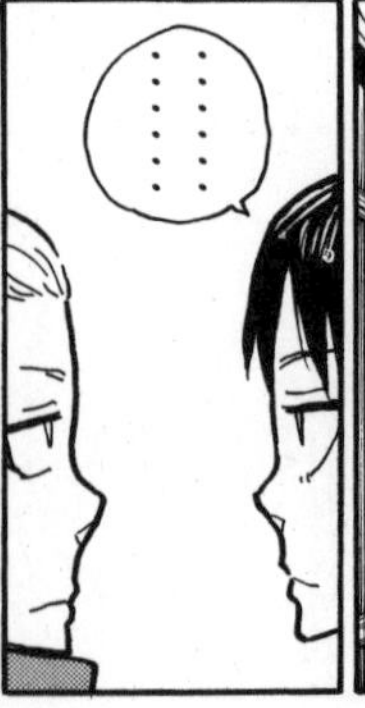
......

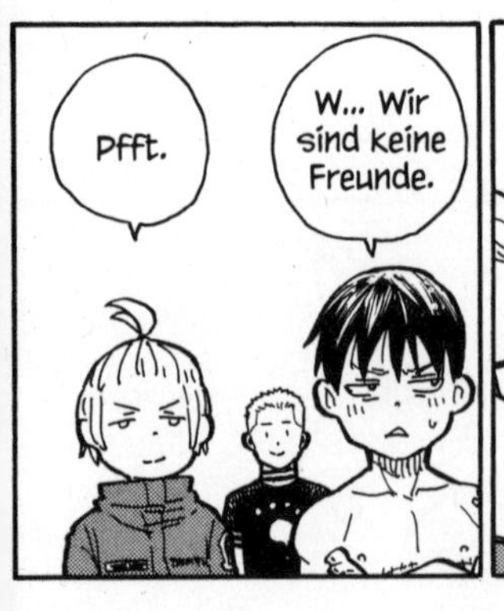
W... Wir sind keine Freunde.
Pfft.

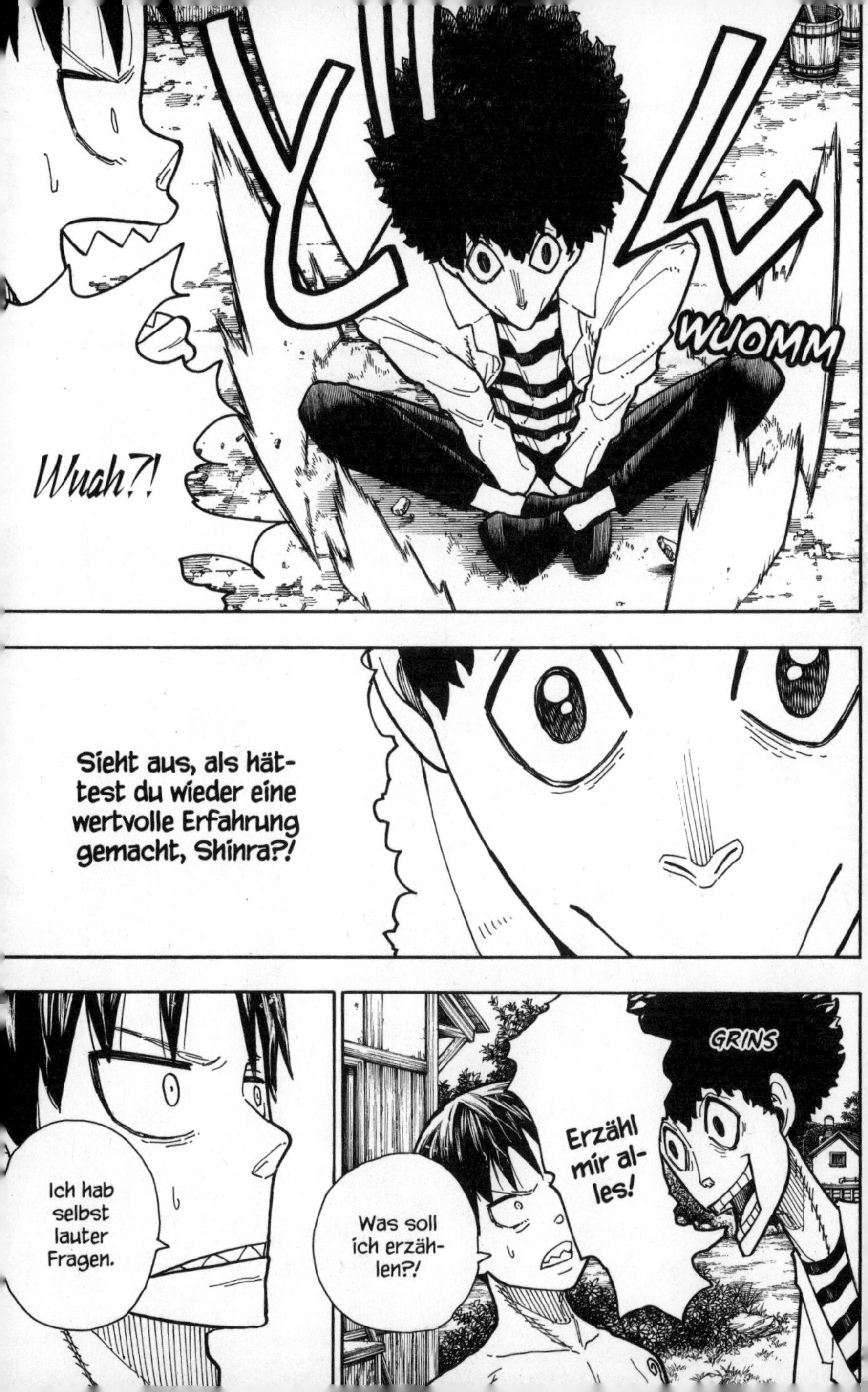

WUOMM

Wuah?!

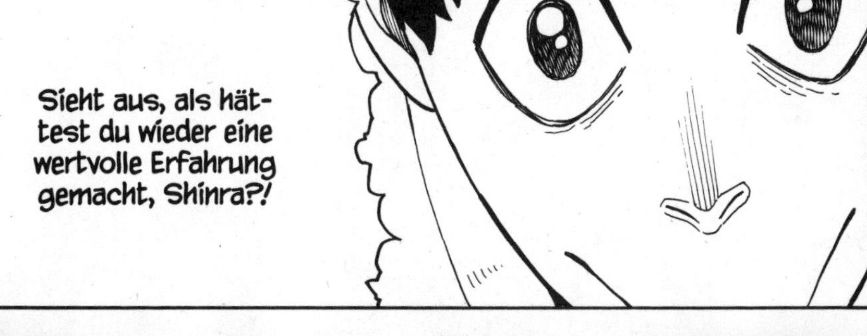
Sieht aus, als hättest du wieder eine wertvolle Erfahrung gemacht, Shinra?!

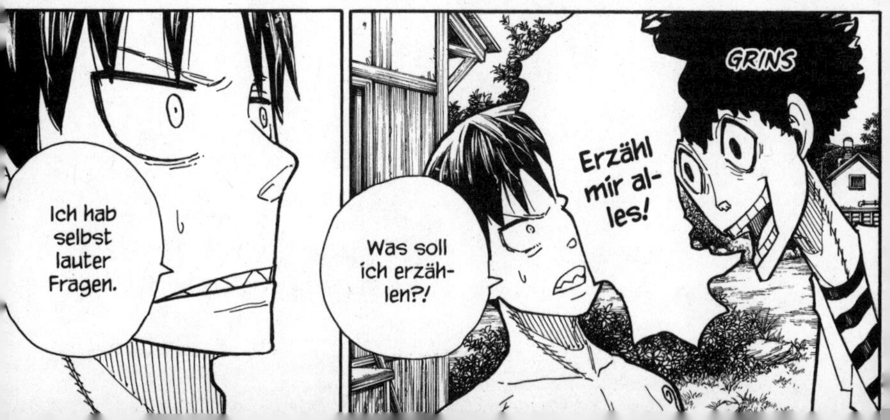
GRINS
Erzähl mir alles!
Was soll ich erzählen?!
Ich hab selbst lauter Fragen.

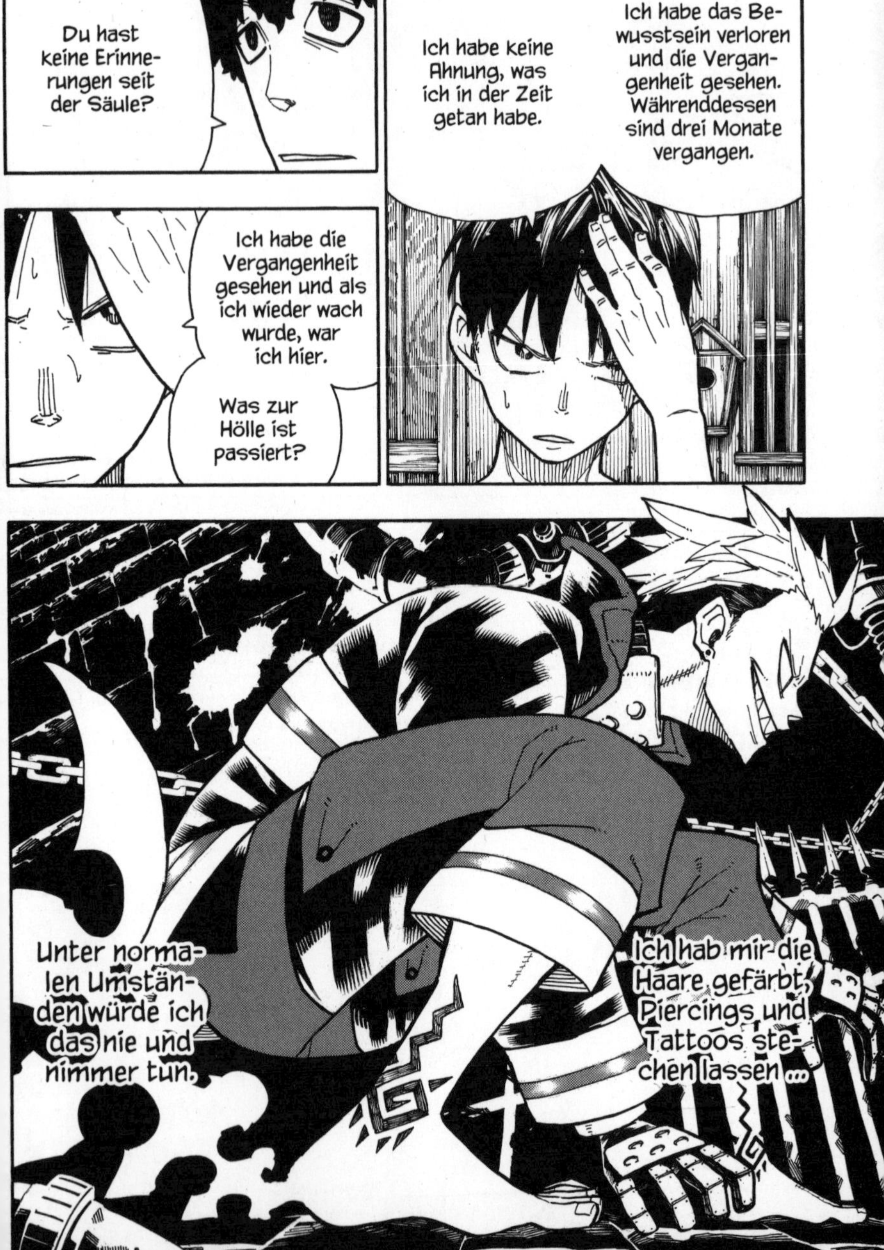
Ich habe das Bewusstsein verloren und die Vergangenheit gesehen. Währenddessen sind drei Monate vergangen.
Ich habe keine Ahnung, was ich in der Zeit getan habe.
Du hast keine Erinnerungen seit der Säule?
Ich habe die Vergangenheit gesehen und als ich wieder wach wurde, war ich hier.
Was zur Hölle ist passiert?
Ich hab mir die Haare gefärbt, Piercings und Tattoos stechen lassen ...
Unter normalen Umständen würde ich das nie und nimmer tun.

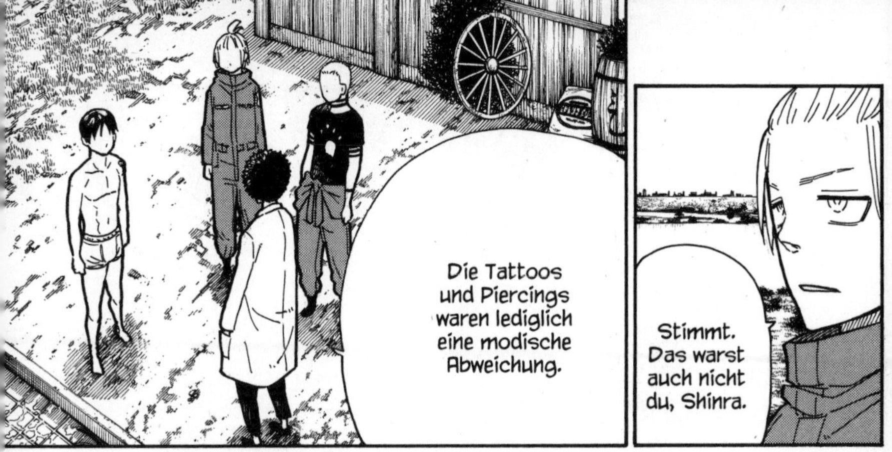
Stimmt. Das warst auch nicht du, Shinra.
Die Tattoos und Piercings waren lediglich eine modische Abweichung.

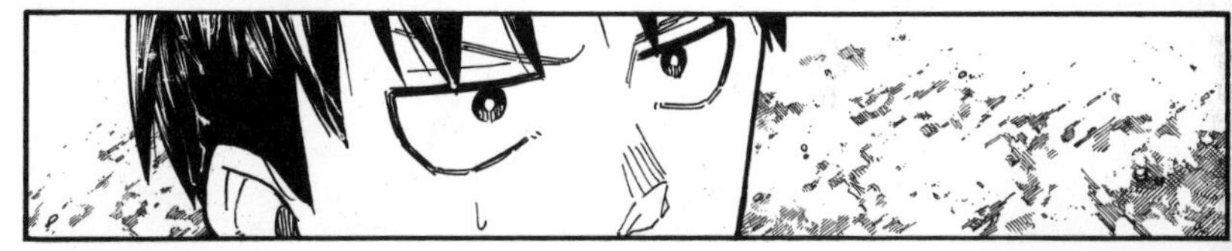

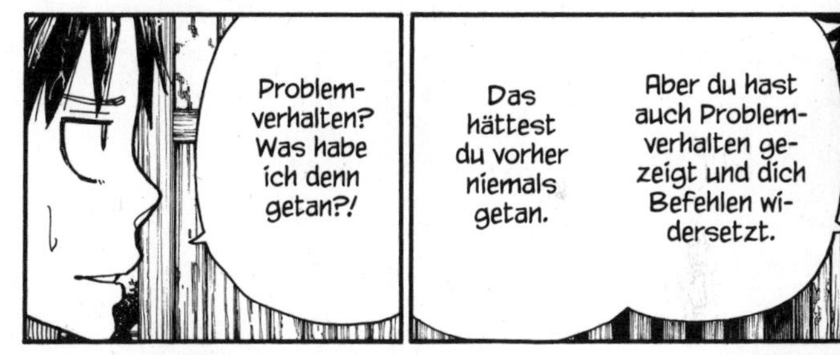
Aber du hast auch Problemverhalten gezeigt und dich Befehlen widersetzt.
Das hättest du vorher niemals getan.
Problemverhalten? Was habe ich denn getan?!

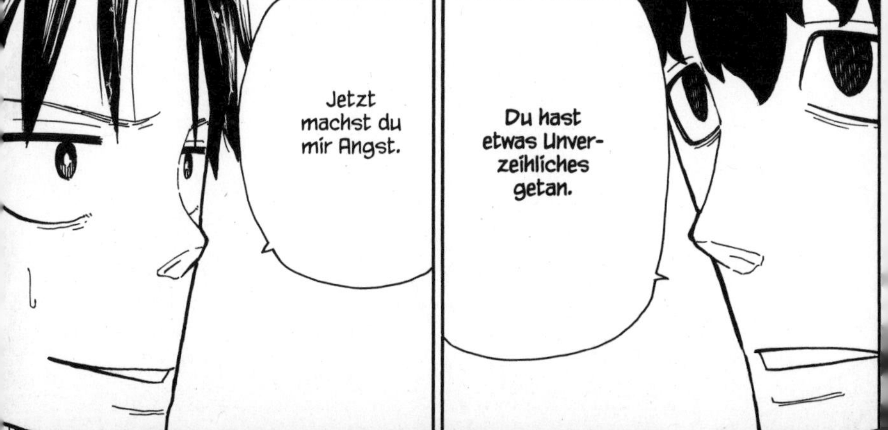
Du hast etwas Unverzeihliches getan.
Jetzt machst du mir Angst.

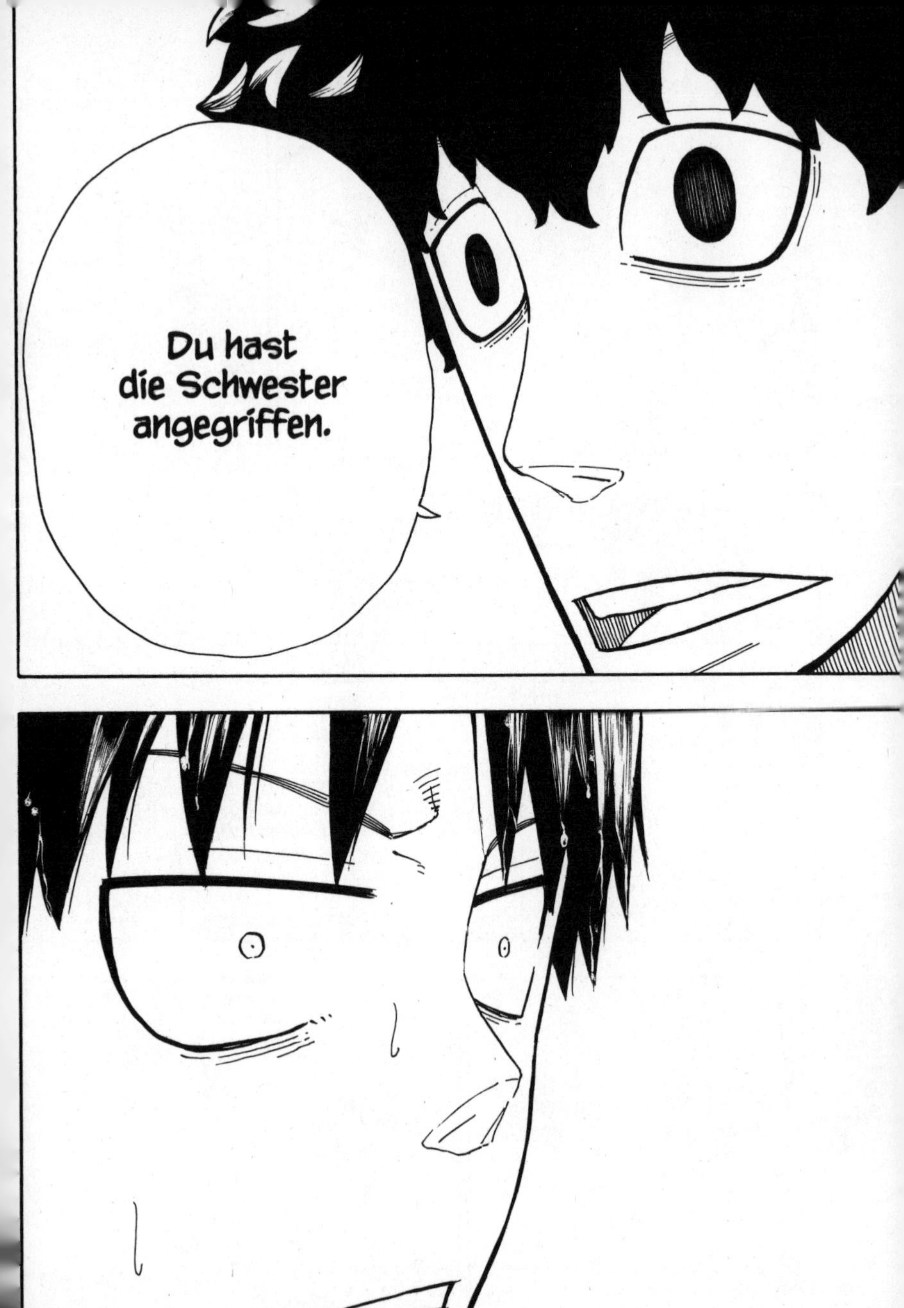
Du hast
die Schwester
angegriffen.

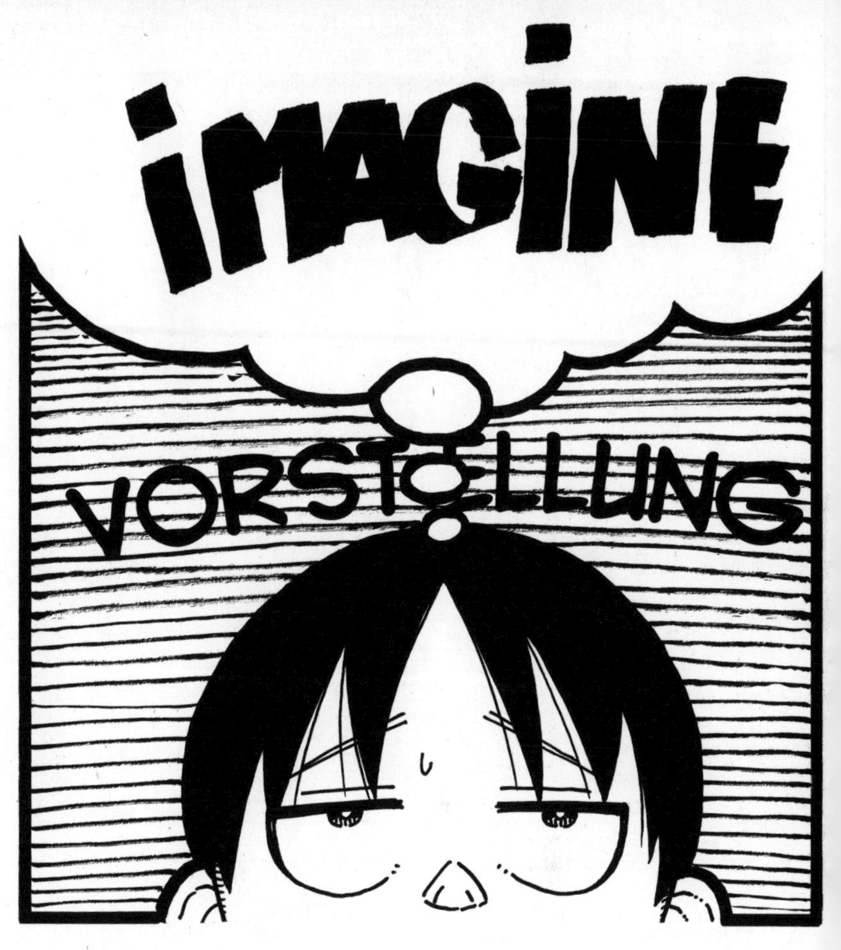

Kapitel 218:
Die Schattengestalt

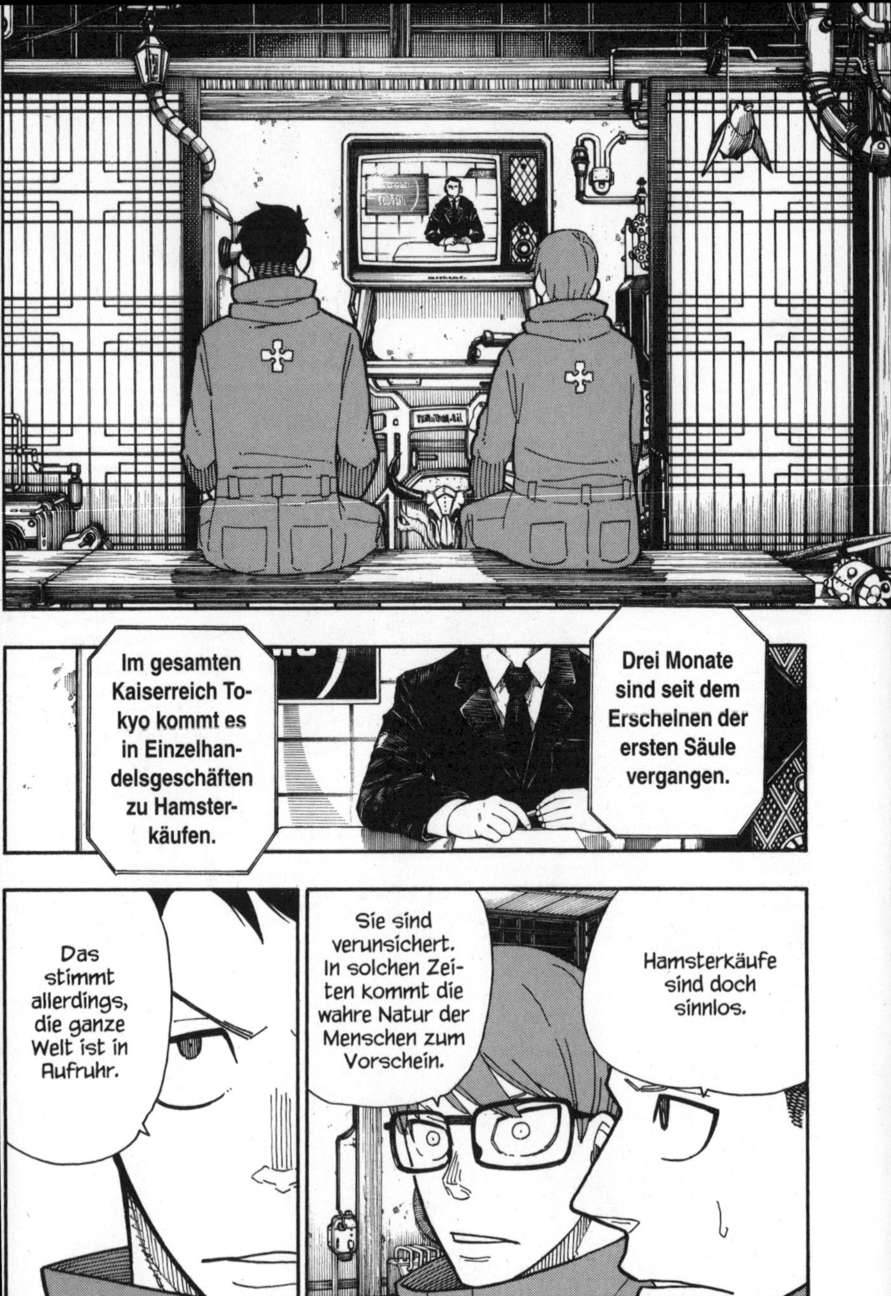

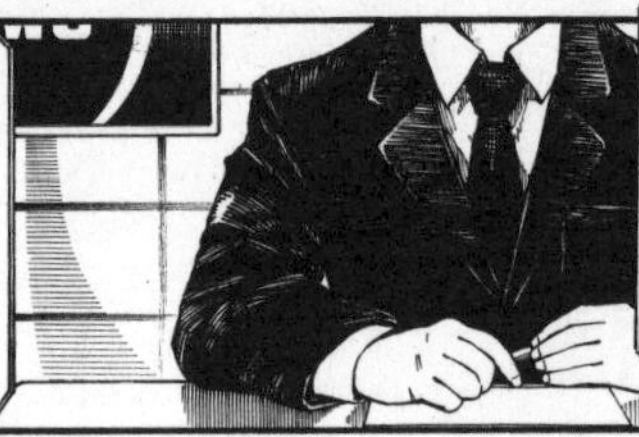
Drei Monate sind seit dem Erscheinen der ersten Säule vergangen.
Im gesamten Kaiserreich Tokyo kommt es in Einzelhandelsgeschäften zu Hamsterkäufen.

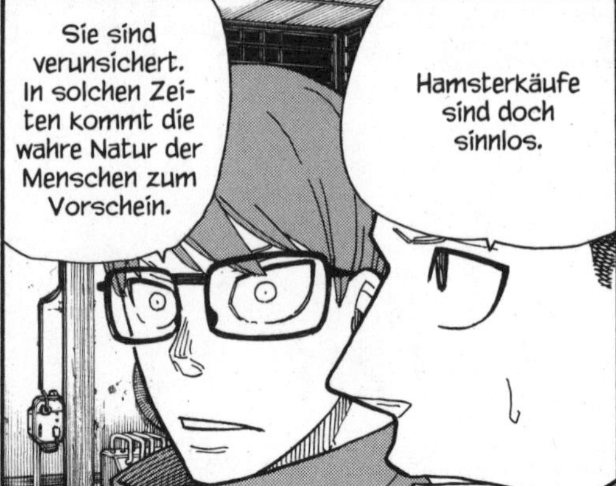
Hamsterkäufe sind doch sinnlos.
Sie sind verunsichert. In solchen Zeiten kommt die wahre Natur der Menschen zum Vorschein.

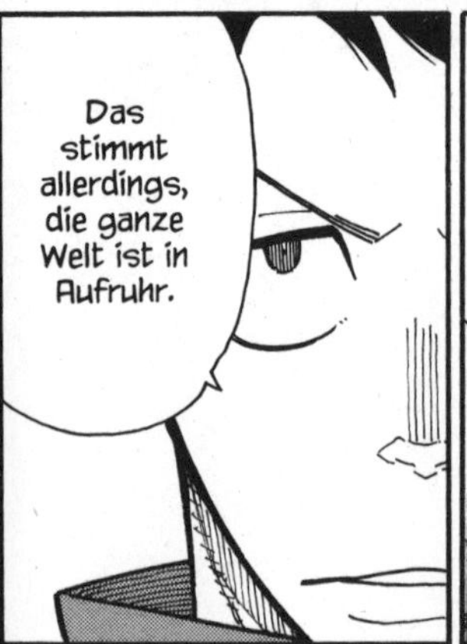
Das stimmt allerdings, die ganze Welt ist in Aufruhr.

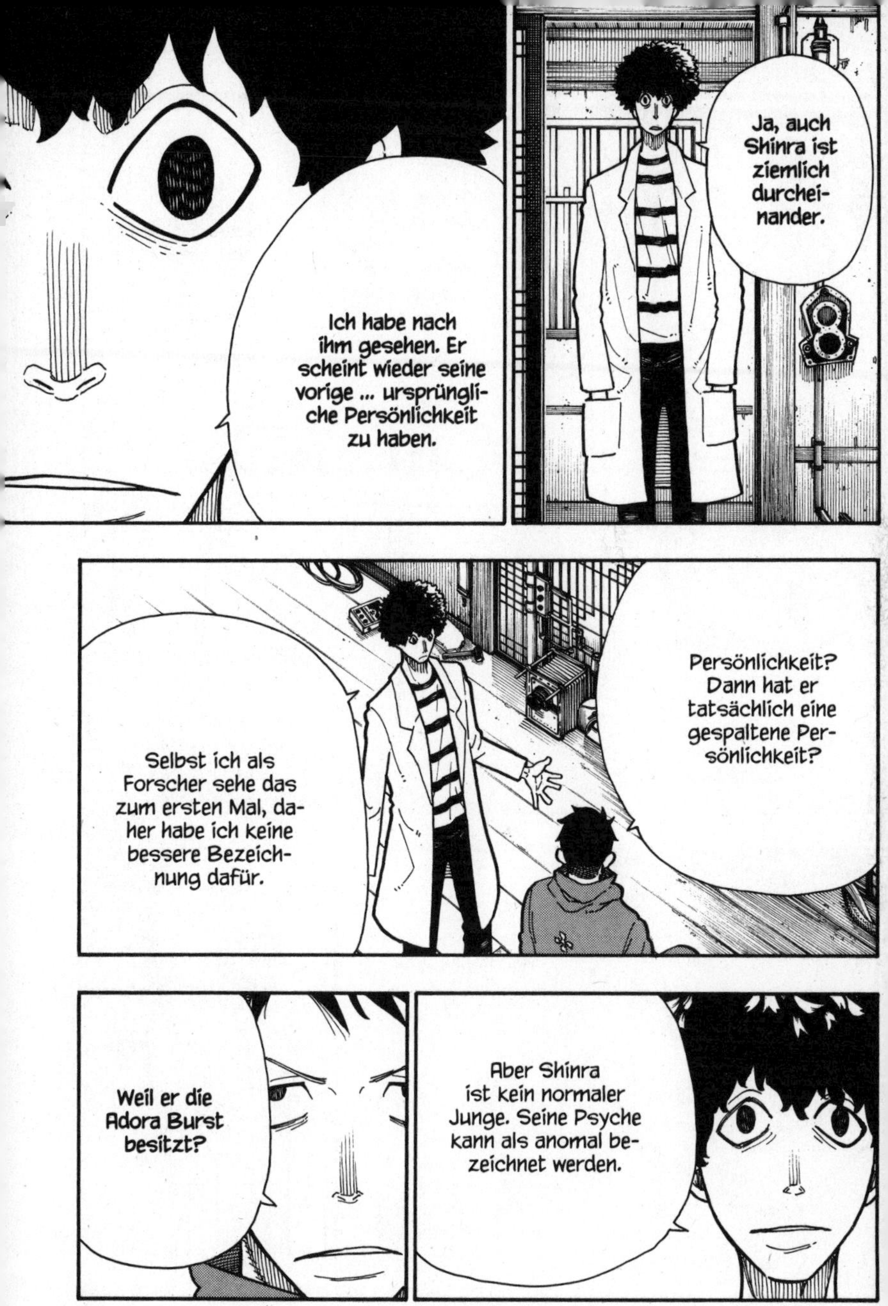

Ja, auch Shinra ist ziemlich durcheinander.

Ich habe nach ihm gesehen. Er scheint wieder seine vorige ... ursprüngliche Persönlichkeit zu haben.

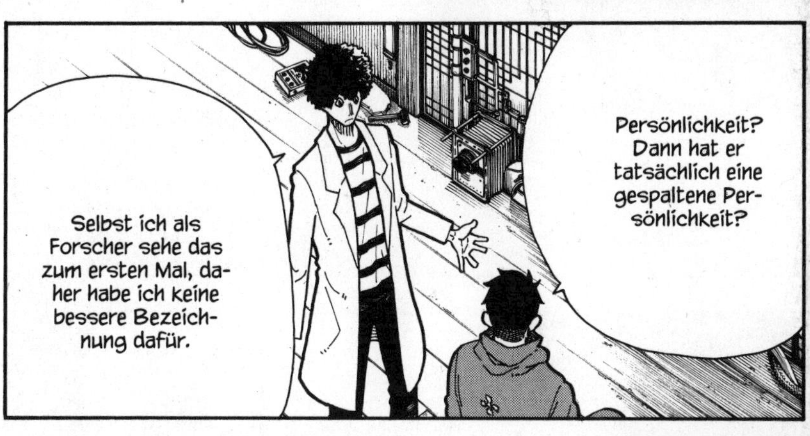

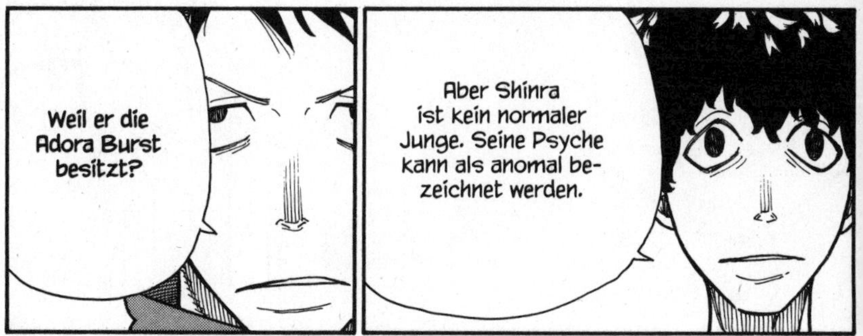

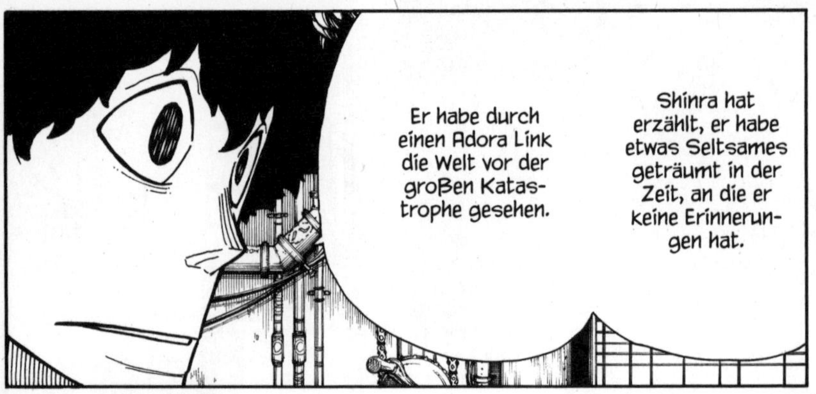
Shinra hat erzählt, er habe etwas Seltsames geträumt in der Zeit, an die er keine Erinnerungen hat.
Er habe durch einen Adora Link die Welt vor der großen Katastrophe gesehen.

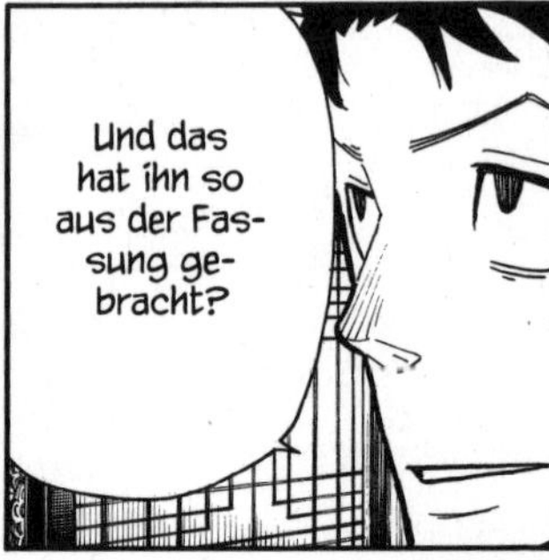
Und das hat ihn so aus der Fassung gebracht?

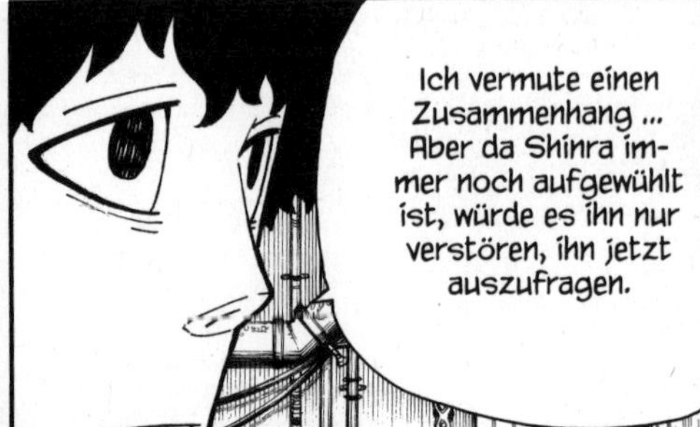
Ich vermute einen Zusammenhang ... Aber da Shinra immer noch aufgewühlt ist, würde es ihn nur verstören, ihn jetzt auszufragen.

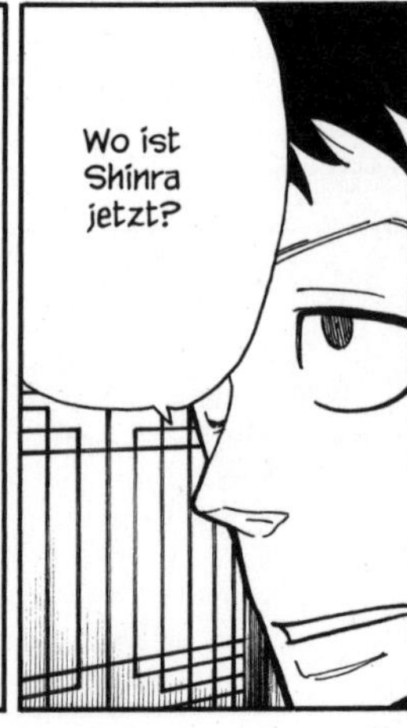
Wo ist Shinra jetzt?

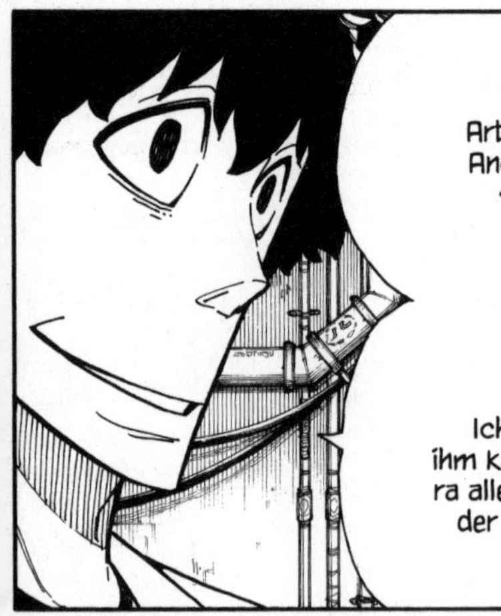
Er ist bei Arthur, der seine Anomalie durchschaut hat.
Ich denke, bei ihm kann sich Shinra alles in Ruhe von der Seele reden.

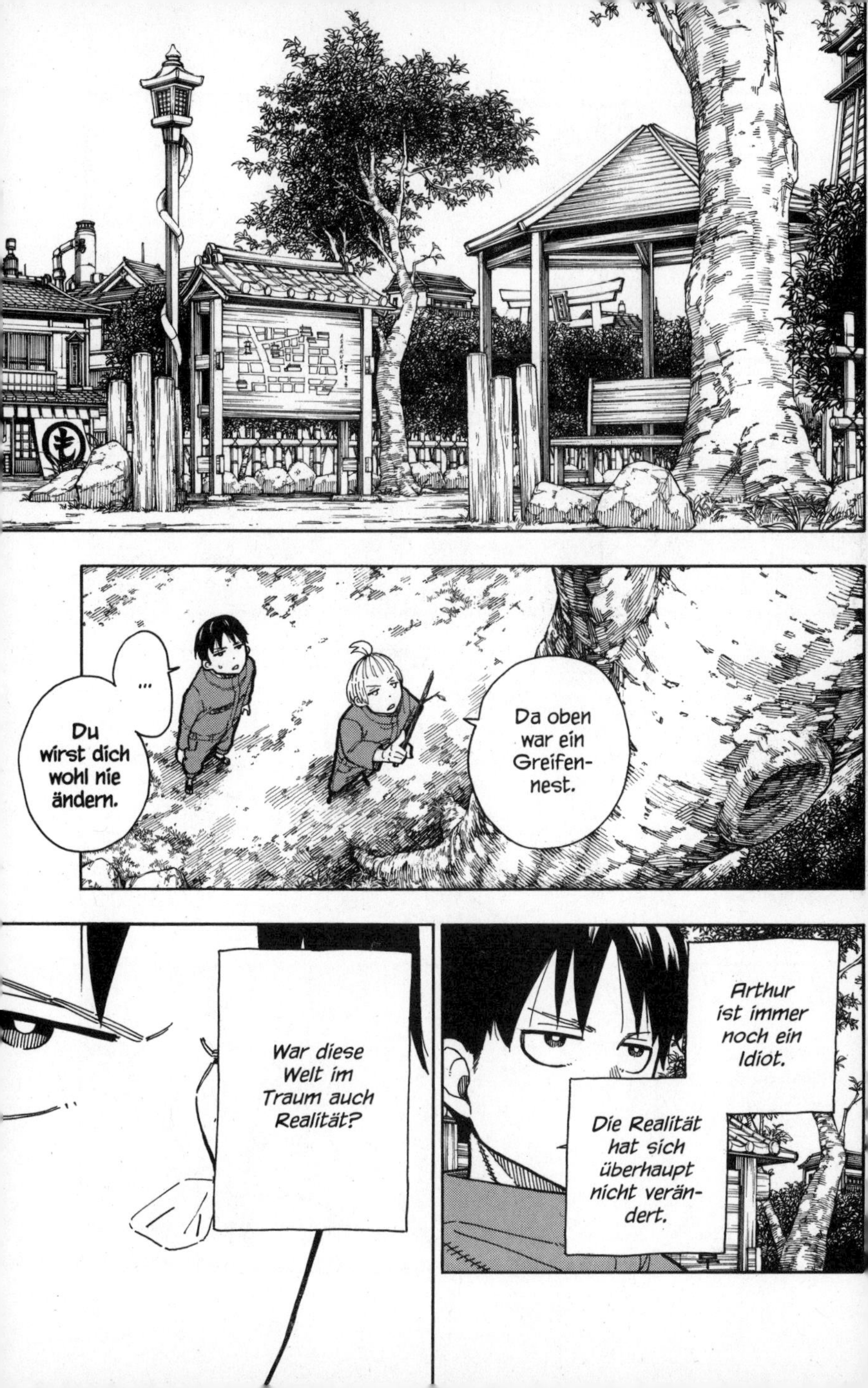

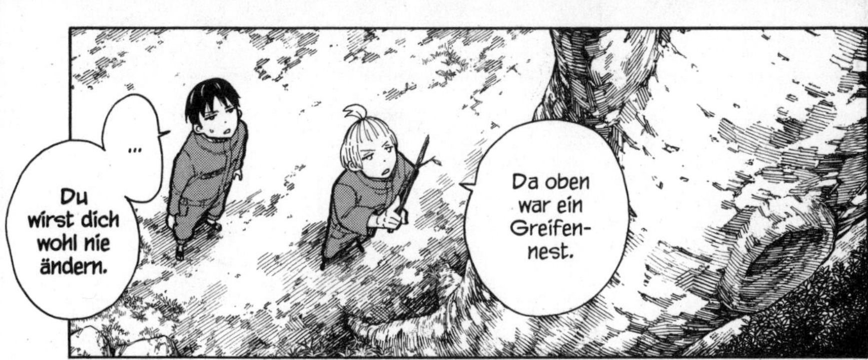
Da oben war ein Greifen-nest.
...
Du wirst dich wohl nie ändern.

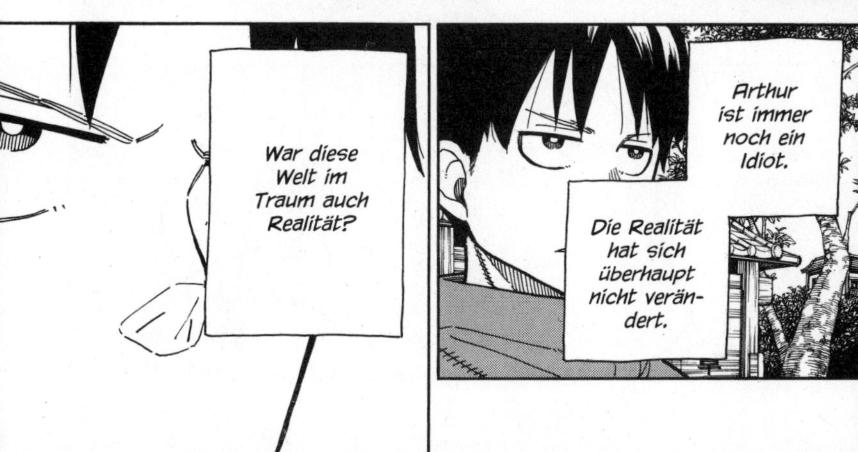
Arthur ist immer noch ein Idiot.
Die Realität hat sich überhaupt nicht verän-dert.
War diese Welt im Traum auch Realität?

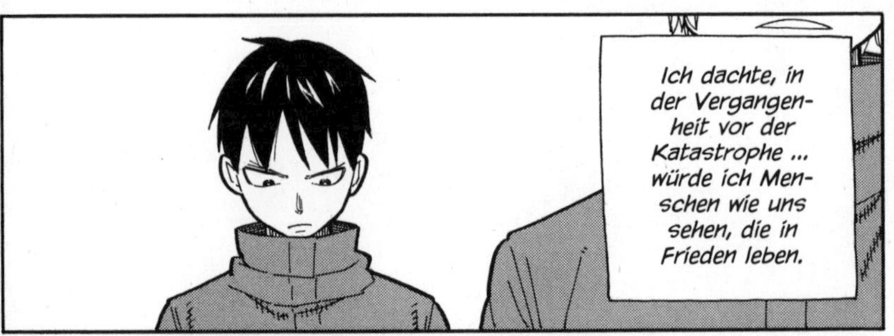
Ich dachte, in der Vergangenheit vor der Katastrophe ... würde ich Menschen wie uns sehen, die in Frieden leben.

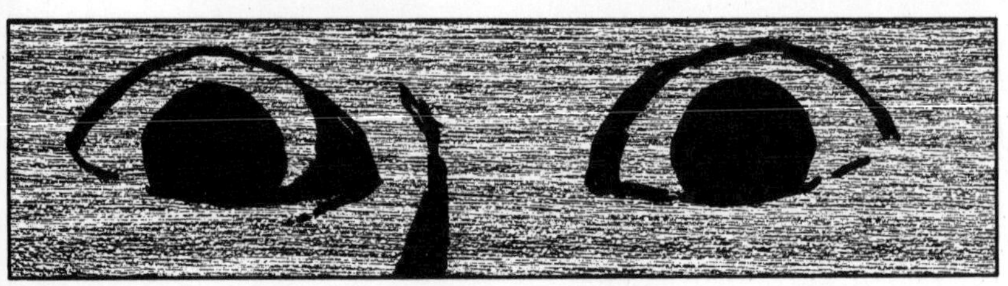

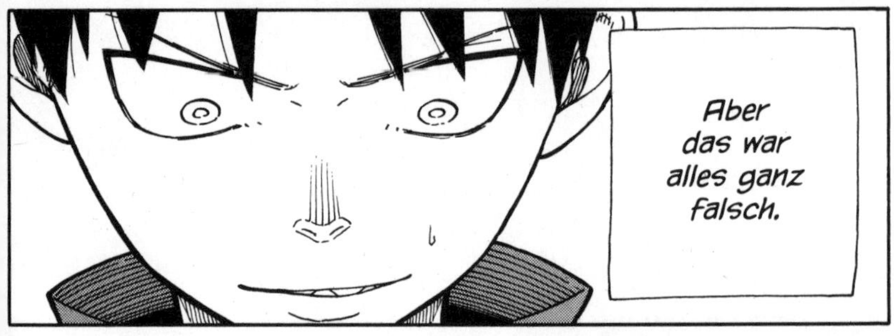
Aber das war alles ganz falsch.

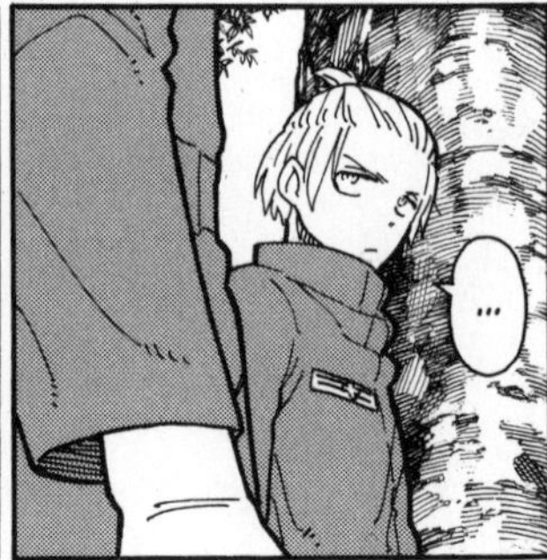
...

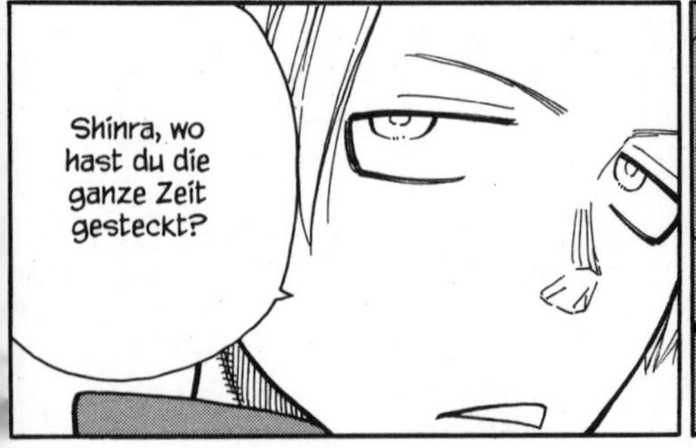
Shinra, wo hast du die ganze Zeit gesteckt?

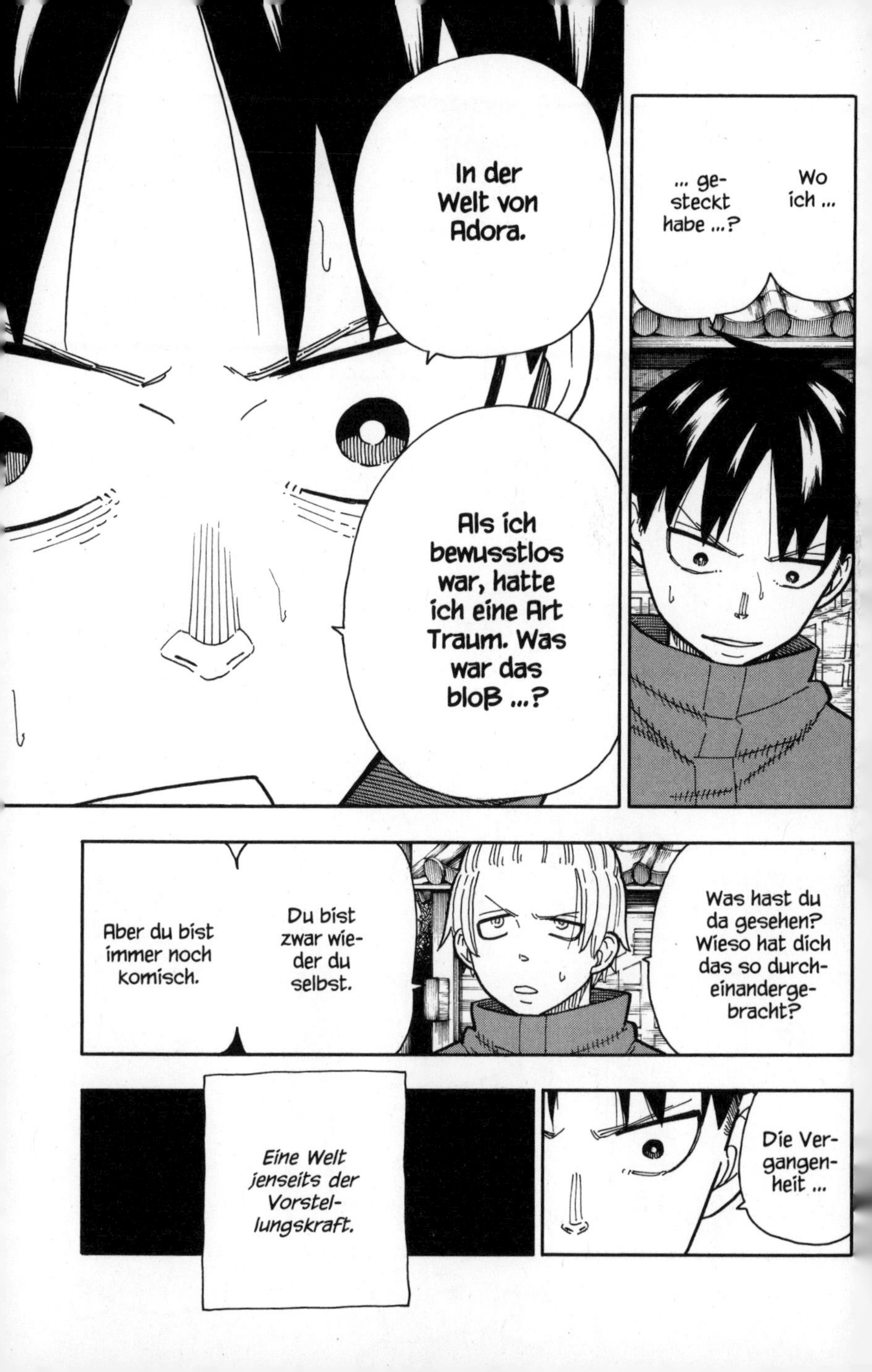

Wo ich ... gesteckt habe ...?
In der Welt von Adora.
Als ich bewusstlos war, hatte ich eine Art Traum. Was war das bloß ...?

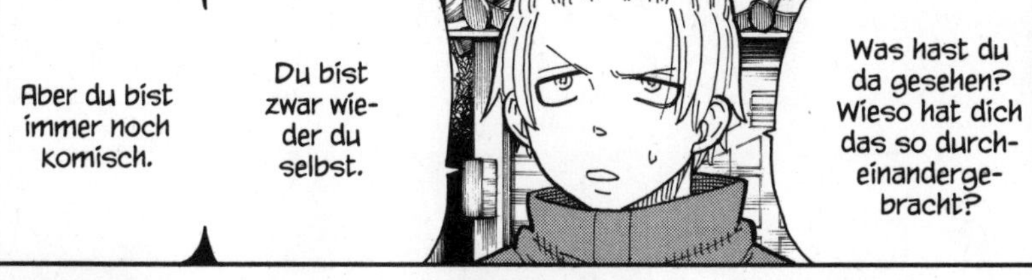

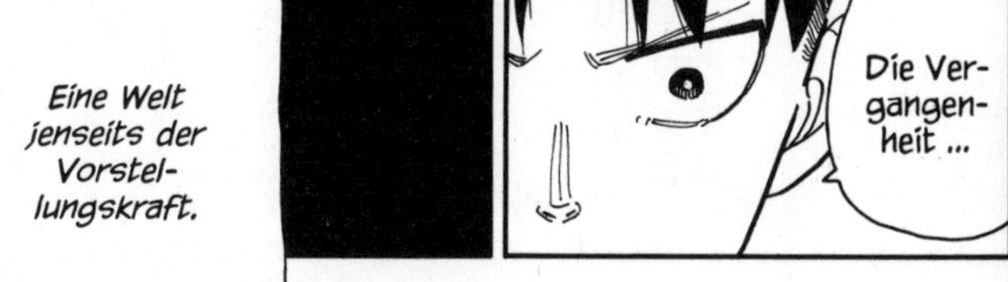

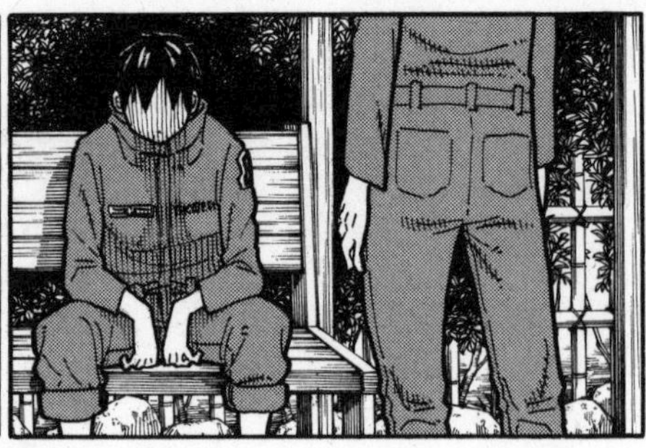
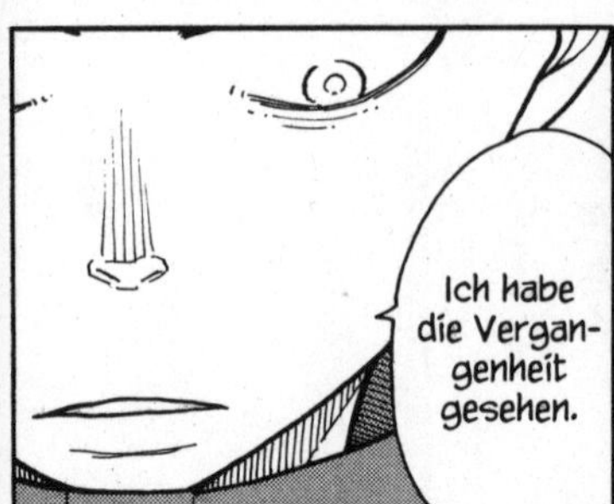
Ich habe die Vergangenheit gesehen.
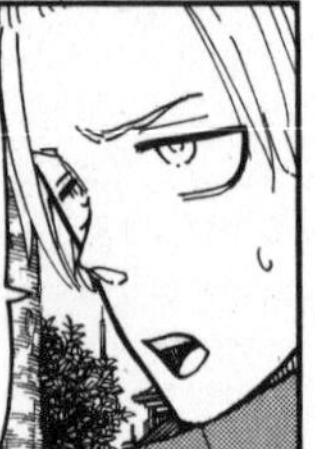
Die Vergangenheit? Und wie war die so? War die komisch?
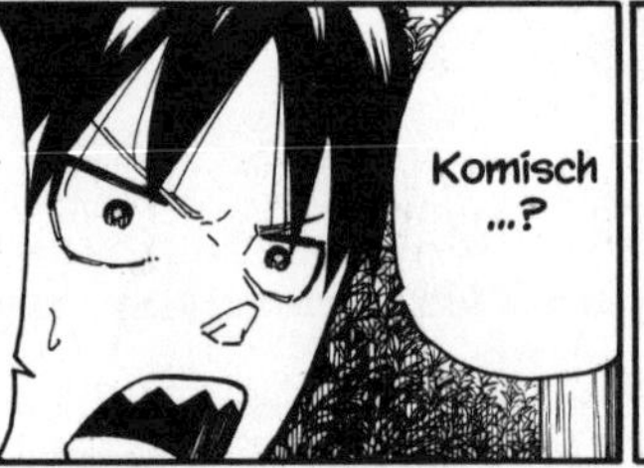
Komisch ...?
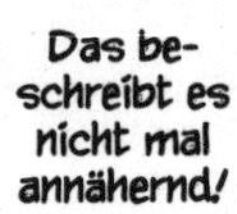
Das beschreibt es nicht mal annähernd!
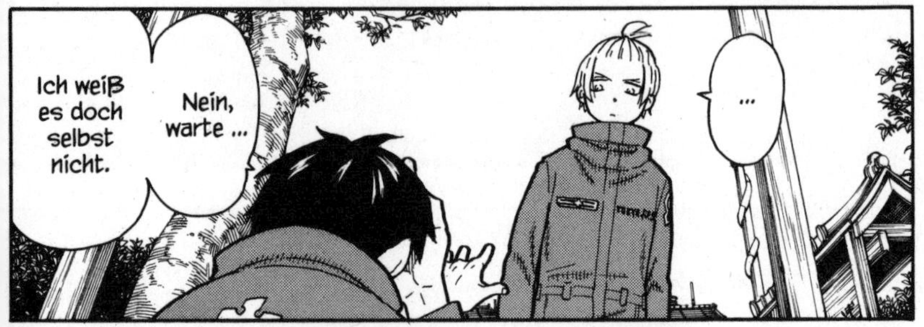
...
Nein, warte ...
Ich weiß es doch selbst nicht.
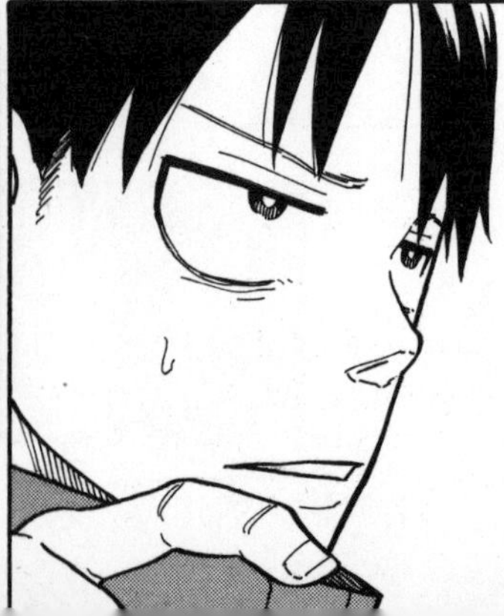
...
Kannst du mir den Stock leihen, damit ich was zeichnen kann?
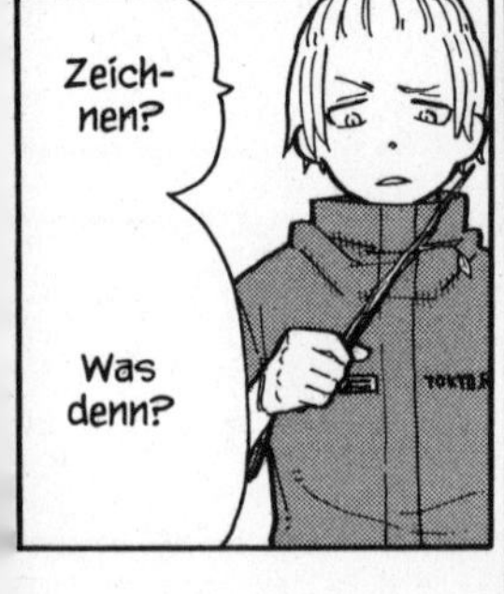
Zeichnen?
Was denn?

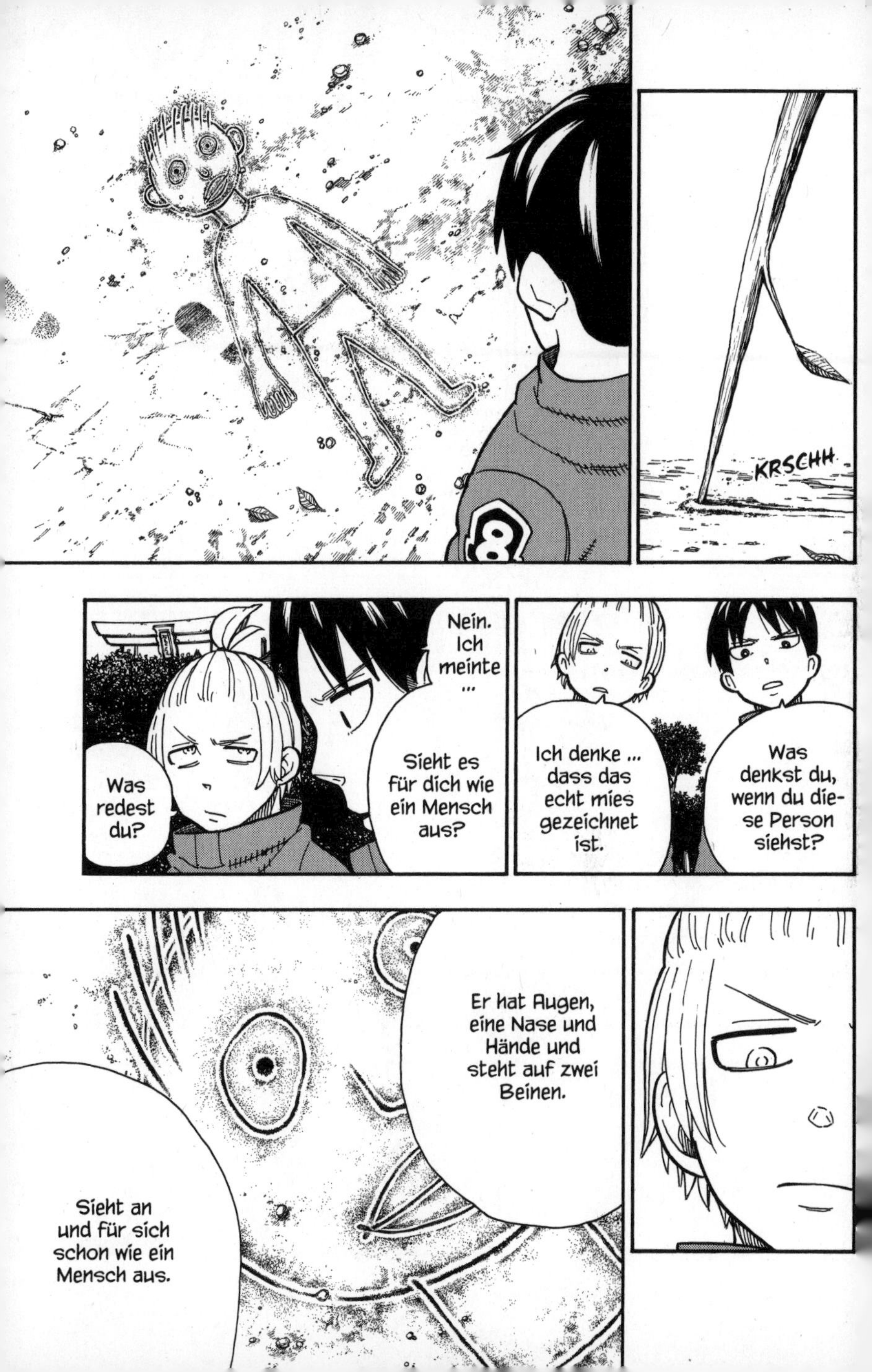

KRSCHH

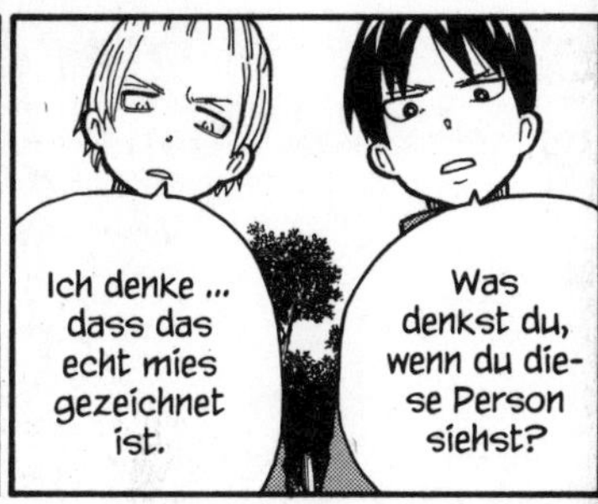
Was denkst du, wenn du diese Person siehst?
Ich denke ... dass das echt mies gezeichnet ist.

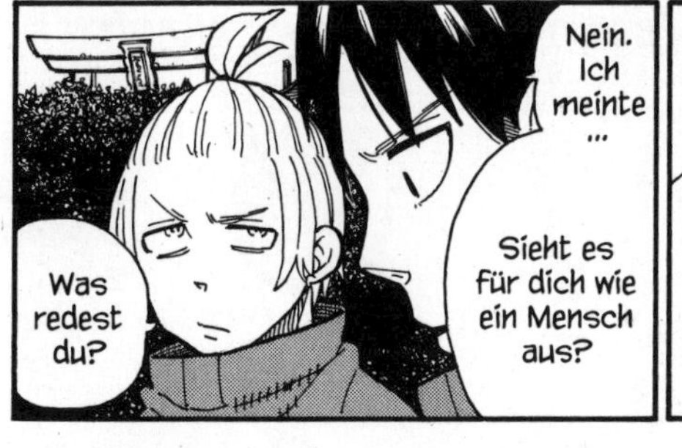
Nein. Ich meinte ...
Sieht es für dich wie ein Mensch aus?
Was redest du?

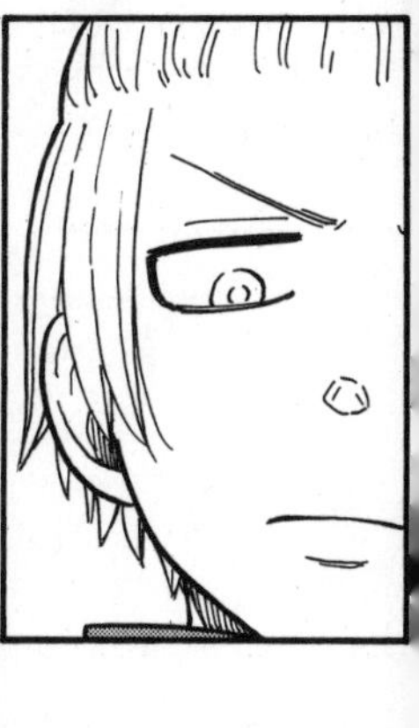

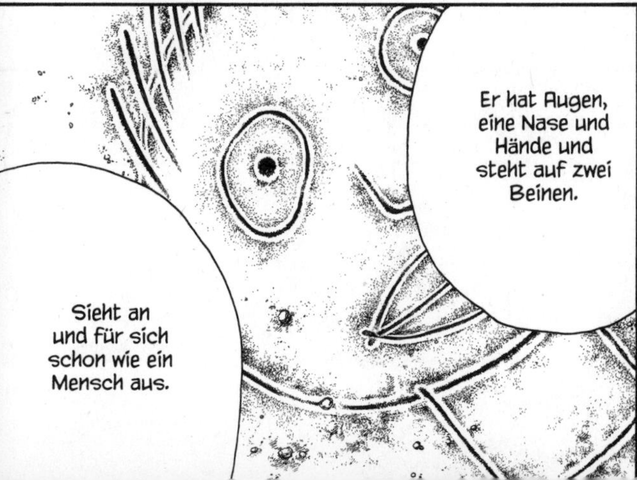
Er hat Augen, eine Nase und Hände und steht auf zwei Beinen.
Sieht an und für sich schon wie ein Mensch aus.

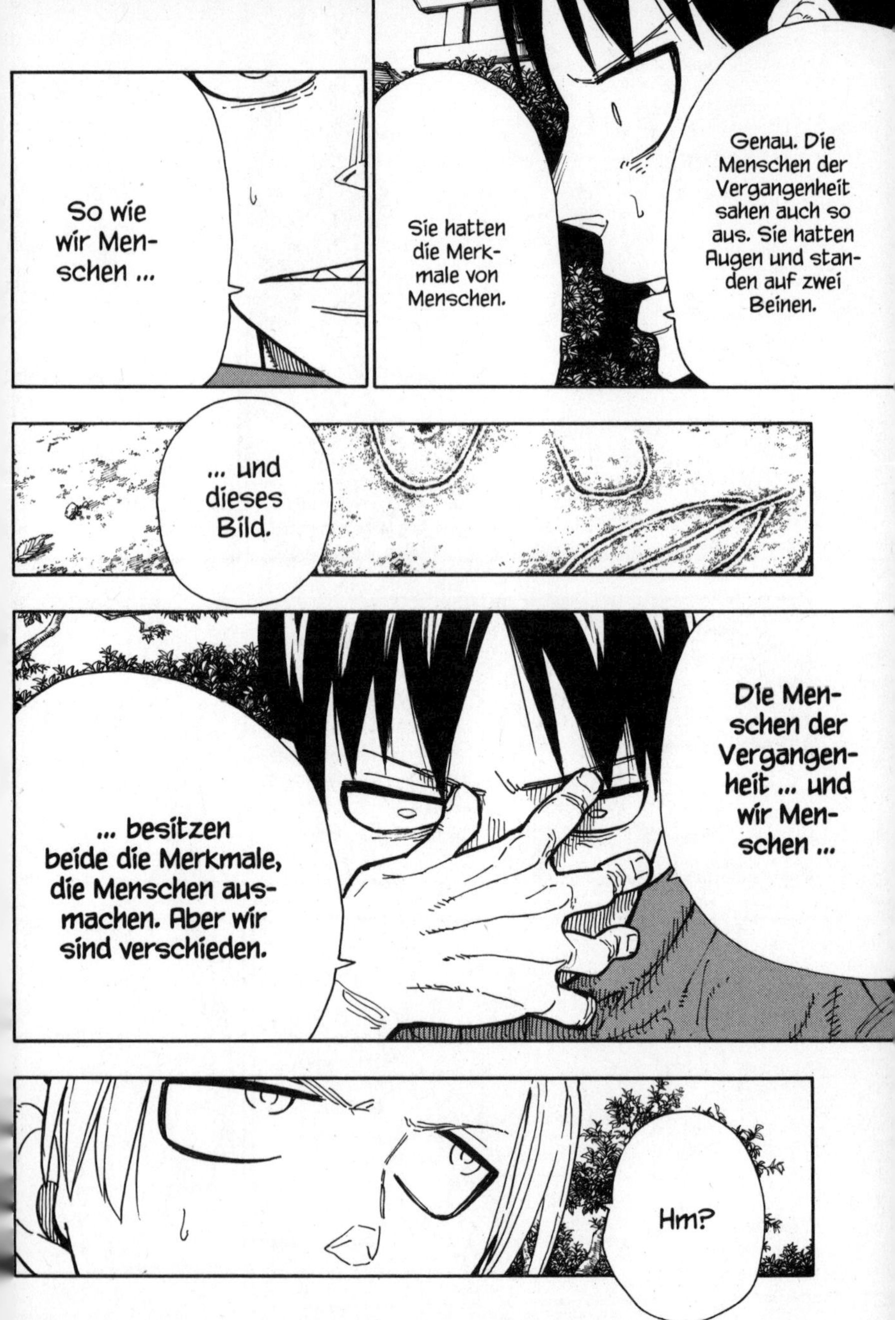
Genau. Die Menschen der Vergangenheit sahen auch so aus. Sie hatten Augen und standen auf zwei Beinen.
Sie hatten die Merkmale von Menschen.
So wie wir Menschen ...
... und dieses Bild.
Die Menschen der Vergangenheit ... und wir Menschen ...
... besitzen beide die Merkmale, die Menschen ausmachen. Aber wir sind verschieden.
Hm?

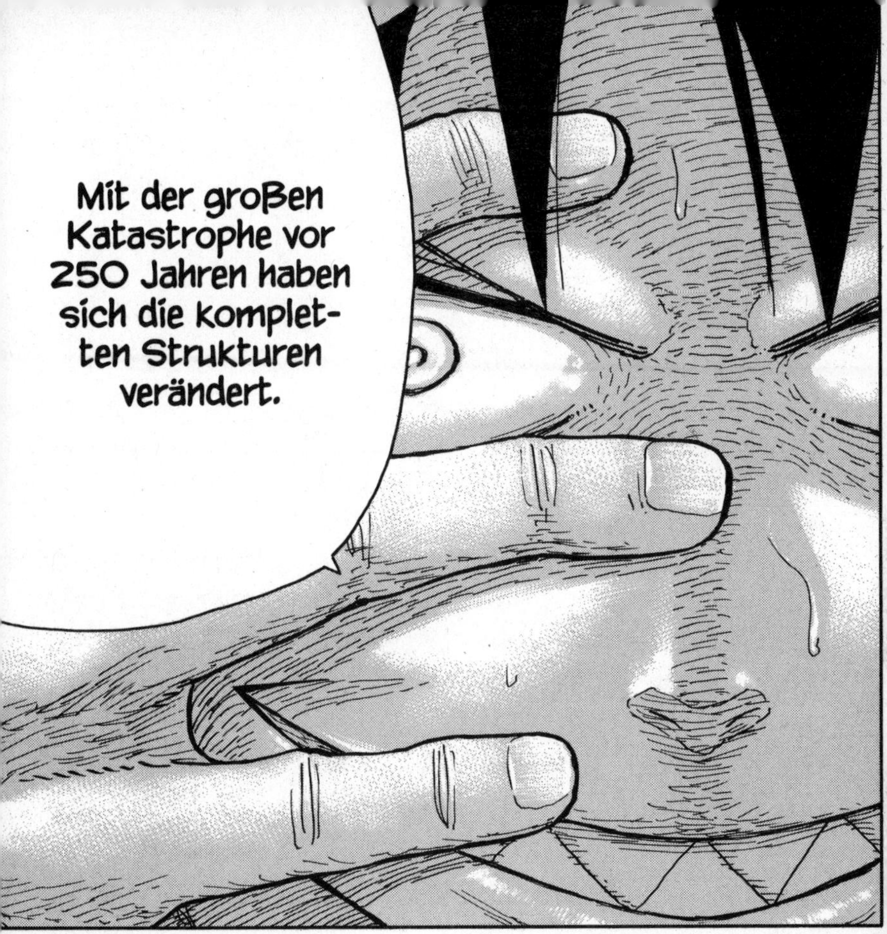

Mit der großen Katastrophe vor 250 Jahren haben sich die komplet-ten Strukturen verändert.

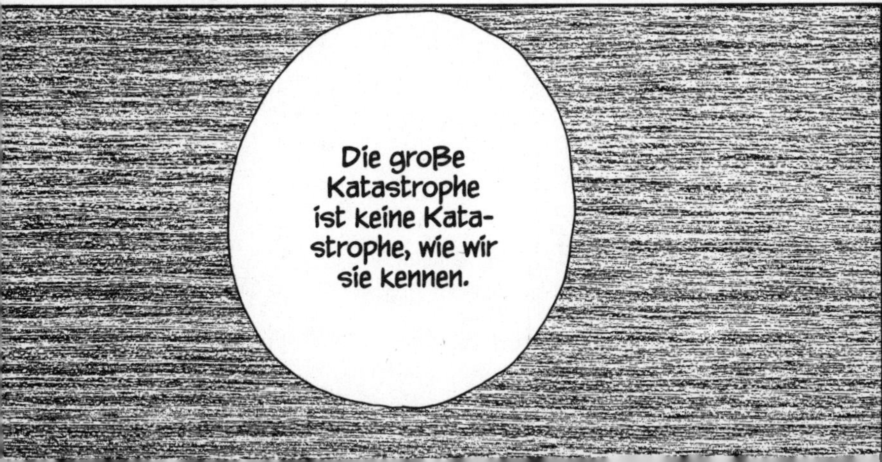

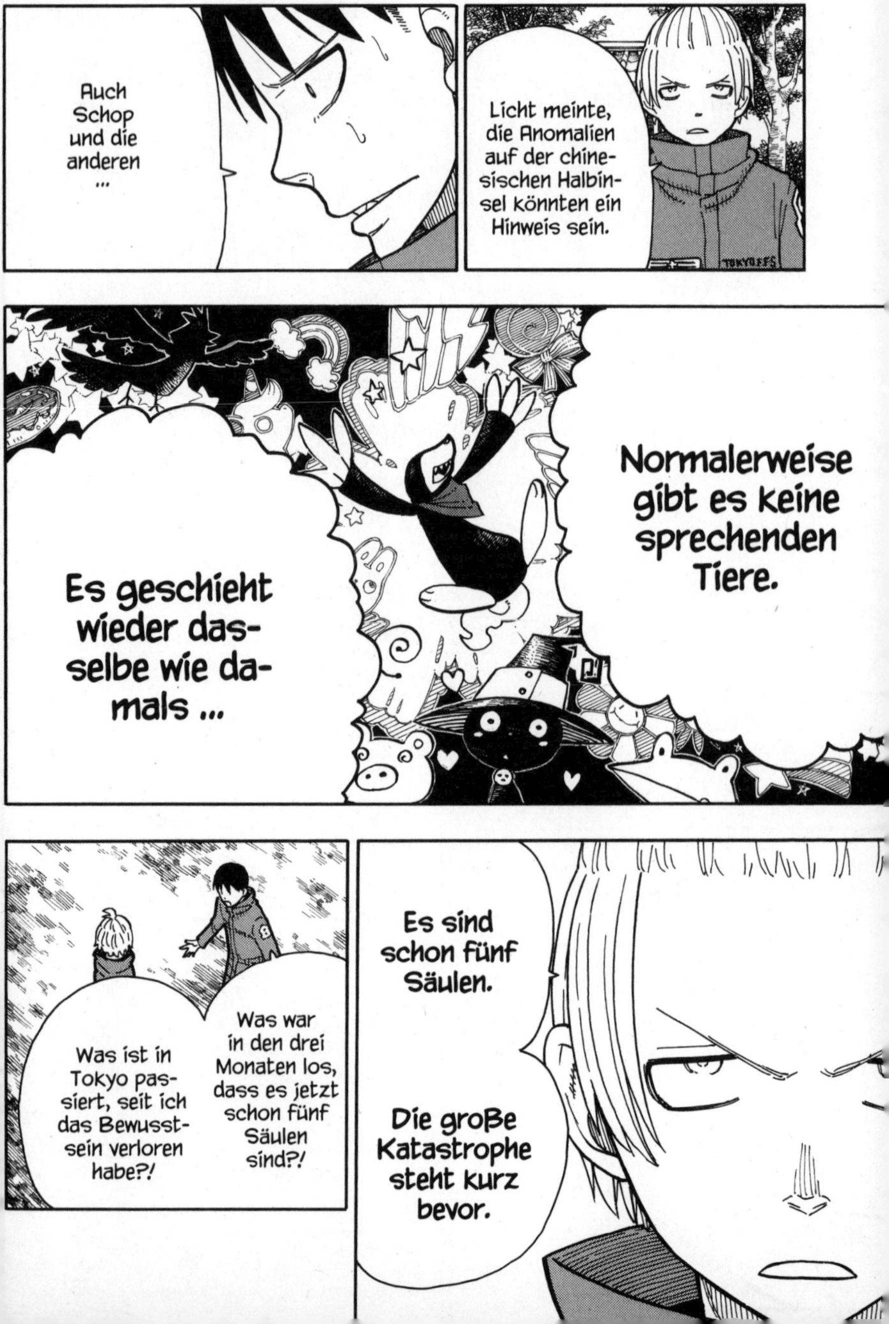

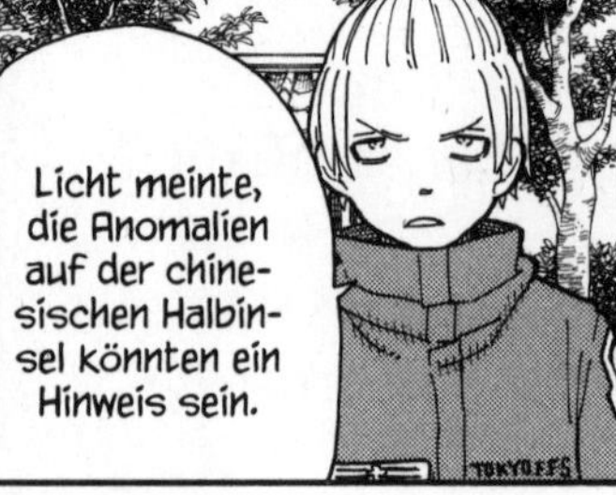

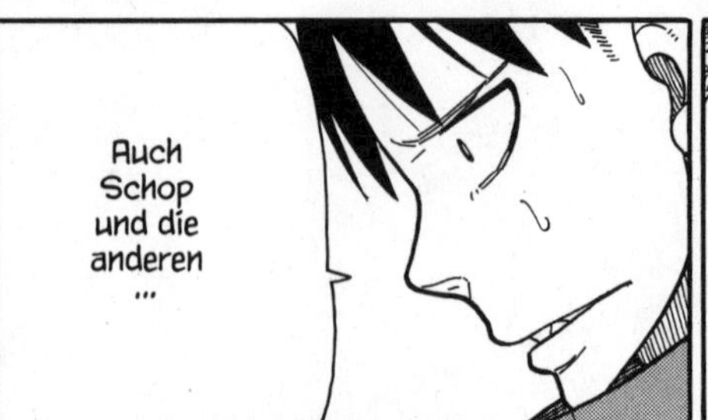

Normalerweise gibt es keine sprechenden Tiere.

Es geschieht wieder dasselbe wie damals ...

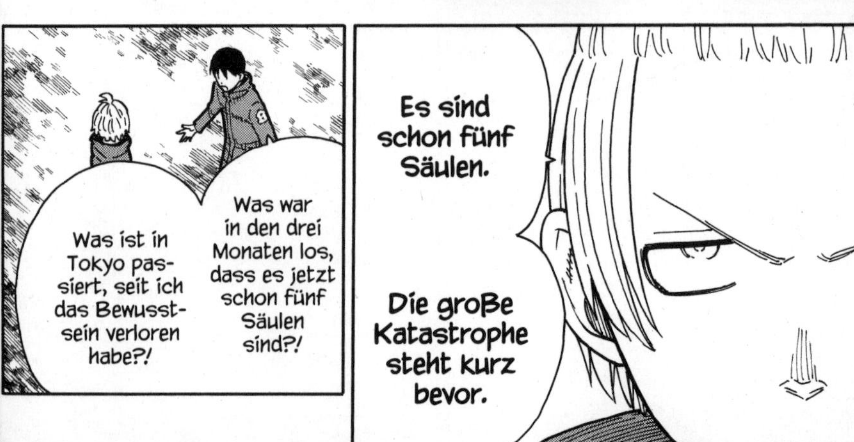

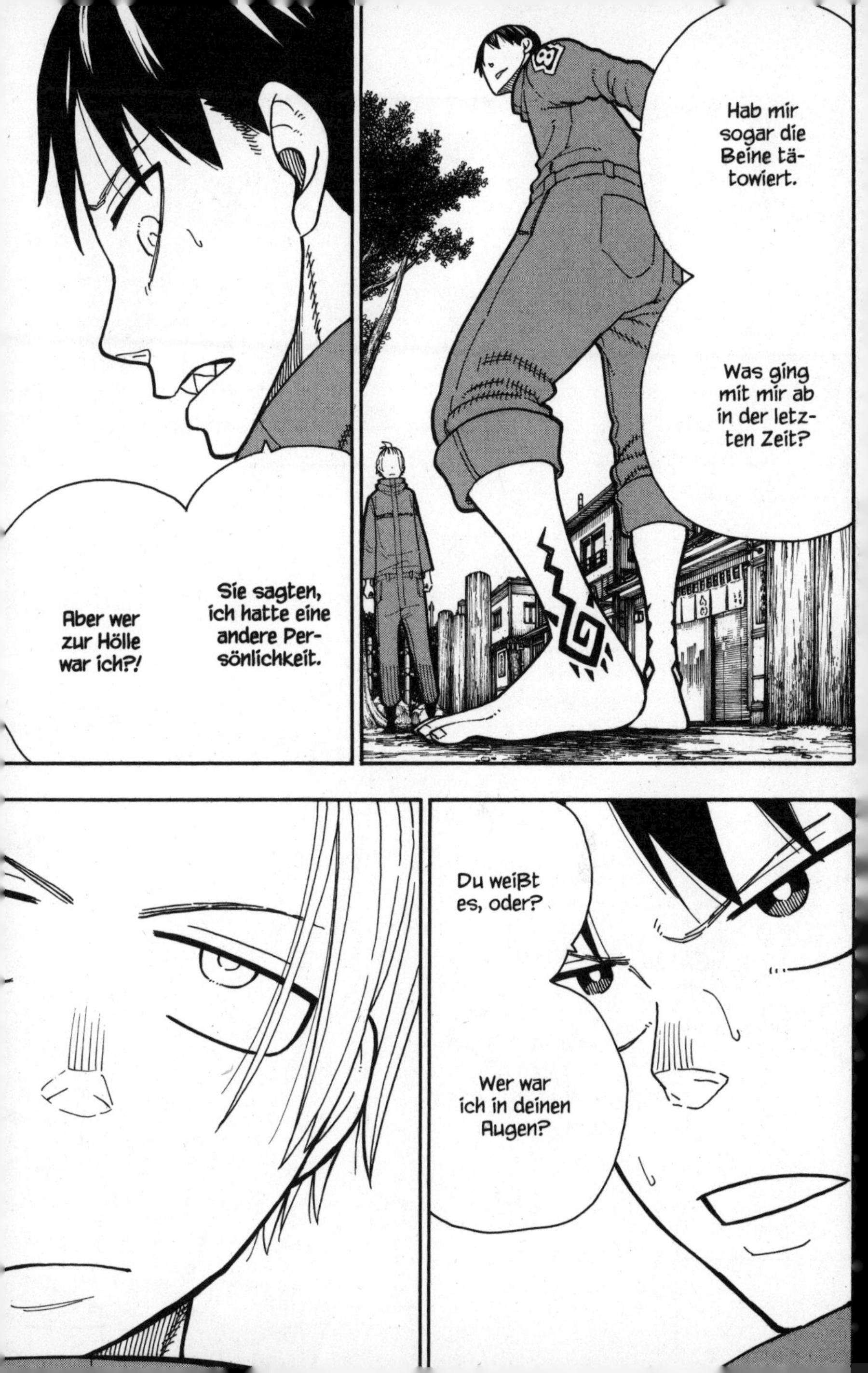

Hab mir sogar die Beine tätowiert.

Was ging mit mir ab in der letzten Zeit?

Sie sagten, ich hatte eine andere Persönlichkeit.

Aber wer zur Hölle war ich?!

Du weißt es, oder?

Wer war ich in deinen Augen?

...

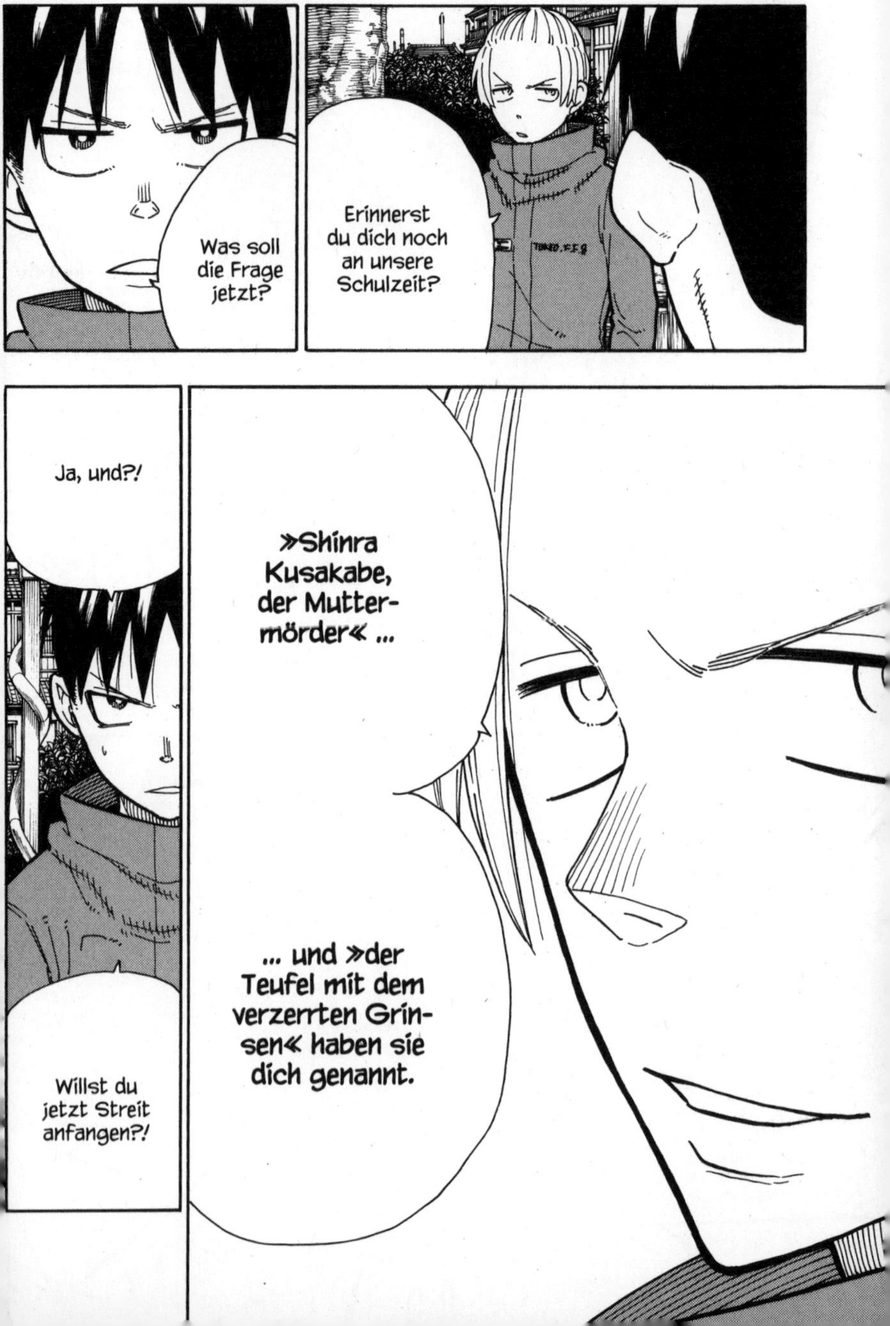

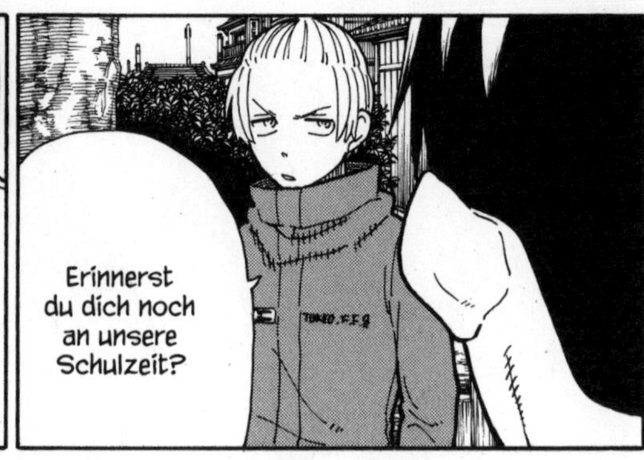

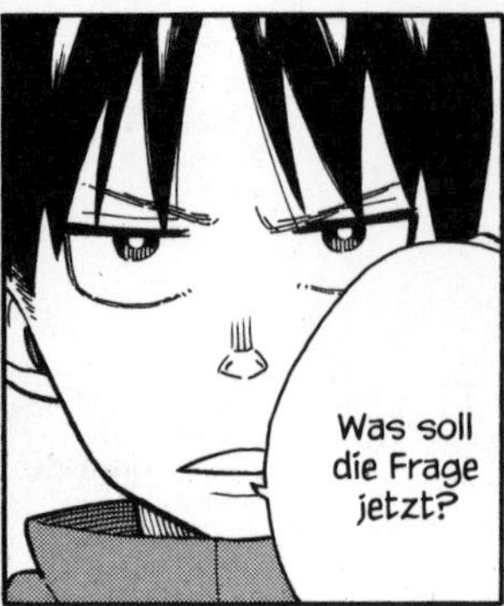

»Shinra Kusakabe, der Muttermörder« ...

... und »der Teufel mit dem verzerrten Grinsen« haben sie dich genannt.

Ja, und?!

Willst du jetzt Streit anfangen?!

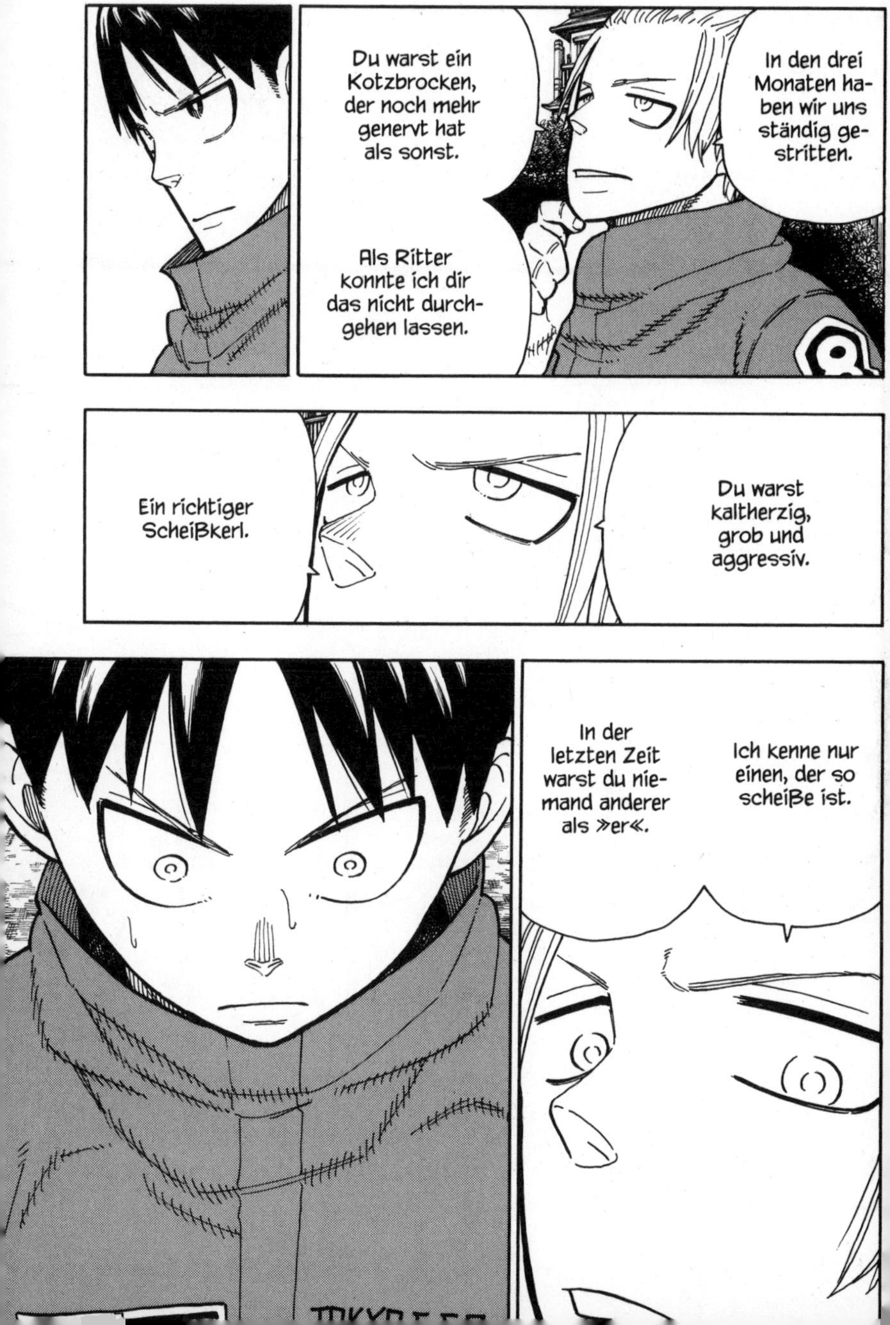

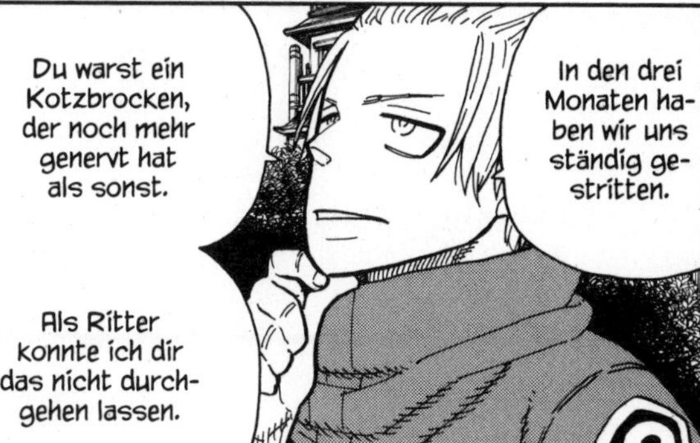

In den drei Monaten haben wir uns ständig gestritten.
Du warst ein Kotzbrocken, der noch mehr genervt hat als sonst.
Als Ritter konnte ich dir das nicht durchgehen lassen.

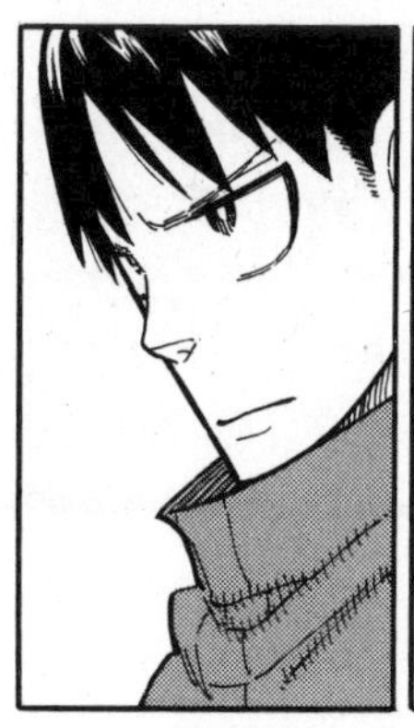

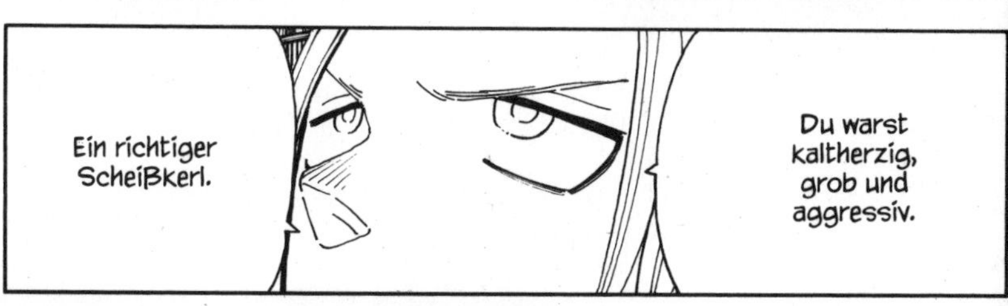

Du warst kaltherzig, grob und aggressiv.
Ein richtiger Scheißkerl.

Ich kenne nur einen, der so scheiße ist.
In der letzten Zeit warst du niemand anderer als »er«.

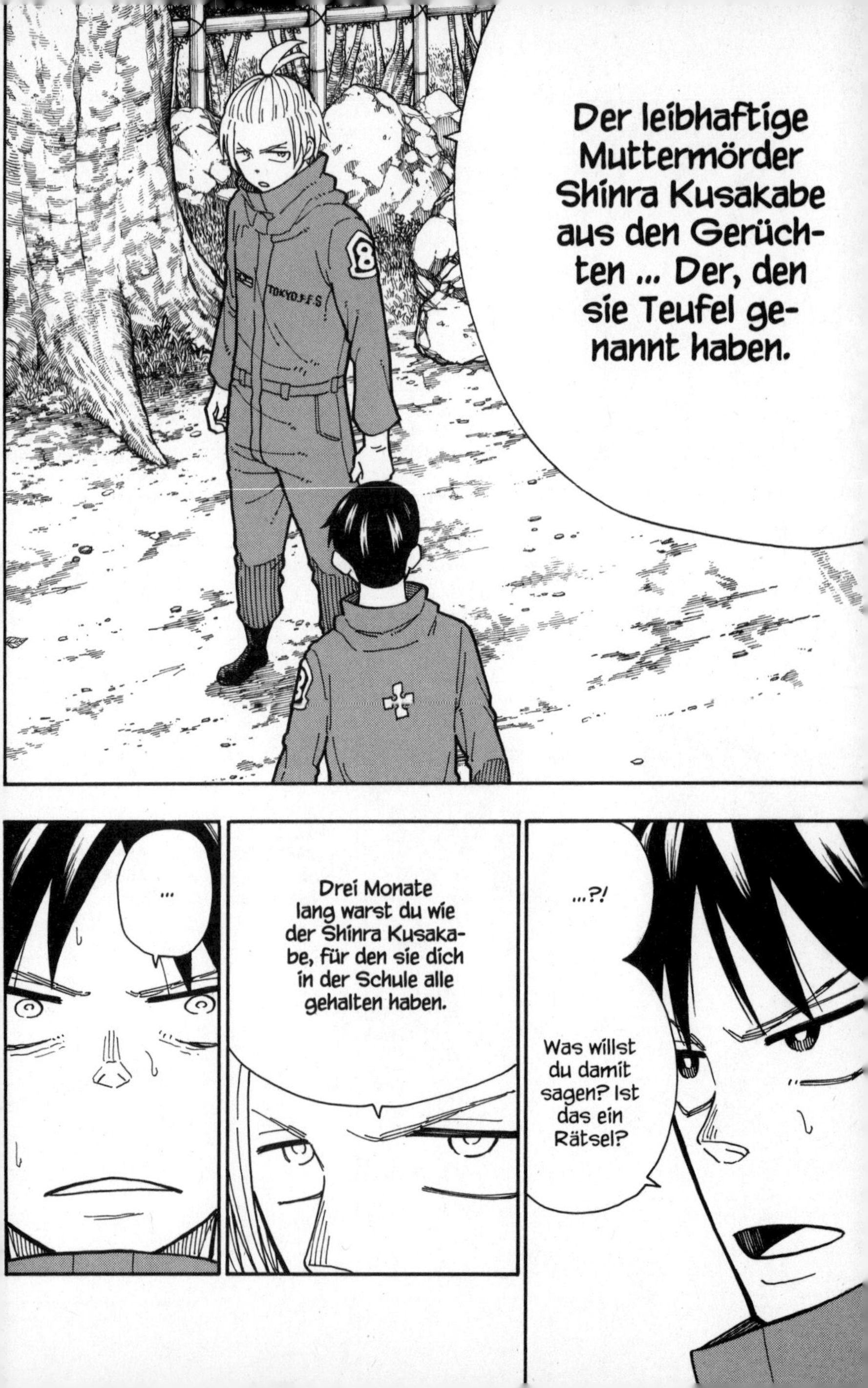

Der leibhaftige Muttermörder Shinra Kusakabe aus den Gerüchten ... Der, den sie Teufel genannt haben.

...?!

Was willst du damit sagen? Ist das ein Rätsel?

Drei Monate lang warst du wie der Shinra Kusakabe, für den sie dich in der Schule alle gehalten haben.

...

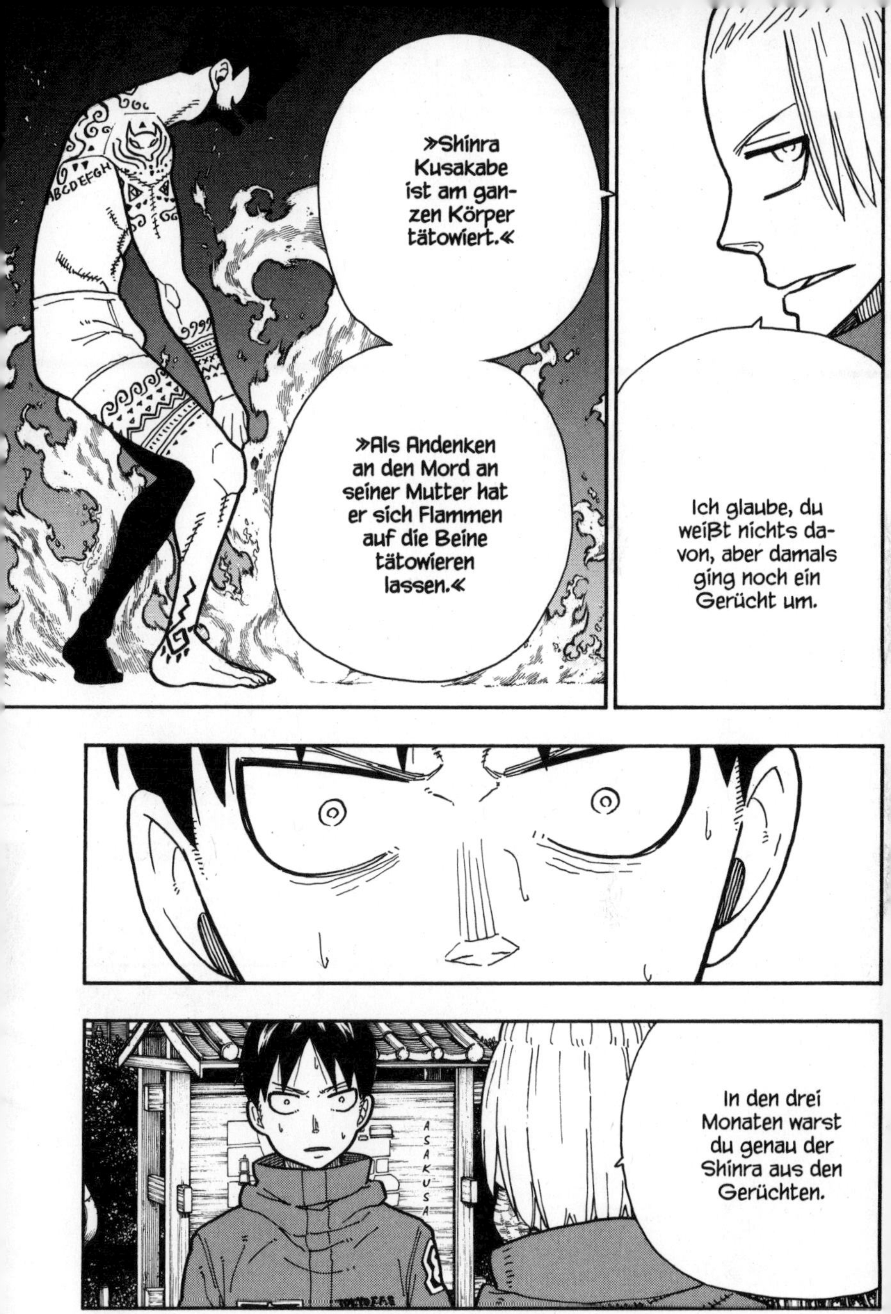

Ich glaube, du weißt nichts davon, aber damals ging noch ein Gerücht um.

»Shinra Kusakabe ist am ganzen Körper tätowiert.«

»Als Andenken an den Mord an seiner Mutter hat er sich Flammen auf die Beine tätowieren lassen.«

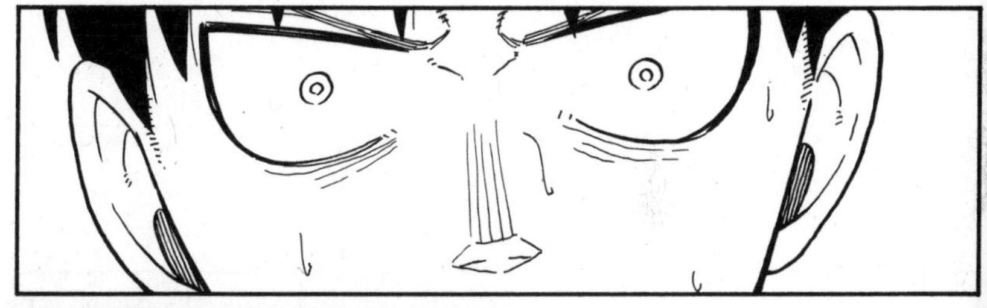

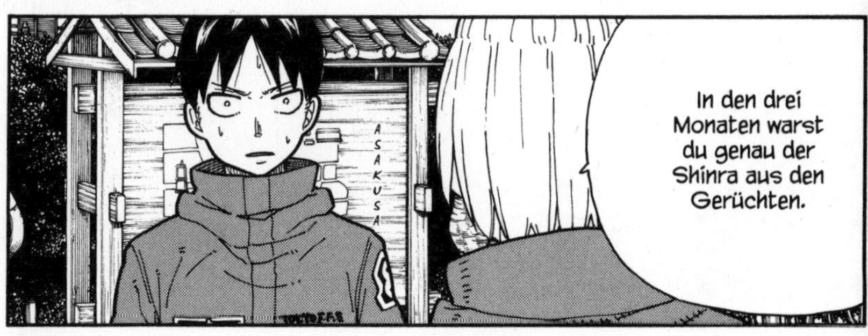

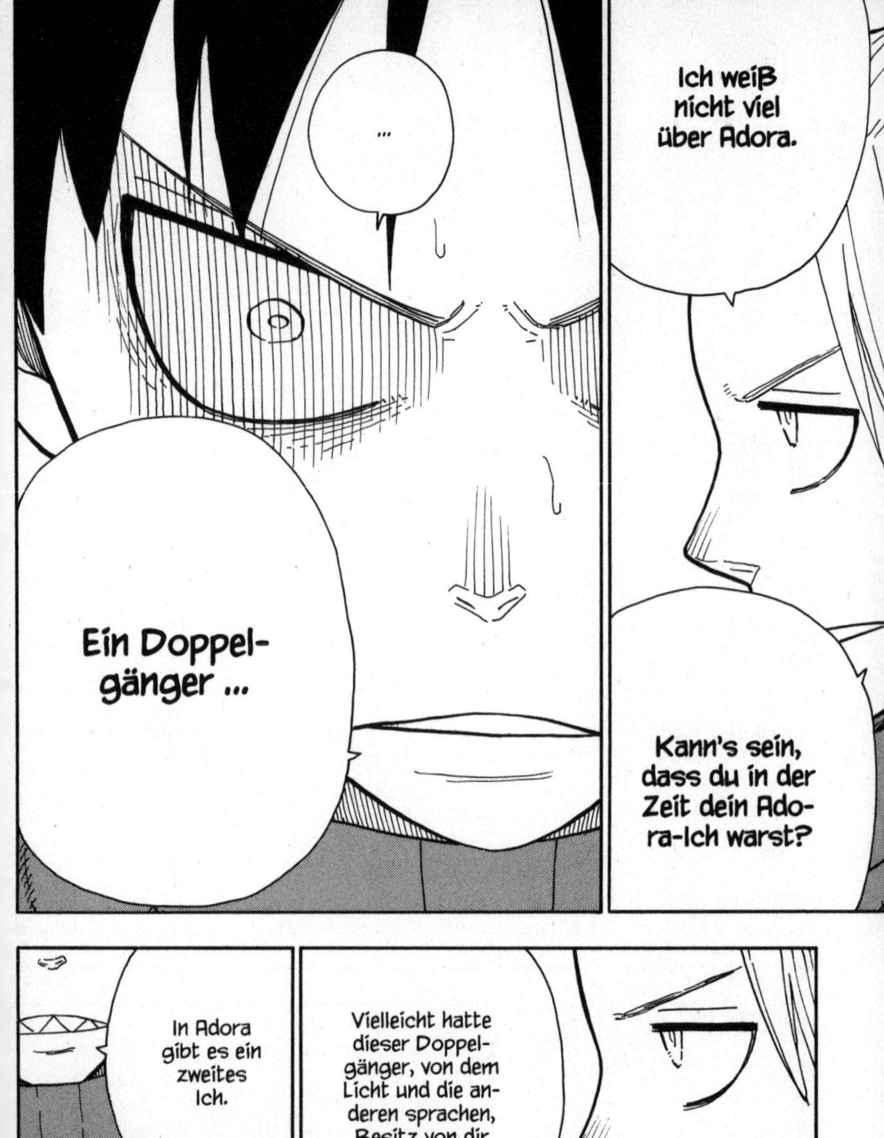
Ich weiß nicht viel über Adora.
Kann's sein, dass du in der Zeit dein Adora-Ich warst?
...
Ein Doppelgänger ...
Vielleicht hatte dieser Doppelgänger, von dem Licht und die anderen sprachen, Besitz von dir ergriffen?
In Adora gibt es ein zweites Ich.

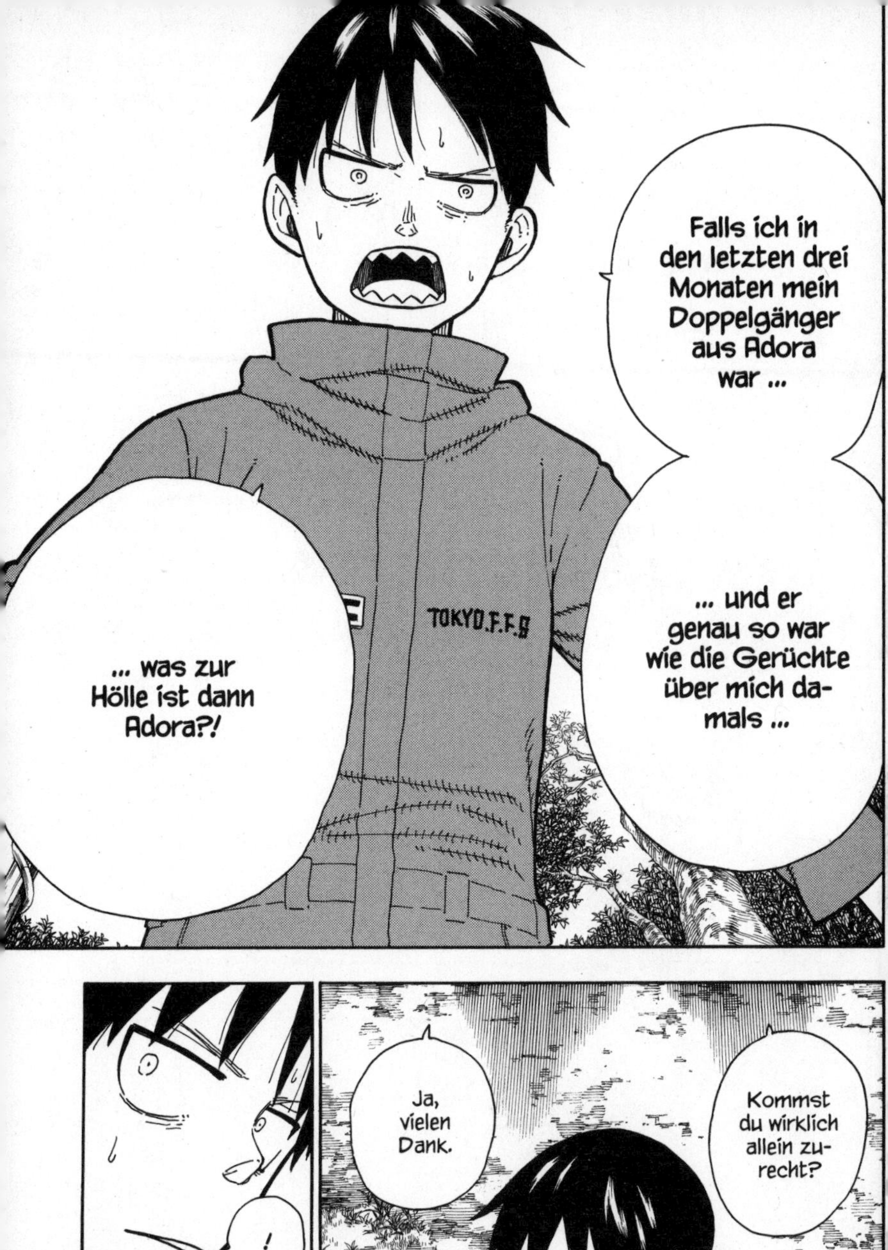

Falls ich in den letzten drei Monaten mein Doppelgänger aus Adora war ...

... und er genau so war wie die Gerüchte über mich damals ...

TOKYO.F.F.S

... was zur Hölle ist dann Adora?!

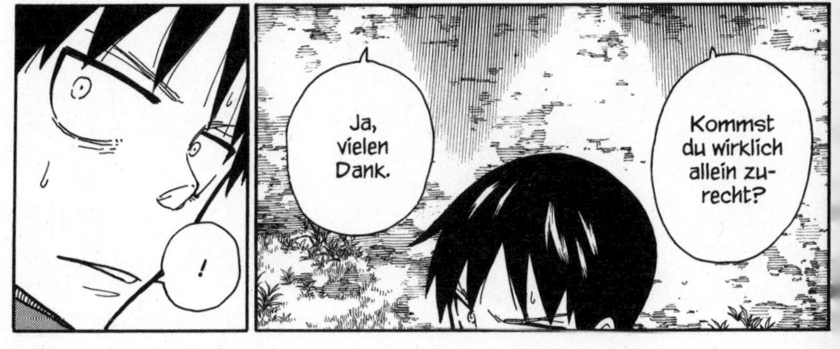

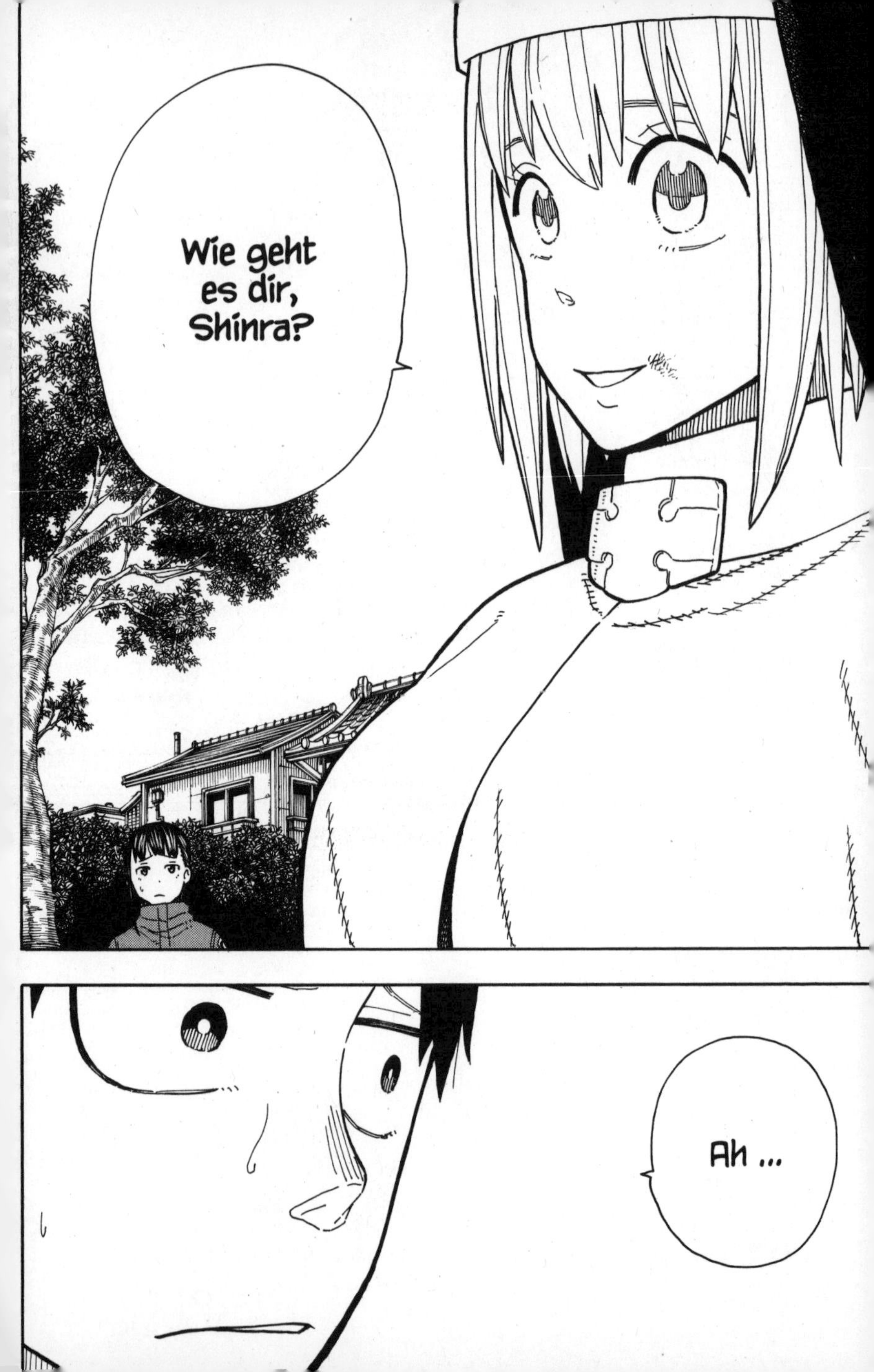
Wie geht es dir, Shinra?
Ah ...

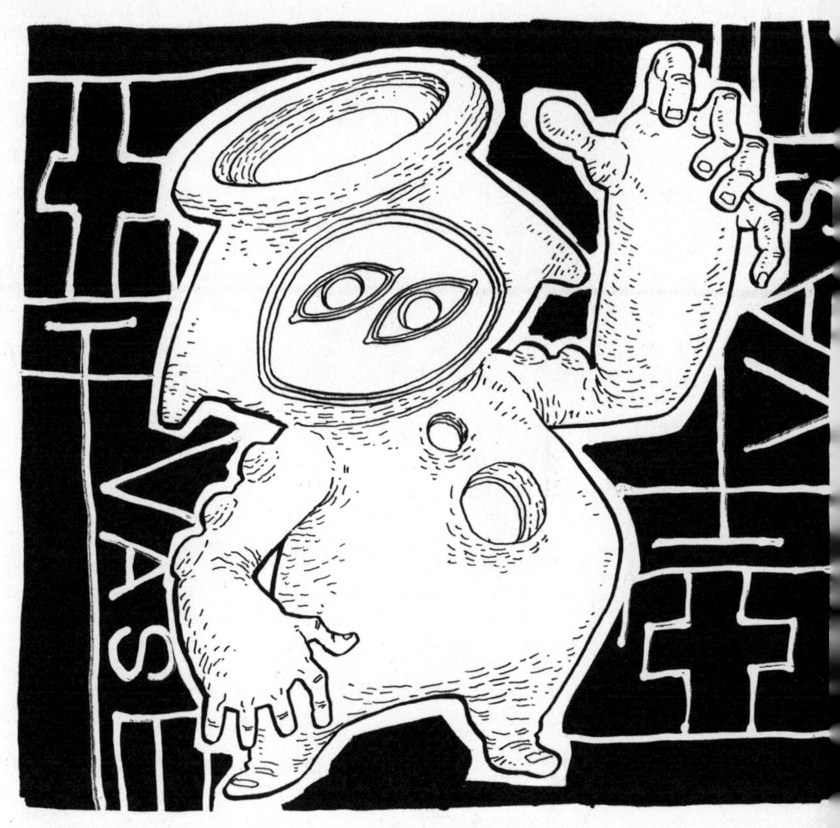

Kapitel 219:
Der Fehltritt

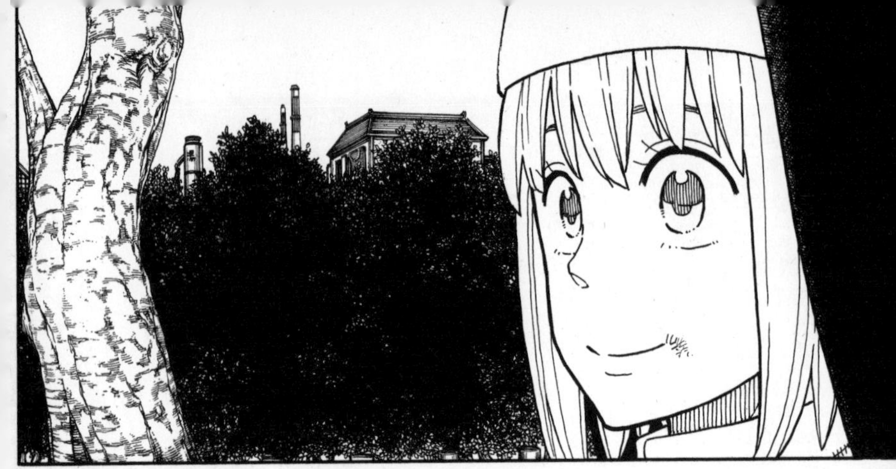

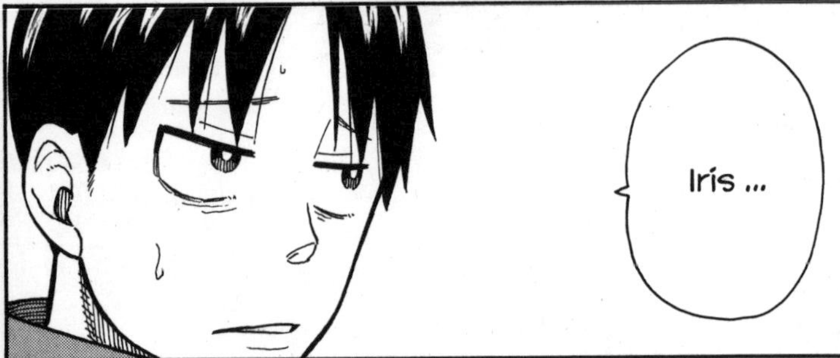
Irís ...

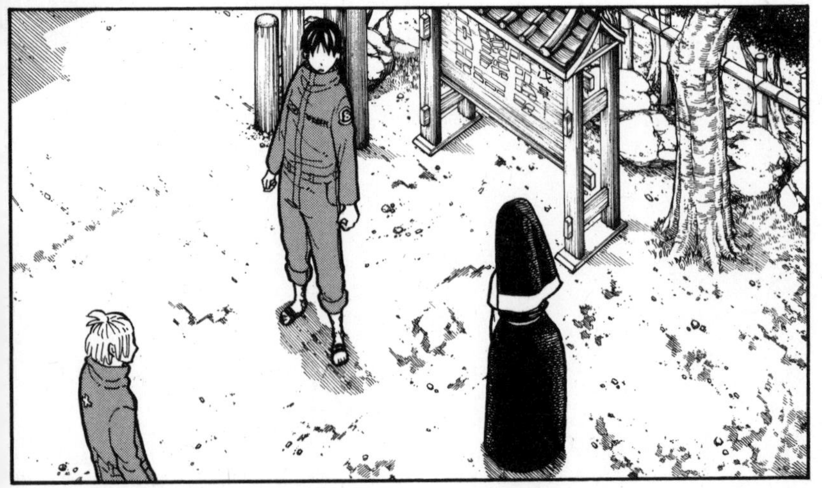

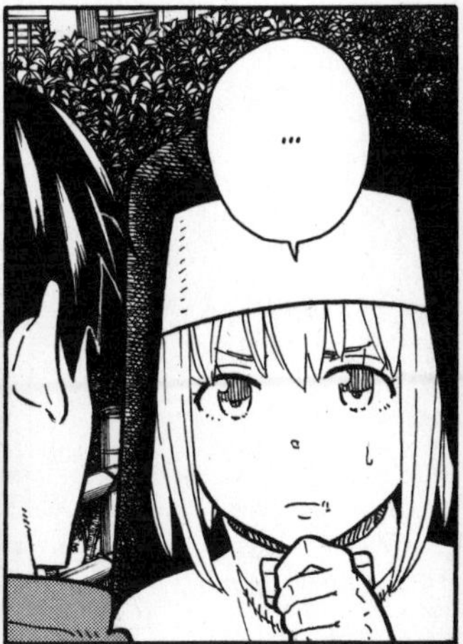
...
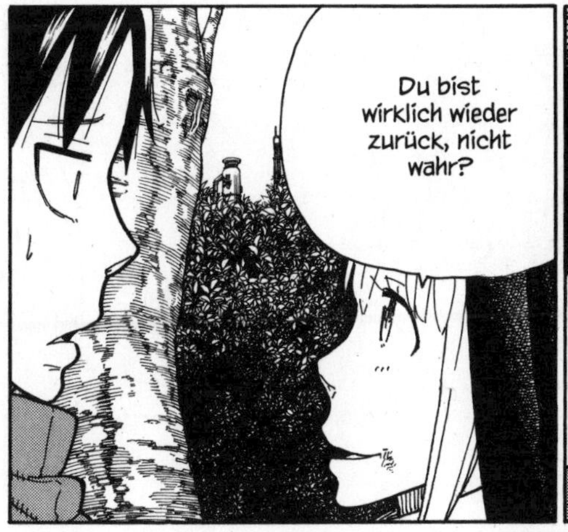
Du bist wirklich wieder zurück, nicht wahr?
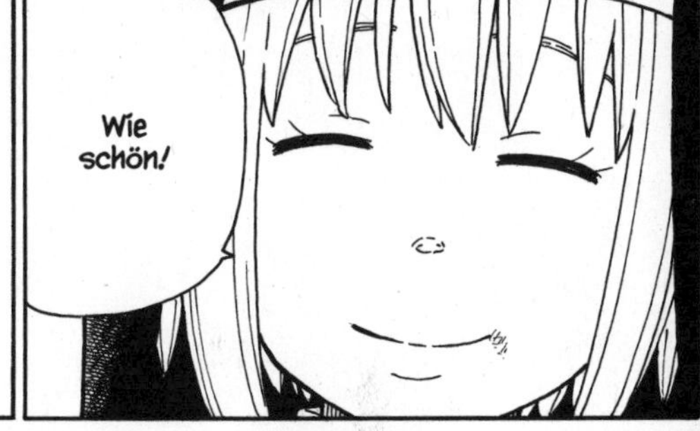
Wie schön!
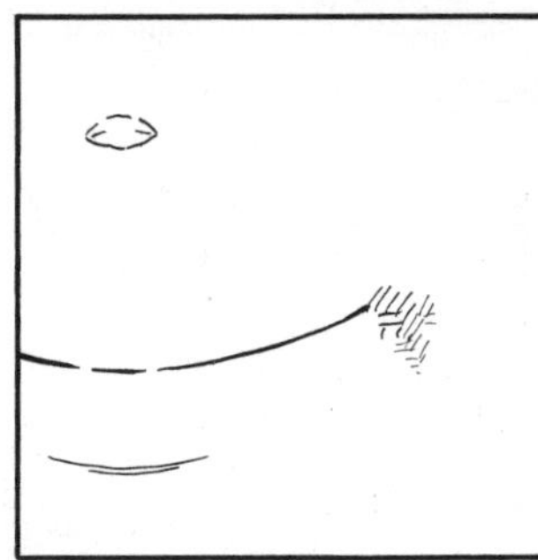
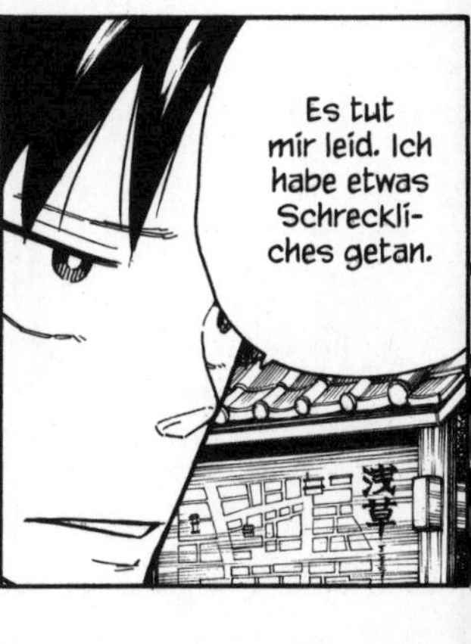
Es tut mir leid. Ich habe etwas Schreckliches getan.
浅草
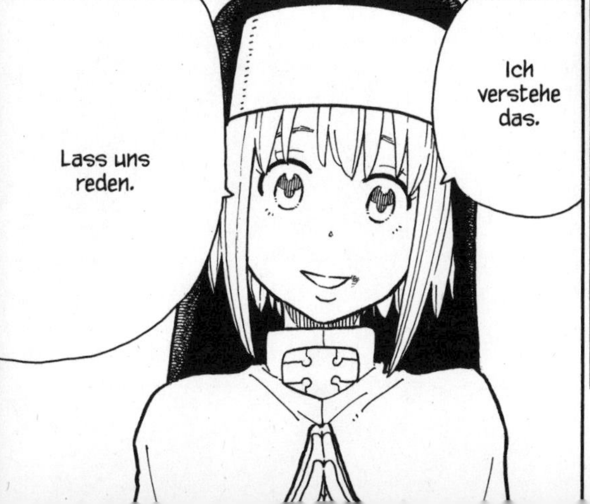
Ich verstehe das.
Lass uns reden.

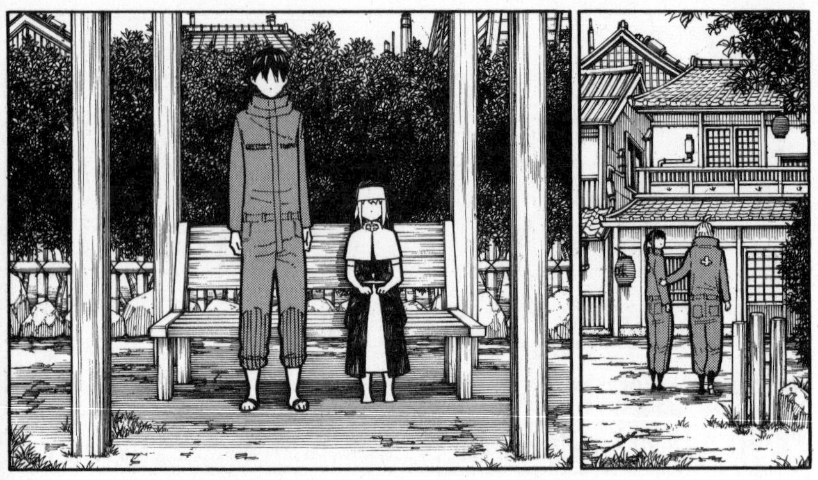

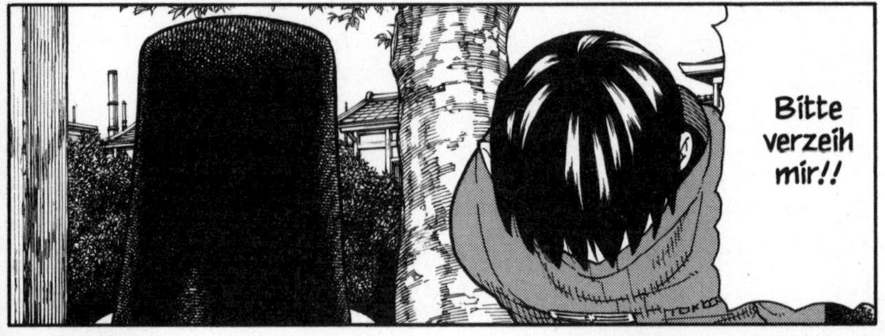
Bitte verzeih mir!!

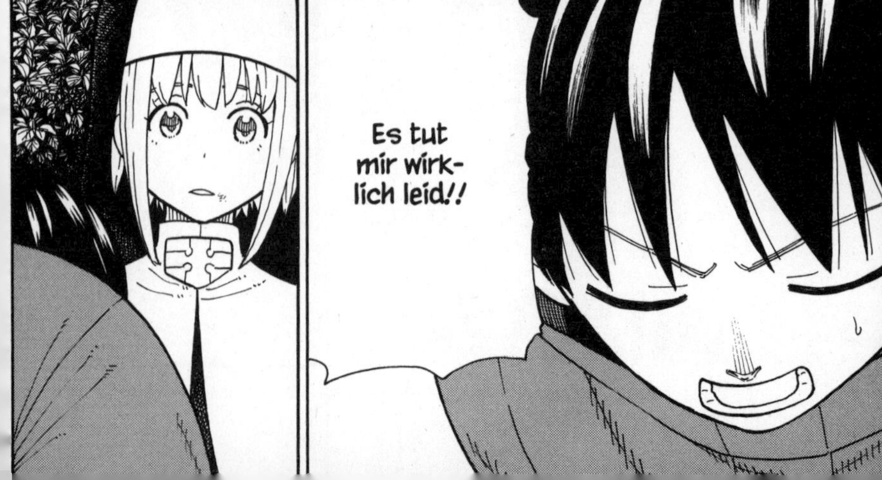
Es tut mir wirk-lich leid!!

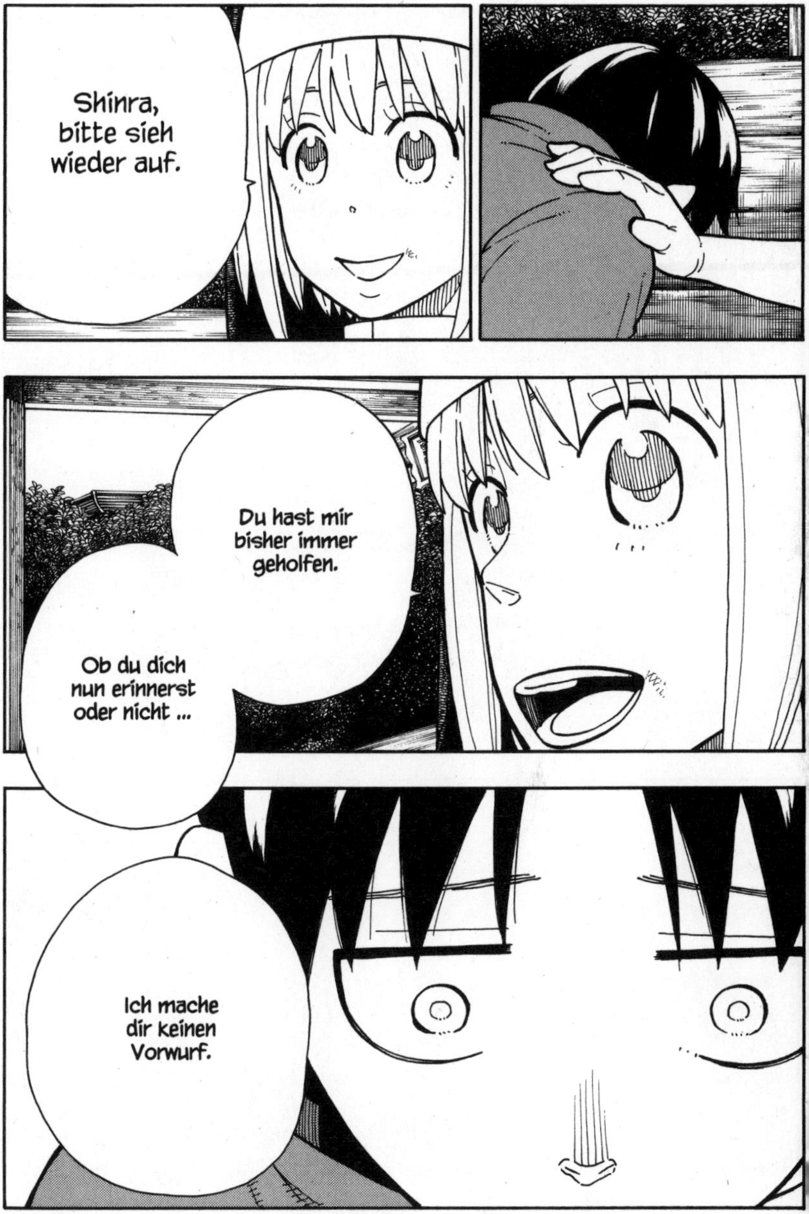

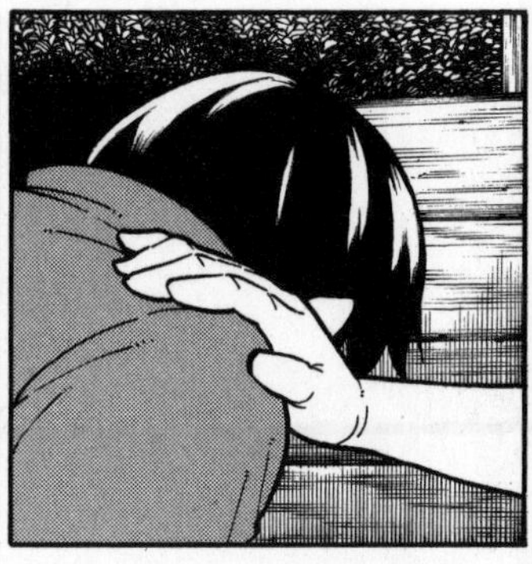

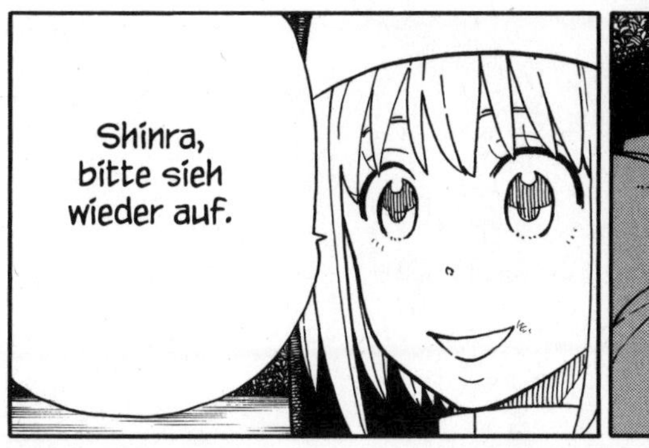

Du hast mir bisher immer geholfen.

Ob du dich nun erinnerst oder nicht ...

Ich mache dir keinen Vorwurf.

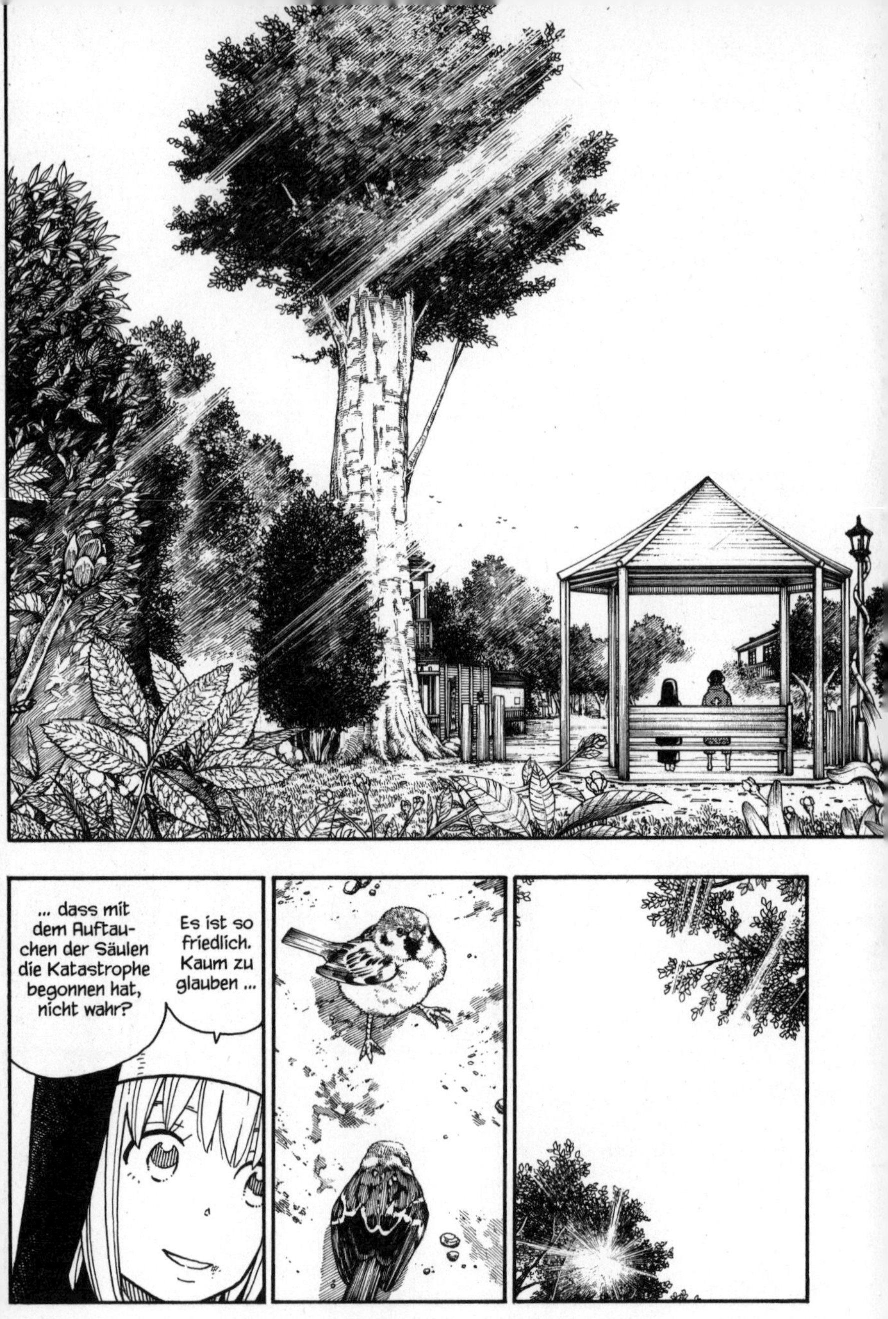

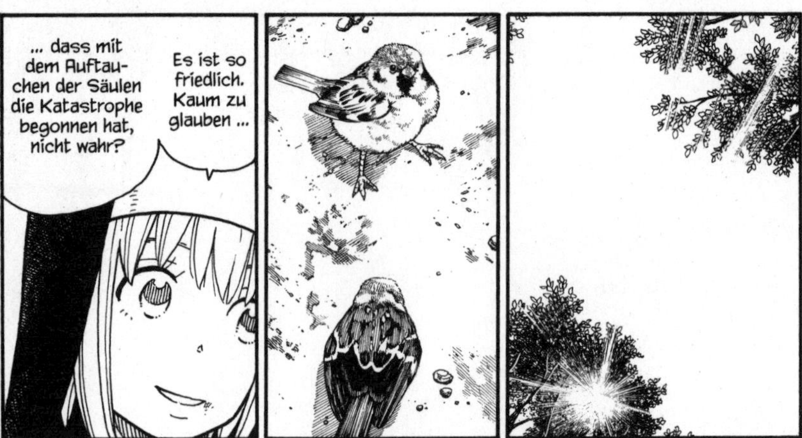
Es ist so friedlich. Kaum zu glauben ...
... dass mit dem Auftauchen der Säulen die Katastrophe begonnen hat, nicht wahr?

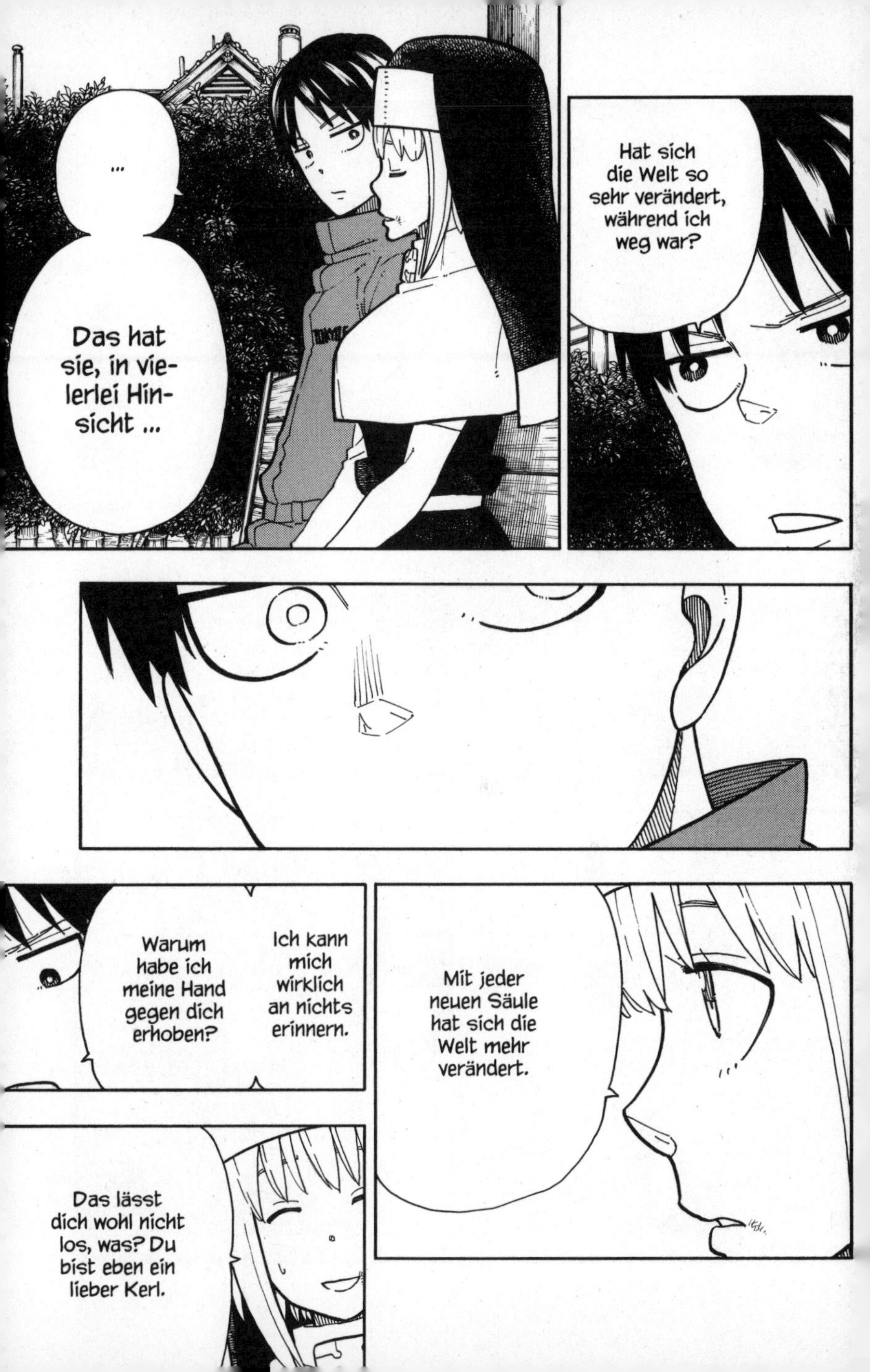

Hat sich die Welt so sehr verändert, während ich weg war?

...

Das hat sie, in vielerlei Hinsicht ...

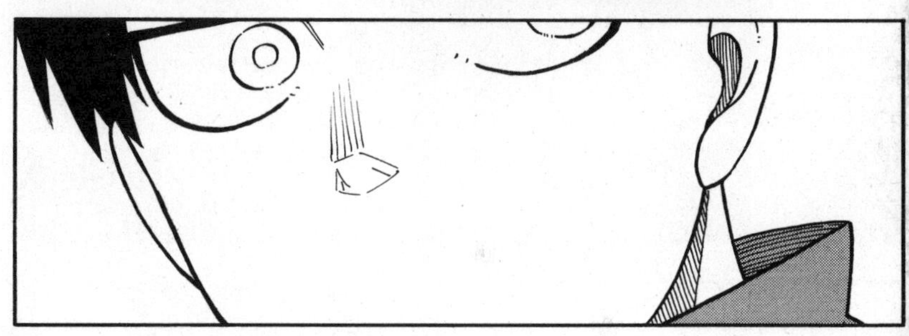

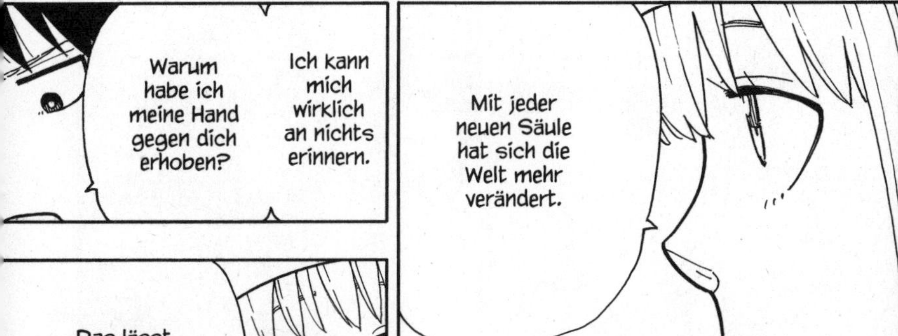

Das lässt dich wohl nicht los, was? Du bist eben ein lieber Kerl.

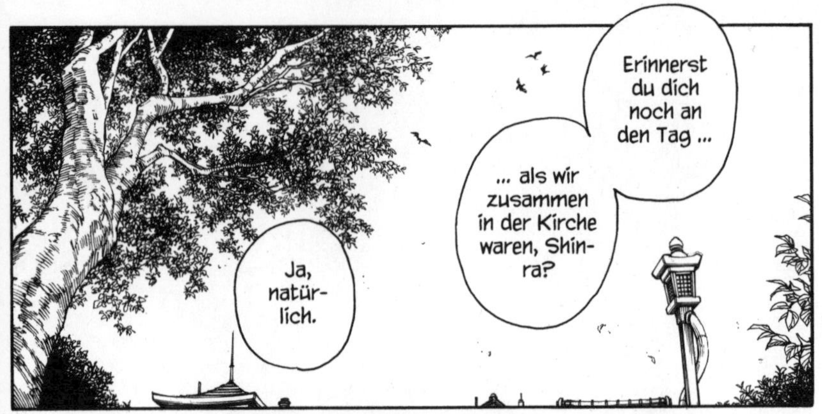
Erinnerst du dich noch an den Tag ...
... als wir zusammen in der Kirche waren, Shinra?
Ja, natürlich.

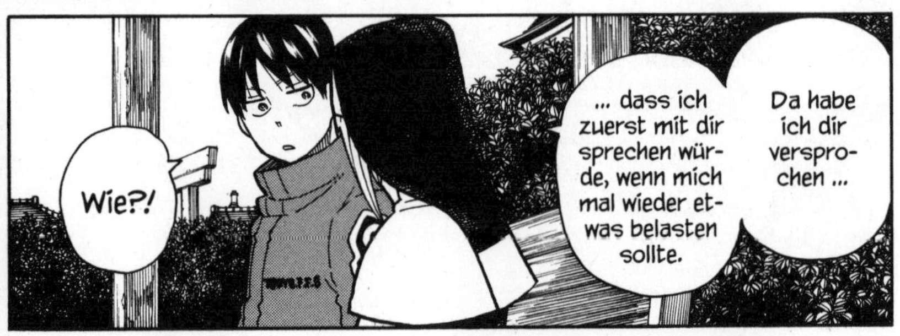
Da habe ich dir versprochen ...
... dass ich zuerst mit dir sprechen würde, wenn mich mal wieder etwas belasten sollte.
Wie?!

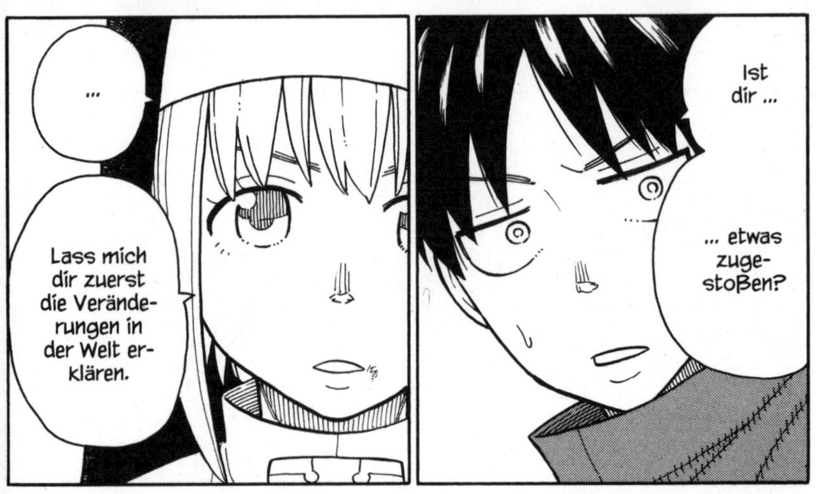
Ist dir ...
... etwas zugestoßen?
...
Lass mich dir zuerst die Veränderungen in der Welt erklären.

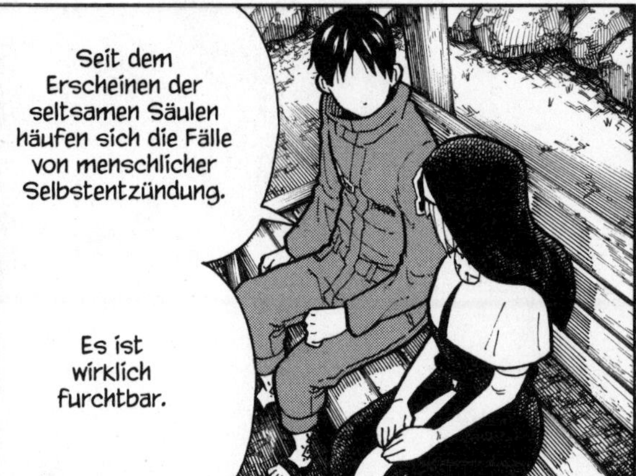
Seit dem Erscheinen der seltsamen Säulen häufen sich die Fälle von menschlicher Selbstentzündung.
Es ist wirklich furchtbar.

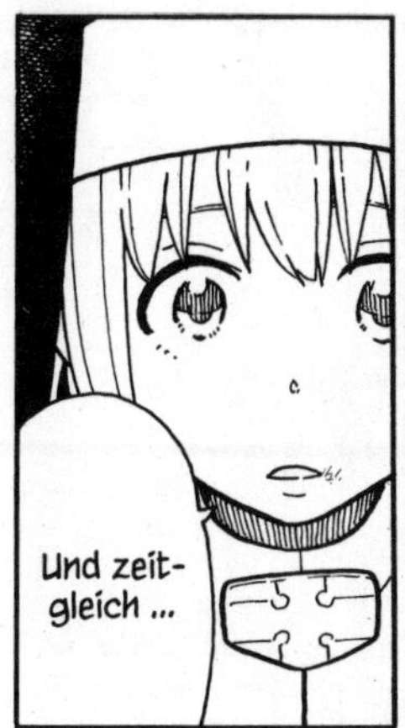
Und zeitgleich ...

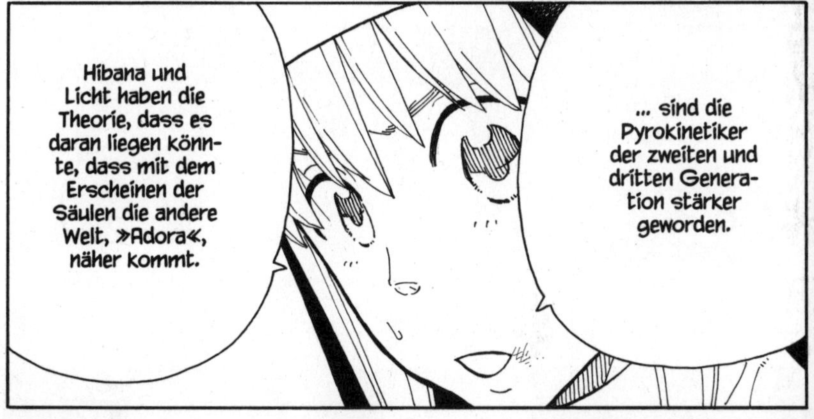
... sind die Pyrokinetiker der zweiten und dritten Generation stärker geworden.
Hibana und Licht haben die Theorie, dass es daran liegen könnte, dass mit dem Erscheinen der Säulen die andere Welt, »Adora«, näher kommt.

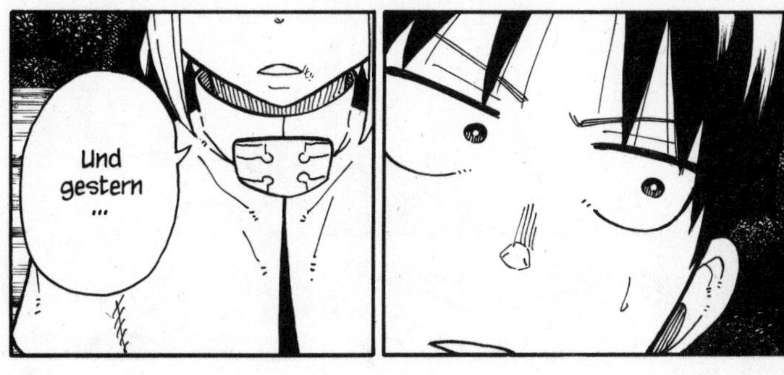
...
Und gestern ...

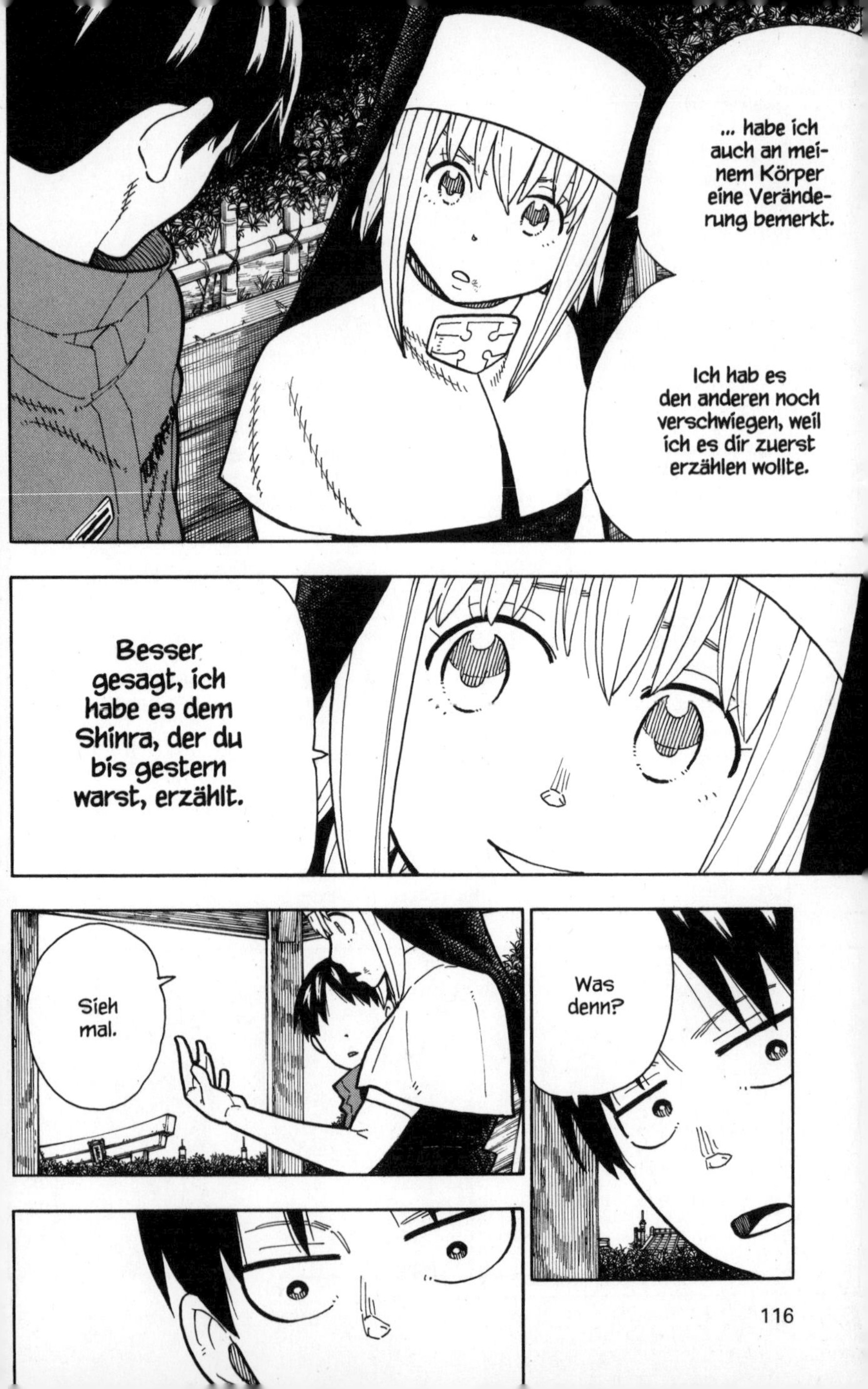

... habe ich auch an meinem Körper eine Veränderung bemerkt.

Ich hab es den anderen noch verschwiegen, weil ich es dir zuerst erzählen wollte.

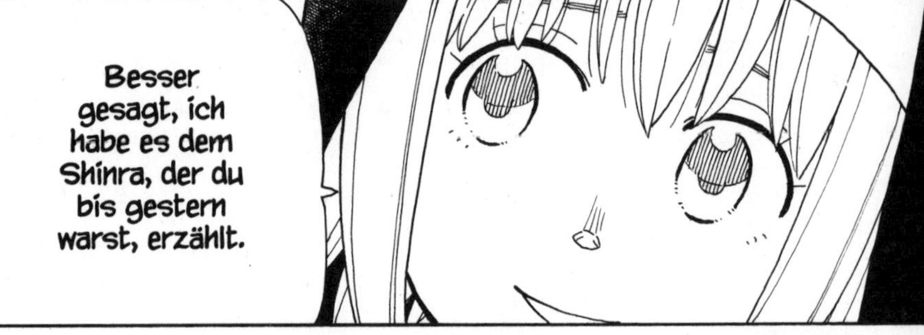

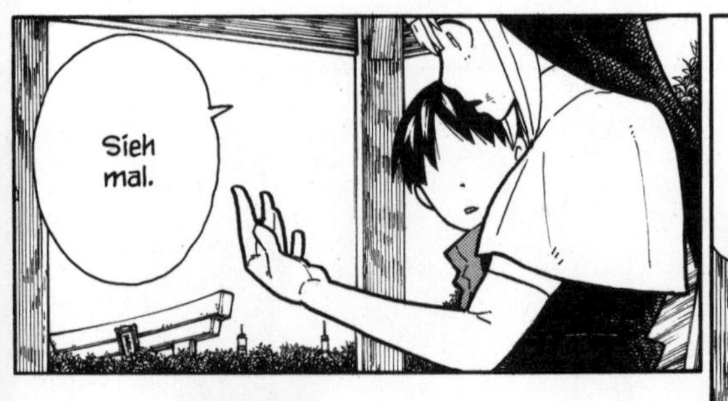

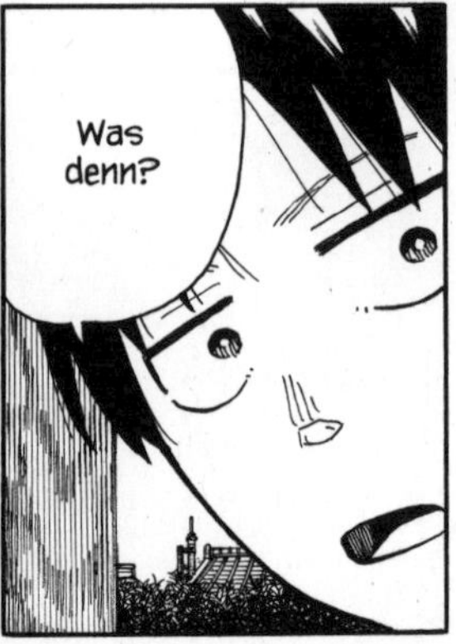

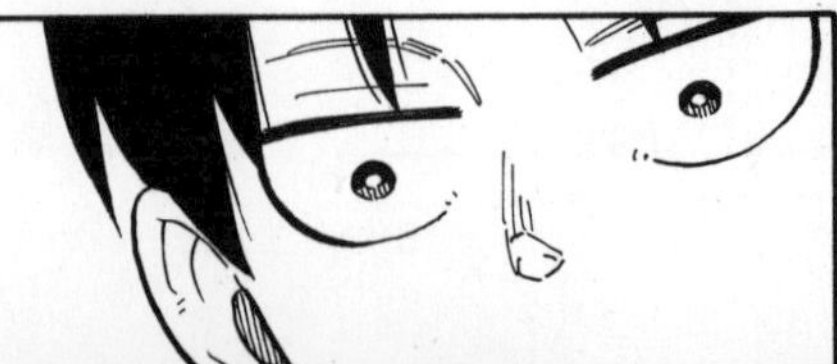

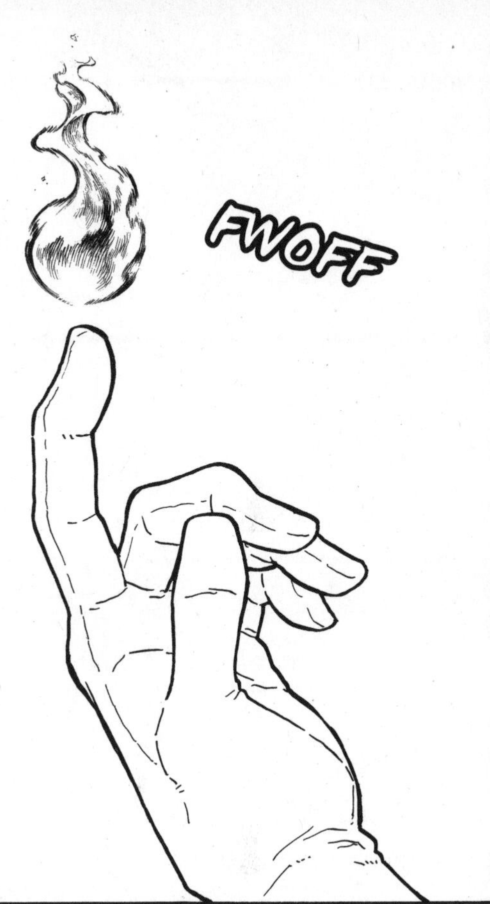
FWOFF

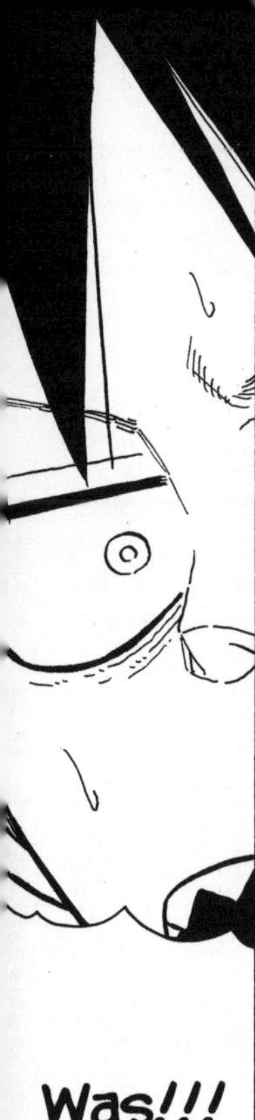
Was!!!

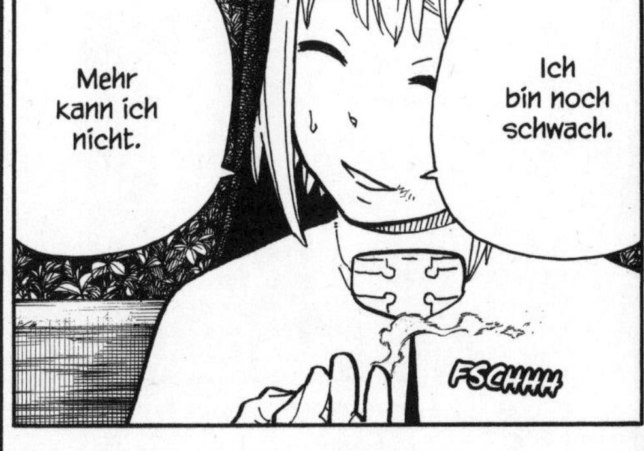
Ich bin noch schwach.
Mehr kann ich nicht.
FSCHHH

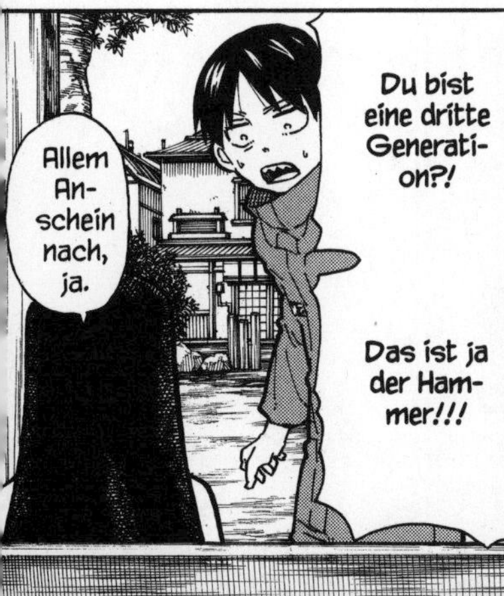
Du bist eine dritte Generati-on?!
Das ist ja der Ham-mer!!!
Allem An-schein nach, ja.

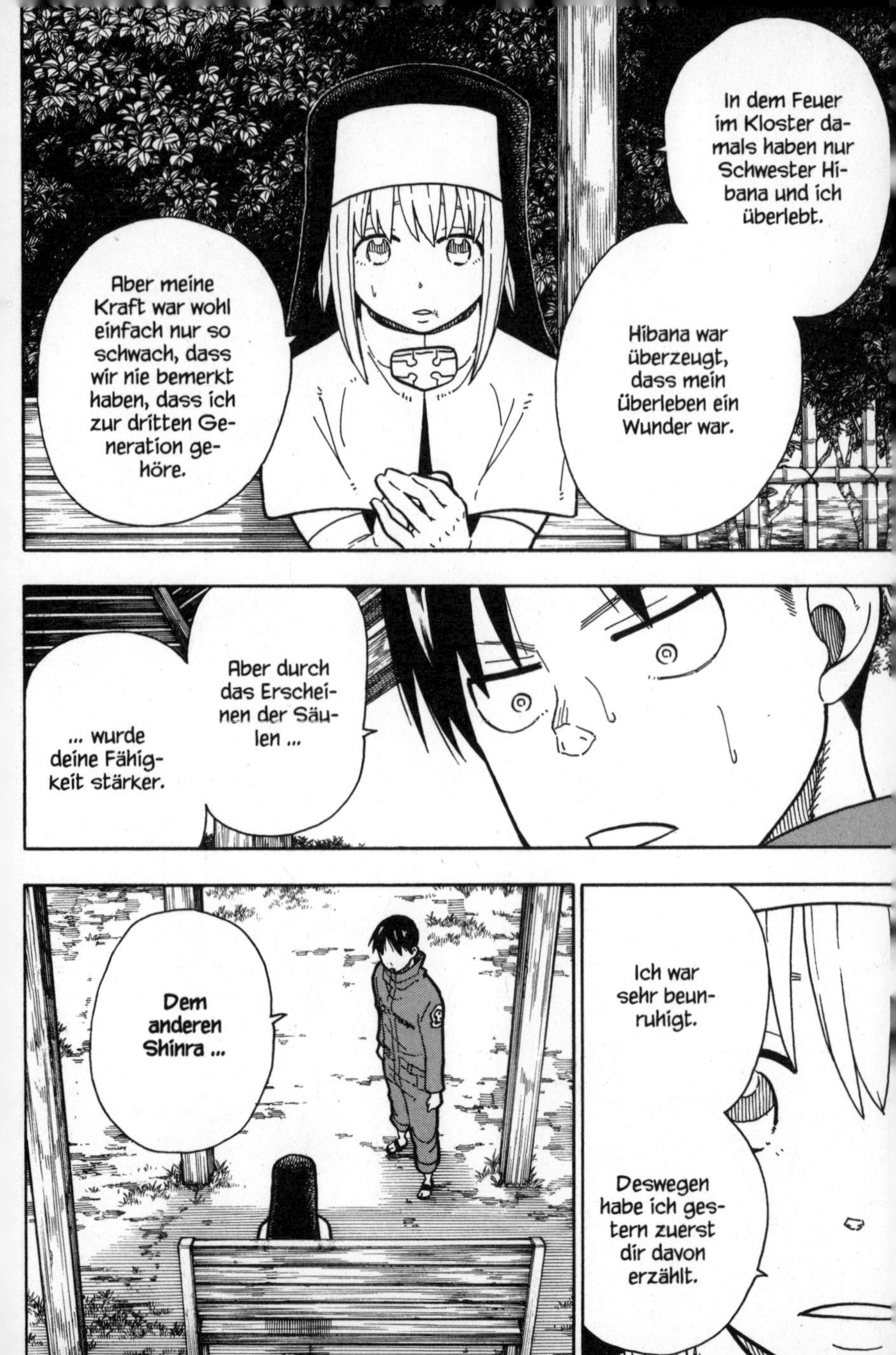
In dem Feuer im Kloster damals haben nur Schwester Hibana und ich überlebt.
Hibana war überzeugt, dass mein überleben ein Wunder war.
Aber meine Kraft war wohl einfach nur so schwach, dass wir nie bemerkt haben, dass ich zur dritten Generation gehöre.
Aber durch das Erscheinen der Säulen ...
... wurde deine Fähigkeit stärker.
Ich war sehr beunruhigt.
Deswegen habe ich gestern zuerst dir davon erzählt.
Dem anderen Shinra ...

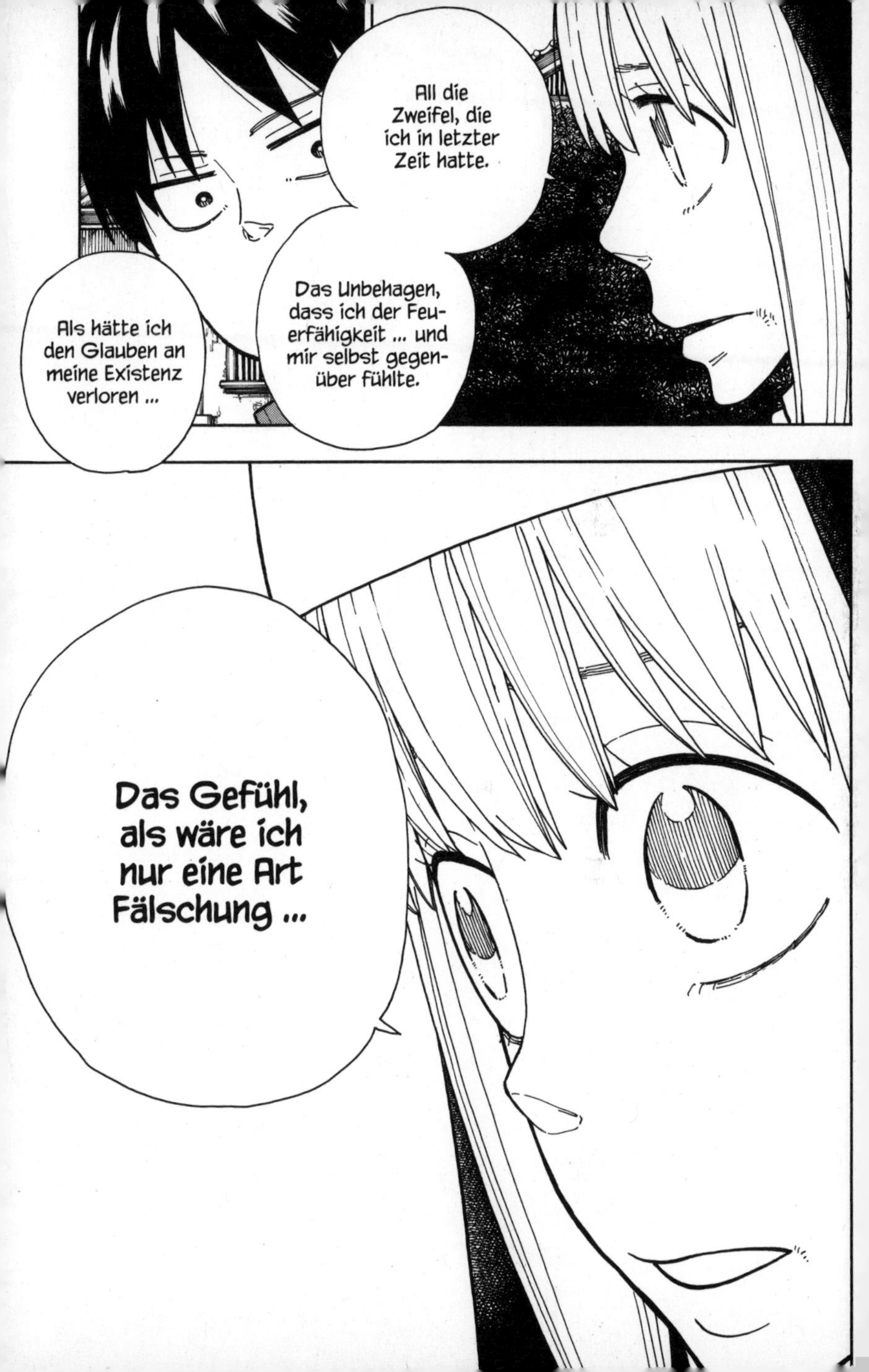
All die Zweifel, die ich in letzter Zeit hatte.
Das Unbehagen, dass ich der Feuerfähigkeit ... und mir selbst gegenüber fühlte.
Als hätte ich den Glauben an meine Existenz verloren ...
Das Gefühl, als wäre ich nur eine Art Fälschung ...

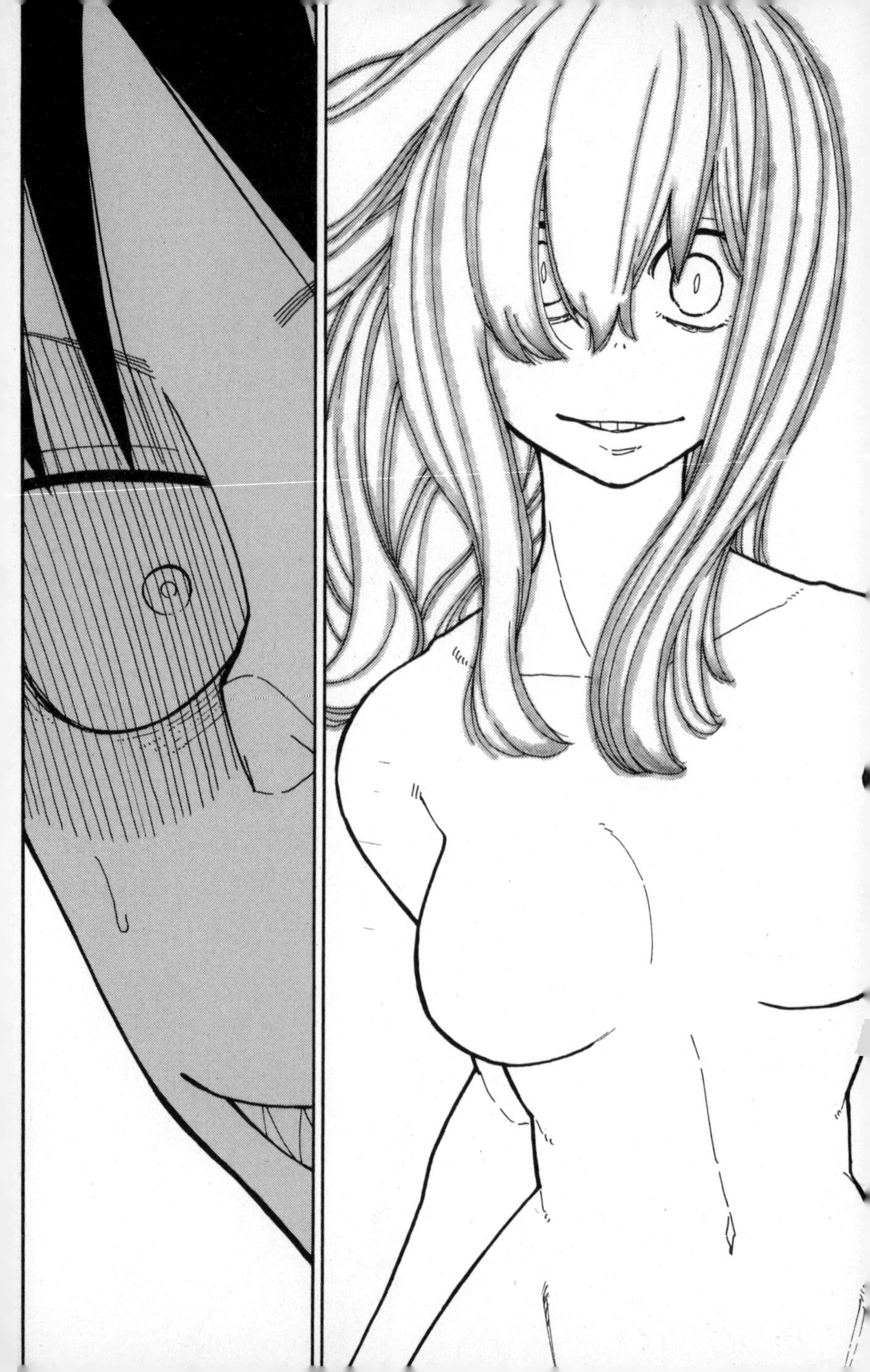

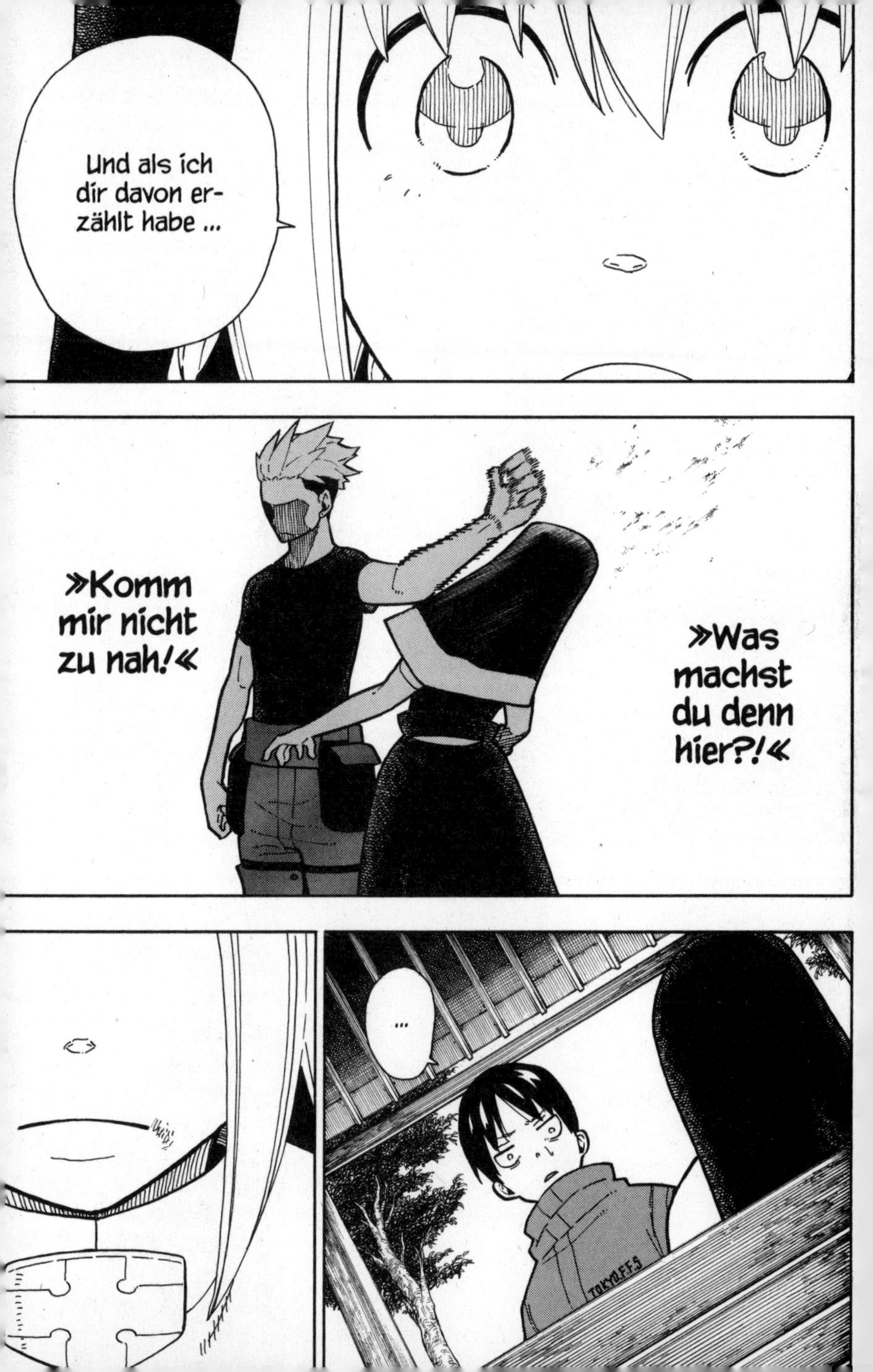

Und als ich dir davon erzählt habe ...

»Was machst du denn hier?!«

»Komm mir nicht zu nah!«

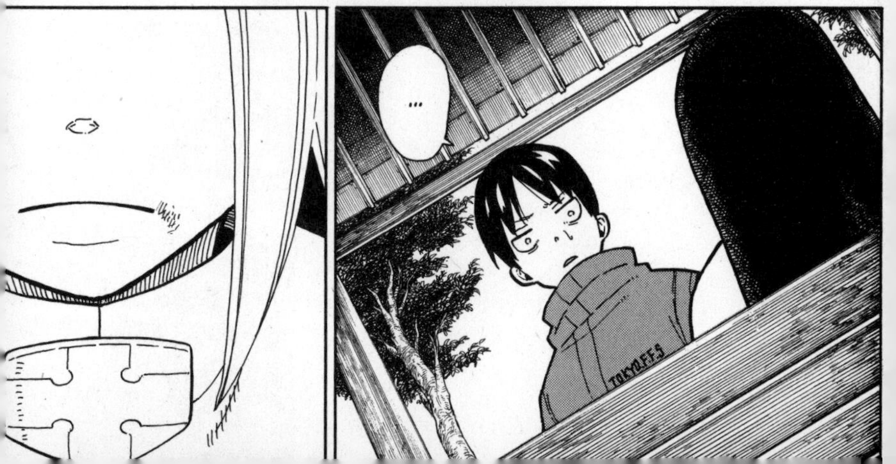

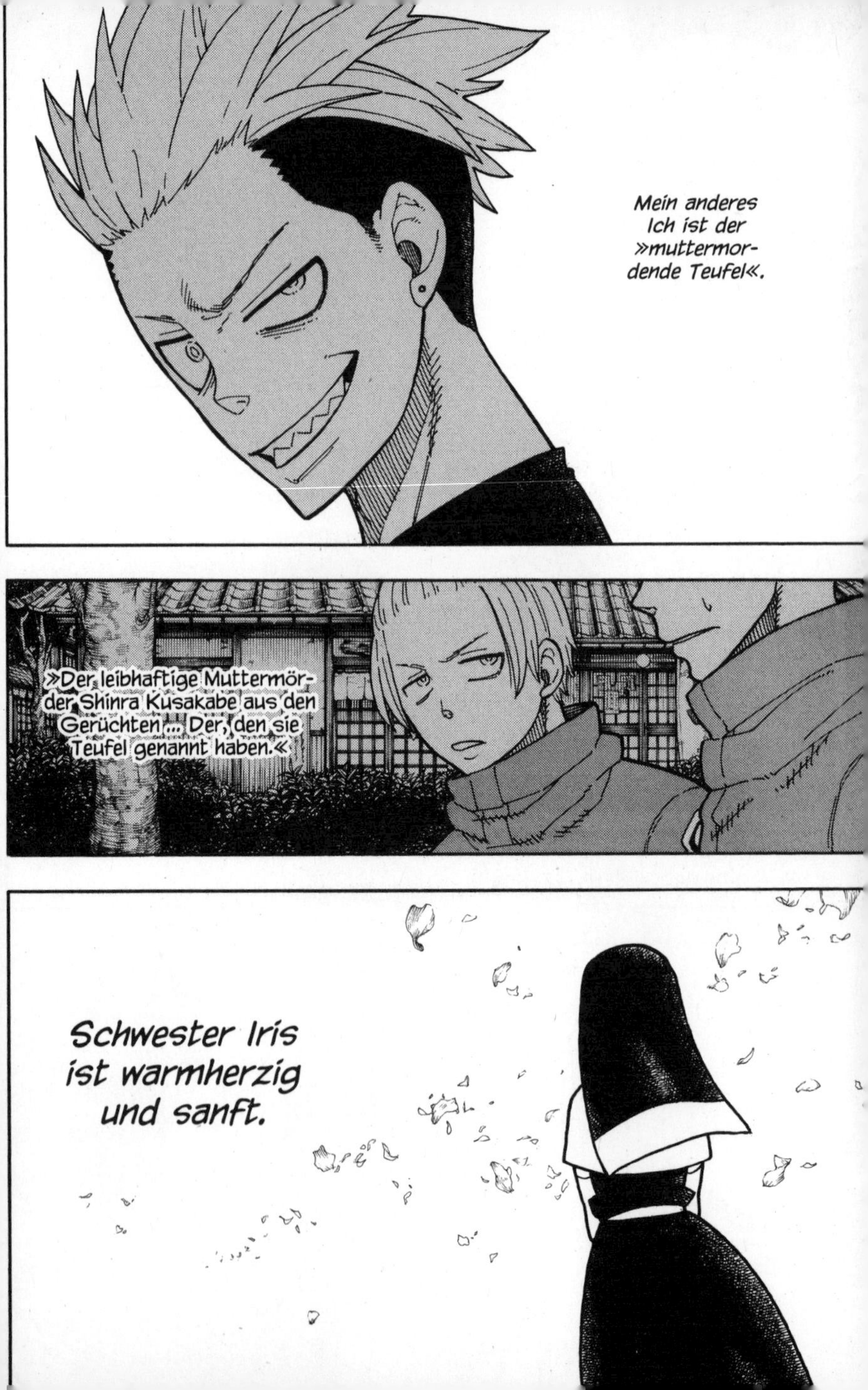

Mein anderes Ich ist der »muttermordende Teufel«.

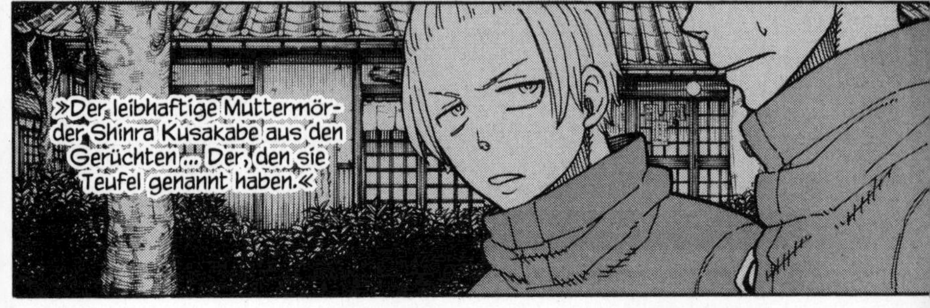

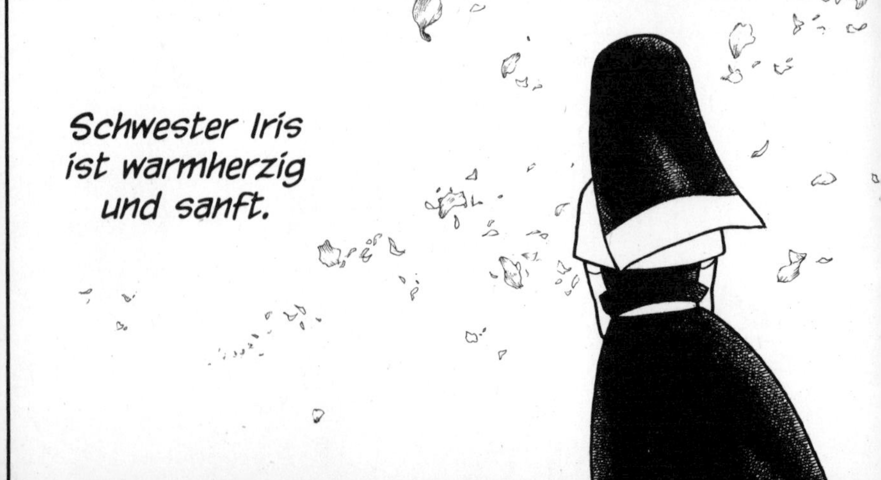

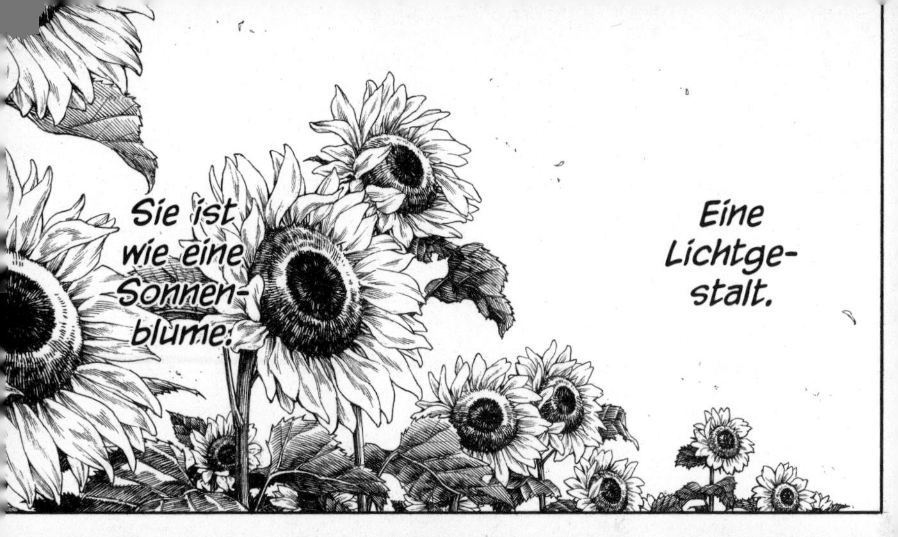

Bei dieser Vor-stellung würde jeder im Land denken ...

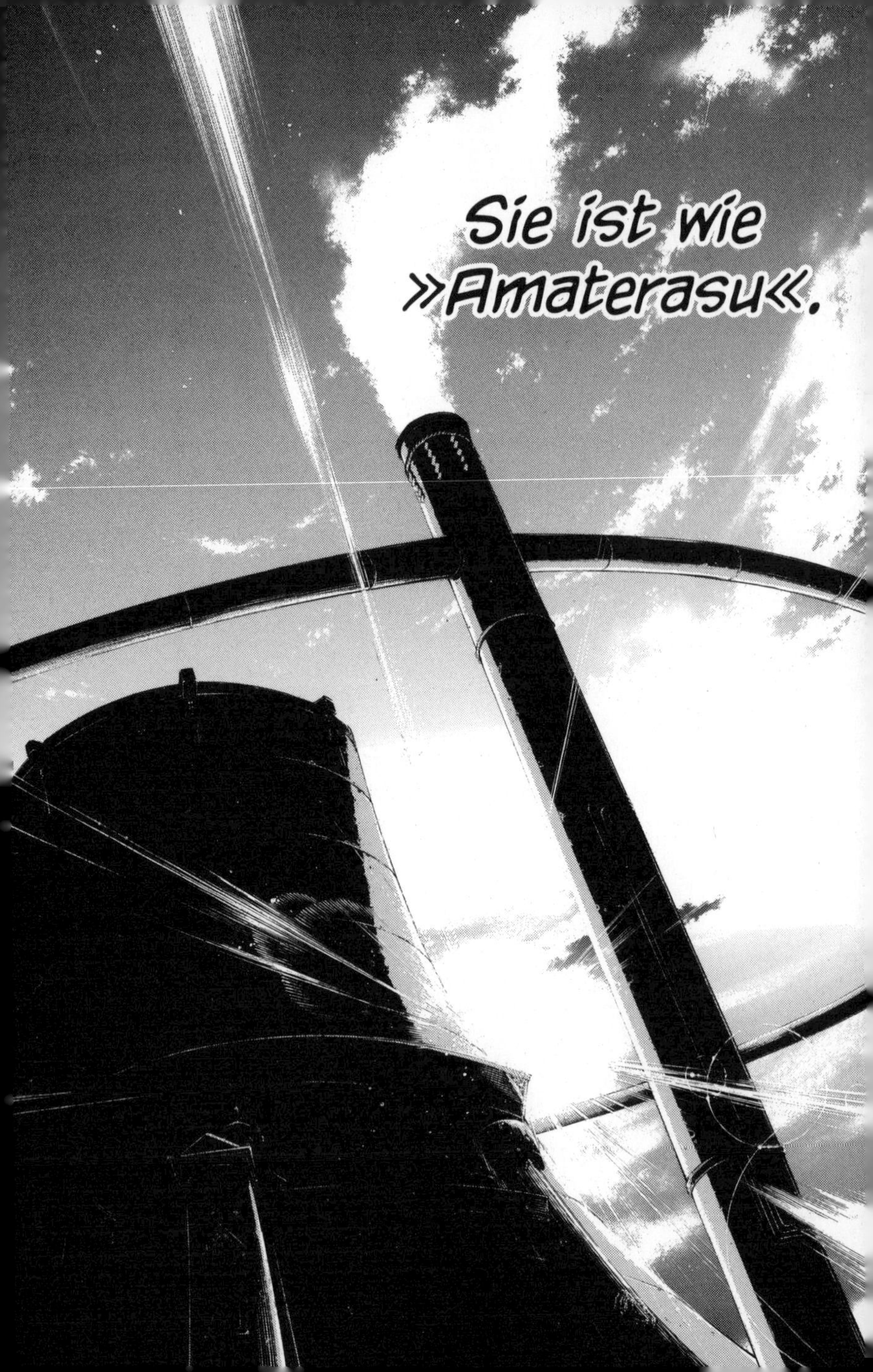
Sie ist wie
»Amaterasu«.

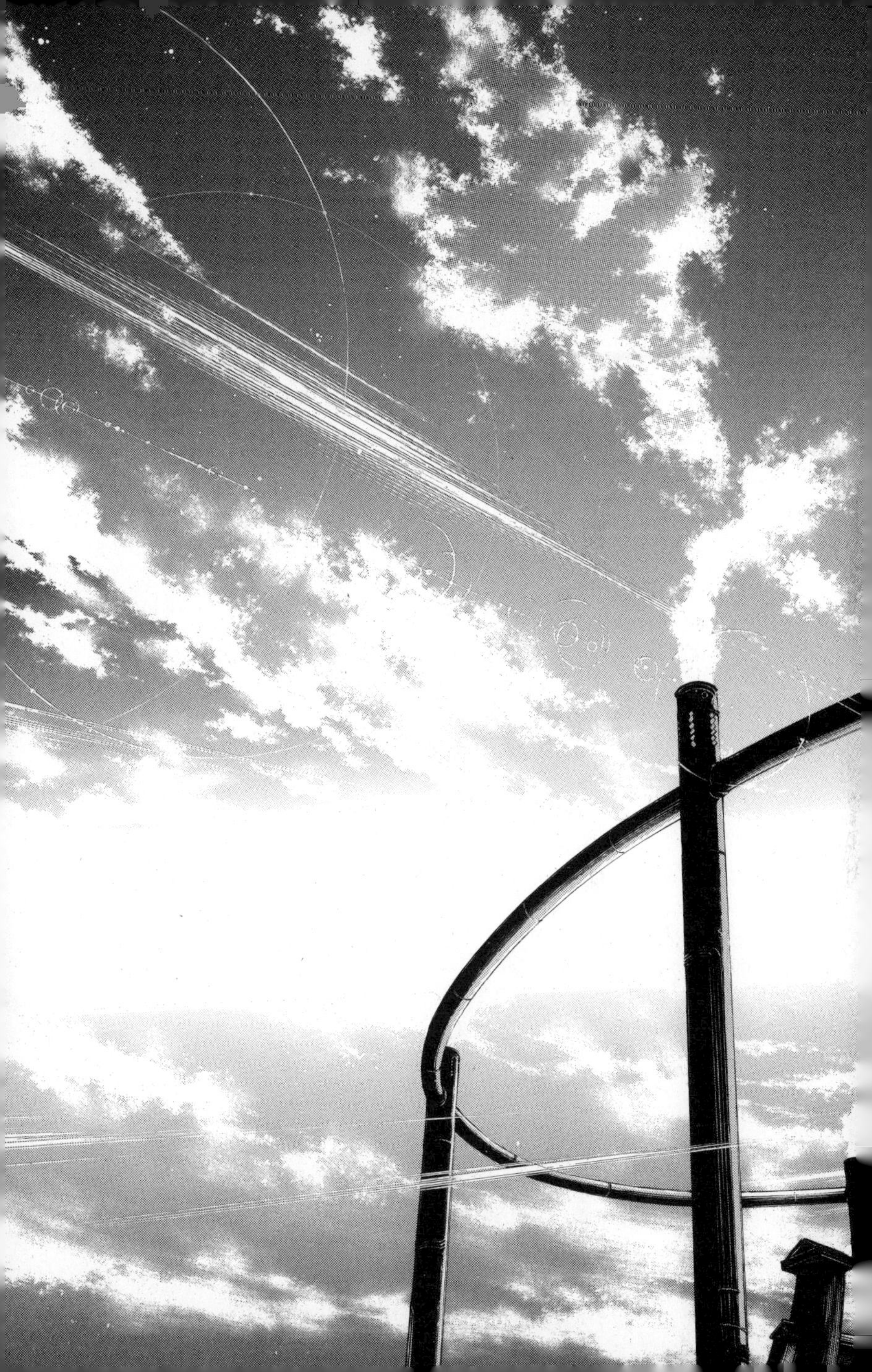

FIRE FORCE

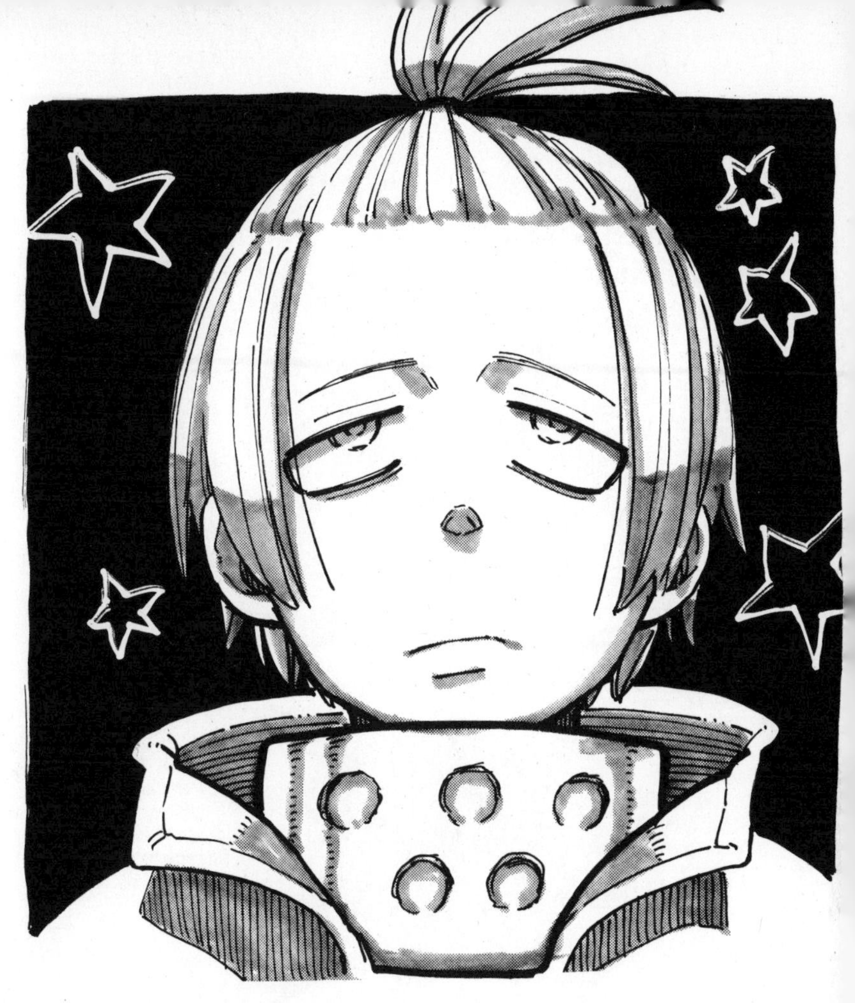

Kapitel 220:
Der Vater aus dem alten Land

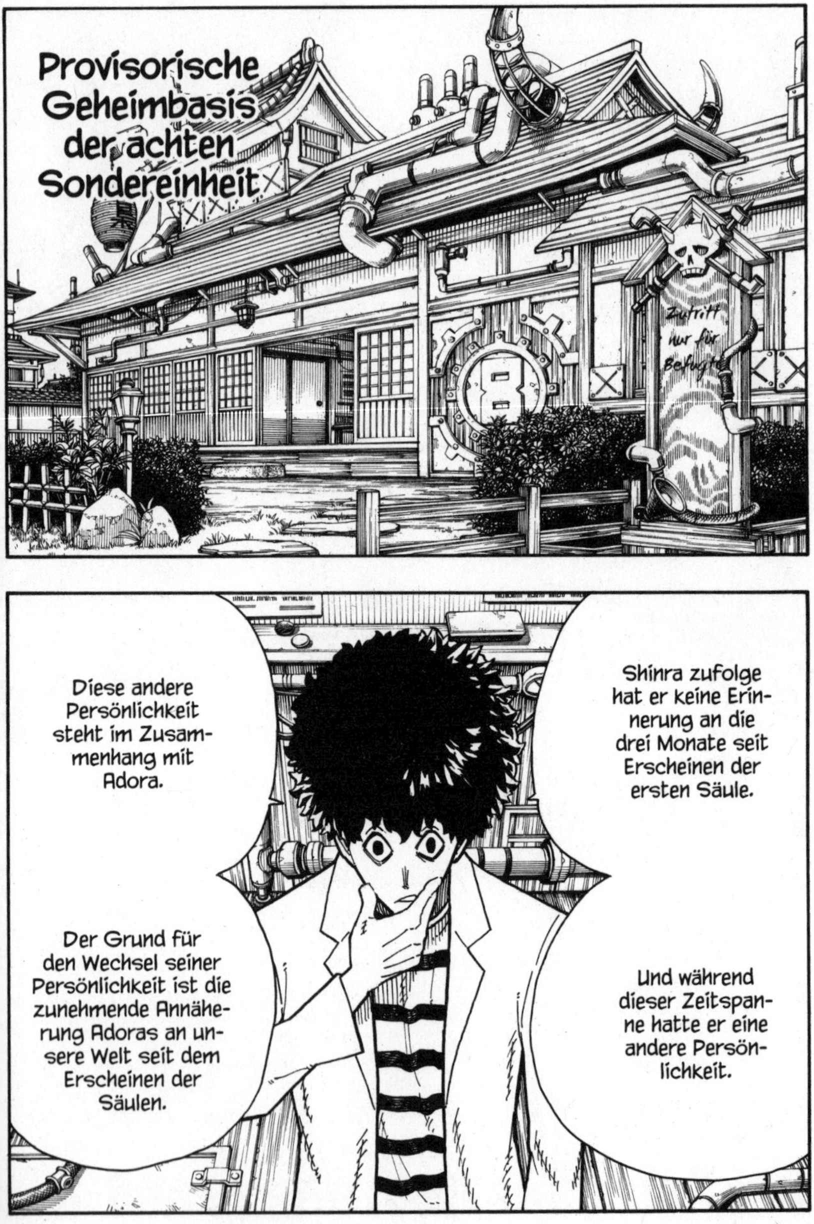

Provisorische Geheimbasis der achten Sondereinheit

Zutritt nur für Befugte

Shinra zufolge hat er keine Erinnerung an die drei Monate seit Erscheinen der ersten Säule.

Und während dieser Zeitspanne hatte er eine andere Persönlichkeit.

Diese andere Persönlichkeit steht im Zusammenhang mit Adora.

Der Grund für den Wechsel seiner Persönlichkeit ist die zunehmende Annäherung Adoras an unsere Welt seit dem Erscheinen der Säulen.

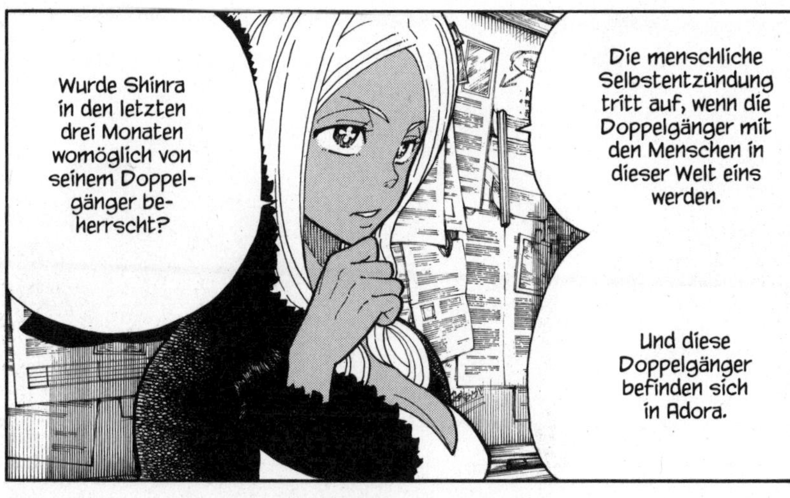
Die menschliche Selbstentzündung tritt auf, wenn die Doppelgänger mit den Menschen in dieser Welt eins werden.
Und diese Doppelgänger befinden sich in Adora.
Wurde Shinra in den letzten drei Monaten womöglich von seinem Doppelgänger beherrscht?

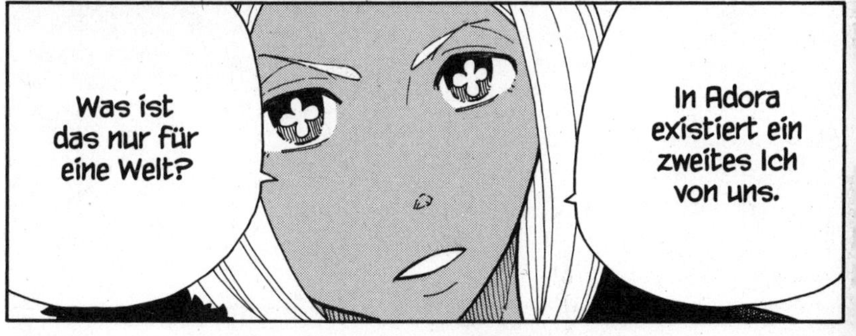
In Adora existiert ein zweites Ich von uns.
Was ist das nur für eine Welt?

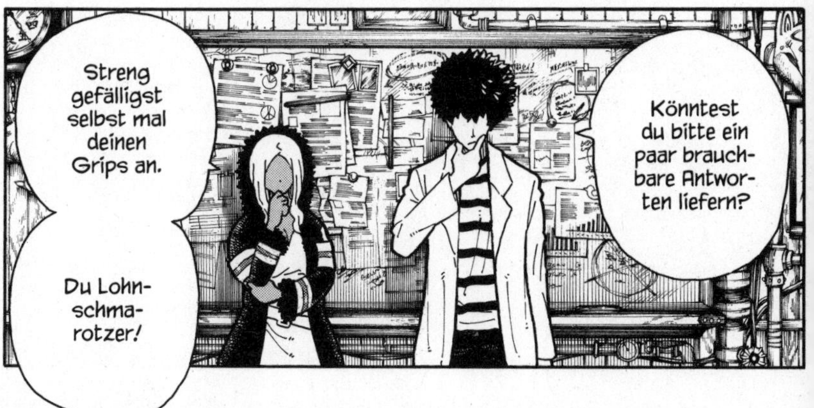
Könntest du bitte ein paar brauchbare Antworten liefern?
Streng gefälligst selbst mal deinen Grips an.
Du Lohnschmarotzer!

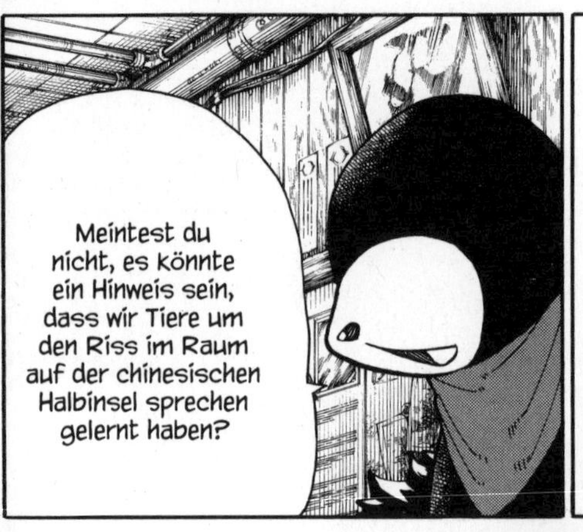
Meintest du nicht, es könnte ein Hinweis sein, dass wir Tiere um den Riss im Raum auf der chinesischen Halbinsel sprechen gelernt haben?

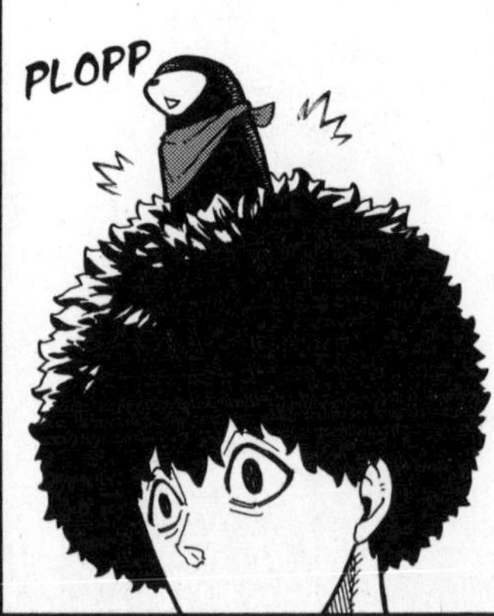
PLOPP

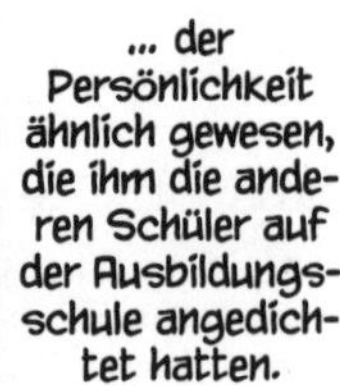
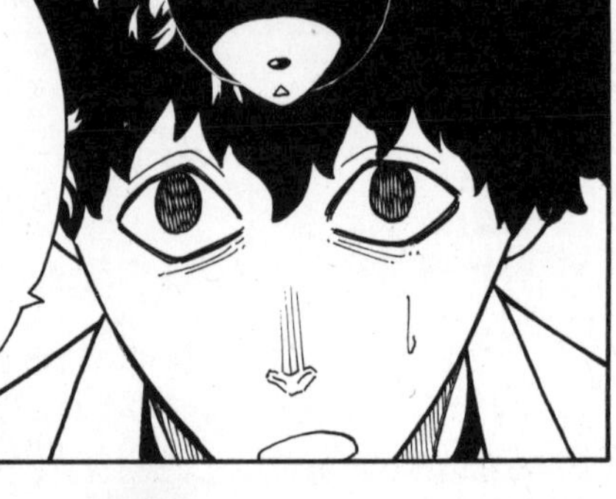
Arthur meinte, Shinra sei in den letzten drei Monaten ...
... der Persönlichkeit ähnlich gewesen, die ihm die anderen Schüler auf der Ausbildungsschule angedichtet hatten.

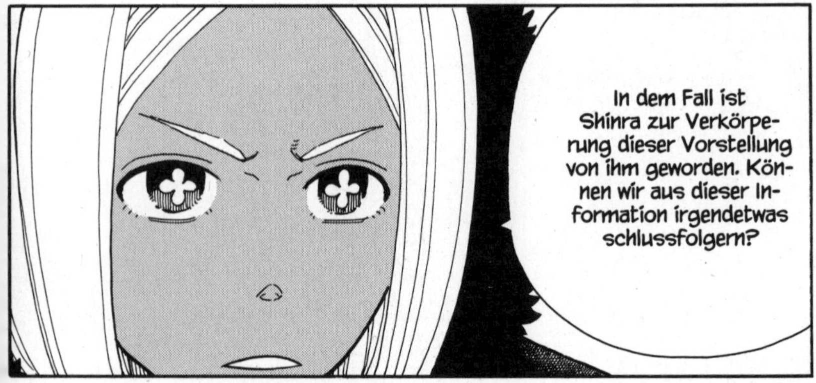
In dem Fall ist Shinra zur Verkörperung dieser Vorstellung von ihm geworden. Können wir aus dieser Information irgendetwas schlussfolgern?

Was wird geschehen, wenn alle acht Säulen erschienen sind?

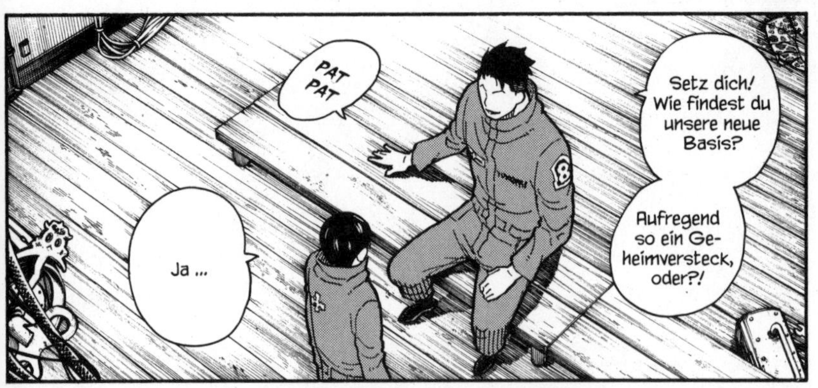
Setz dich! Wie findest du unsere neue Basis?
Aufregend so ein Geheimversteck, oder?!
PAT PAT
Ja ...

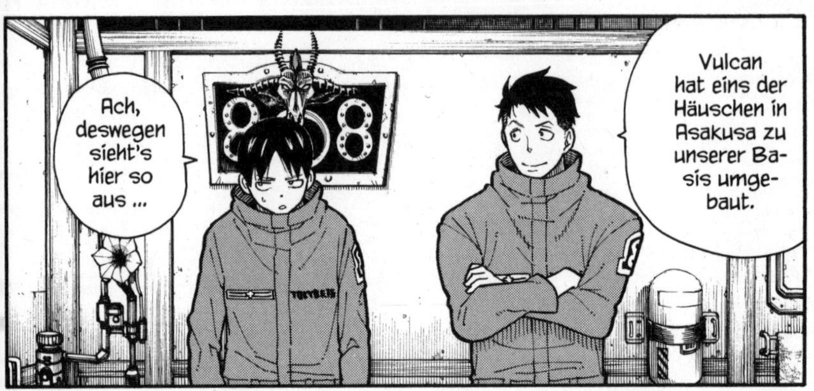
Vulcan hat eins der Häuschen in Asakusa zu unserer Basis umgebaut.
Ach, deswegen sieht's hier so aus ...

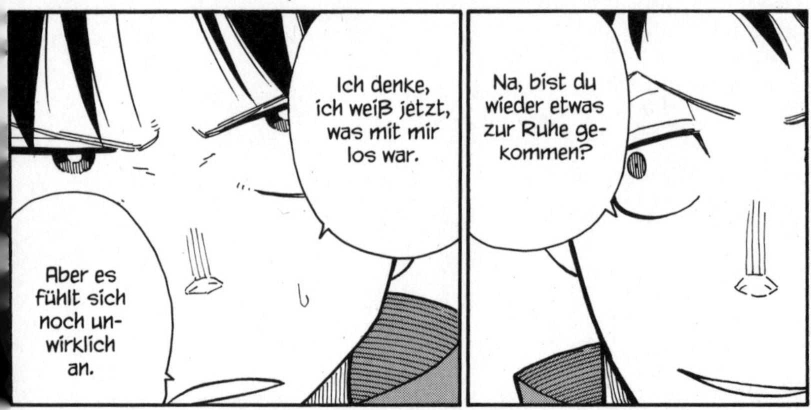
Na, bist du wieder etwas zur Ruhe gekommen?
Ich denke, ich weiß jetzt, was mit mir los war.
Aber es fühlt sich noch unwirklich an.

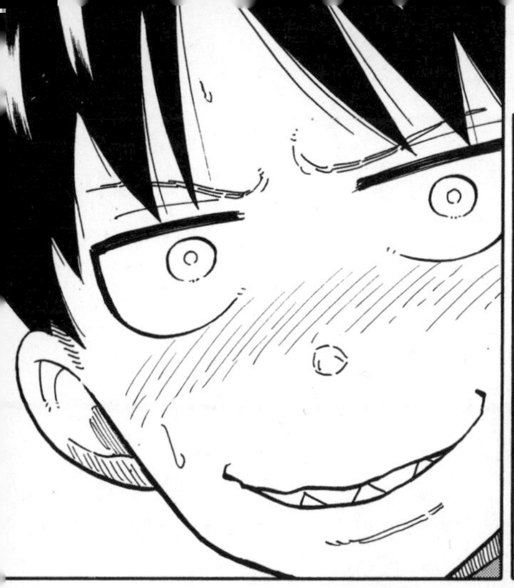

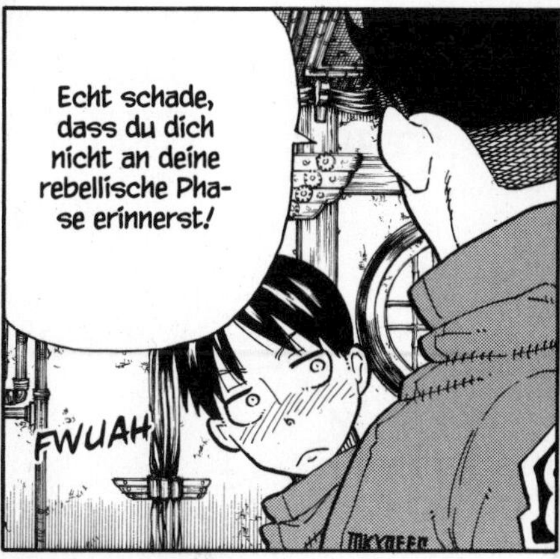
Echt schade, dass du dich nicht an deine rebellische Phase erinnerst!
FWUAH

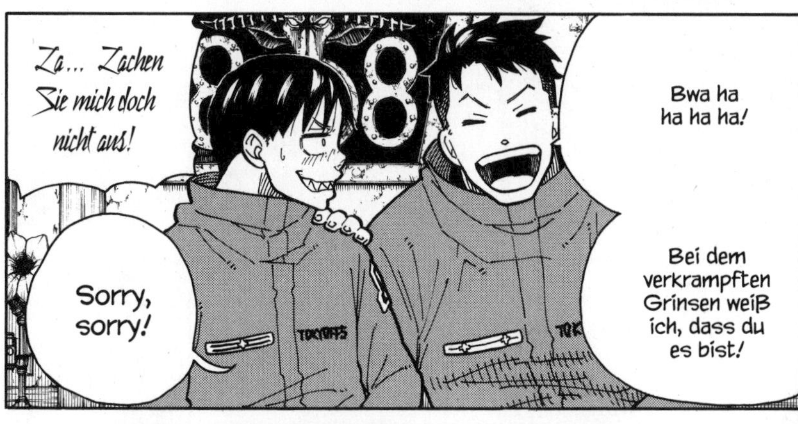
Bwa ha ha ha ha!
Bei dem verkrampften Grinsen weiß ich, dass du es bist!
Za... Zachen Sie mich doch nicht aus!
Sorry, sorry!

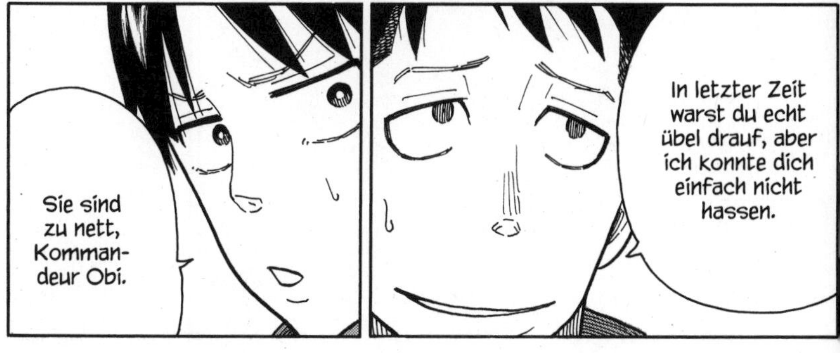
In letzter Zeit warst du echt übel drauf, aber ich konnte dich einfach nicht hassen.
Sie sind zu nett, Komman-deur Obi.

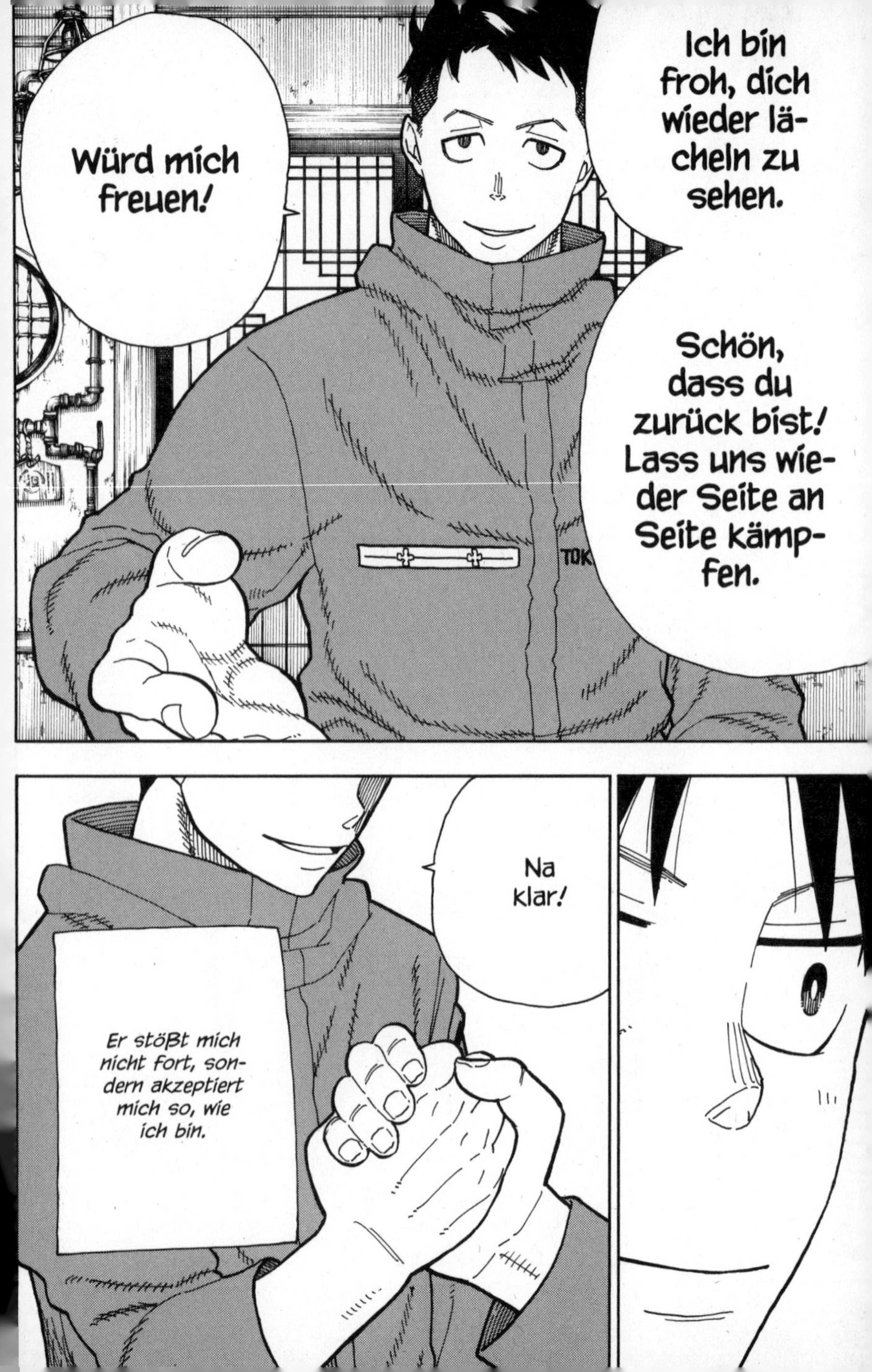

Ich bin froh, dich wieder lächeln zu sehen.

Schön, dass du zurück bist! Lass uns wieder Seite an Seite kämpfen.

Würd mich freuen!

Na klar!

Er stößt mich nicht fort, sondern akzeptiert mich so, wie ich bin.

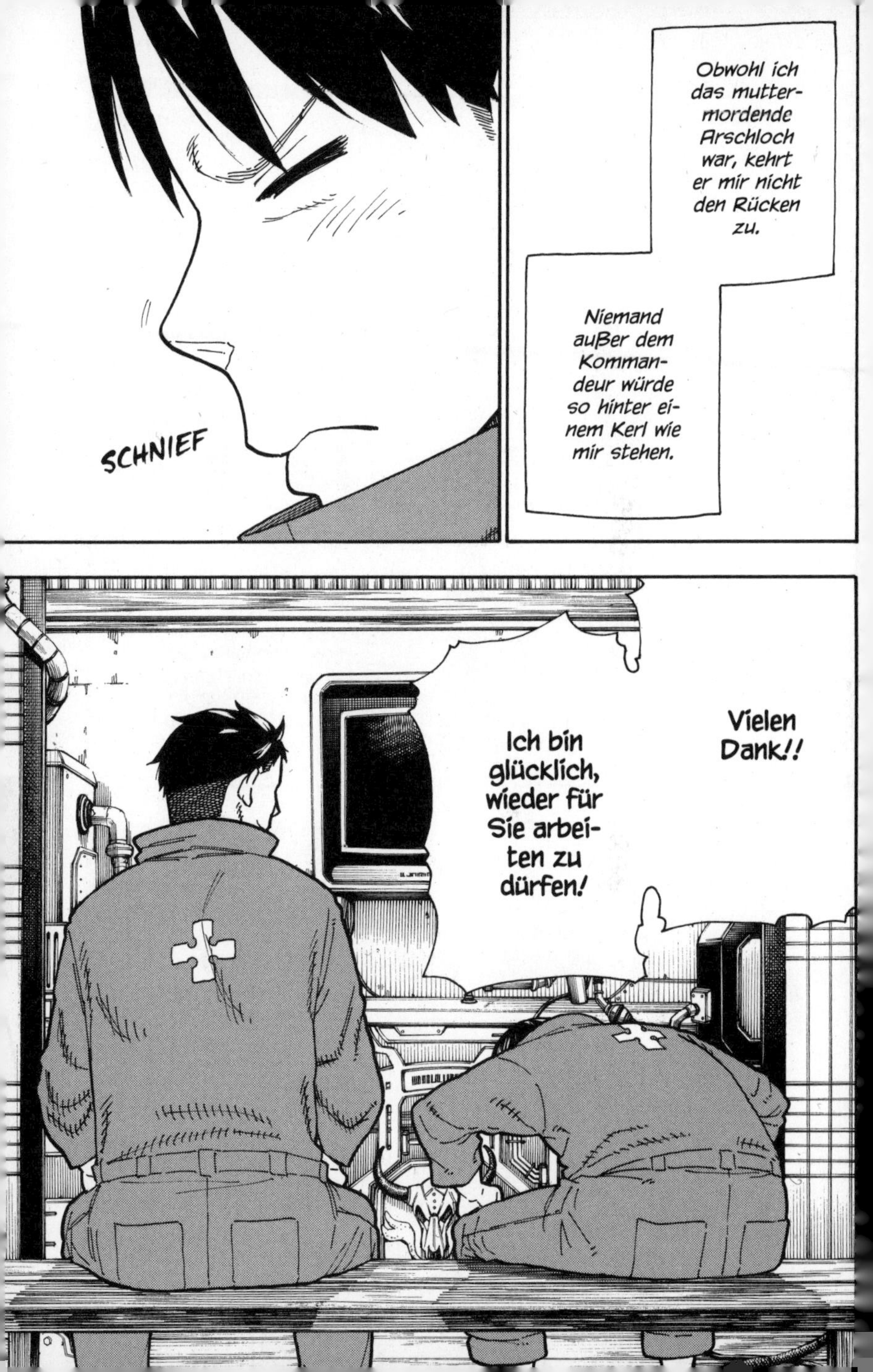

Obwohl ich das mutter-mordende Arschloch war, kehrt er mir nicht den Rücken zu.

Niemand außer dem Kommandeur würde so hinter einem Kerl wie mir stehen.

SCHNIEF

Vielen Dank!!

Ich bin glücklich, wieder für Sie arbeiten zu dürfen!

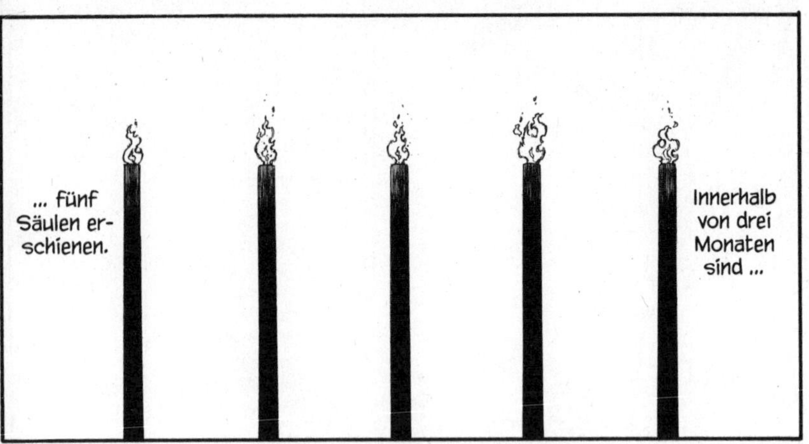
Innerhalb von drei Monaten sind ...
... fünf Säulen erschienen.

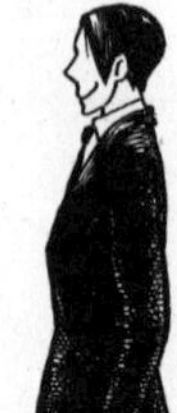
Wann immer mit den Säulen auch gigantische Flammenwesen auftauchten, rückten die zweite Sondereinheit und Haijima aus.
Mit Oguro von Haijima als Befehlshaber ist es ihnen gelungen, jeden der Giganten abzufangen.

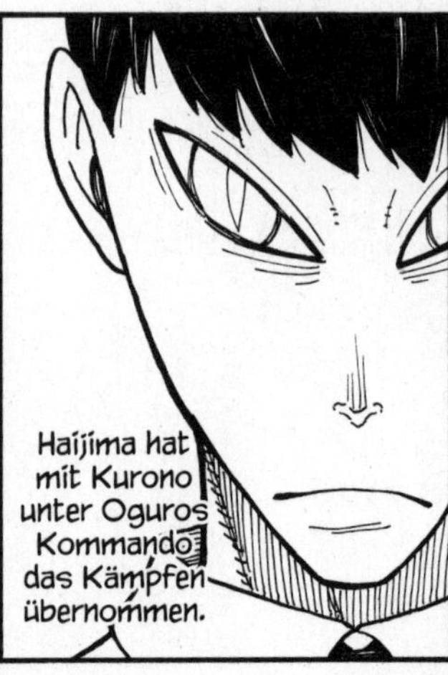
Haijima hat mit Kurono unter Oguros Kommando das Kämpfen übernommen.

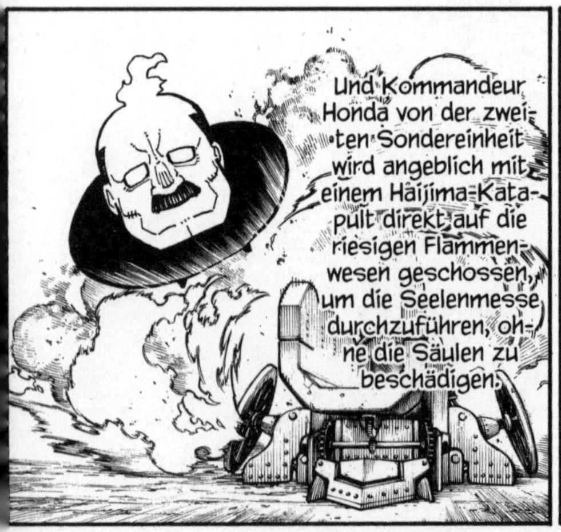
Und Kommandeur Honda von der zweiten Sondereinheit wird angeblich mit einem Haijima-Katapult direkt auf die riesigen Flammenwesen geschossen, um die Seelenmesse durchzuführen, ohne die Säulen zu beschädigen.

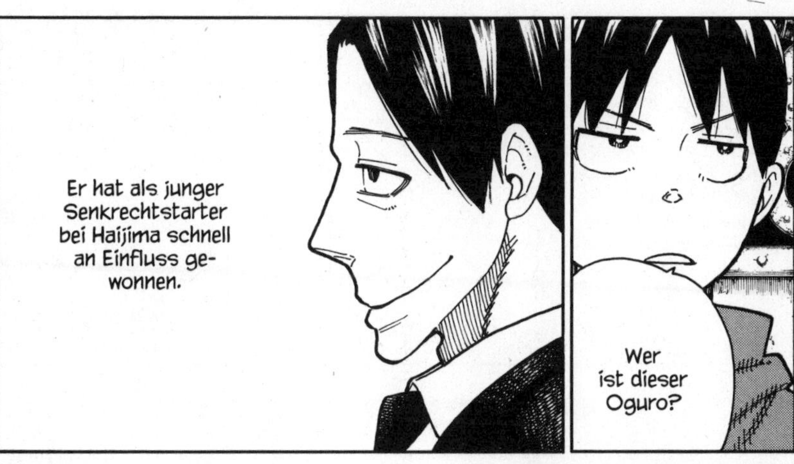
Wer ist dieser Oguro?
Er hat als junger Senkrechtstarter bei Haijima schnell an Einfluss gewonnen.

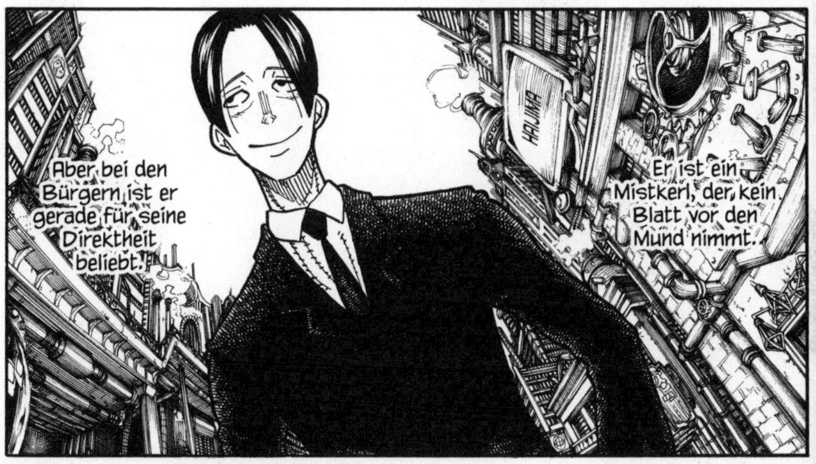
Er ist ein Mistkerl, der kein Blatt vor den Mund nimmt.
Aber bei den Bürgern ist er gerade für seine Direktheit beliebt.

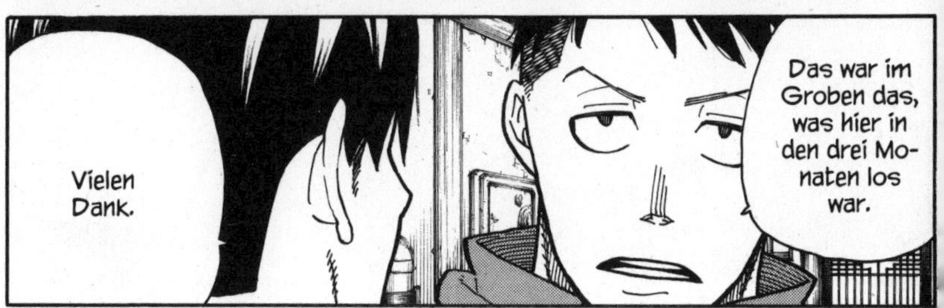
Das war im Groben das, was hier in den drei Monaten los war.
Vielen Dank.

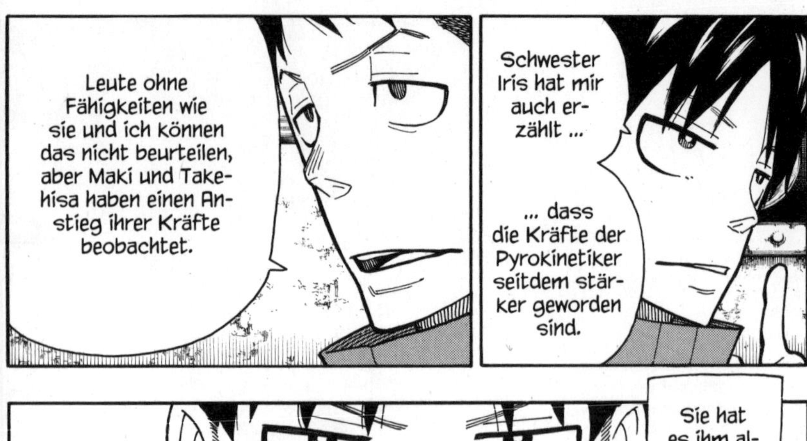

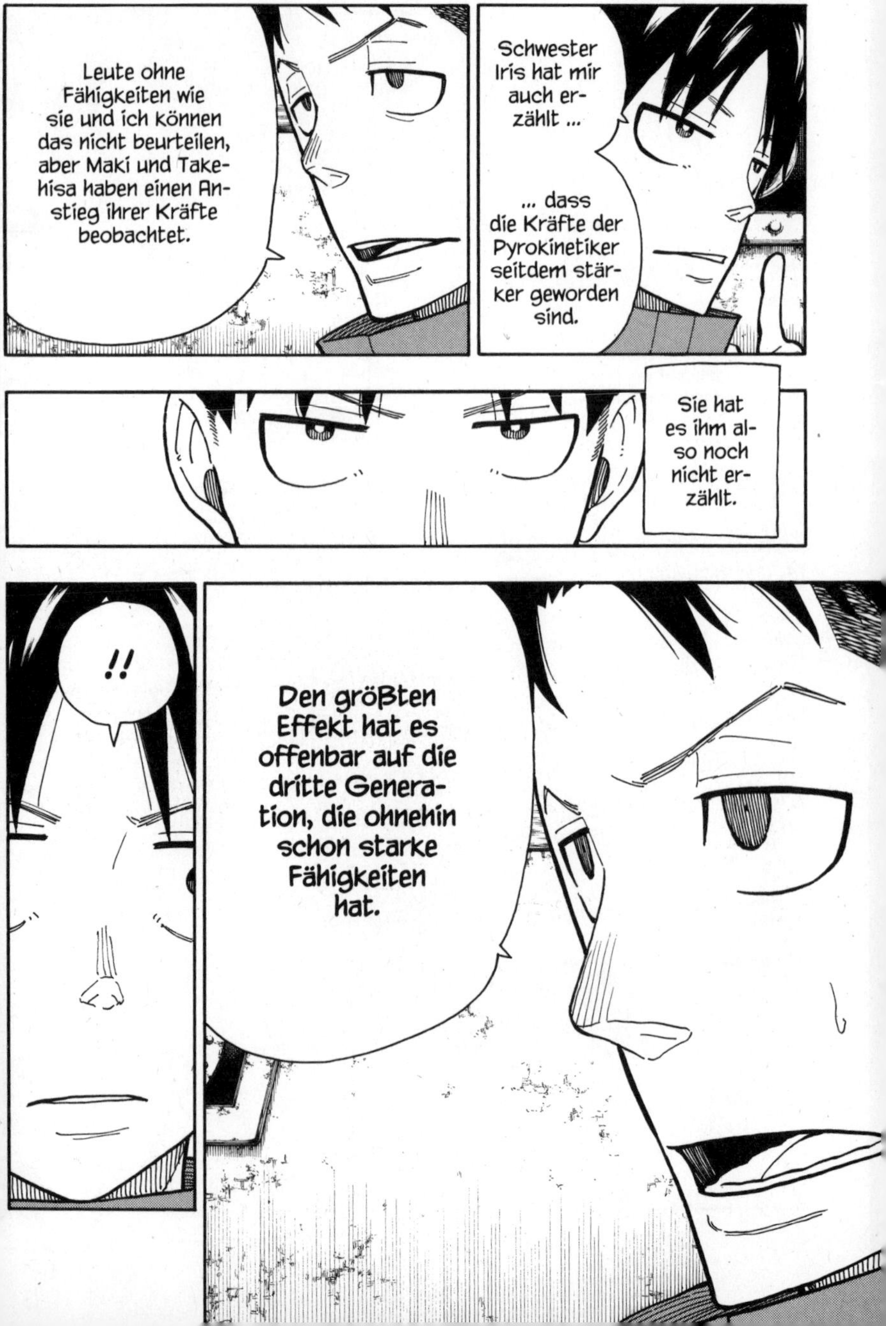

Den größten Effekt hat es offenbar auf die dritte Generation, die ohnehin schon starke Fähigkeiten hat.

!!

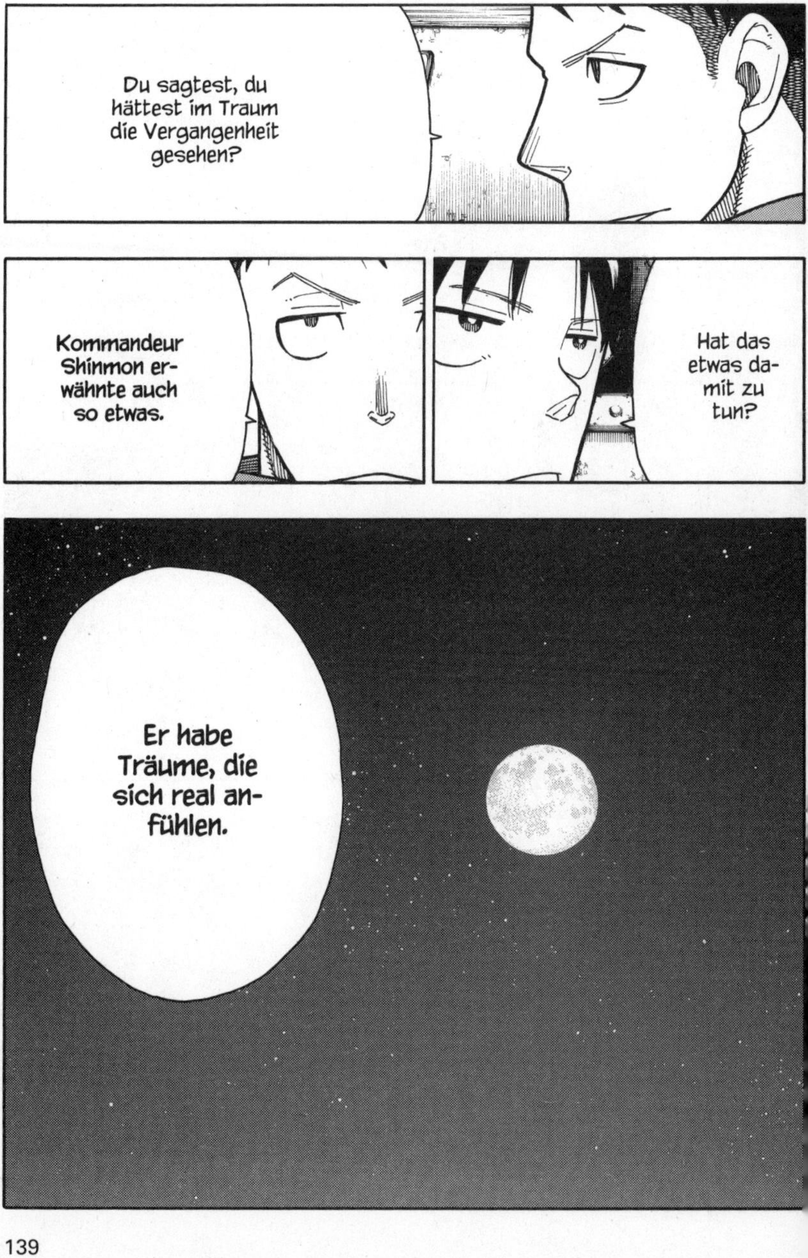

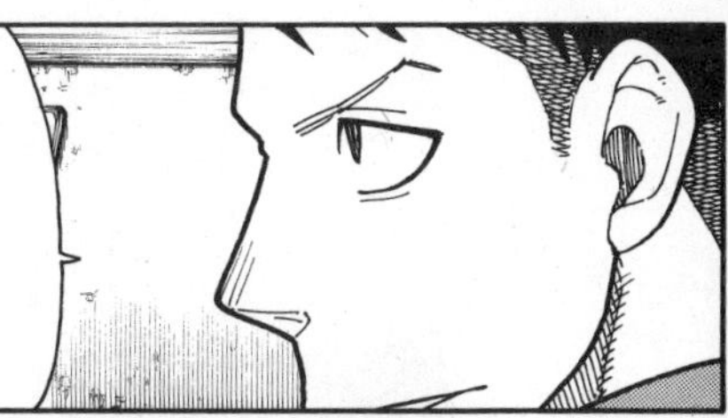

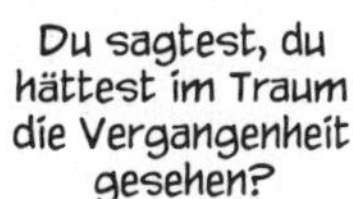

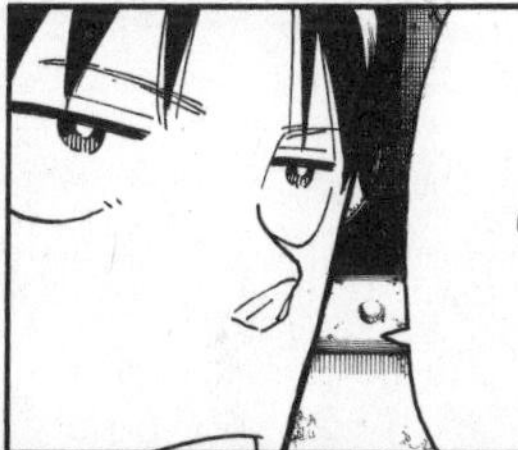

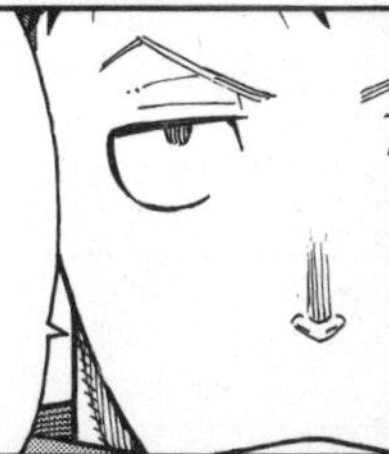

Er habe Träume, die sich real anfühlen.

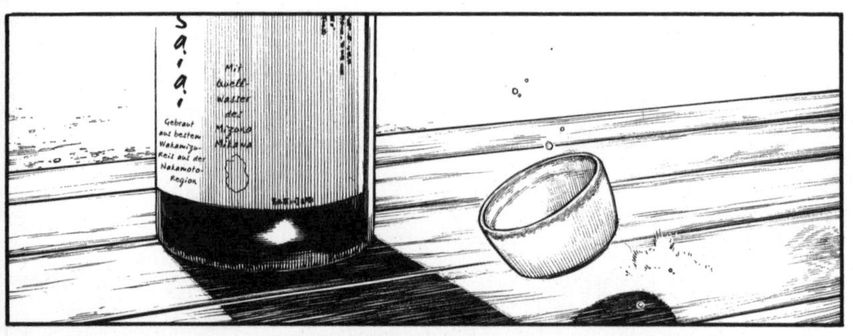
Saiai
Gebraut aus bestem Wakamizu-Reis aus der Nakamoto-Region
Mit Quellwasser des Mizono Mikawa

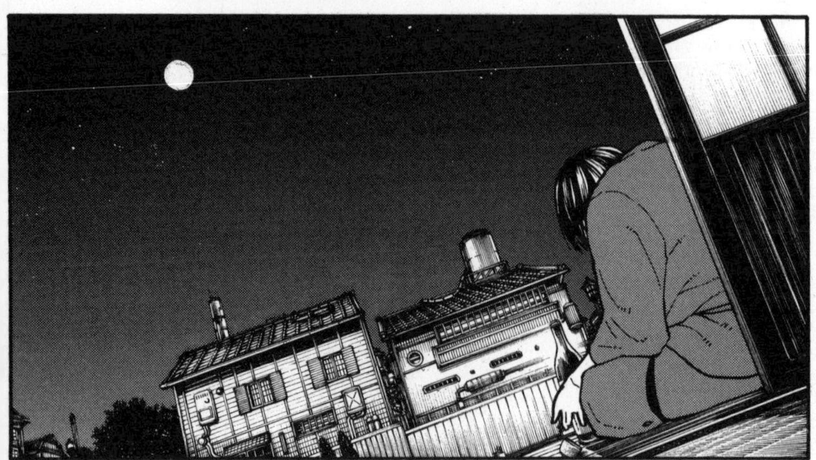

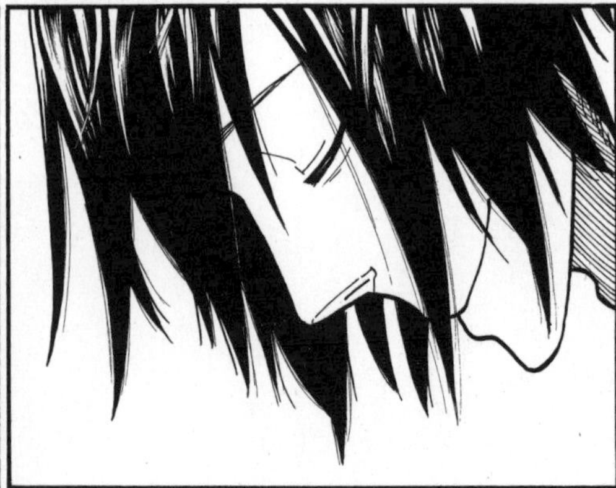

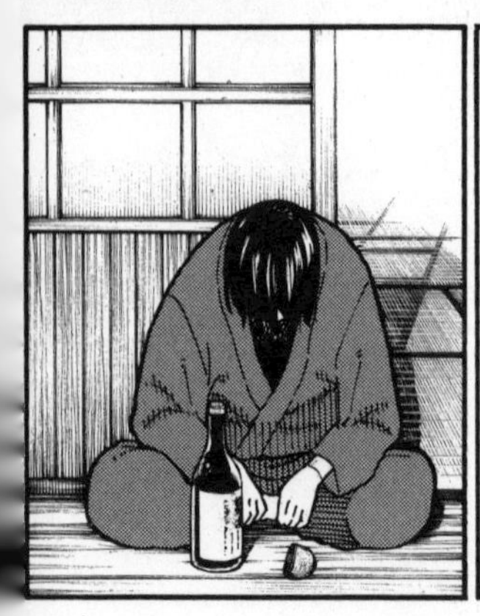

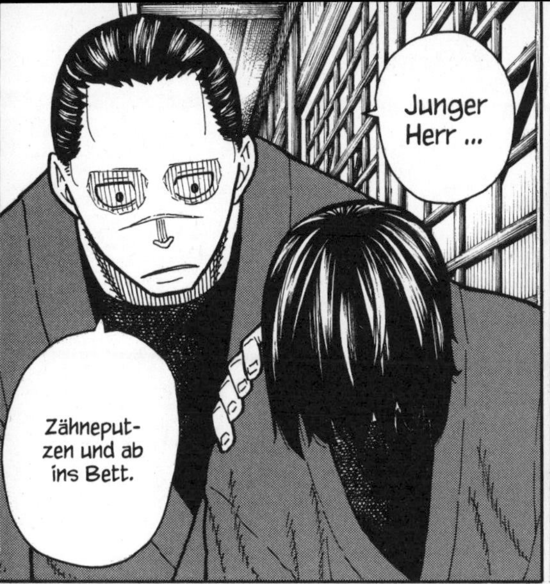
Junger Herr ...
Zähneputzen und ab ins Bett.

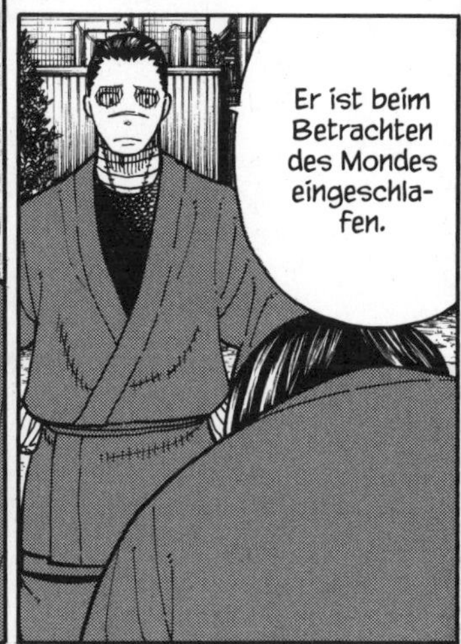
Er ist beim Betrachten des Mondes eingeschlafen.

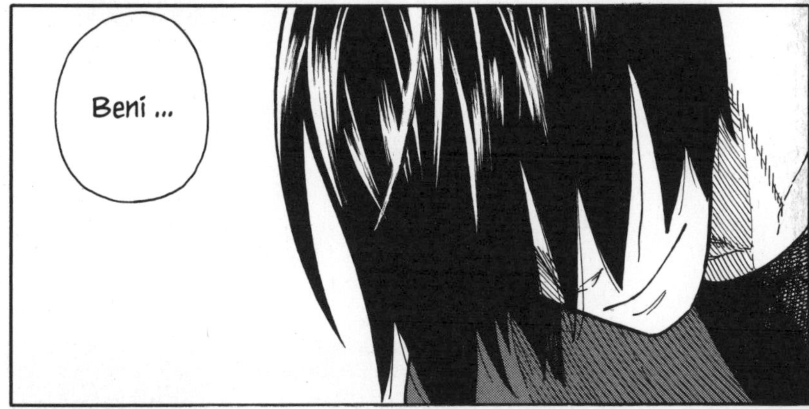
Beni ...

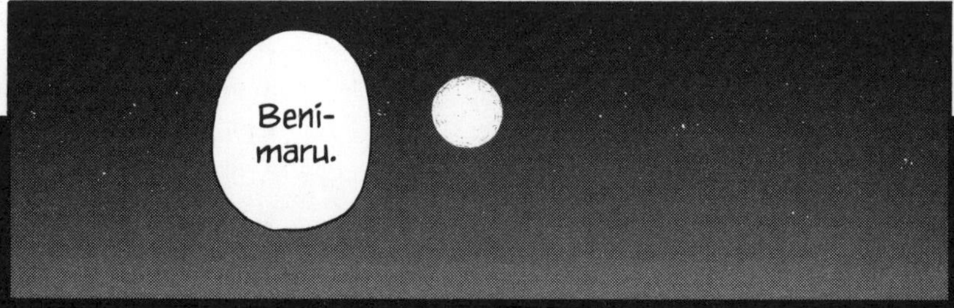
Benimaru.

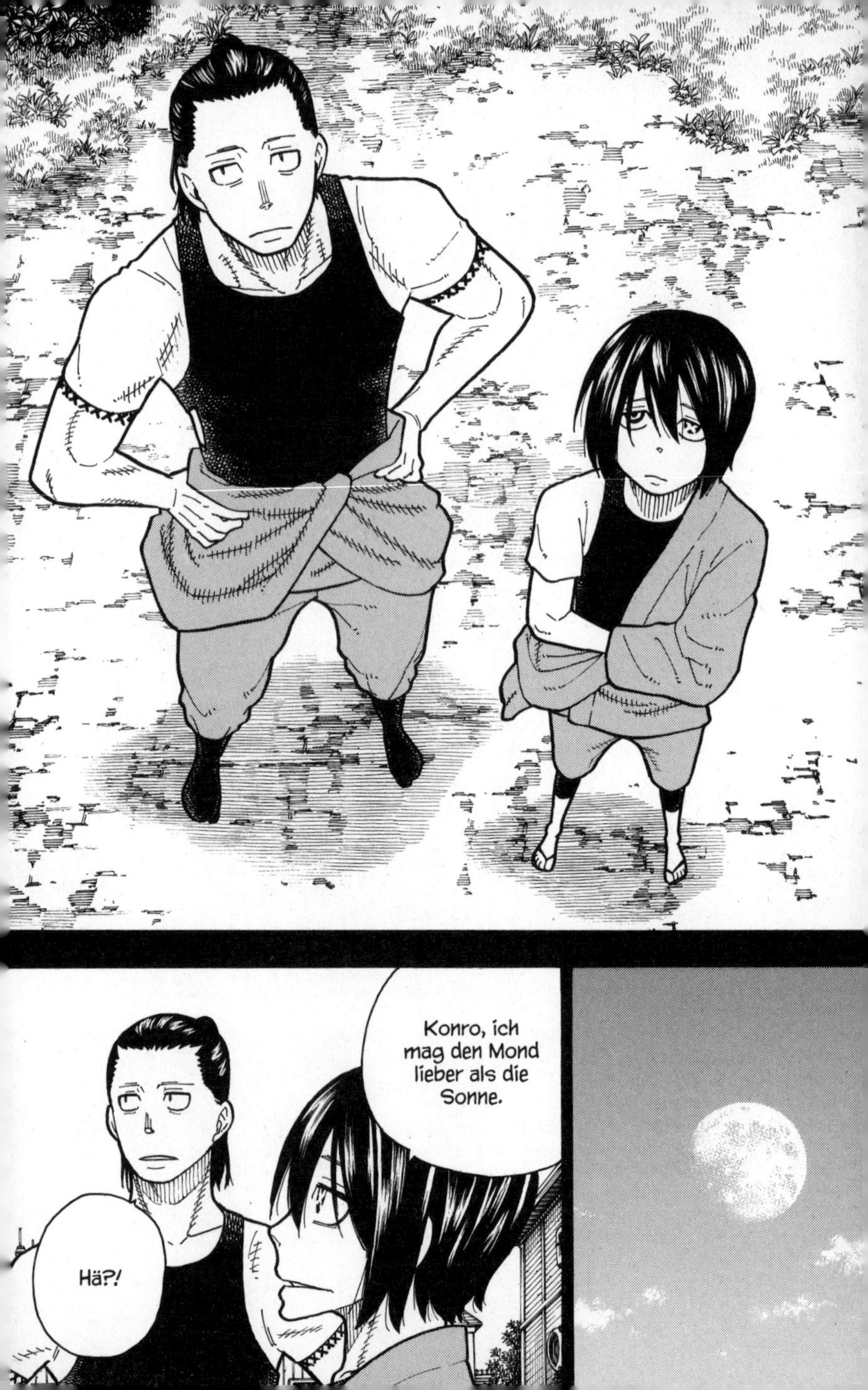

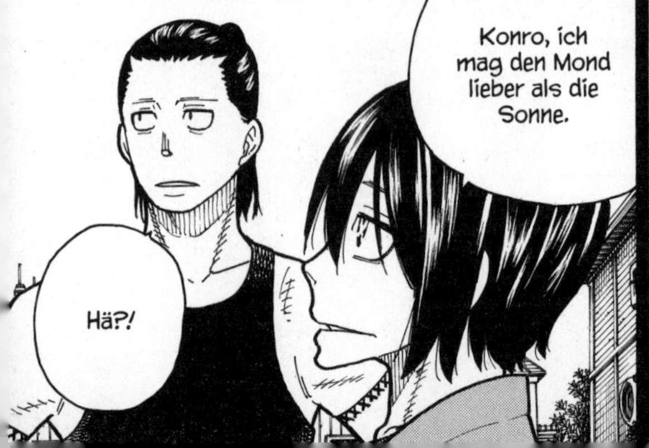
Konro, ich mag den Mond lieber als die Sonne.
Hä?!

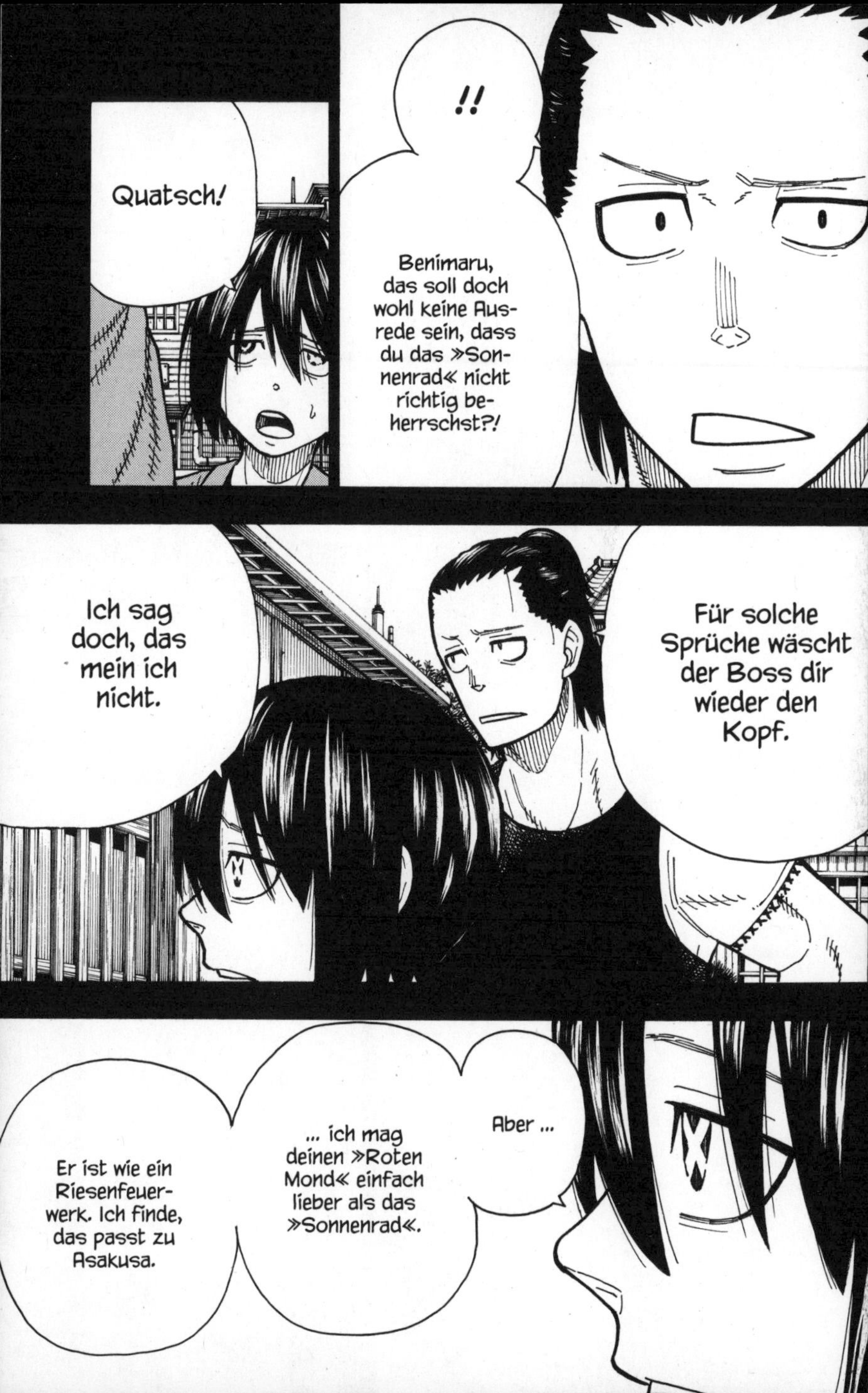
!!
Benimaru, das soll doch wohl keine Ausrede sein, dass du das »Sonnenrad« nicht richtig beherrschst?!
Quatsch!
Für solche Sprüche wäscht der Boss dir wieder den Kopf.
Ich sag doch, das mein ich nicht.
Aber ...
... ich mag deinen »Roten Mond« einfach lieber als das »Sonnenrad«.
Er ist wie ein Riesenfeuerwerk. Ich finde, das passt zu Asakusa.

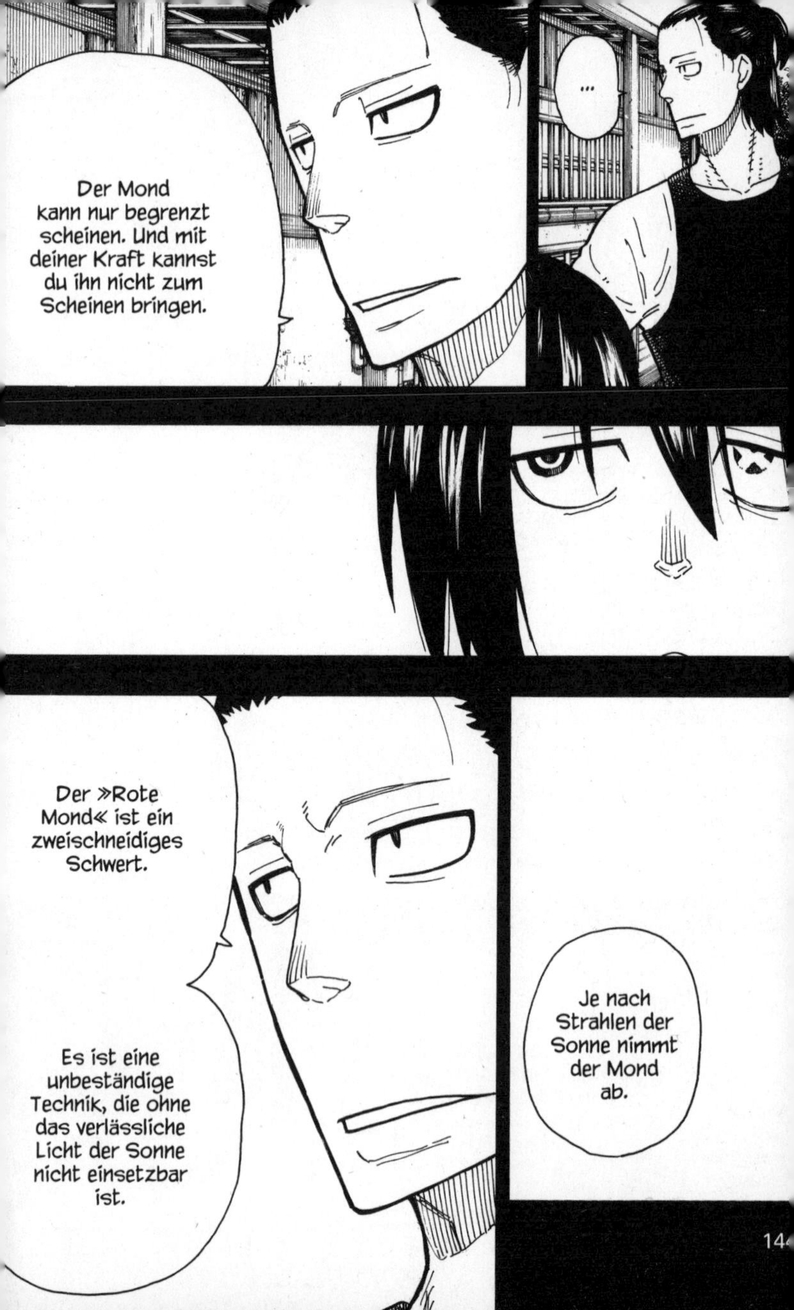
...
Der Mond kann nur begrenzt scheinen. Und mit deiner Kraft kannst du ihn nicht zum Scheinen bringen.
Je nach Strahlen der Sonne nimmt der Mond ab.
Der »Rote Mond« ist ein zweischneidiges Schwert.
Es ist eine unbeständige Technik, die ohne das verlässliche Licht der Sonne nicht einsetzbar ist.

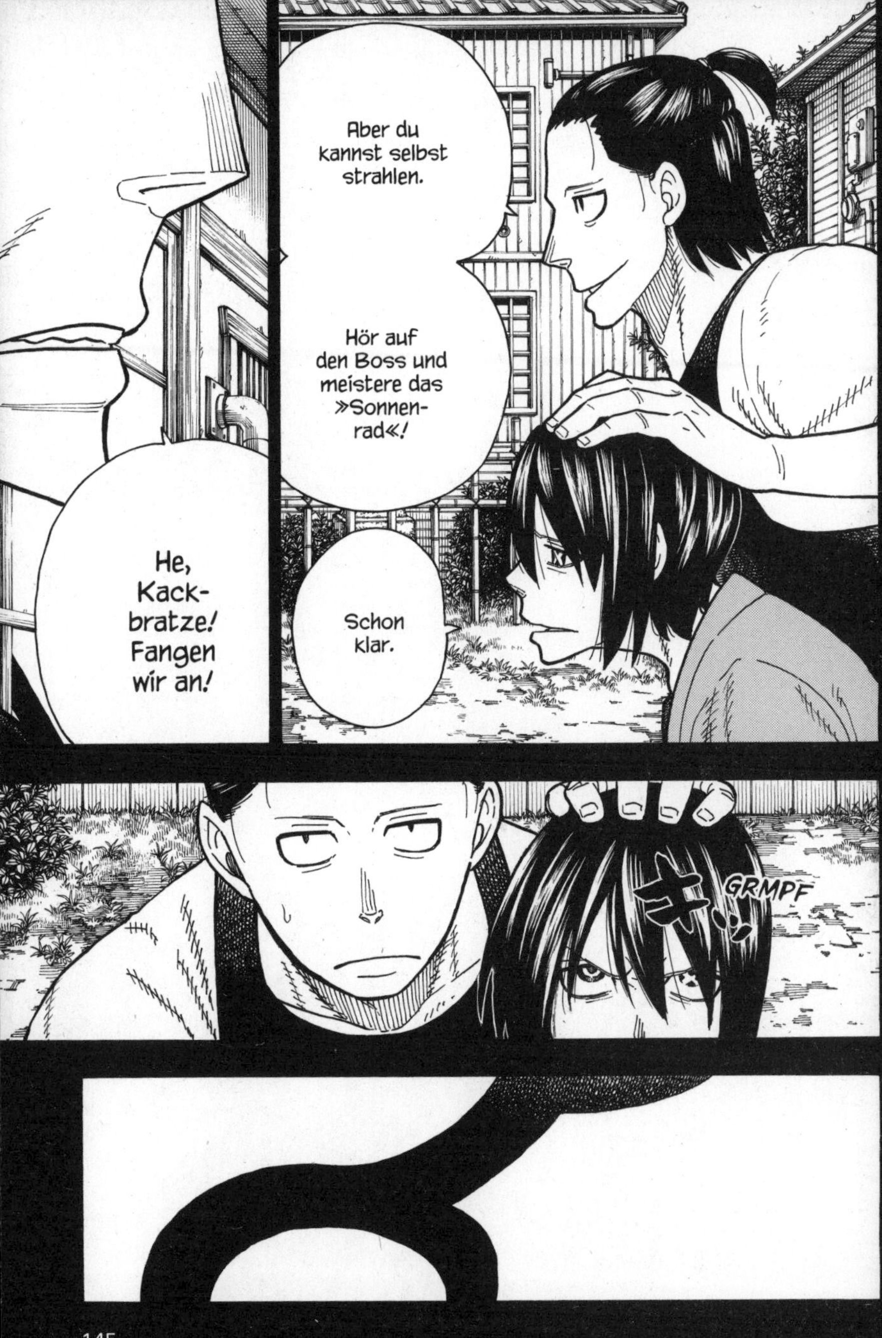
Aber du kannst selbst strahlen.
Hör auf den Boss und meistere das »Sonnenrad«!
Schon klar.
He, Kackbratze! Fangen wir an!
GRMPF

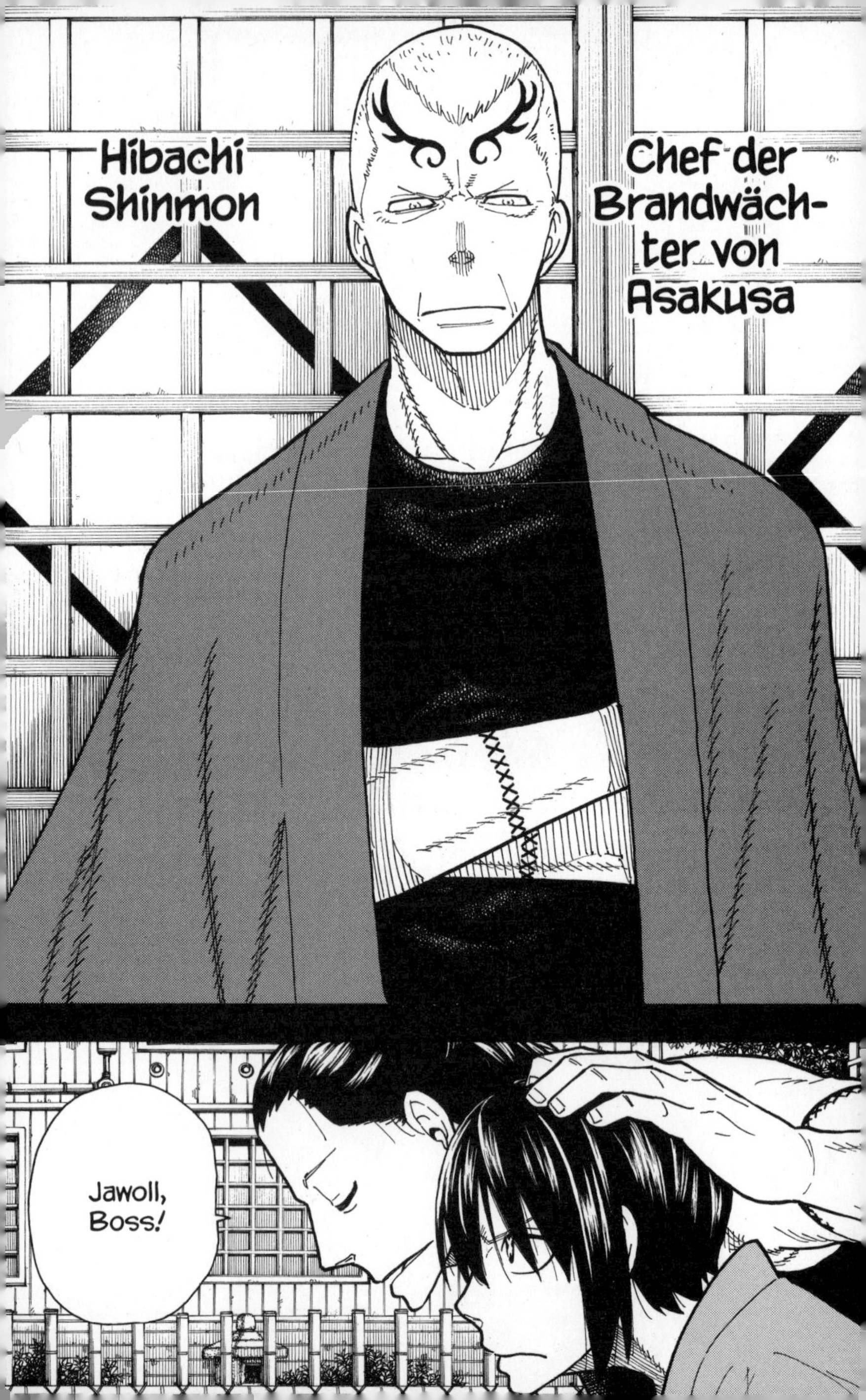
Chef der Brandwächter von Asakusa
Hibachi Shinmon
Jawoll, Boss!

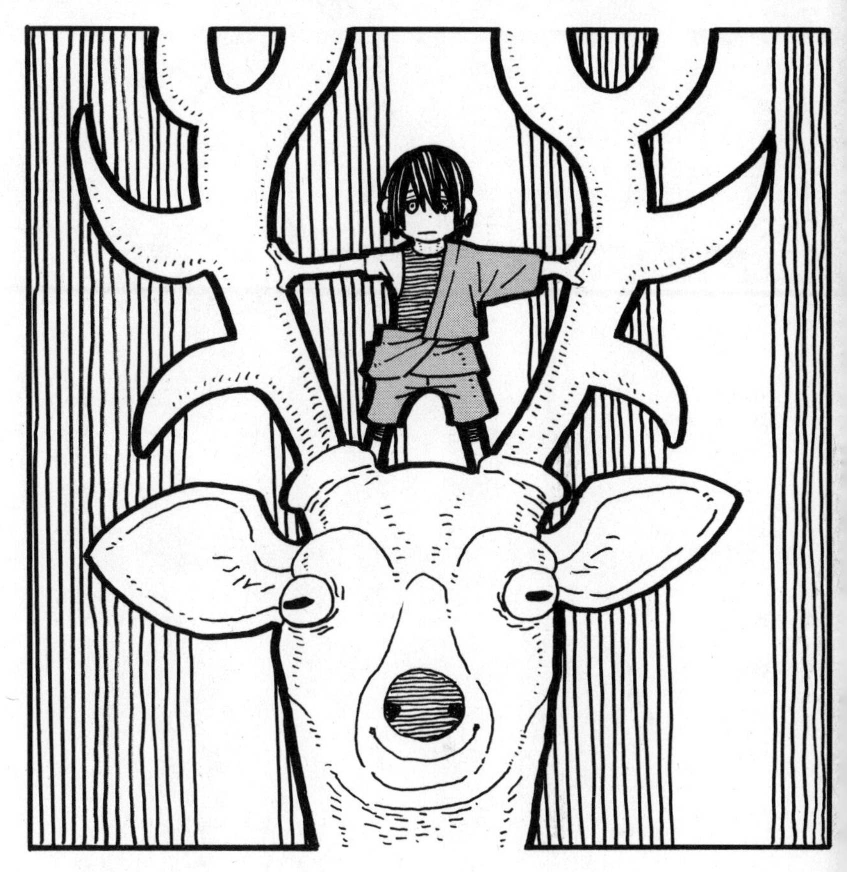

Kapitel 221:
Der Asakusa-Stil

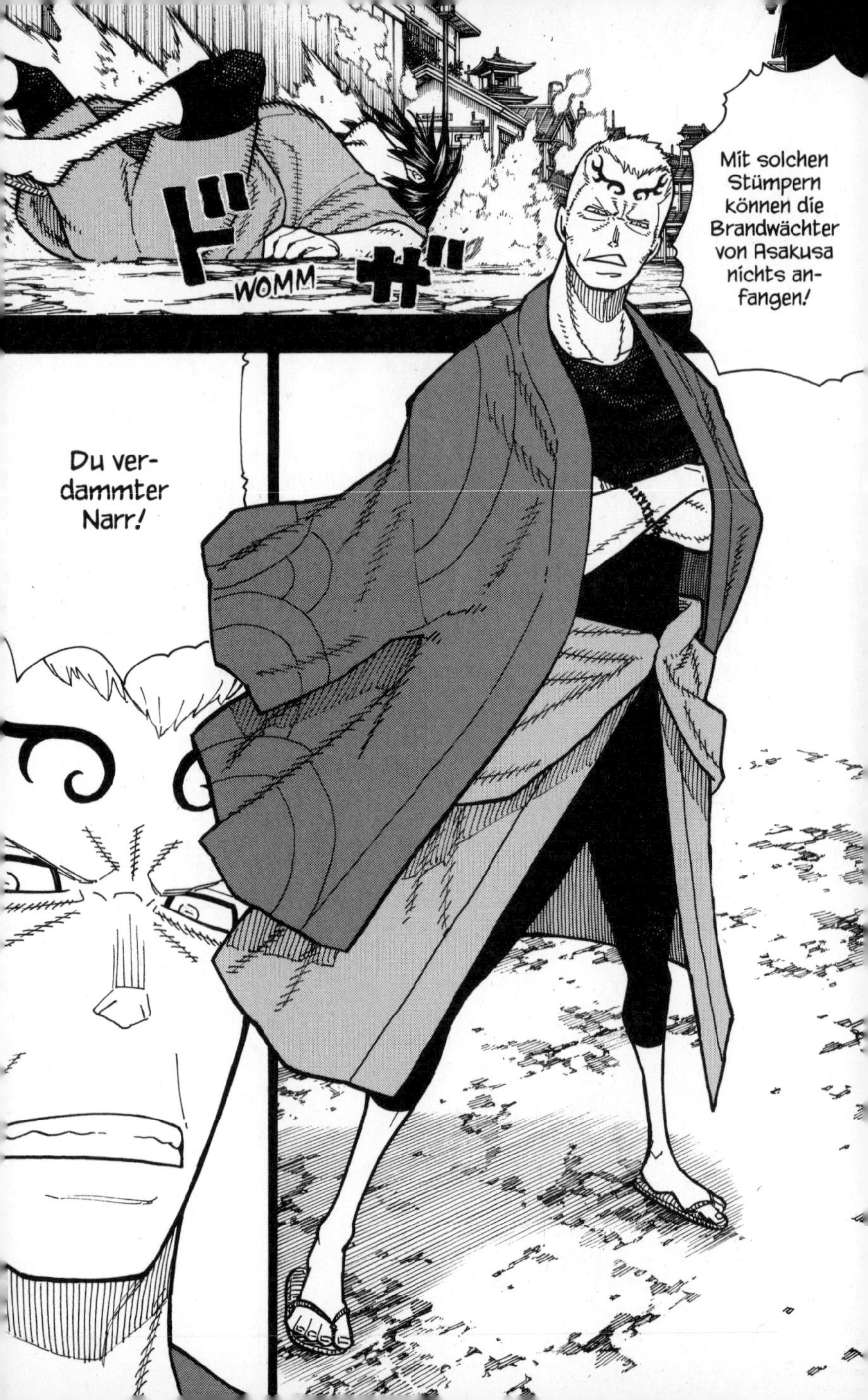
ドッ
WOMM
ガッ
Mit solchen Stümpern können die Brandwächter von Asakusa nichts anfangen!
Du verdammter Narr!

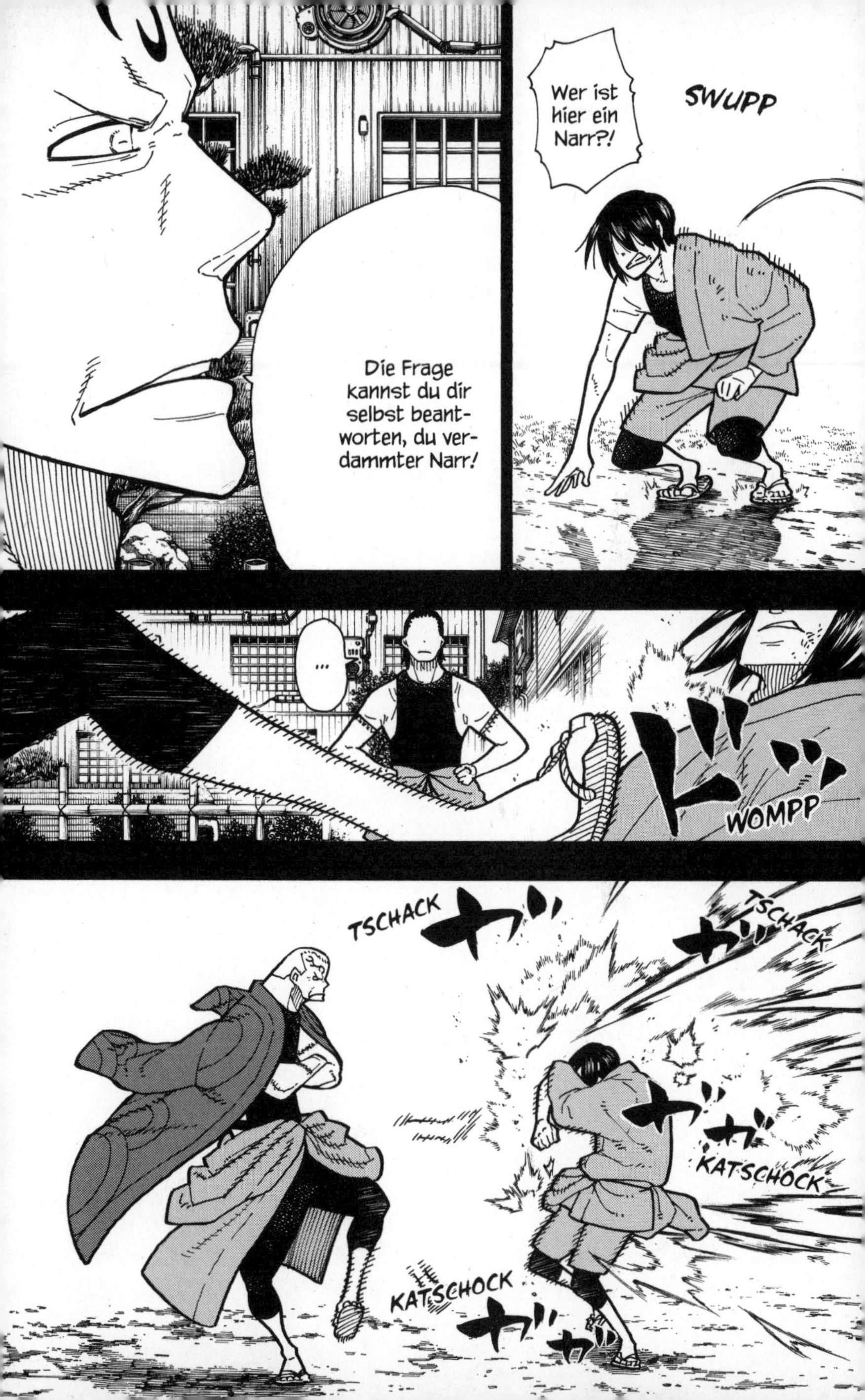
Wer ist hier ein Narr?!
SWUPP
Die Frage kannst du dir selbst beant-worten, du ver-dammter Narr!
WOMPP
...
TSCHACK
TSCHACK
KATSCHOCK
KATSCHOCK

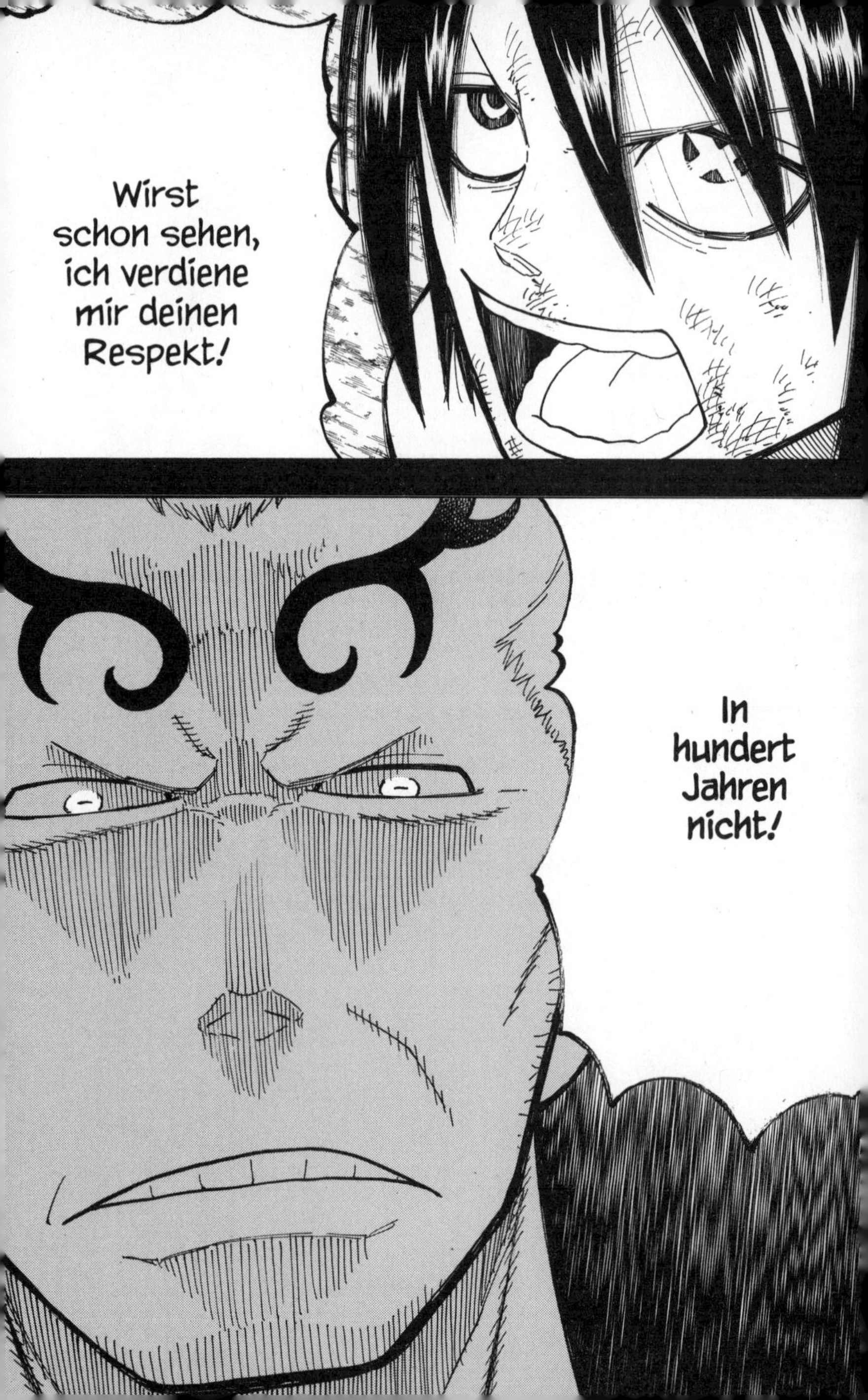
Wirst schon sehen, ich verdiene mir deinen Respekt!
In hundert Jahren nicht!

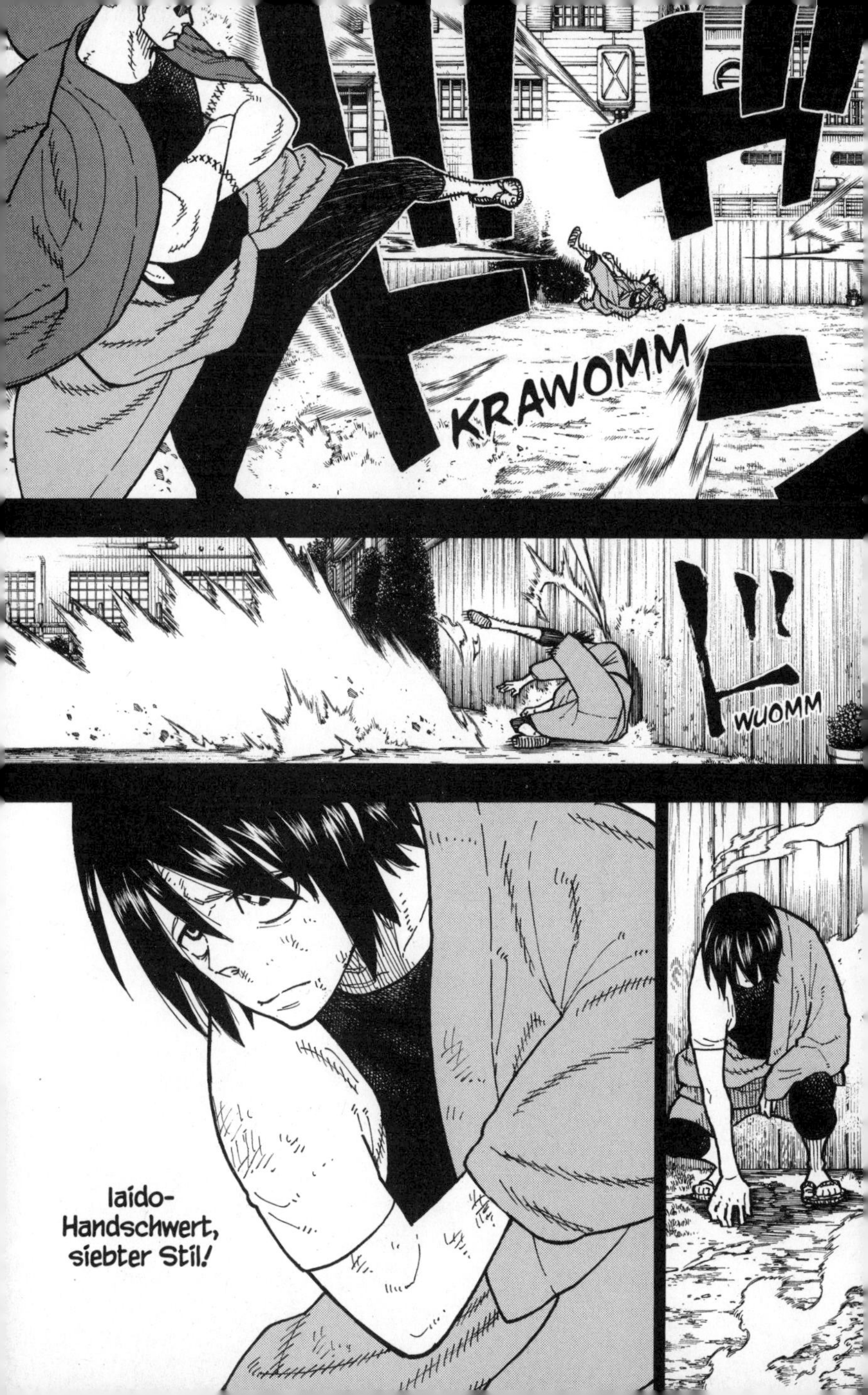
KRAWOMM
WUOMM
Iaido-
Handschwert,
siebter Stil!

Iaido-Handschwert, siebter Stil!

»Sonnenrad«!

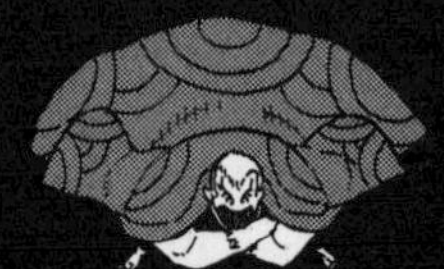

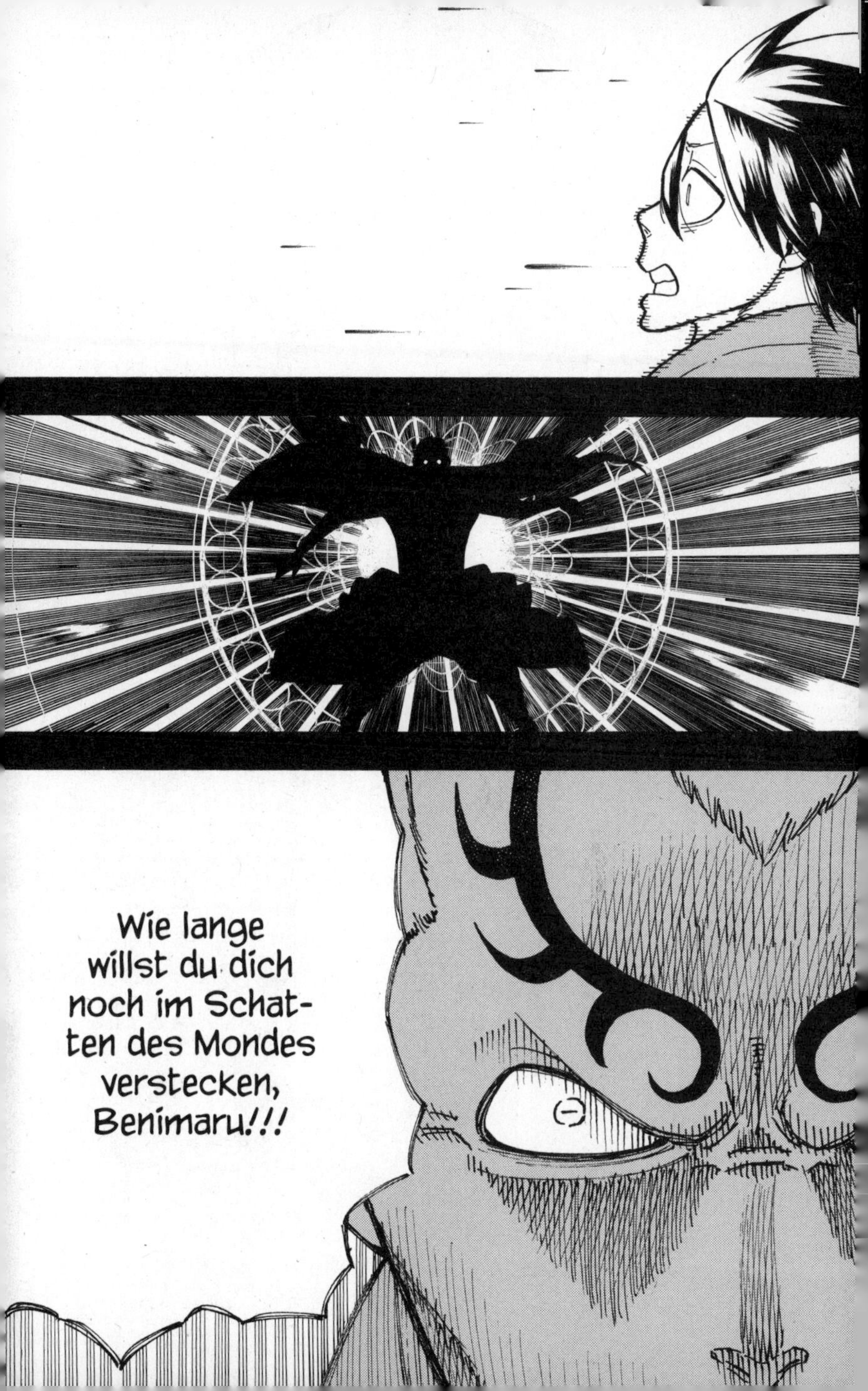

Wie lange willst du dich noch im Schatten des Mondes verstecken, Benimaru!!!

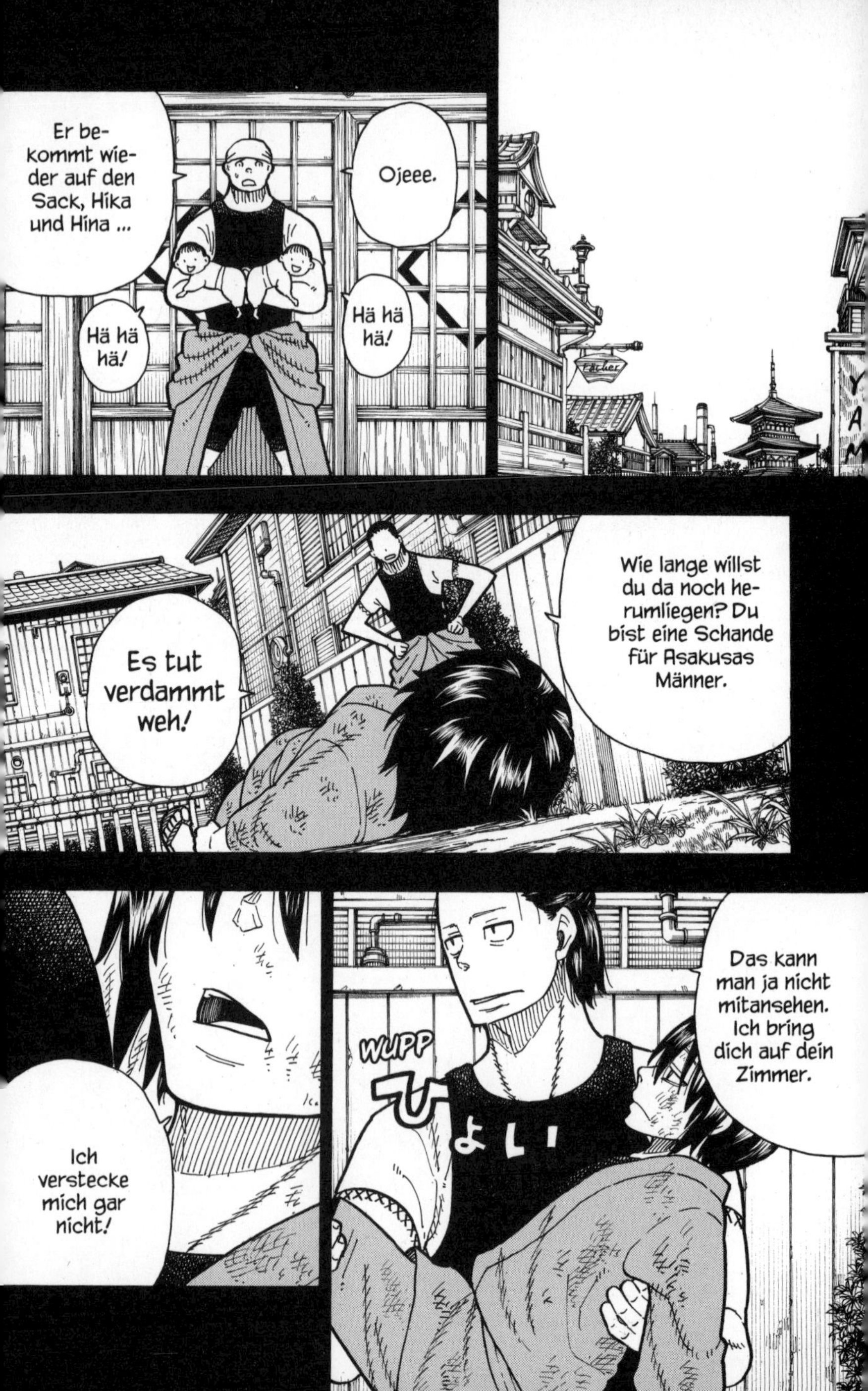

Fächer
Ojeee.
Hä hä hä!
Er bekommt wieder auf den Sack, Hika und Hina ...
Hä hä hä!
Wie lange willst du da noch herumliegen? Du bist eine Schande für Asakusas Männer.
Es tut verdammt weh!
Das kann man ja nicht mitansehen. Ich bring dich auf dein Zimmer.
WUPP
Ich verstecke mich gar nicht!

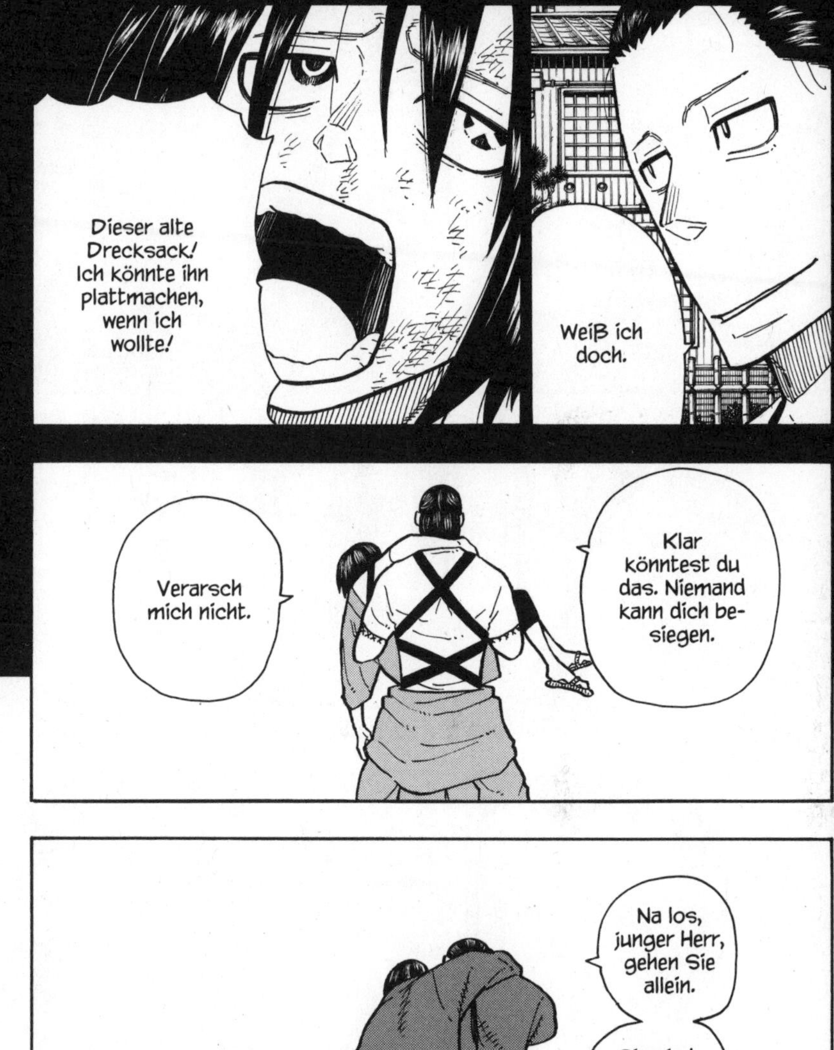
Weiß ich doch.
Dieser alte Drecksack! Ich könnte ihn plattmachen, wenn ich wollte!
Klar könntest du das. Niemand kann dich besiegen.
Verarsch mich nicht.
Na los, junger Herr, gehen Sie allein.
Sie sind nicht mehr so leicht wie früher.

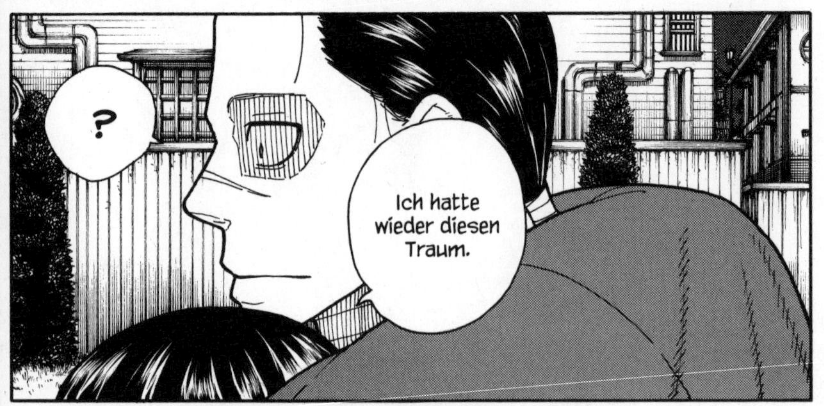
Ich hatte wieder diesen Traum.
?

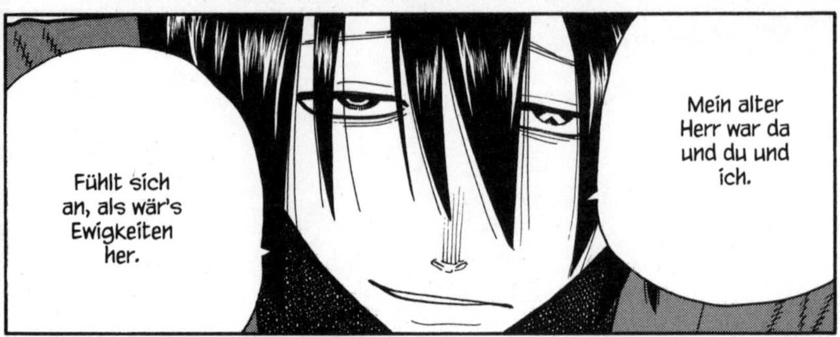
Mein alter Herr war da und du und ich.
Fühlt sich an, als wär's Ewigkeiten her.

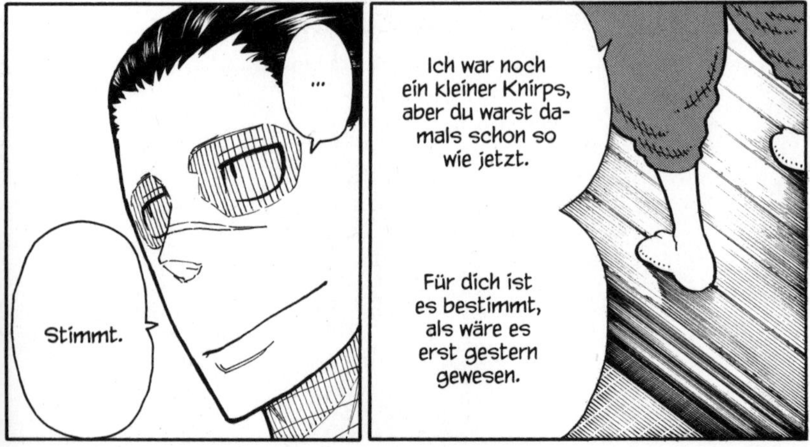
Ich war noch ein kleiner Knirps, aber du warst damals schon so wie jetzt.
Für dich ist es bestimmt, als wäre es erst gestern gewesen.
...
Stimmt.

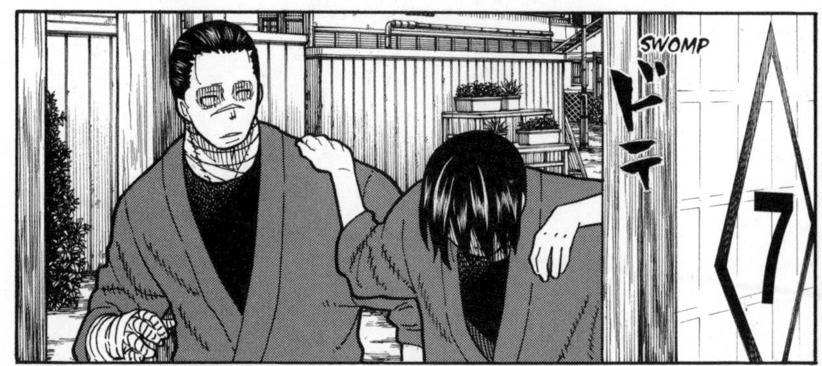
SWOMP
ドテ
7

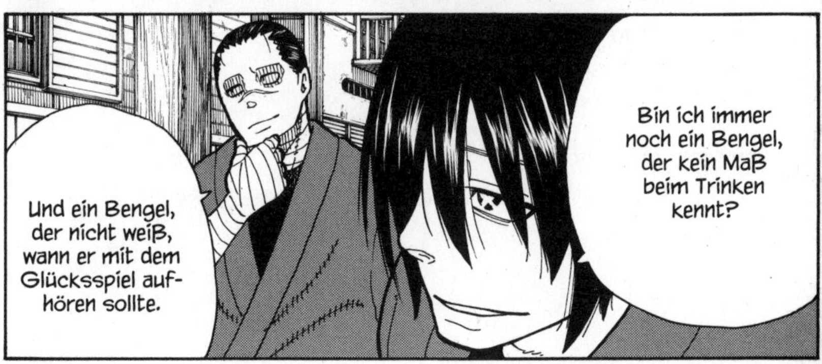
Bin ich immer noch ein Bengel, der kein Maß beim Trinken kennt?
Und ein Bengel, der nicht weiß, wann er mit dem Glücksspiel aufhören sollte.

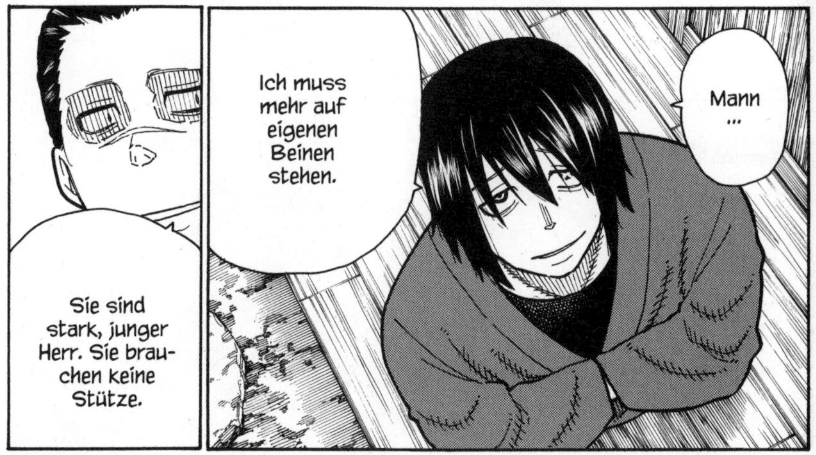
Mann ...
Ich muss mehr auf eigenen Beinen stehen.
Sie sind stark, junger Herr. Sie brauchen keine Stütze.

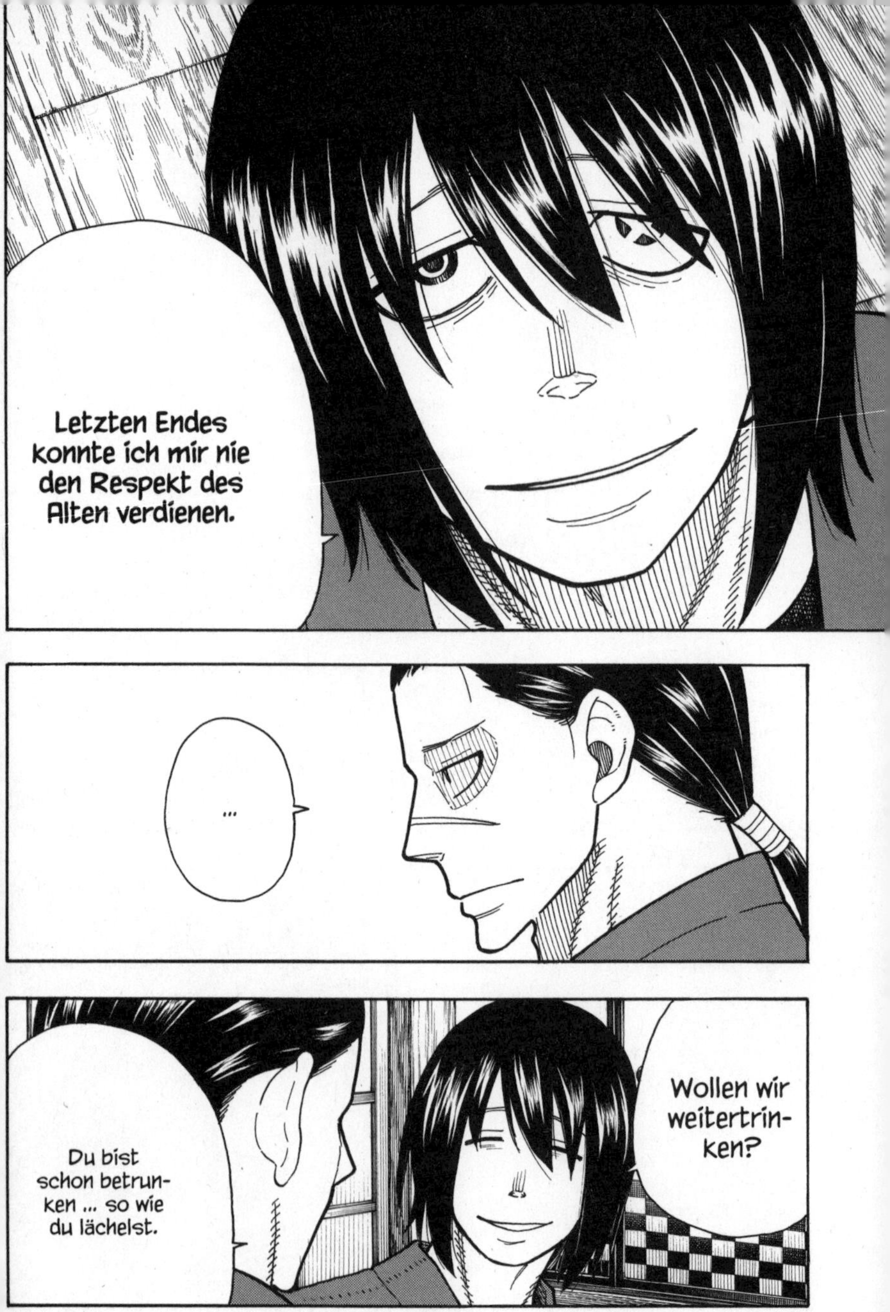

Letzten Endes konnte ich mir nie den Respekt des Alten verdienen.

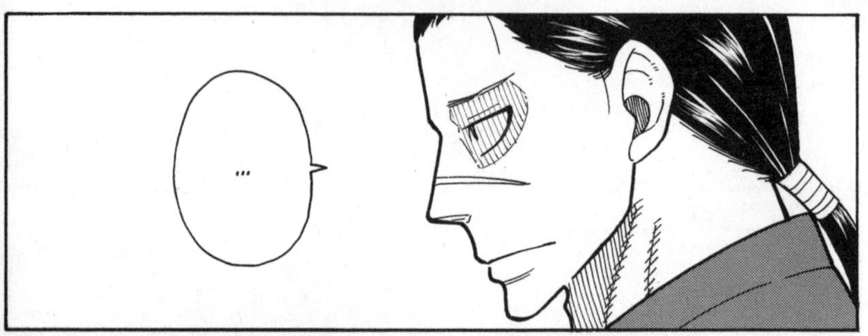

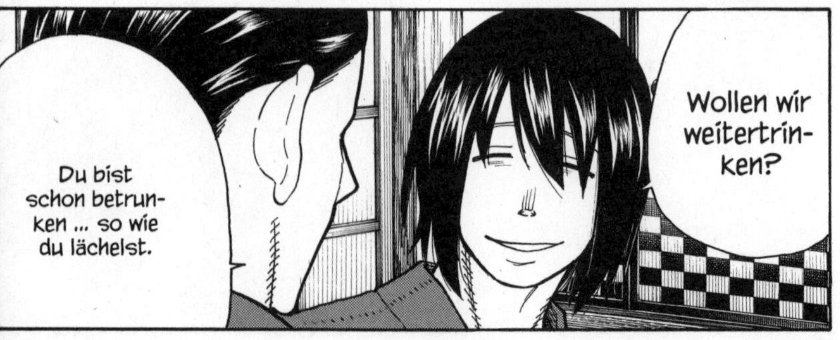

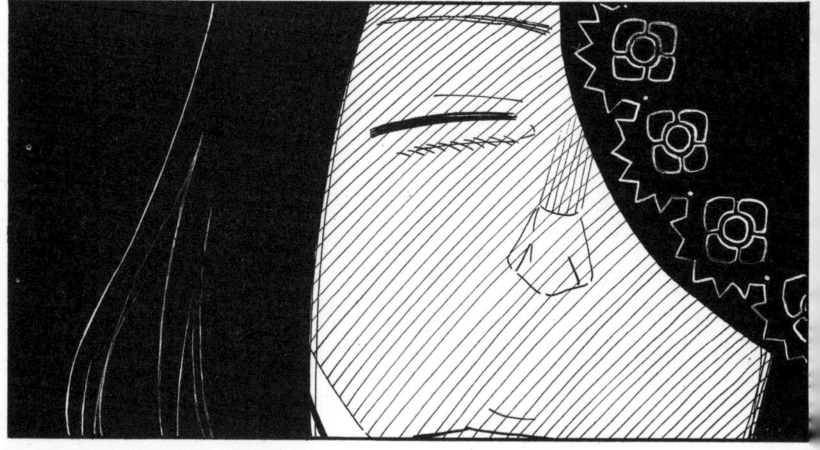

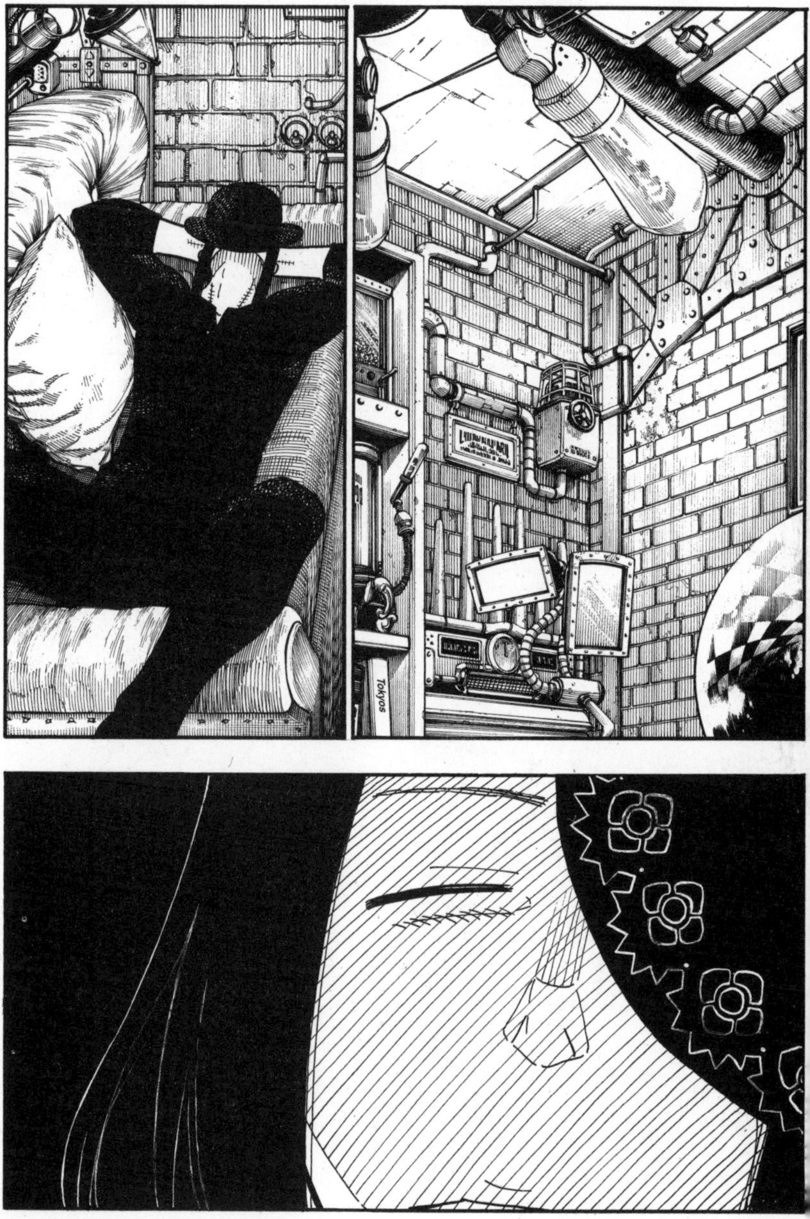

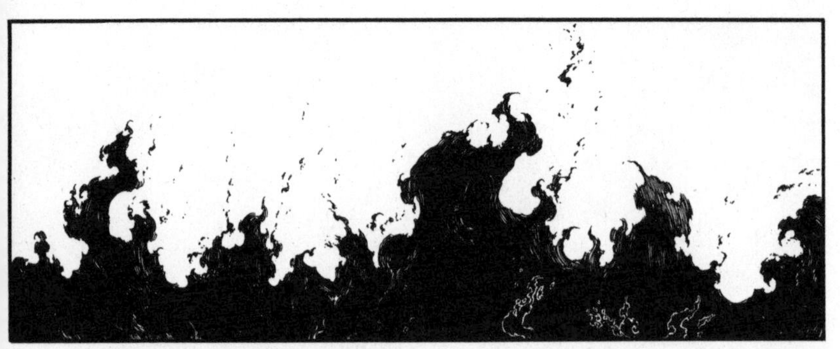

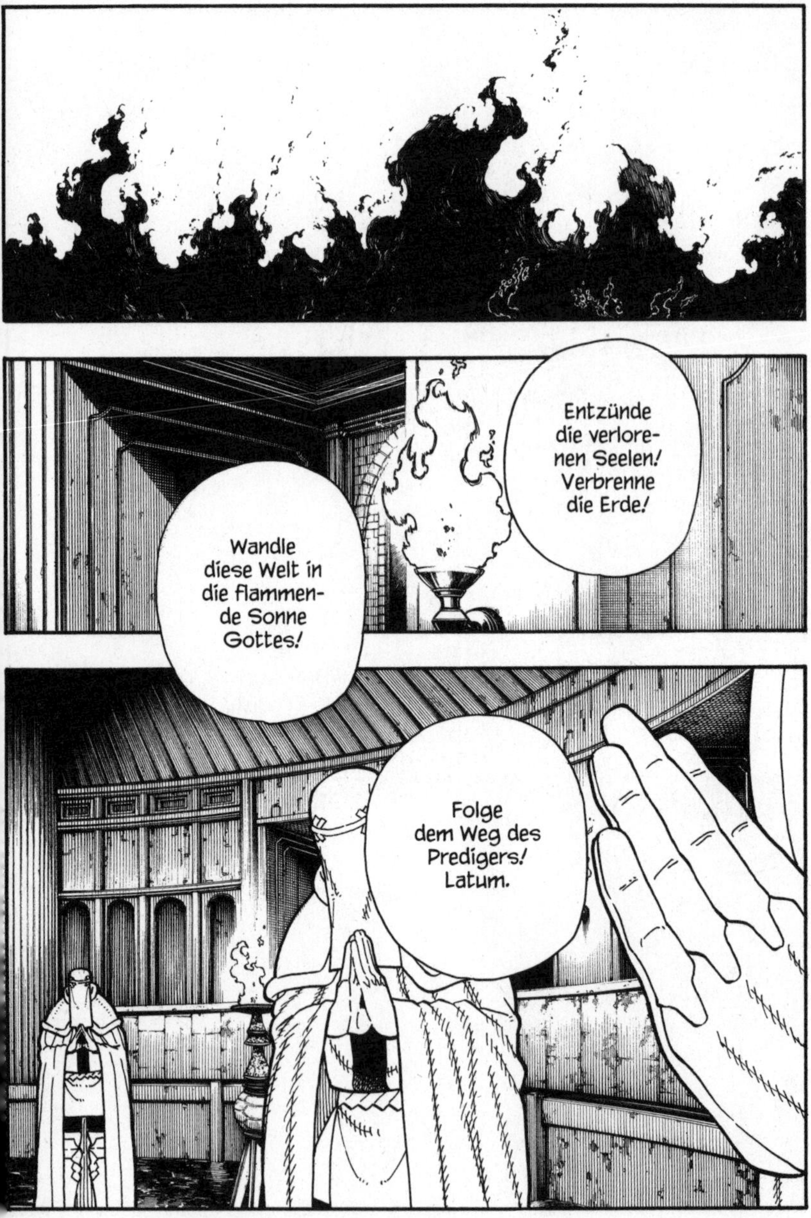

Entzünde die verlorenen Seelen! Verbrenne die Erde!

Wandle diese Welt in die flammende Sonne Gottes!

Folge dem Weg des Predigers! Latum.

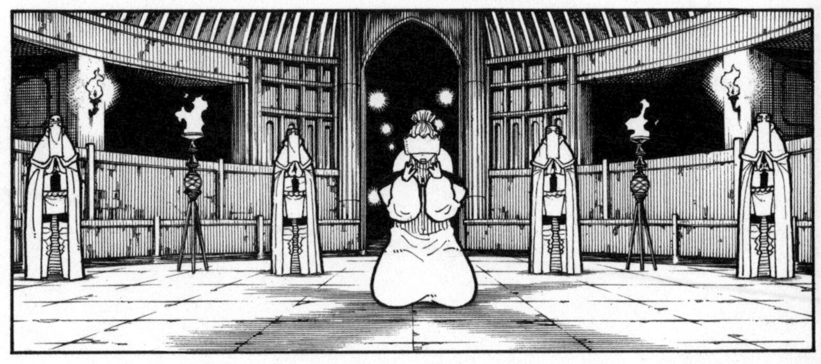

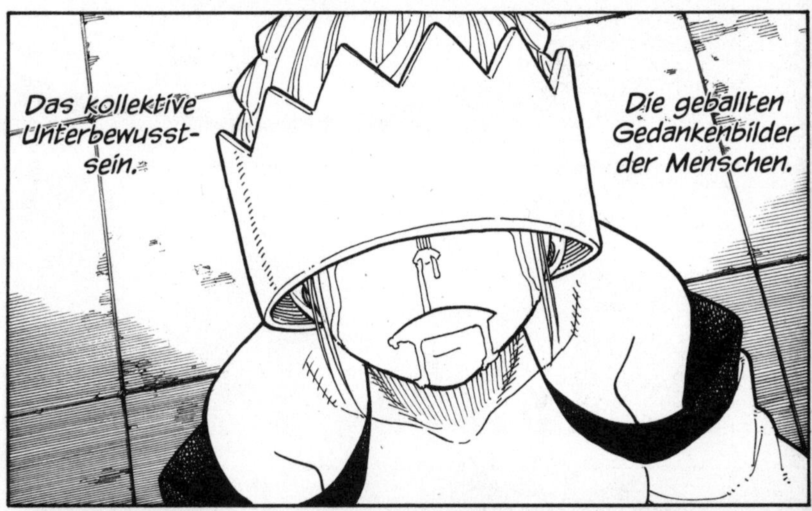
Die geballten Gedankenbilder der Menschen.
Das kollektive Unterbewusst-sein.

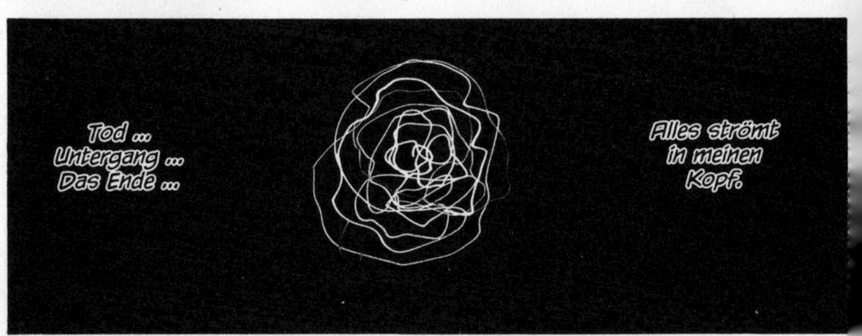
Alles strömt in meinen Kopf.
Tod ... Untergang ... Das Ende ...

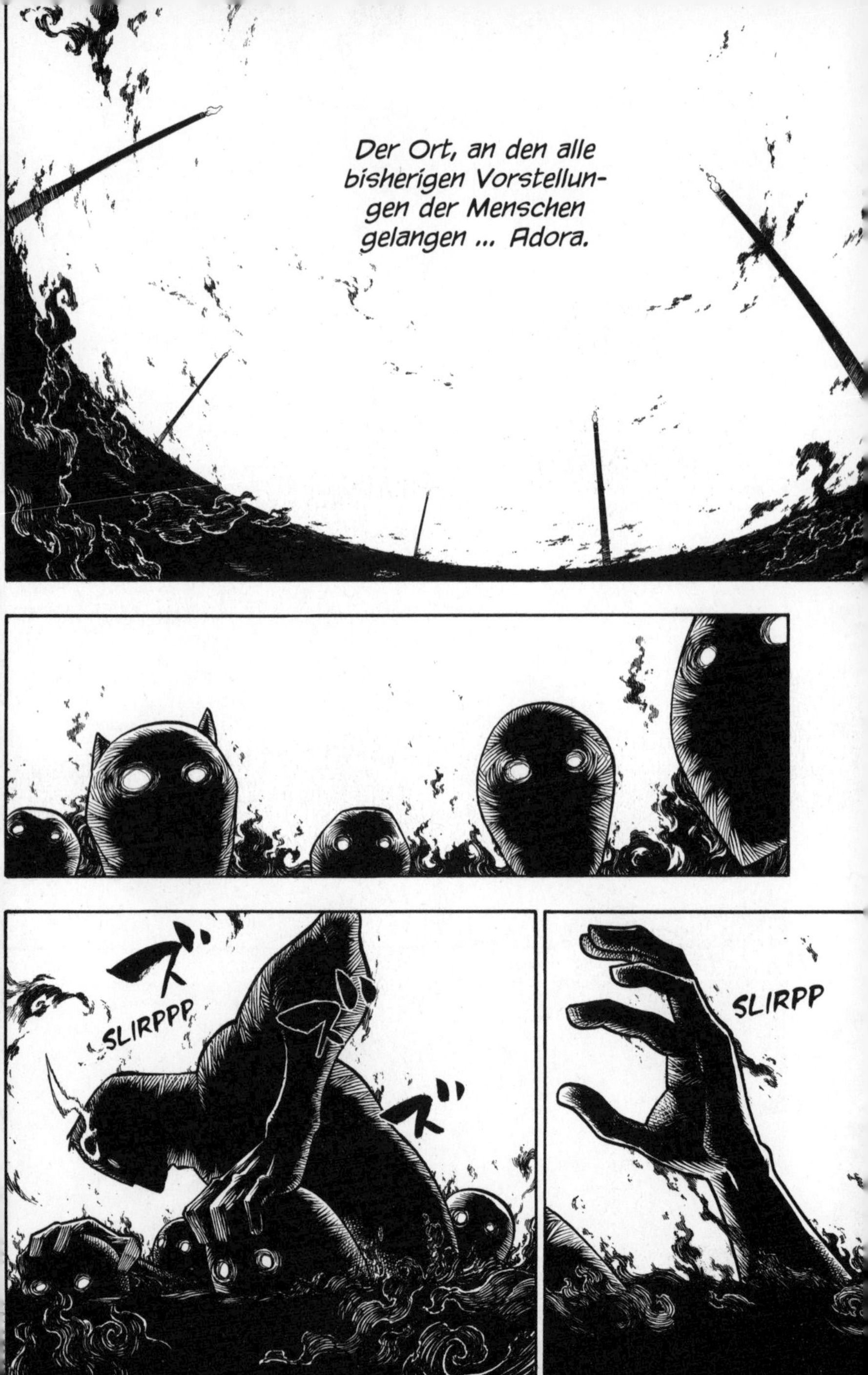

Der Ort, an den alle bisherigen Vorstellungen der Menschen gelangen ... Adora.

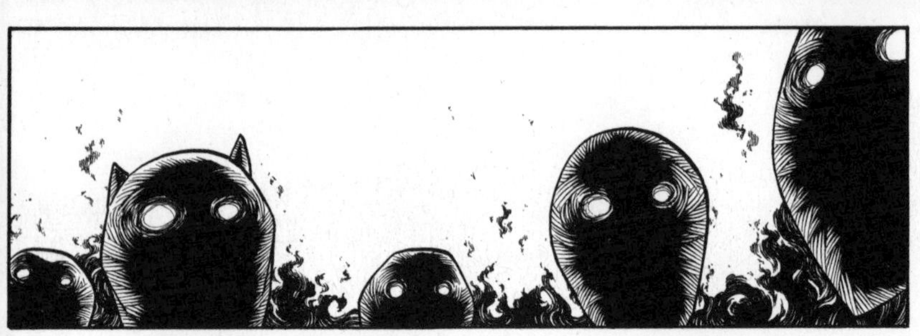

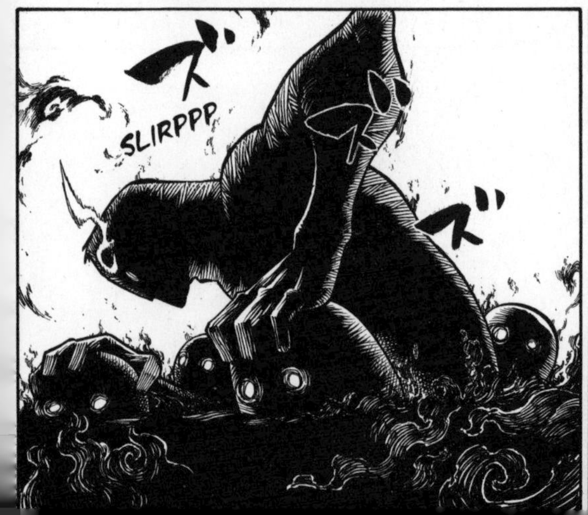

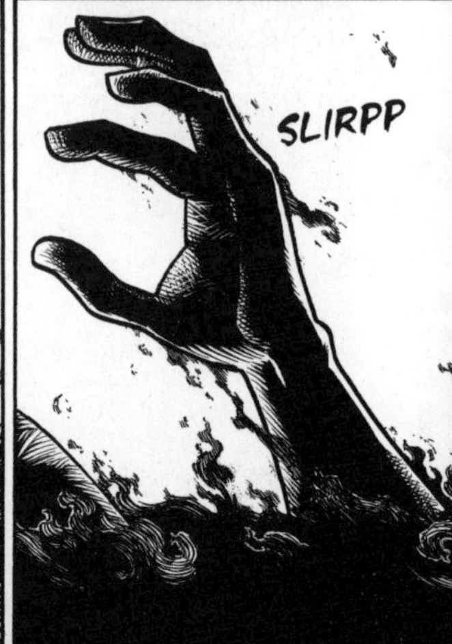

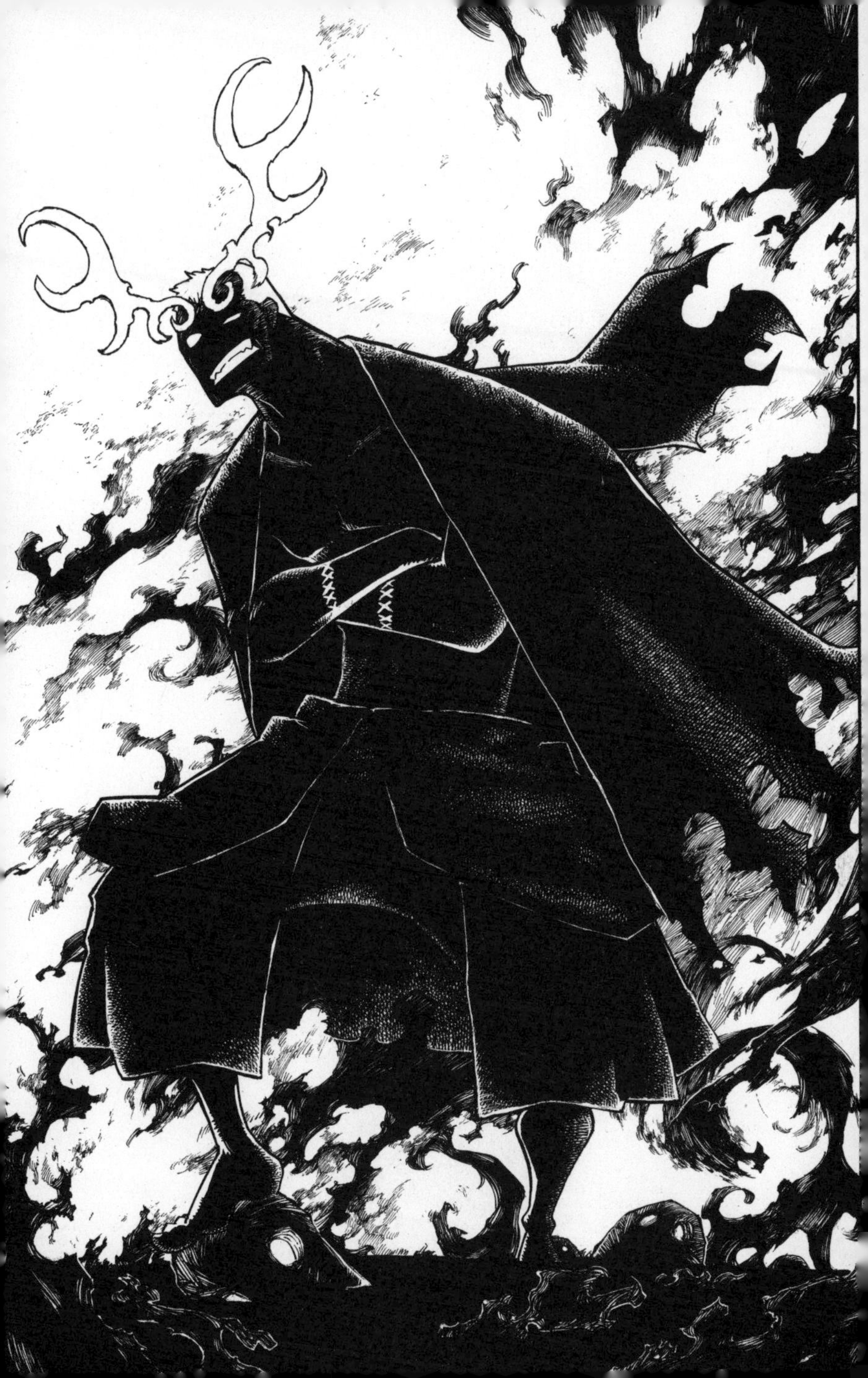

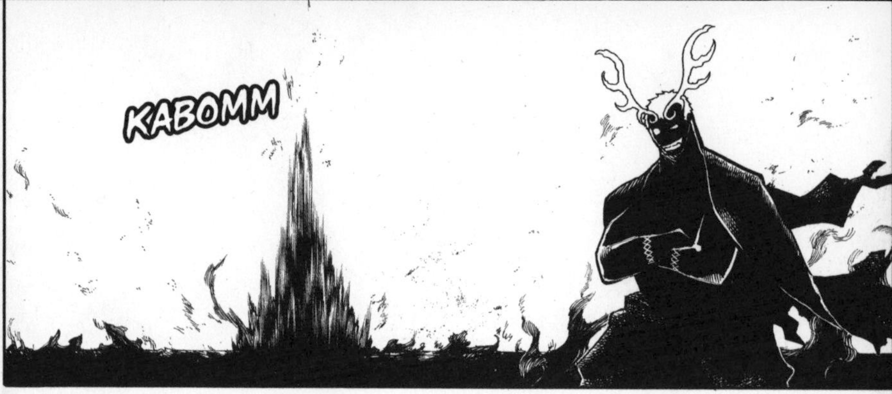

KABOMM

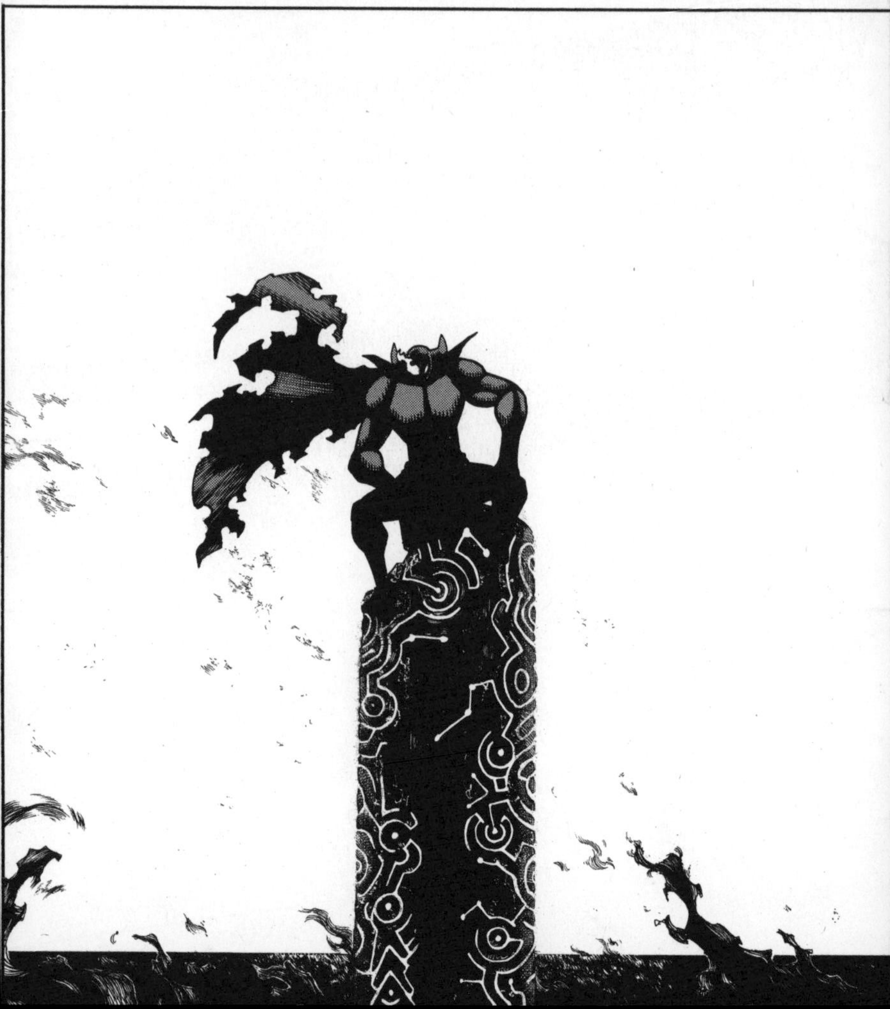

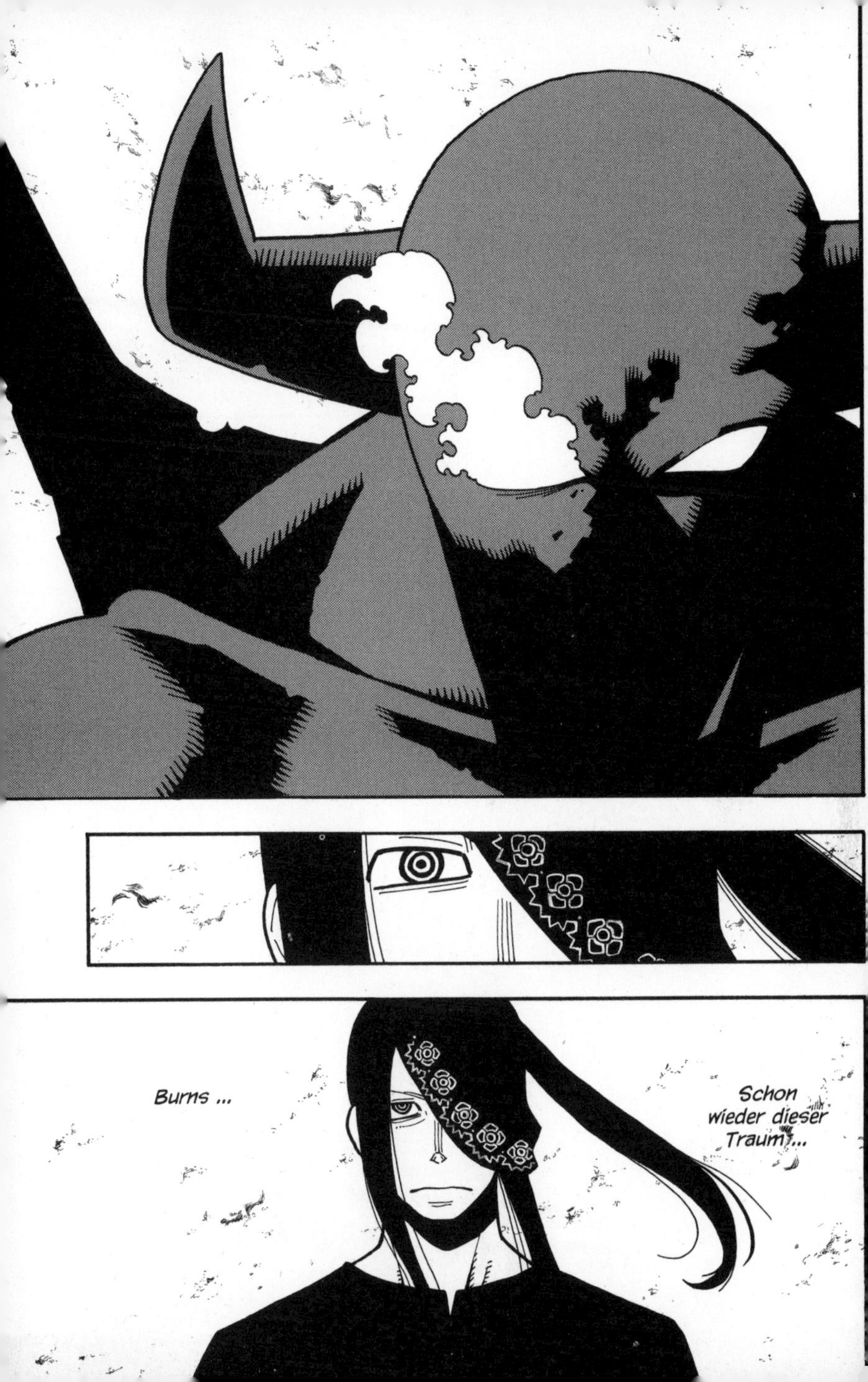

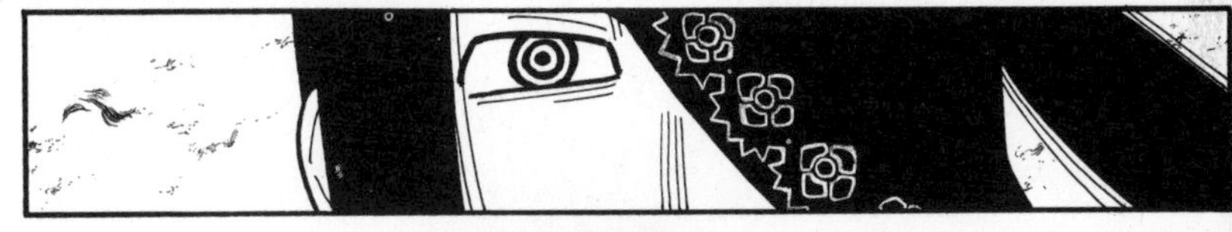

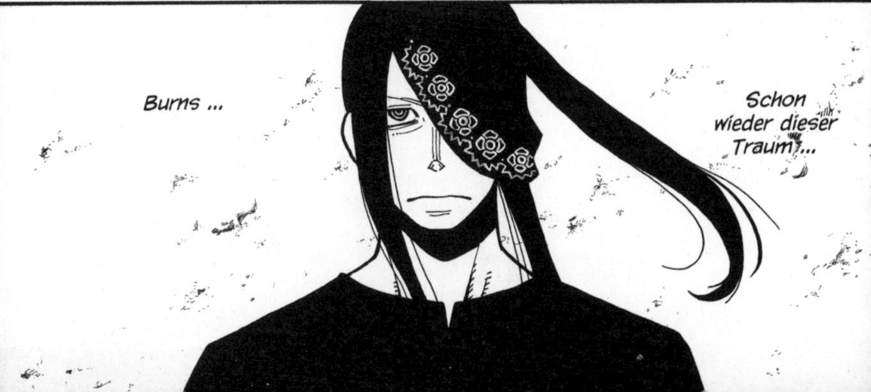
Schon wieder dieser Traum ...
Burns ...

FIRE FORCE

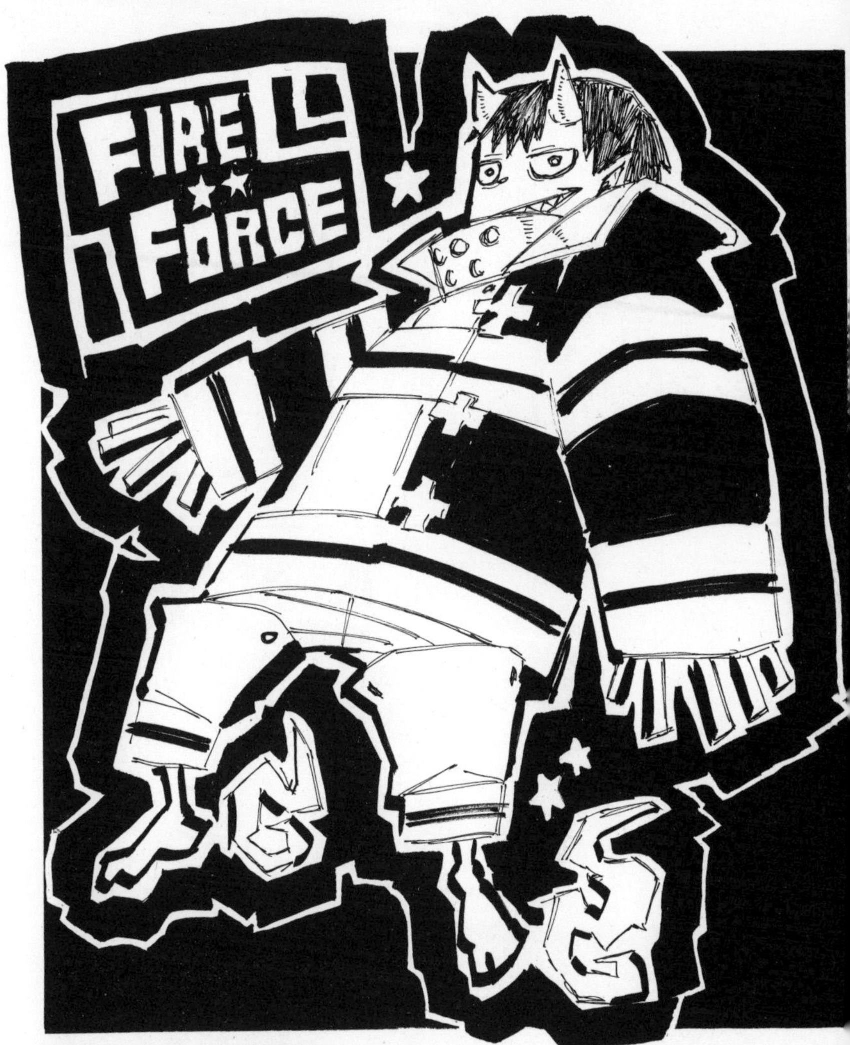

Kapitel 222: Die Wiederherstellung der ersten Einheit

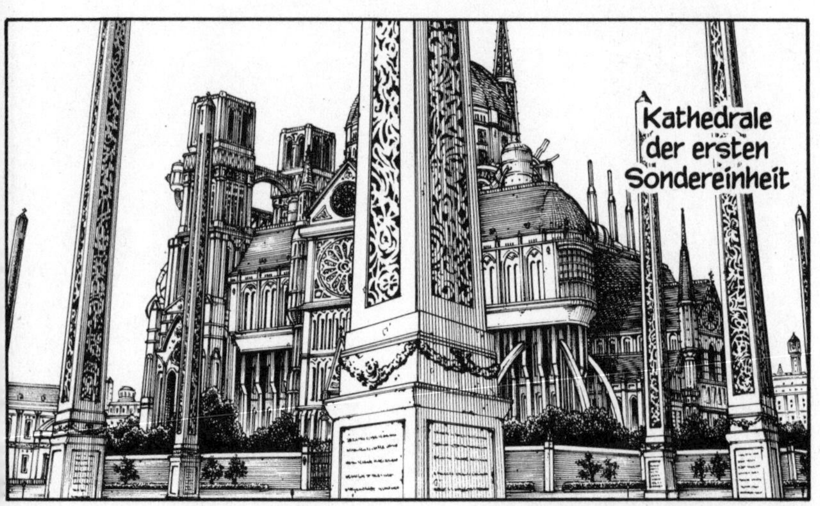
Kathedrale der ersten Sondereinheit

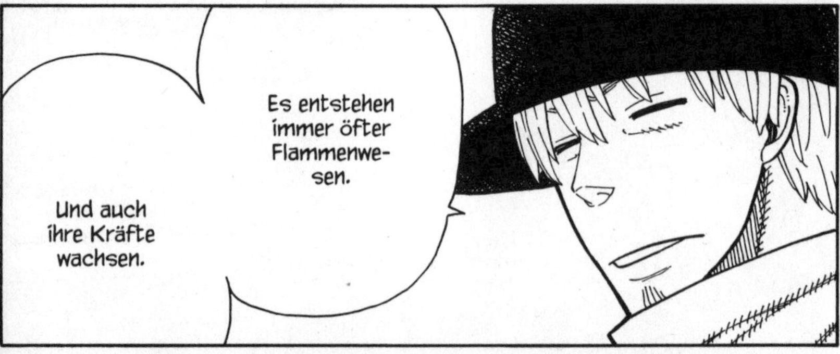
Es entstehen immer öfter Flammenwesen.
Und auch ihre Kräfte wachsen.

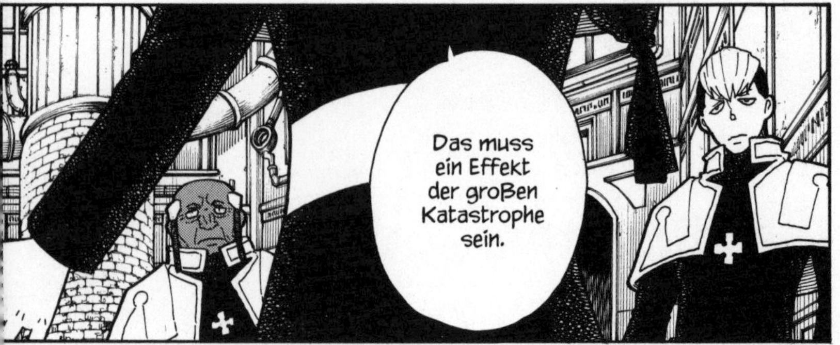
Das muss ein Effekt der großen Katastrophe sein.

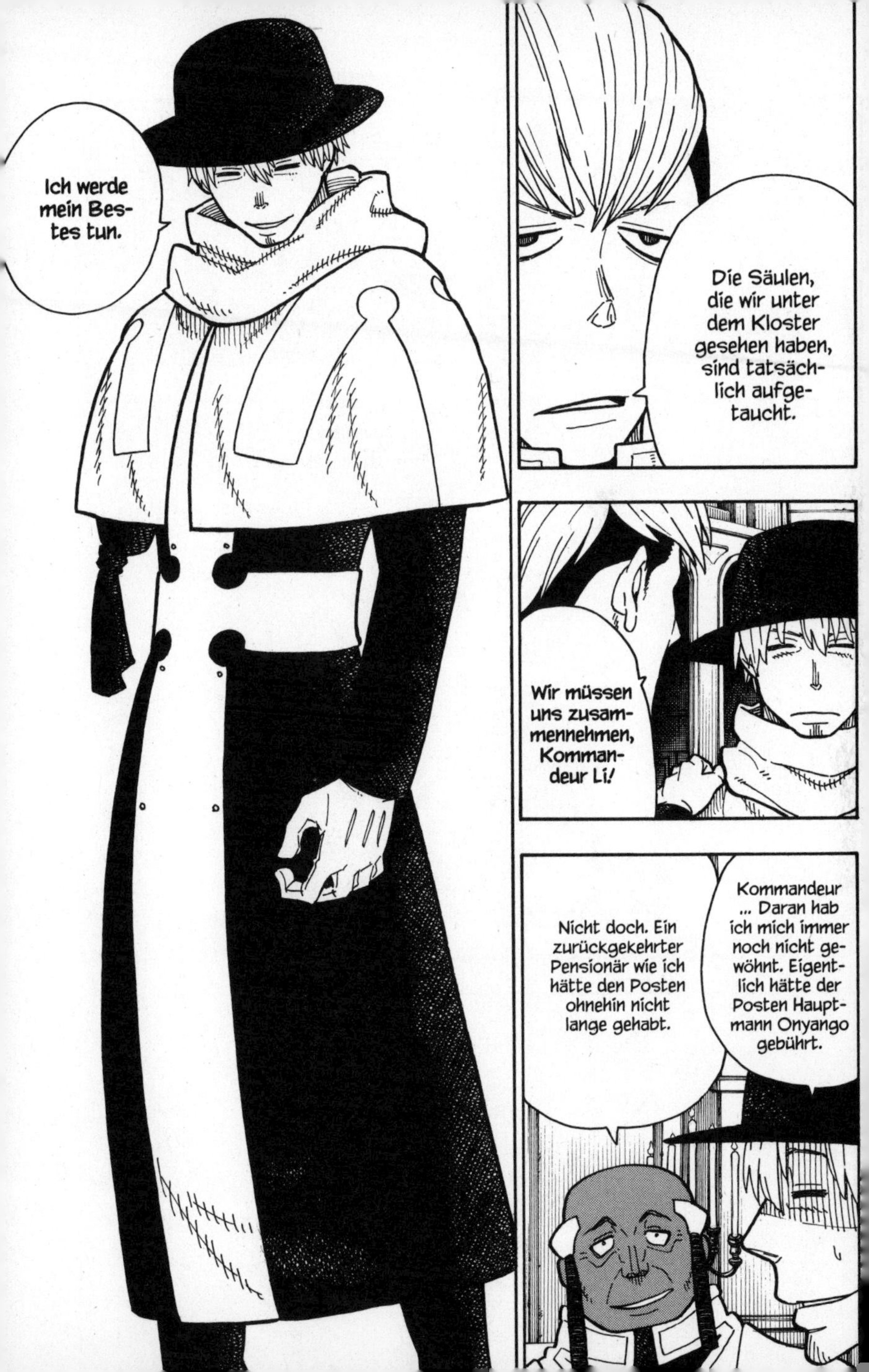
Die Säulen, die wir unter dem Kloster gesehen haben, sind tatsächlich aufgetaucht.
Wir müssen uns zusammennehmen, Kommandeur Li!
Kommandeur ... Daran hab ich mich immer noch nicht gewöhnt. Eigentlich hätte der Posten Hauptmann Onyango gebührt.
Nicht doch. Ein zurückgekehrter Pensionär wie ich hätte den Posten ohnehin nicht lange gehabt.
Ich werde mein Bestes tun.

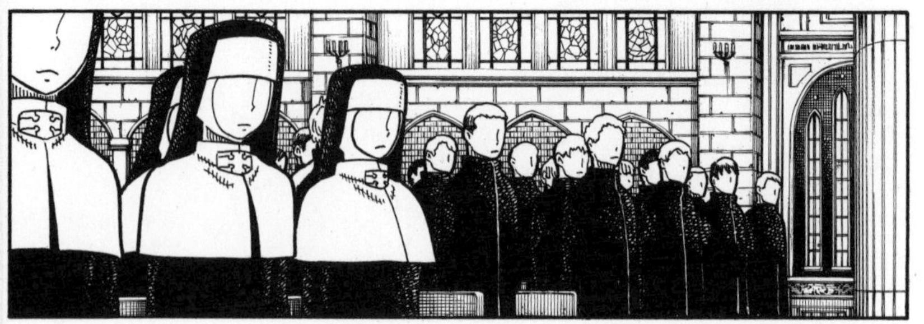

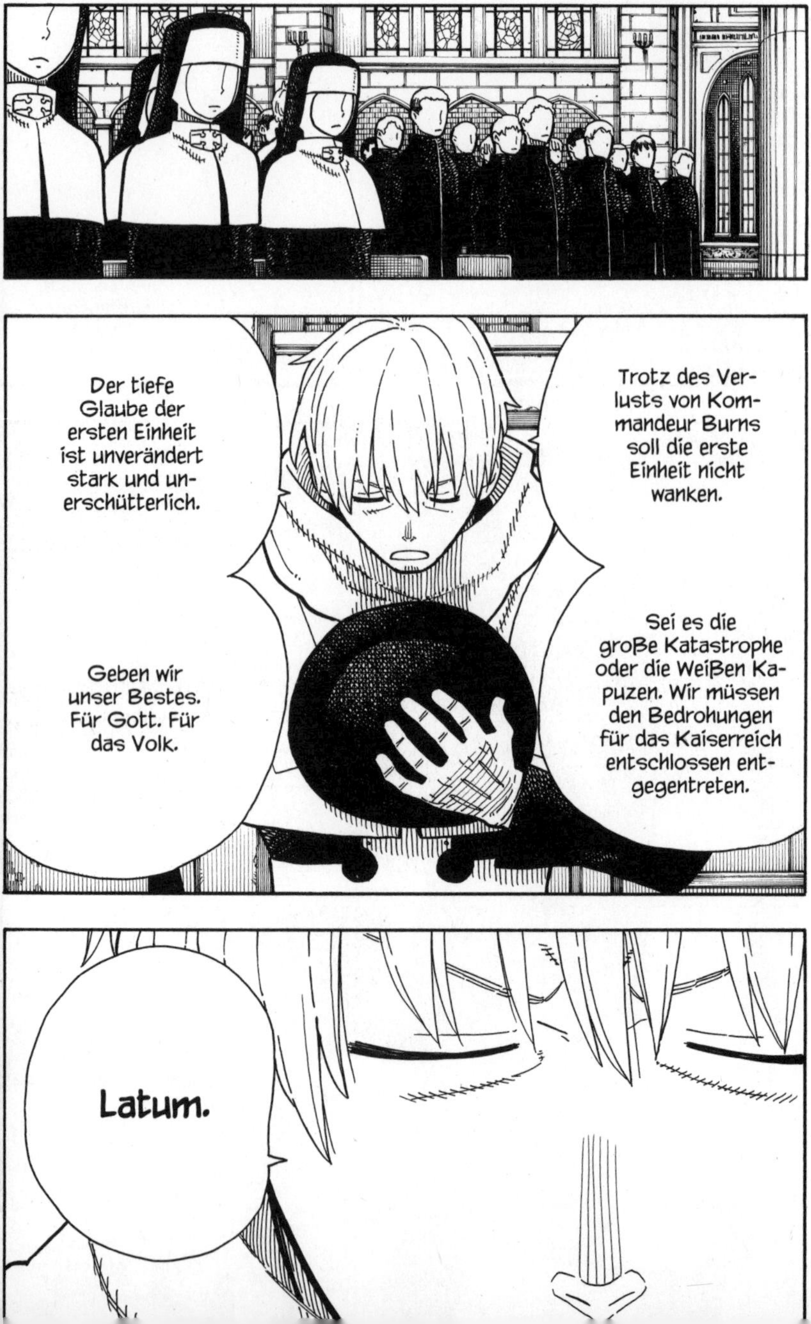

Trotz des Verlusts von Kommandeur Burns soll die erste Einheit nicht wanken.

Der tiefe Glaube der ersten Einheit ist unverändert stark und unerschütterlich.

Sei es die große Katastrophe oder die Weißen Kapuzen. Wir müssen den Bedrohungen für das Kaiserreich entschlossen entgegentreten.

Geben wir unser Bestes. Für Gott. Für das Volk.

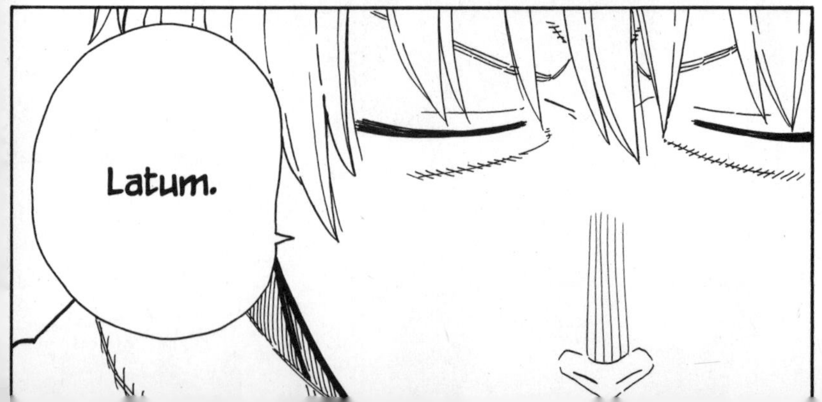

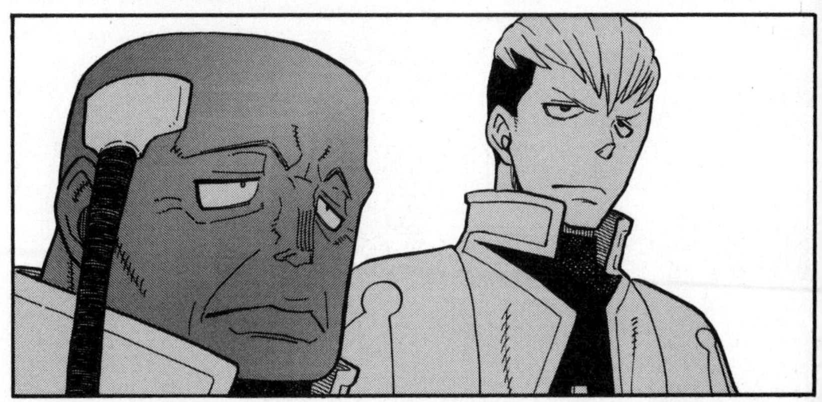

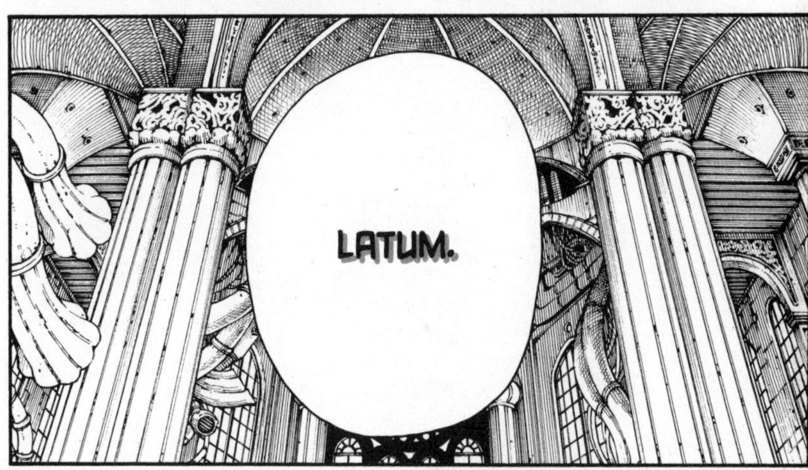

Auch wenn Kommandeur Burns uns verlassen hat, wird sich die erste Einheit nicht verändern. Dafür trage ich Sorge.

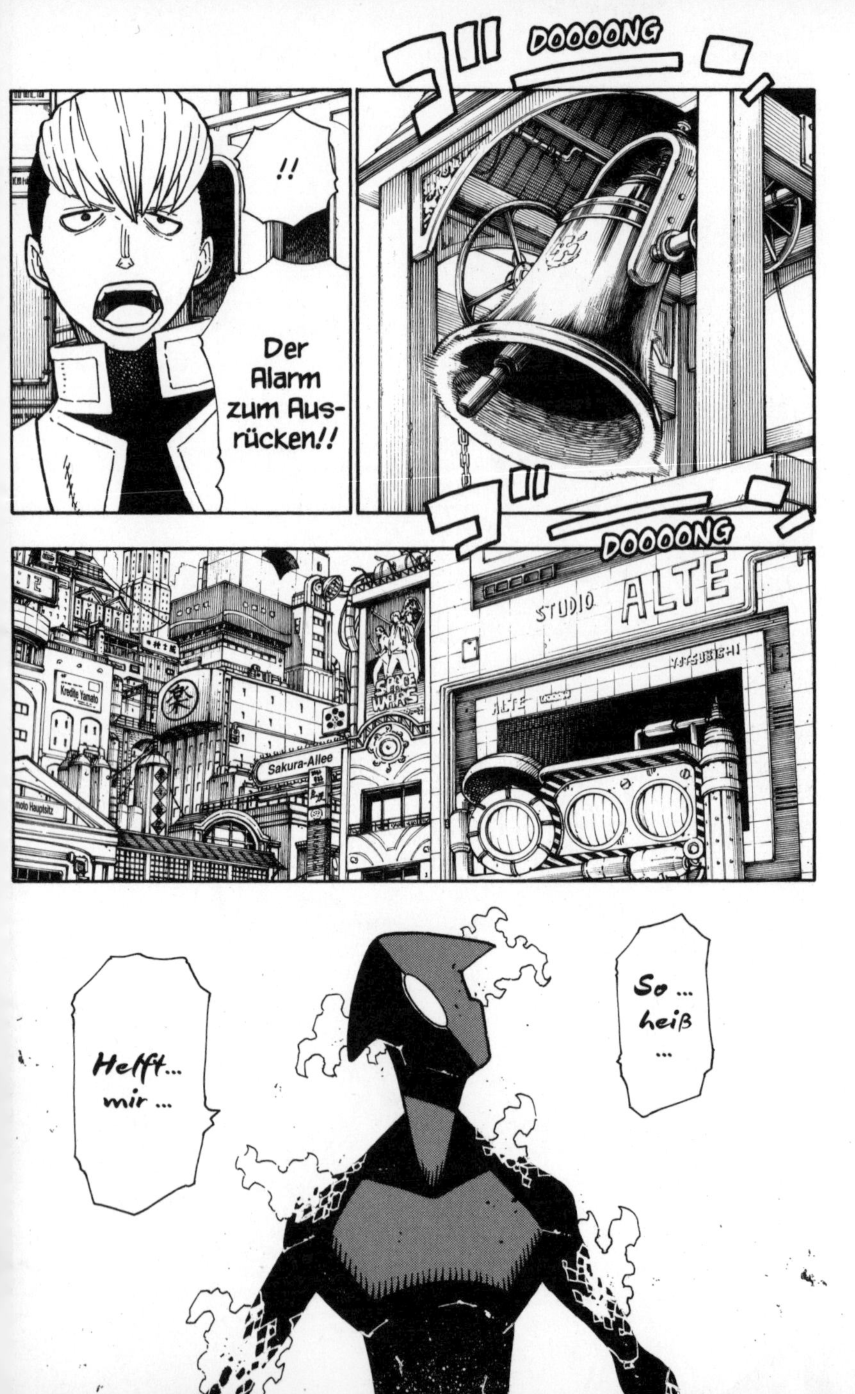
DOOOONG
!!
Der Alarm zum Ausrücken!!
DOOOONG
STUDIO ALTE
SPACE WARS
Kredite Yamato
Sakura-Allee
moto Hauptsitz
So ... heiß ...
Helft... mir ...

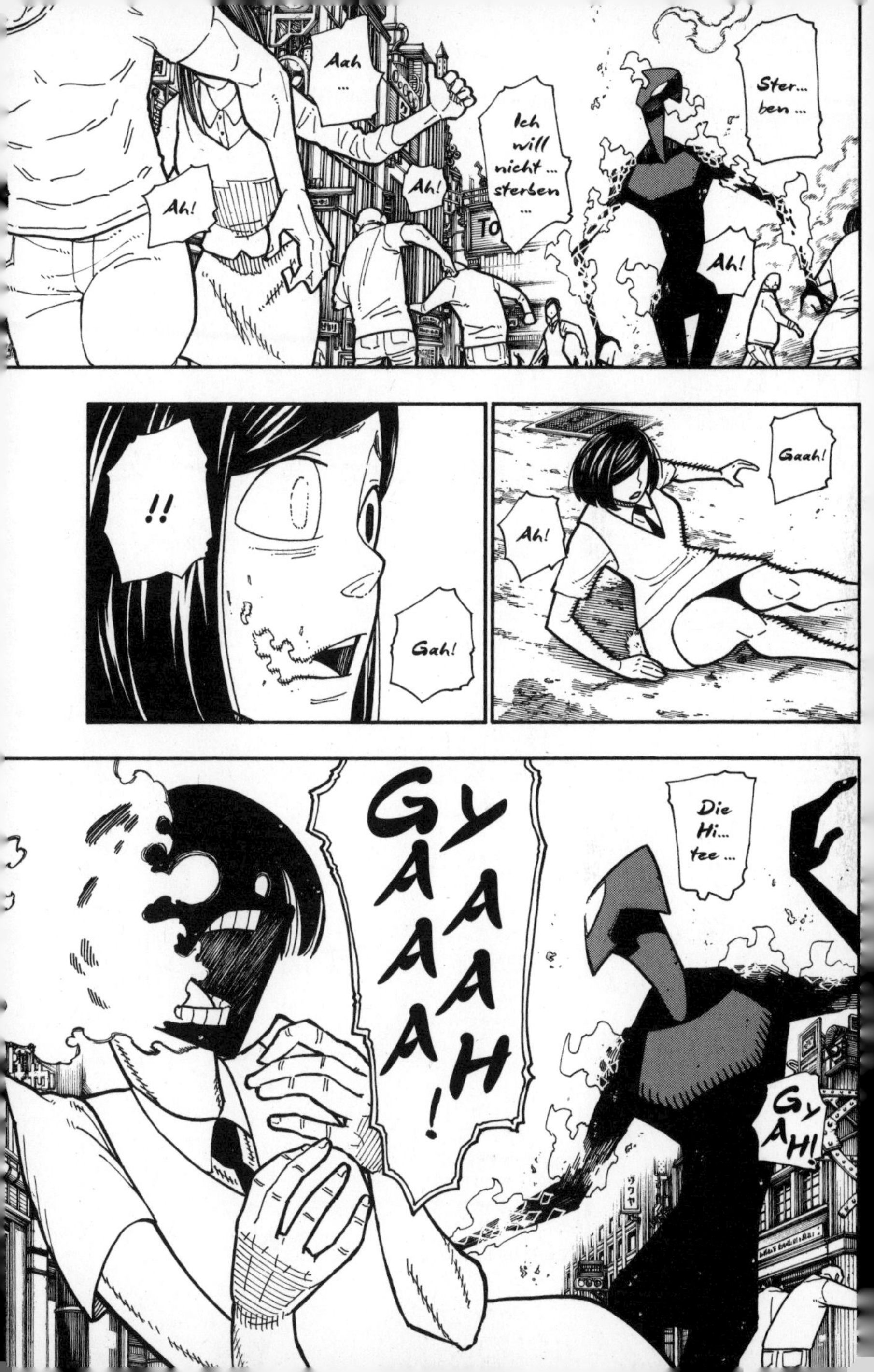

Ster... ben ...
Ah!
Ich will nicht ... sterben ...
Ah!
Aah ...
Ah!
Gaah!
Ah!
!!
Gah!
Die Hi... tee ...
GyAH!
GYAAAAAAAH!

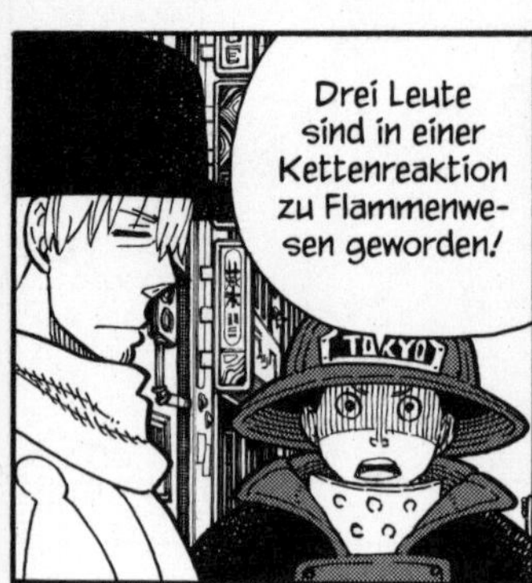
Drei Leute sind in einer Kettenreaktion zu Flammenwesen geworden!

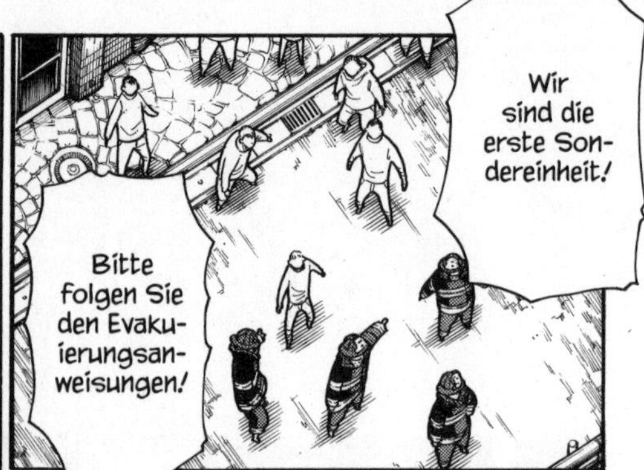
Wir sind die erste Sondereinheit!
Bitte folgen Sie den Evakuierungsanweisungen!

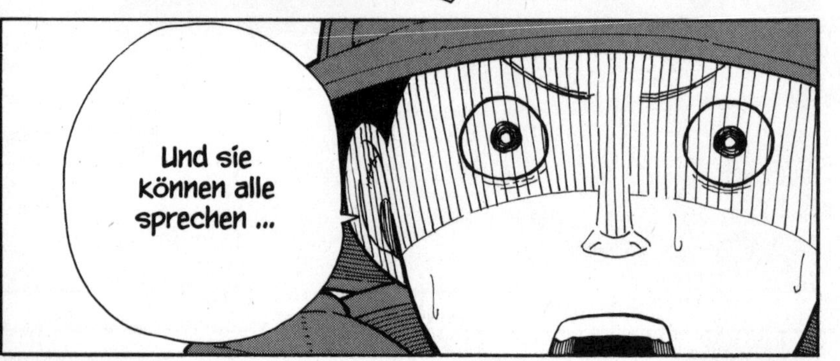
Und sie können alle sprechen ...

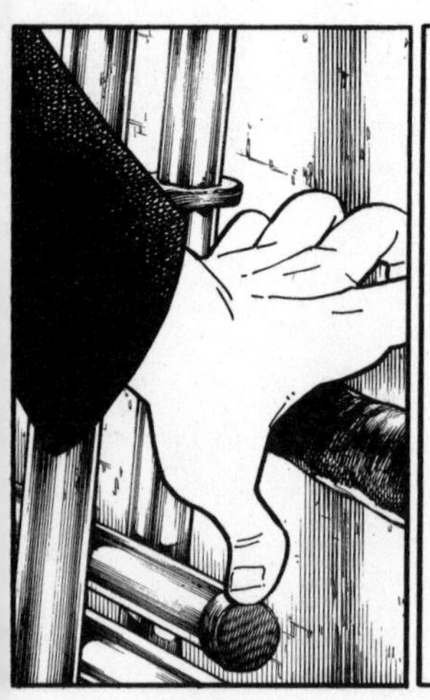

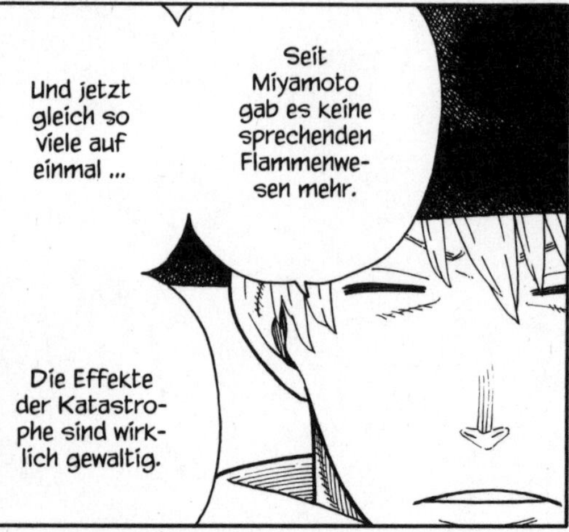
Seit Miyamoto gab es keine sprechenden Flammenwesen mehr.
Und jetzt gleich so viele auf einmal ...
Die Effekte der Katastrophe sind wirklich gewaltig.

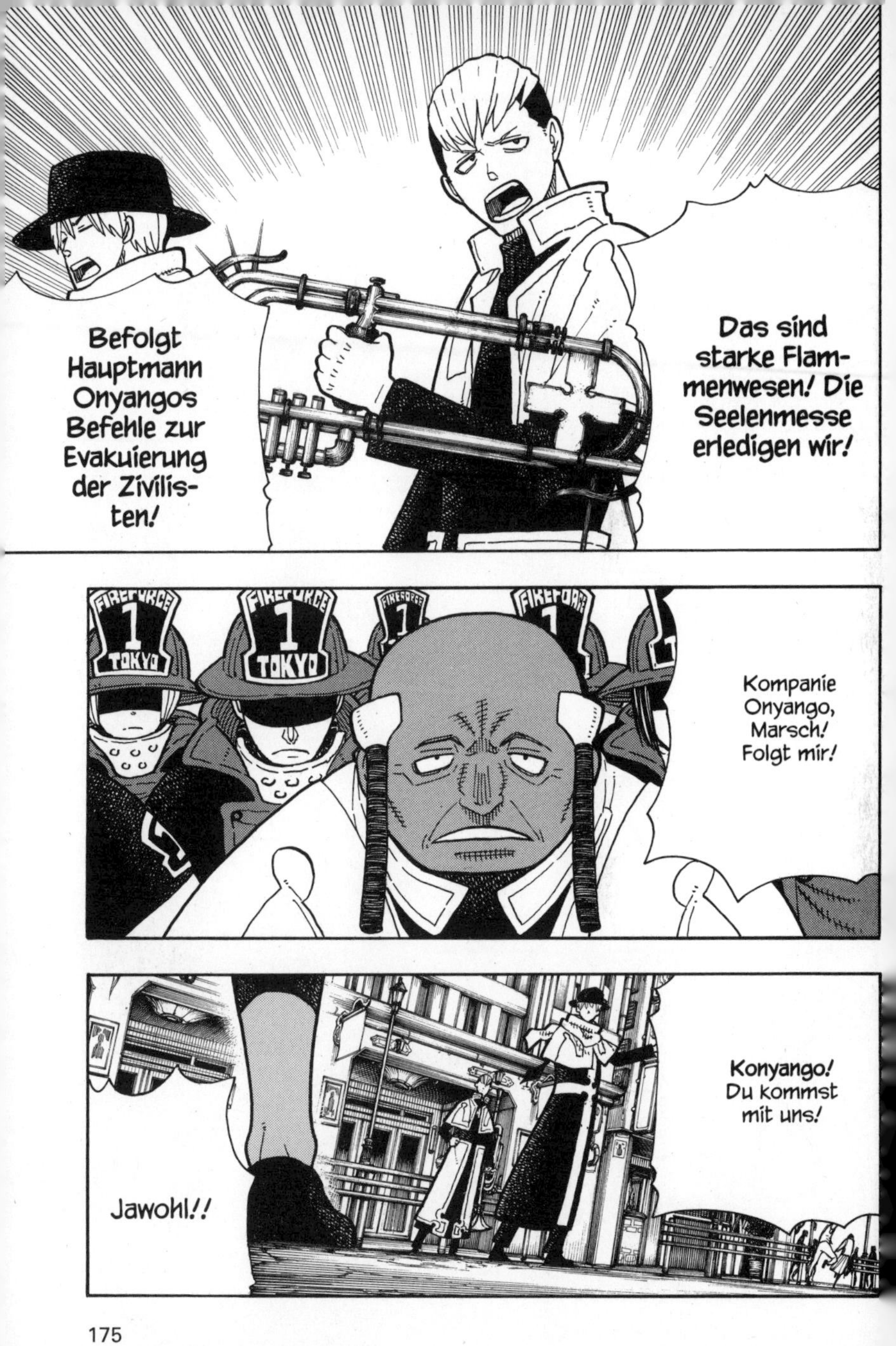

Das sind starke Flammenwesen! Die Seelenmesse erledigen wir!

Befolgt Hauptmann Onyangos Befehle zur Evakuierung der Zivilisten!

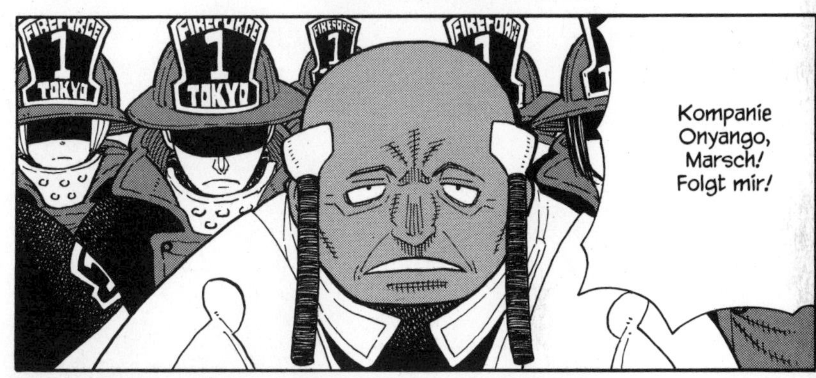

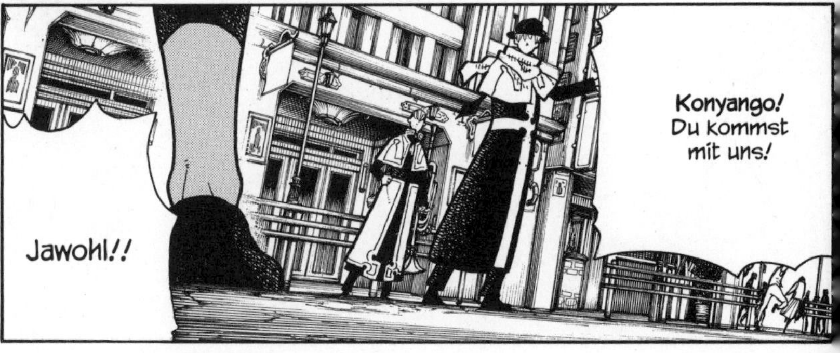

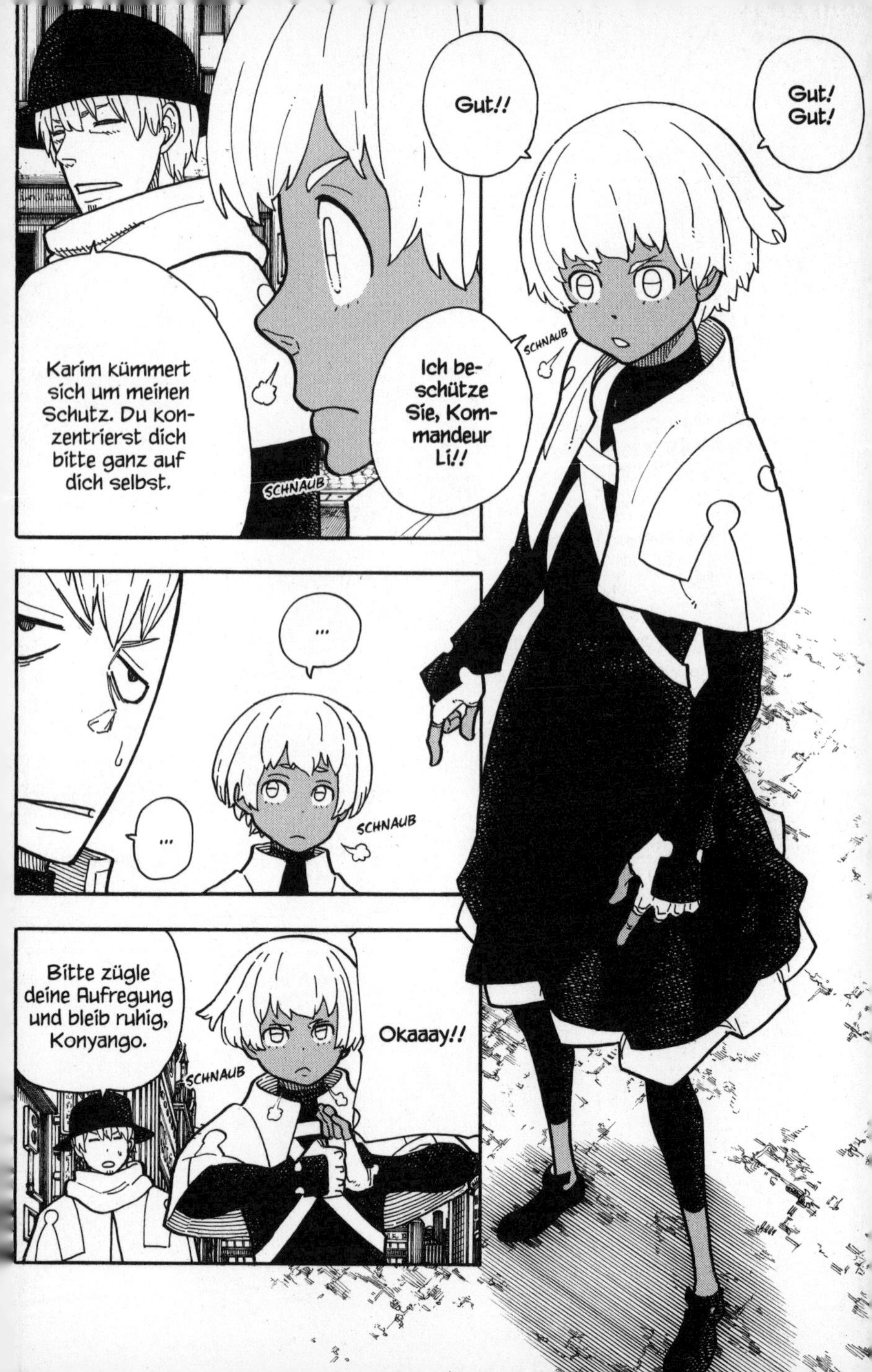
Gut!
Gut!
Gut!!
SCHNAUB
Ich beschütze Sie, Kommandeur Li!!
Karim kümmert sich um meinen Schutz. Du konzentrierst dich bitte ganz auf dich selbst.
SCHNAUB
...
SCHNAUB
...
Bitte zügle deine Aufregung und bleib ruhig, Konyango.
Okaaay!!
SCHNAUB

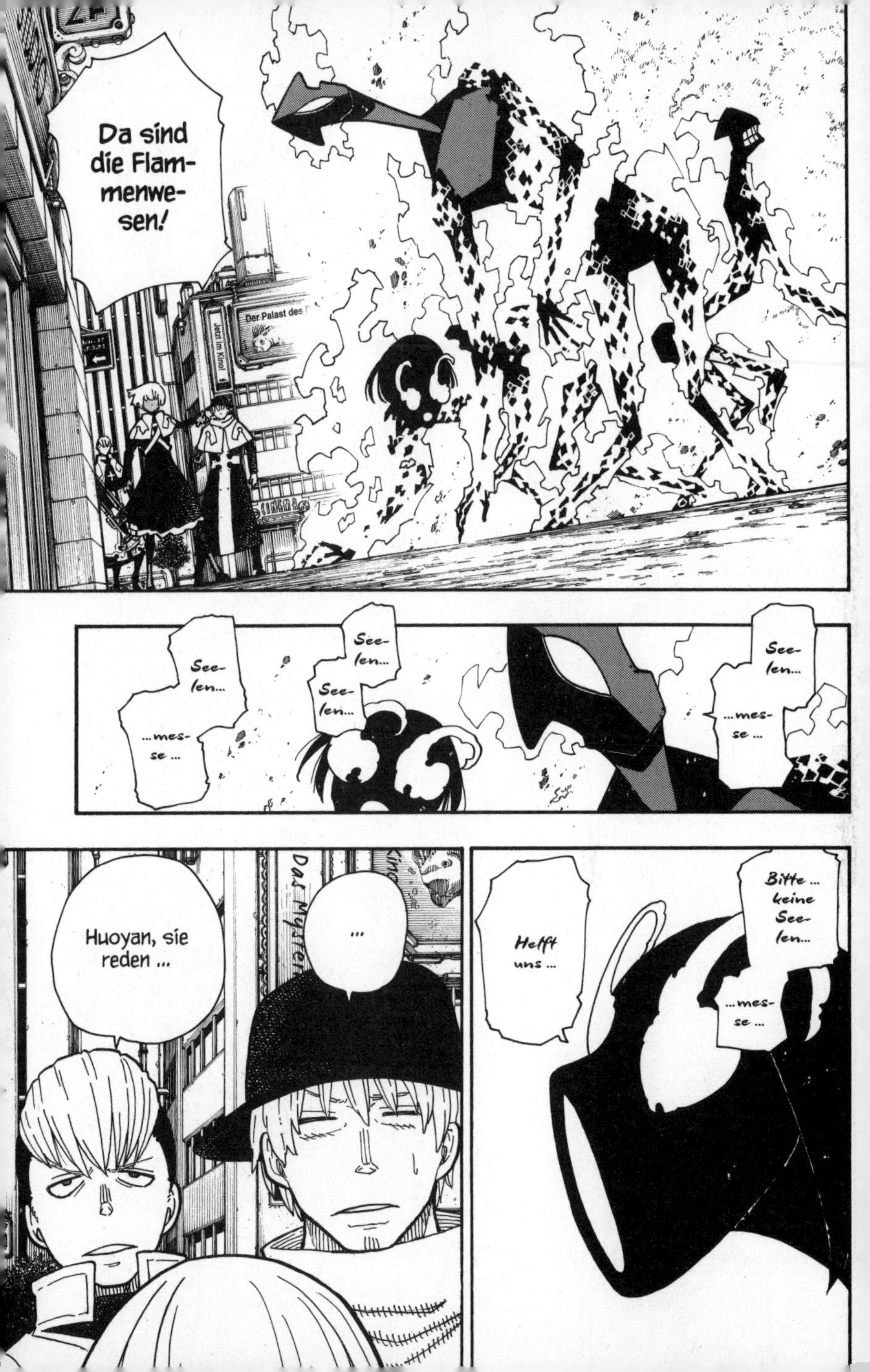

Da sind die Flammenwesen!

Der Palast des

Jetzt im Kino!

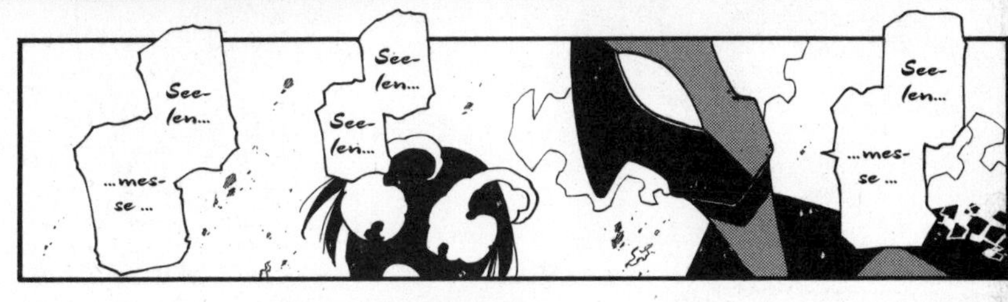

Bitte ... keine Seelen...

...messe ...

Helft uns ...

...

Huoyan, sie reden ...

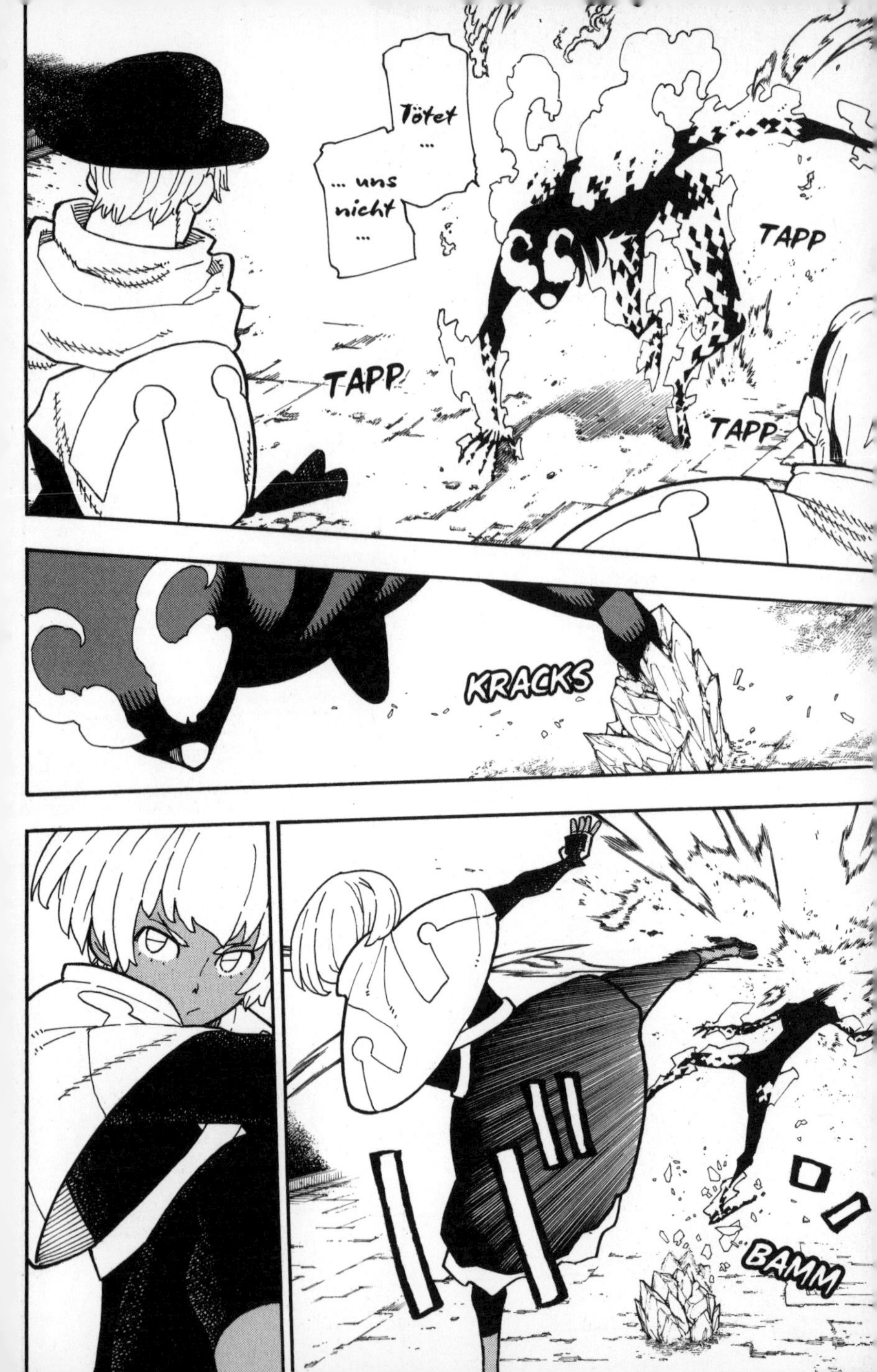
Tötet … … uns nicht …
TAPP
TAPP
TAPP
KRACKS
BAMM

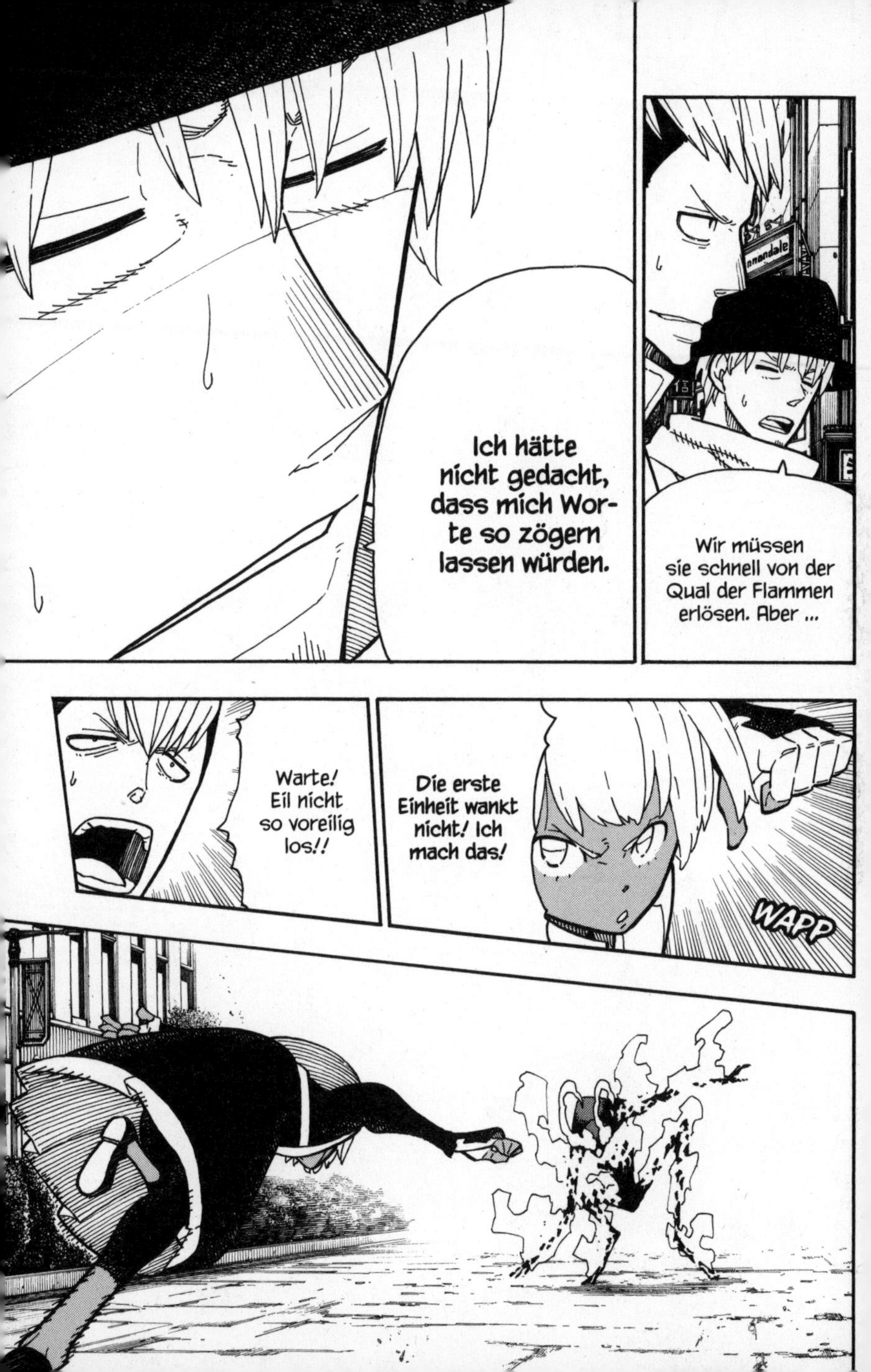
Wir müssen sie schnell von der Qual der Flammen erlösen. Aber ...
Ich hätte nicht gedacht, dass mich Worte so zögern lassen würden.
Die erste Einheit wankt nicht! Ich mach das!
WAPP
Warte! Eil nicht so voreilig los!!

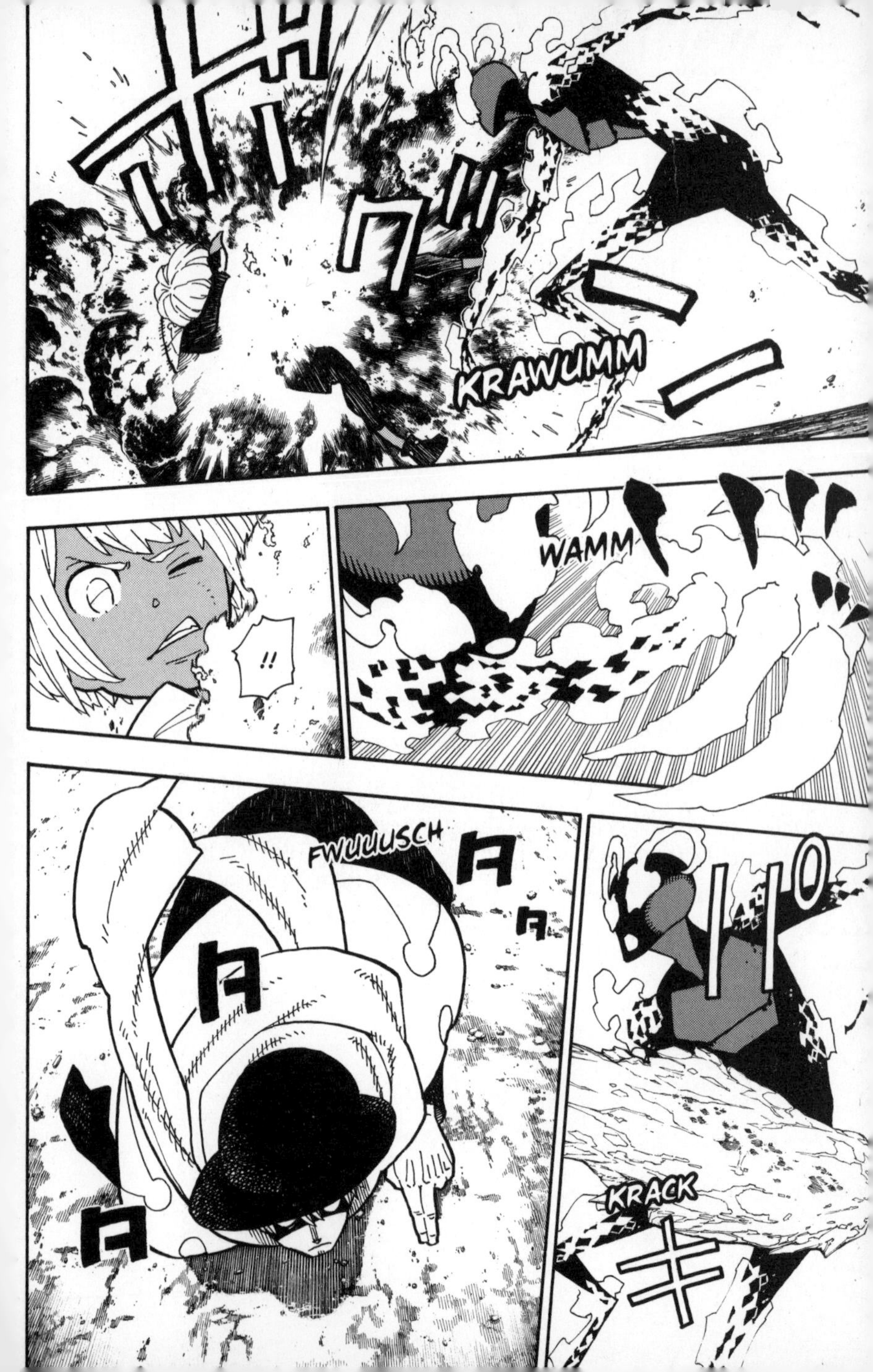
KRAWUMM
WAMM
!!
FWUUUSCH
KRACK

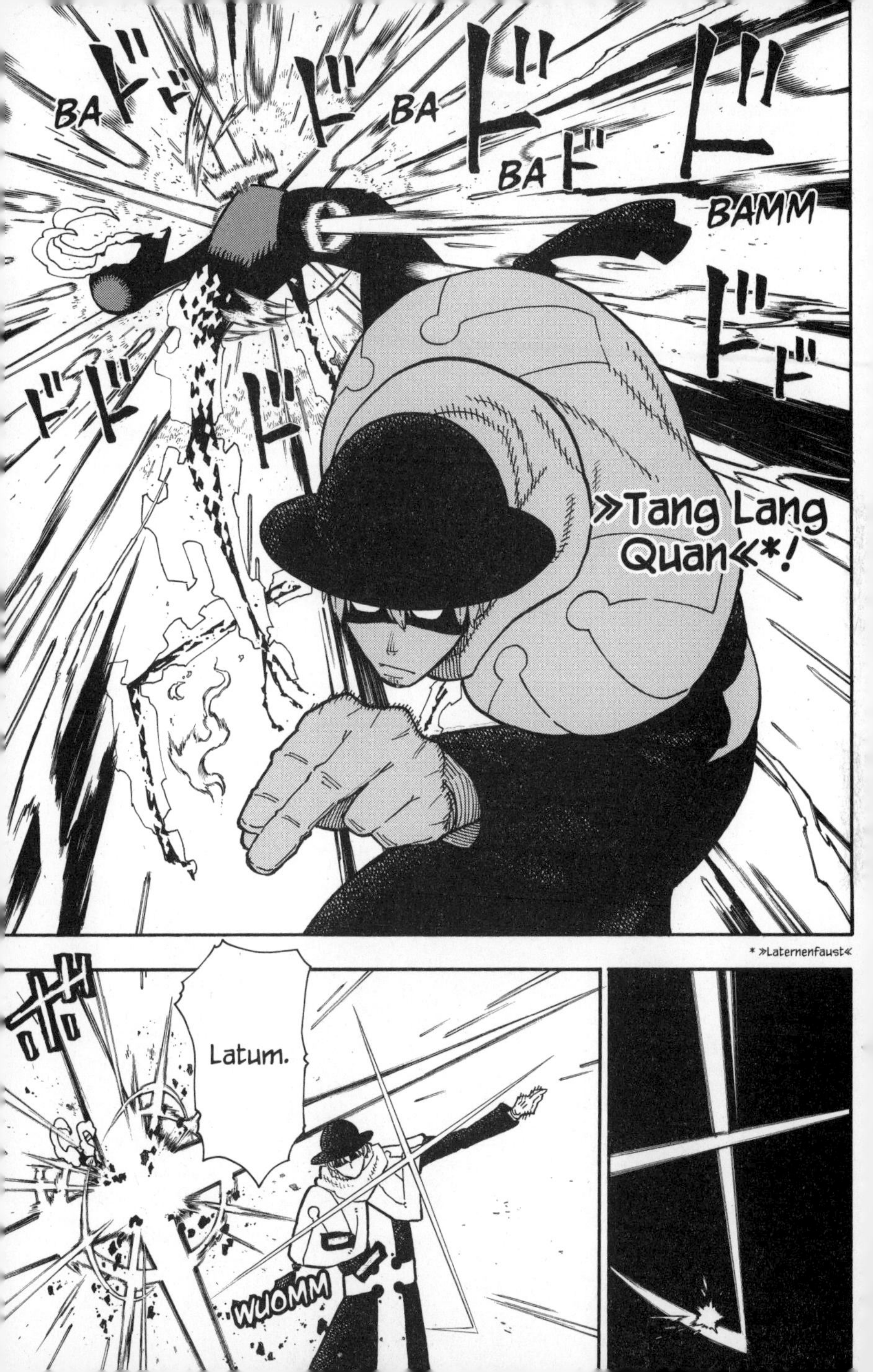

* »Laternenfaust«

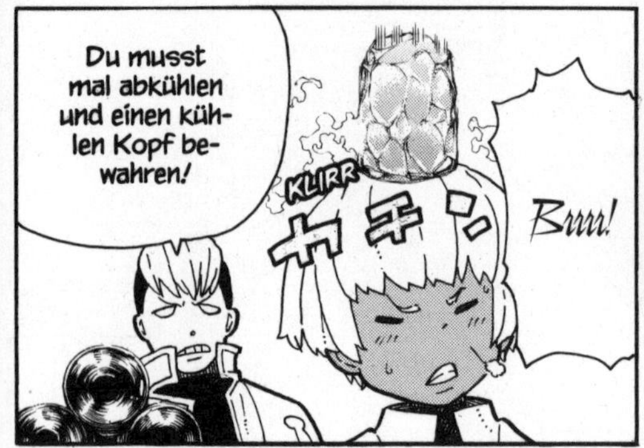
Du musst mal abkühlen und einen kühlen Kopf bewahren!
KLIRR
Brrrr!

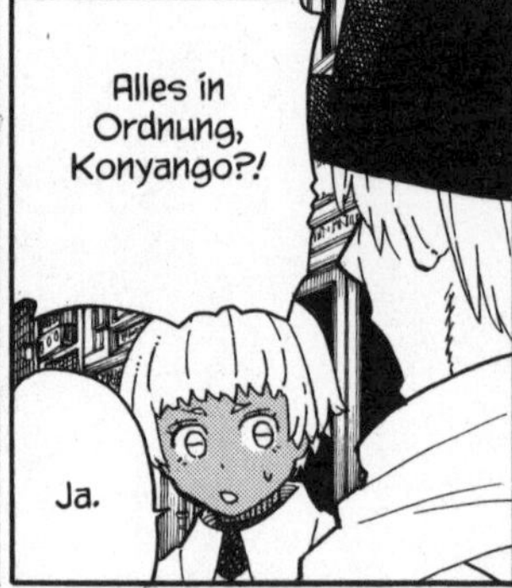
Alles in Ordnung, Konyango?!
Ja.

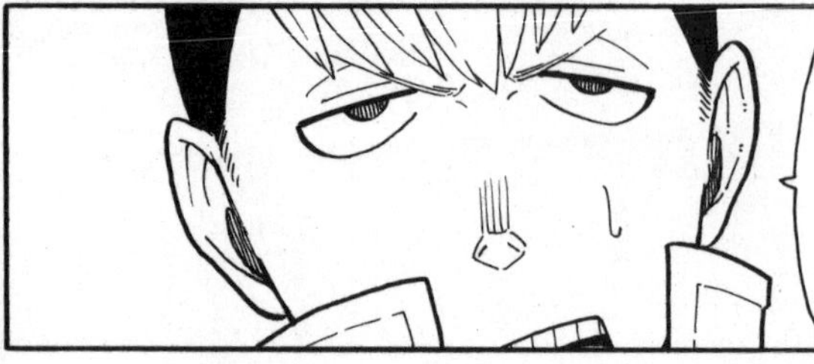
Erst Rekka, jetzt du! Es ist eine lästige Last, sich ständig um Leute kümmern zu müssen, die einfach losstürmen!

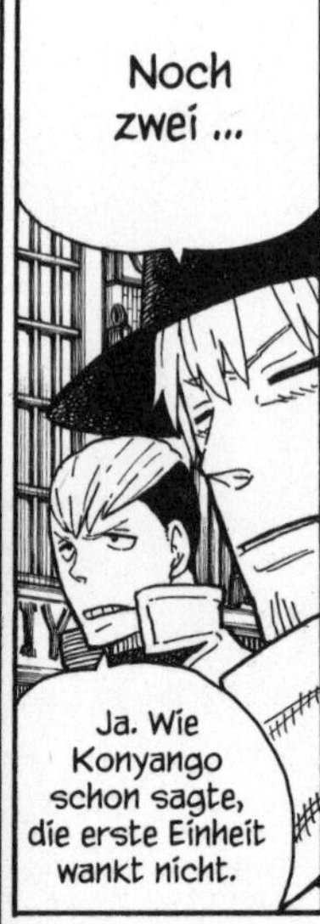
Noch zwei ...
Ja. Wie Konyango schon sagte, die erste Einheit wankt nicht.

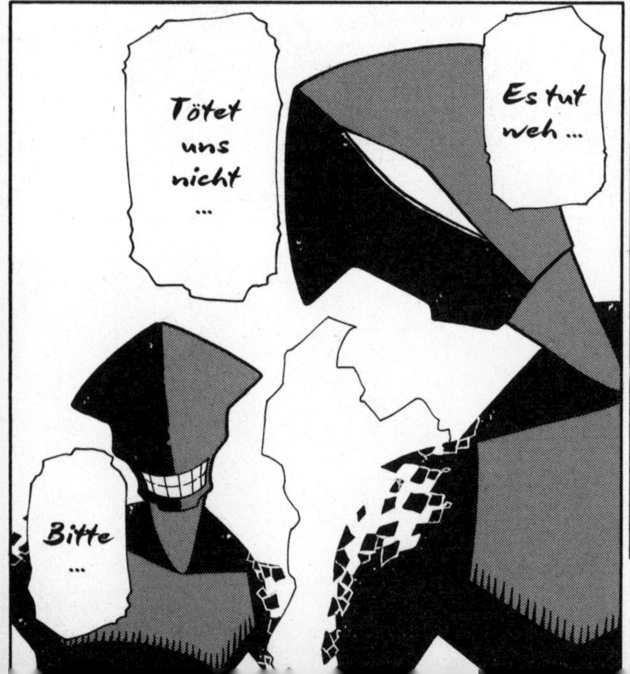
Es tut weh ...
Tötet uns nicht ...
Bitte ...

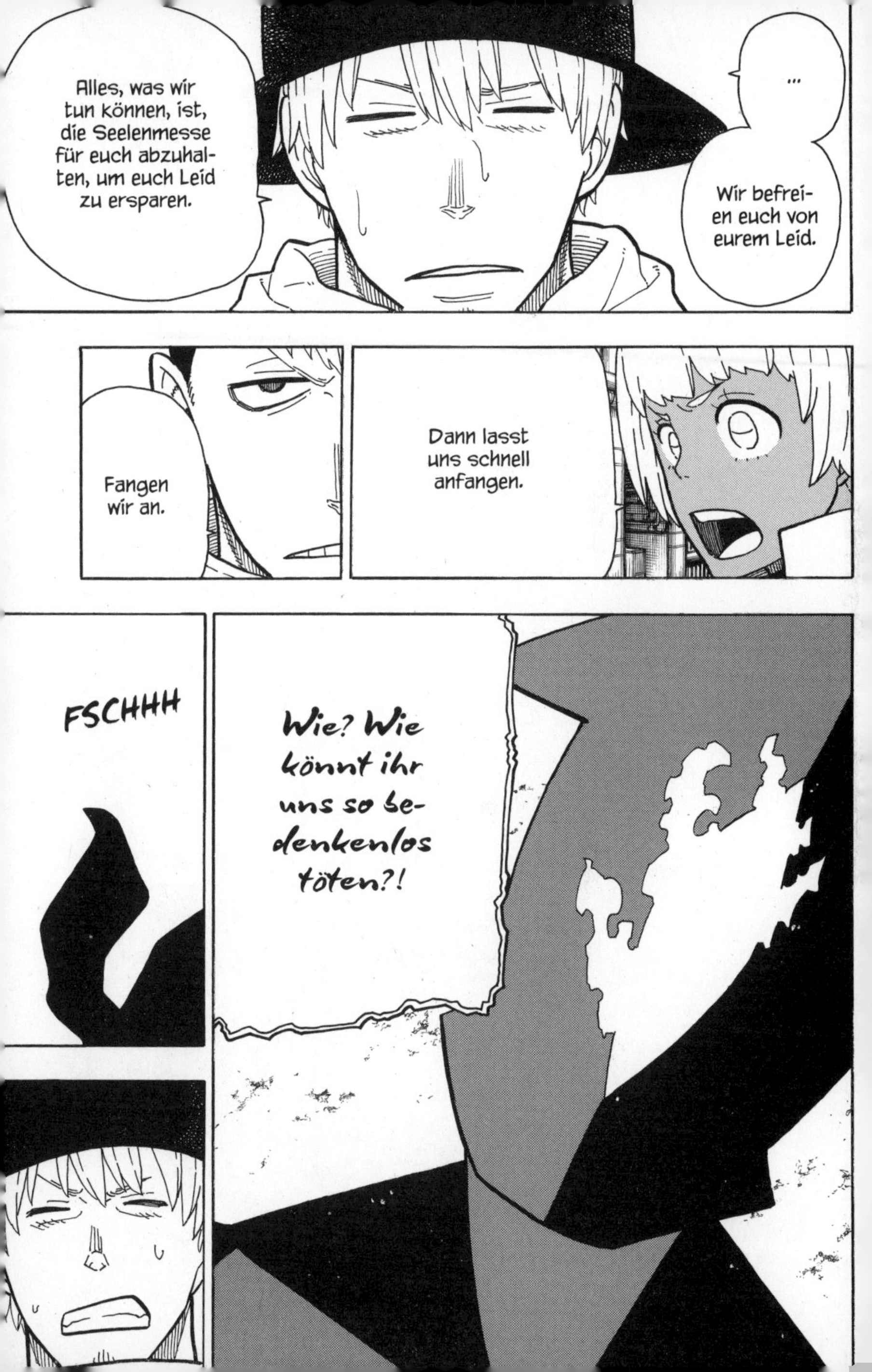

...
Wir befrei-
en euch von
eurem Leid.
Alles, was wir
tun können, ist,
die Seelenmesse
für euch abzuhal-
ten, um euch Leid
zu ersparen.
Dann lasst
uns schnell
anfangen.
Fangen
wir an.
Wie? Wie
könnt ihr
uns so be-
denkenlos
töten?!
FSCHHH

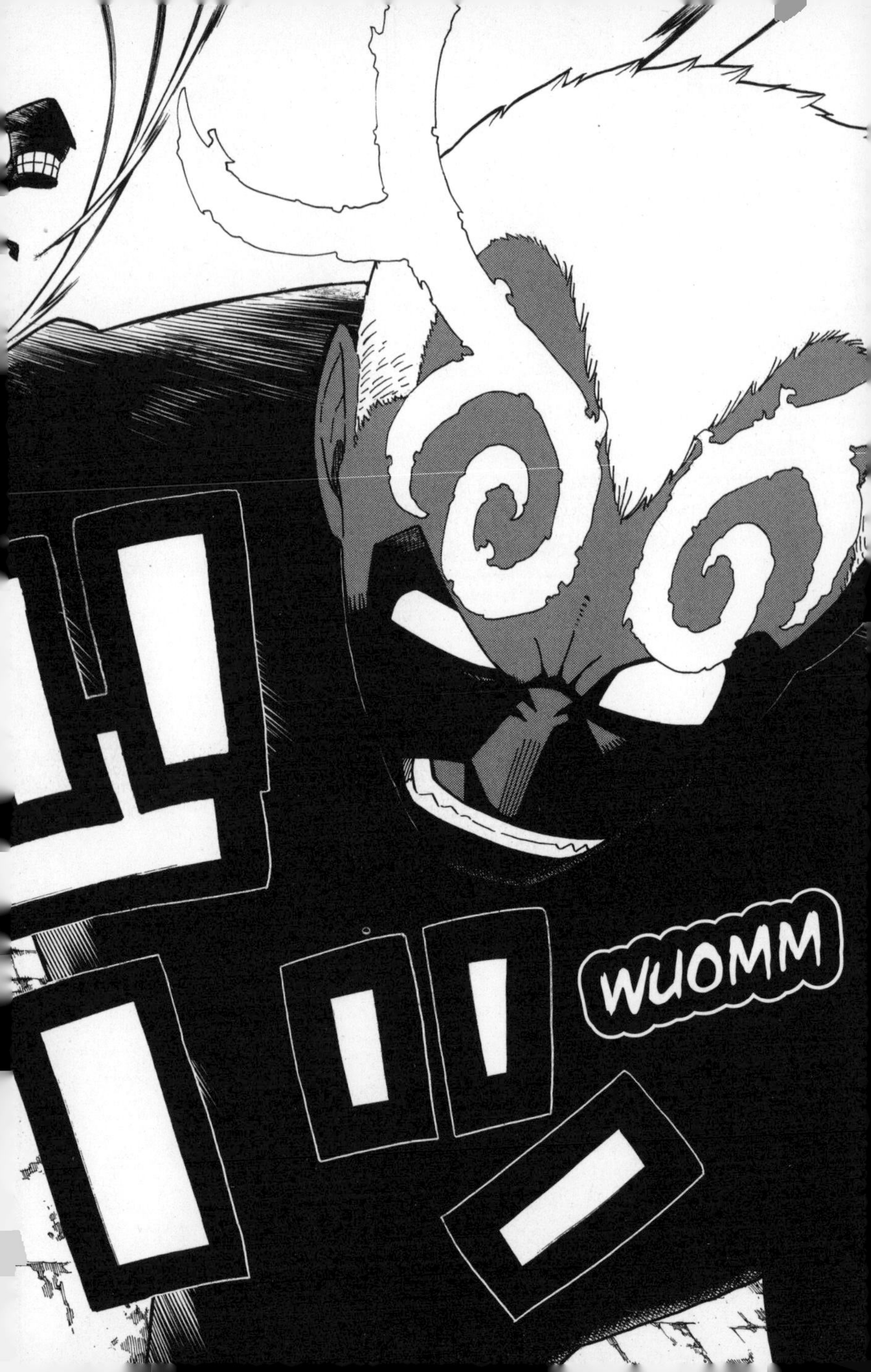
WUOMM

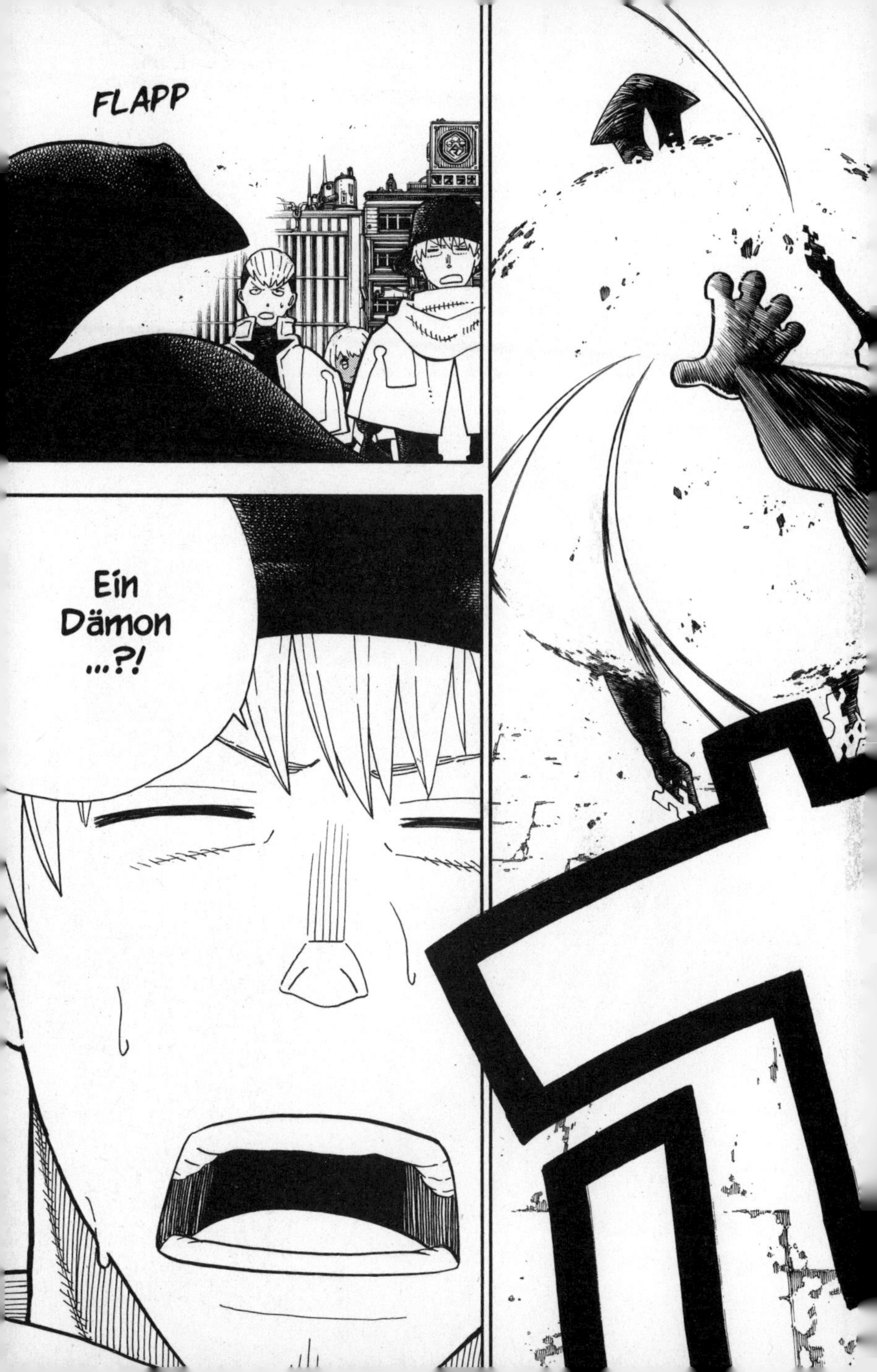
FLAPP
Ein Dämon ...?!

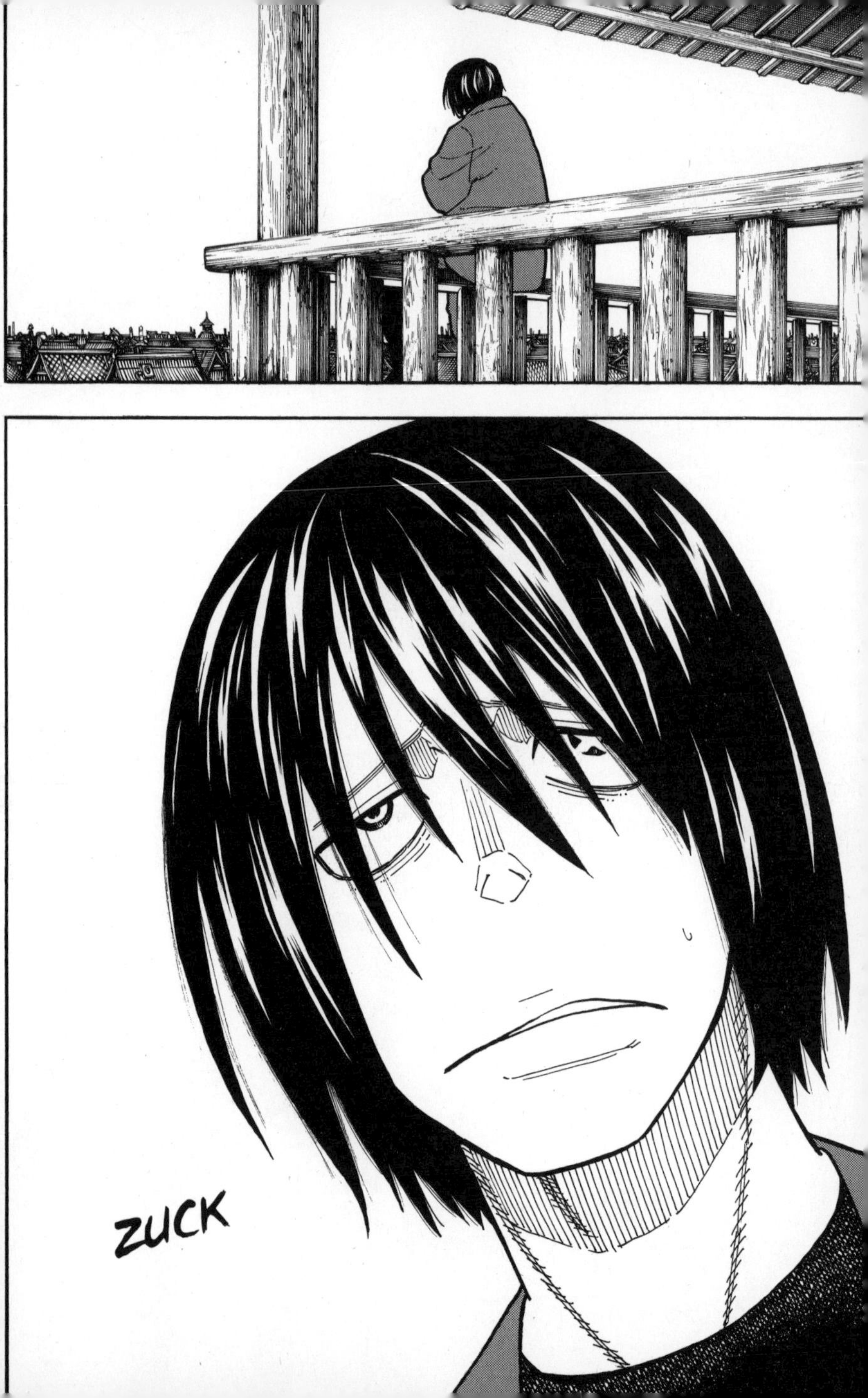

ZUCK

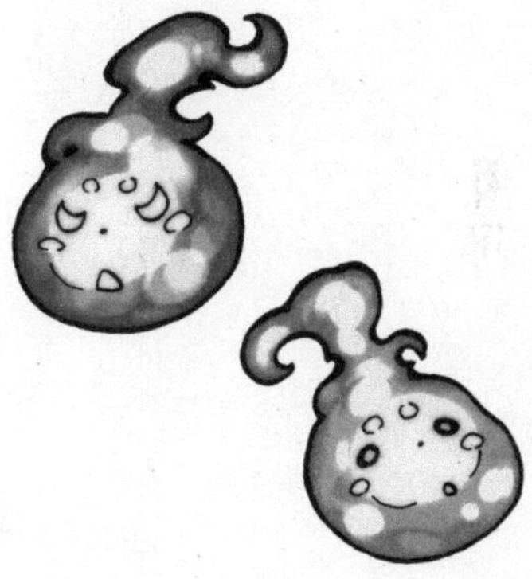

Fortsetzung folgt in Band 26!

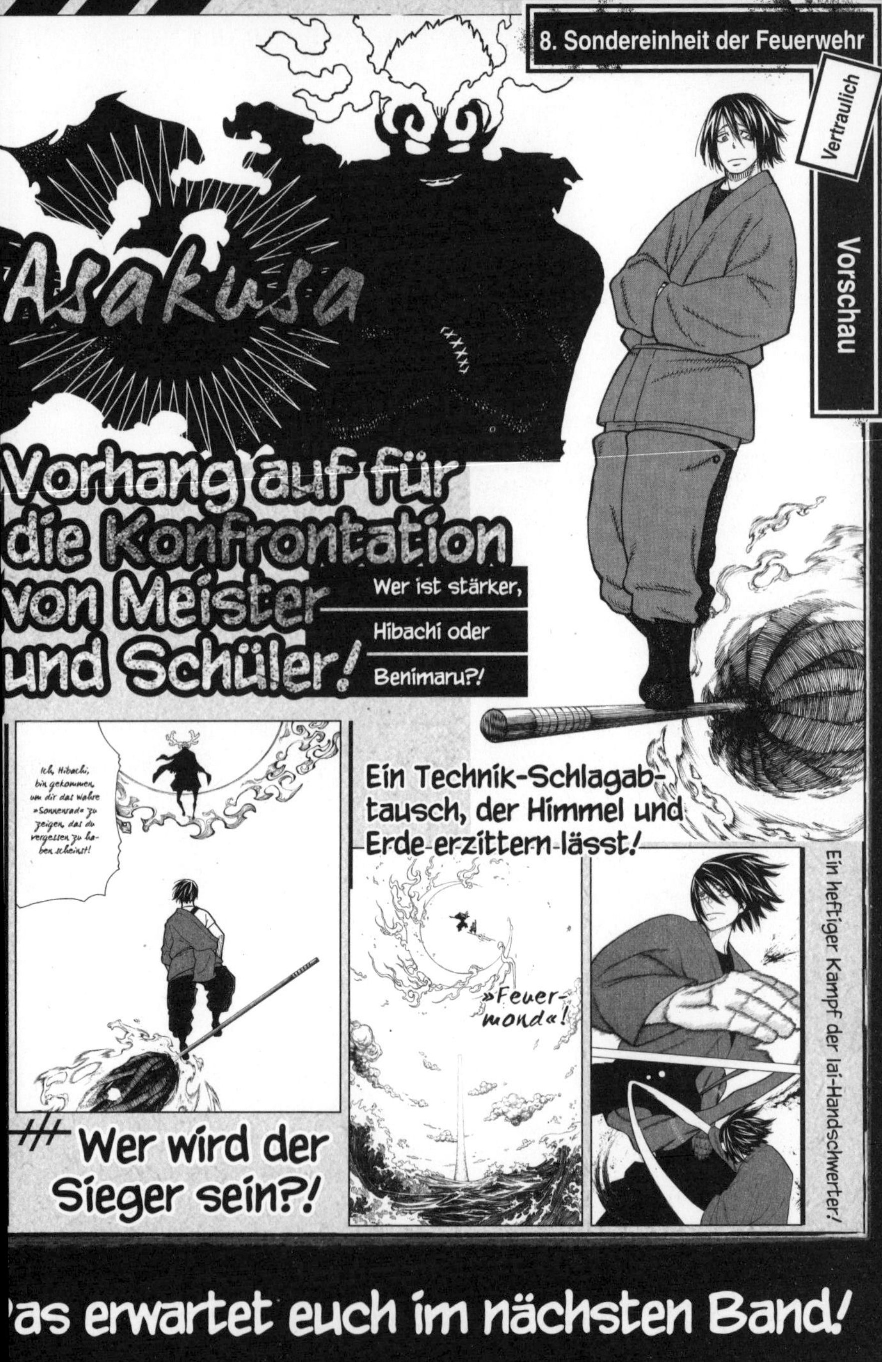
8. Sondereinheit der Feuerwehr
Vertraulich
Vorschau
Asakusa
Vorhang auf für die Konfrontation von Meister und Schüler!
Wer ist stärker, Hibachi oder Benimaru?!
Ich, Hibachi, bin gekommen, um dir das wahre »Sonnenrad« zu zeigen, das du vergessen zu haben scheinst!
Ein Technik-Schlagabtausch, der Himmel und Erde erzittern lässt!
»Feuermond«!
Ein heftiger Kampf der Iai-Handschwerter!
Wer wird der Sieger sein?!
Das erwartet euch im nächsten Band!

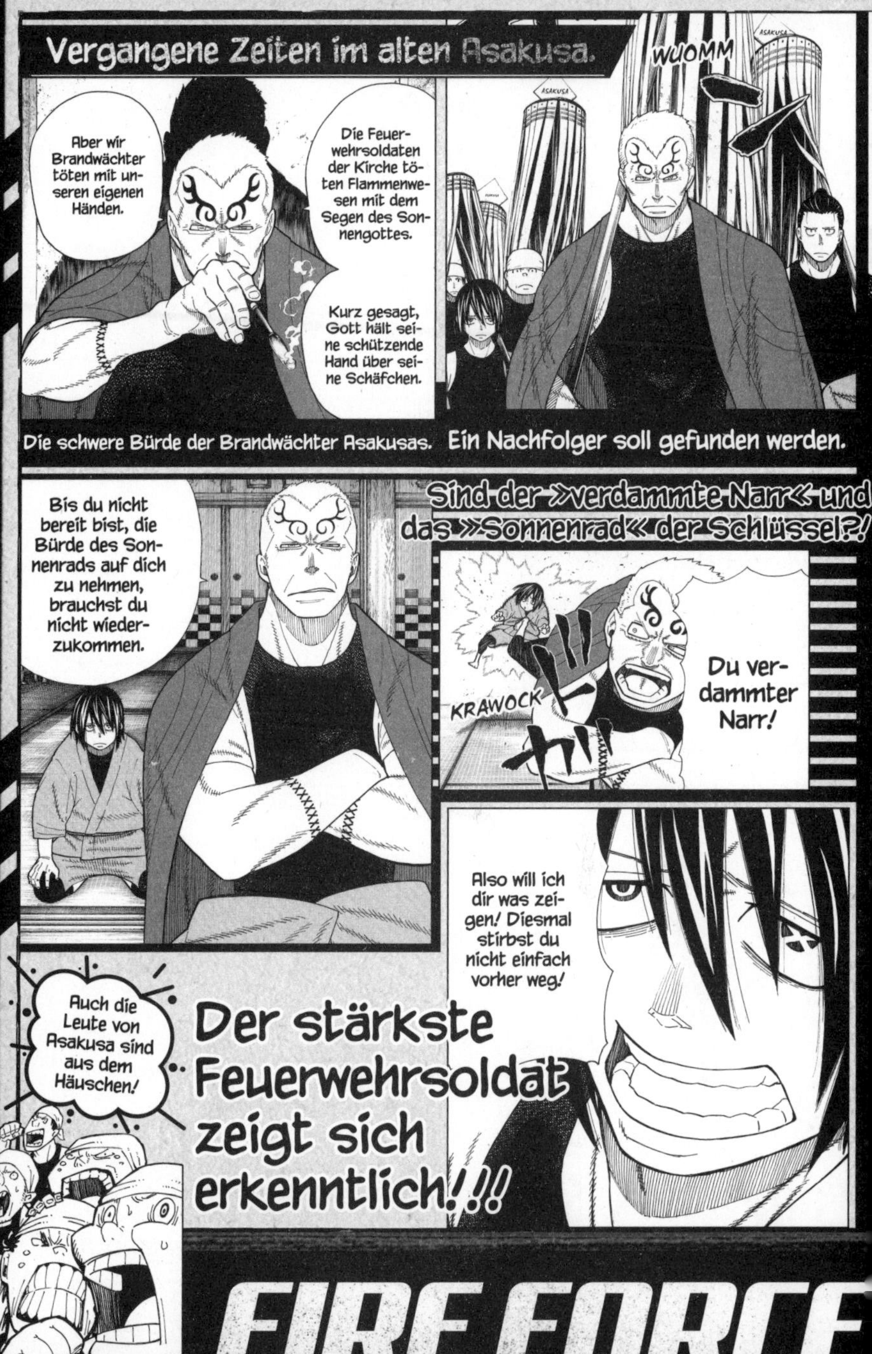
Vergangene Zeiten im alten Asakusa.
Die Feuerwehrsoldaten der Kirche töten Flammenwesen mit dem Segen des Sonnengottes.
Kurz gesagt, Gott hält seine schützende Hand über seine Schäfchen.
Aber wir Brandwächter töten mit unseren eigenen Händen.
WUOMM
ASAKUSA
ASAKUSA
Die schwere Bürde der Brandwächter Asakusas.
Ein Nachfolger soll gefunden werden.
Bis du nicht bereit bist, die Bürde des Sonnenrads auf dich zu nehmen, brauchst du nicht wiederzukommen.
Sind der »verdammte Narr« und das »Sonnenrad« der Schlüssel?!
KRAWOCK
Du verdammter Narr!
Also will ich dir was zeigen! Diesmal stirbst du nicht einfach vorher weg!
Auch die Leute von Asakusa sind aus dem Häuschen!
Der stärkste Feuerwehrsoldat zeigt sich erkenntlich!!!
FIRE FORCE

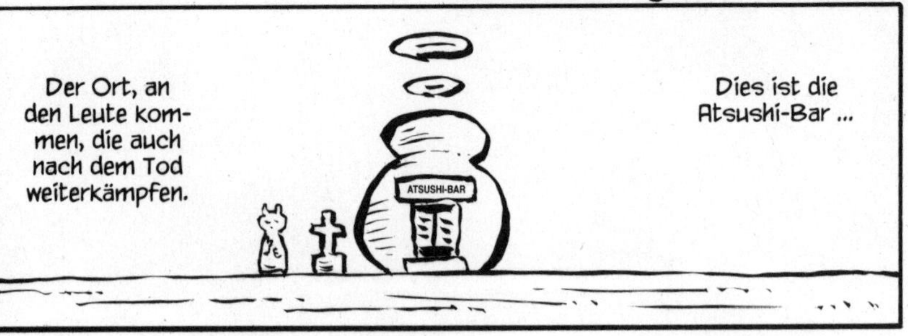
Dies ist die Atsushi-Bar ...
Der Ort, an den Leute kommen, die auch nach dem Tod weiterkämpfen.
ATSUSHI-BAR

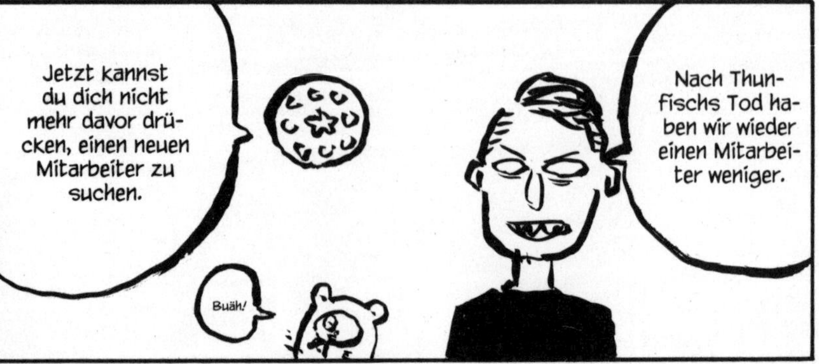
Nach Thunfischs Tod haben wir wieder einen Mitarbeiter weniger.
Jetzt kannst du dich nicht mehr davor drücken, einen neuen Mitarbeiter zu suchen.
Buäh!

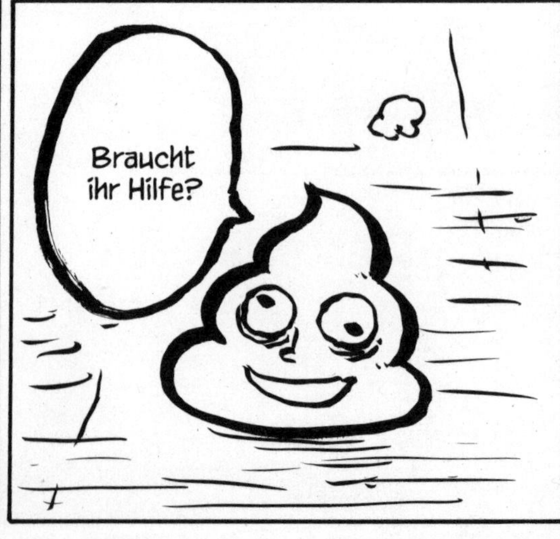
Braucht ihr Hilfe?

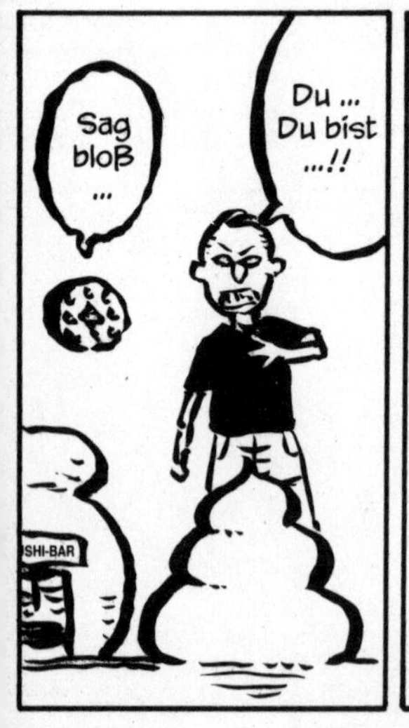
Du ... Du bist ...!!
Sag bloß ...
SHI-BAR

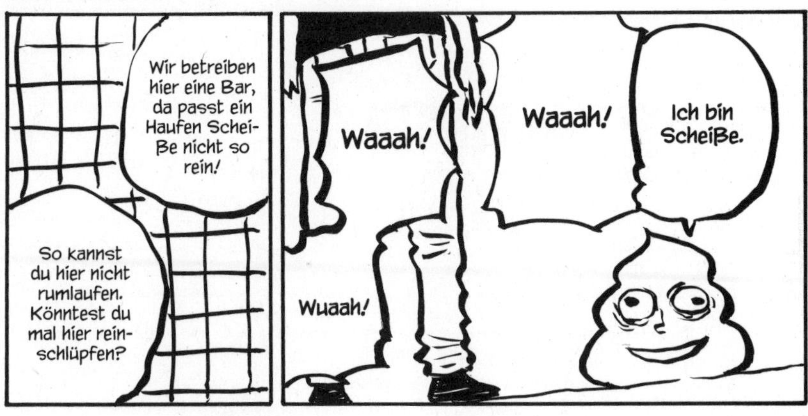
Wir betreiben hier eine Bar, da passt ein Haufen Schei-ße nicht so rein!
So kannst du hier nicht rumlaufen. Könntest du mal hier rein-schlüpfen?
Ich bin Scheiße.
Waaah!
Waaah!
Wuaah!

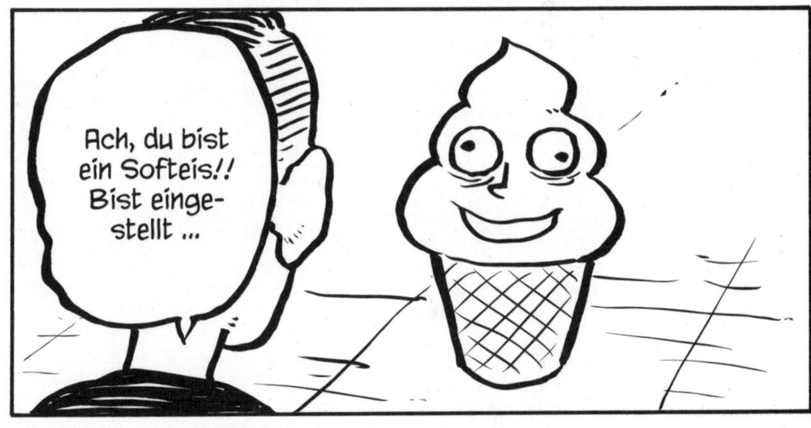
Ach, du bist ein Softeis!! Bist einge-stellt ...

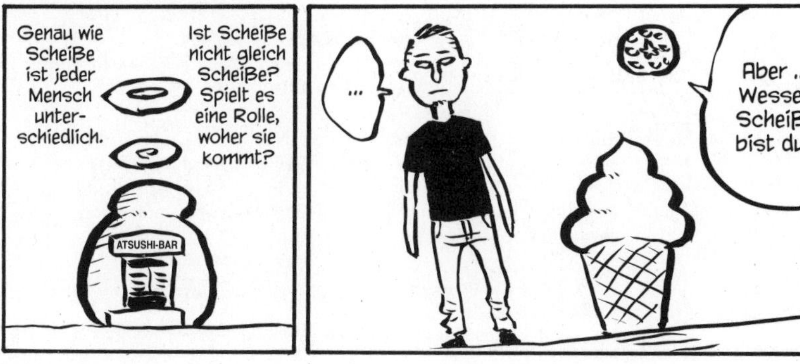
Ist Scheiße nicht gleich Scheiße? Spielt es eine Rolle, woher sie kommt?
Genau wie Scheiße ist jeder Mensch unter-schiedlich.
ATSUSHI-BAR
Aber ... Wessen Scheiße bist du?
...

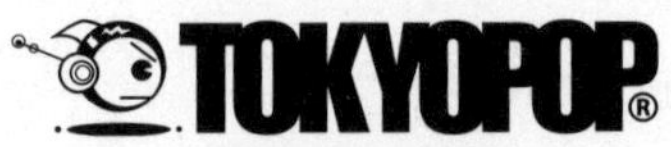

TOKYOPOP GmbH
Hamburg

TOKYOPOP
3. Auflage, 2025
Deutsche Ausgabe/German Edition

Aus dem Japanischen von Miryll Ihrens

First published in Japan in 2020 by KODANSHA Ltd., Tokyo.
Publication rights for this German edition arranged
through KODANSHA LTD., Tokyo.

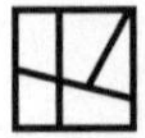

KODANSHA

Redaktion: Sabine Scholz
Lettering: Vibrant Publishing Studio
Herstellung: Shujun Wong
GPSR: produktsicherheit@tokyopop.de
Druck und buchbinderische Verarbeitung:
CPI – Clausen & Bosse GmbH, Leck
Printed in Germany

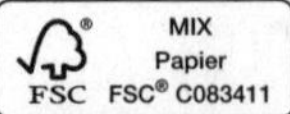

Wir achten auf die Umwelt.
Dieses Produkt besteht aus FSC®-zertifizierten und anderen kontrollierten Materialien.

ISBN 978-3-8420-7024-0

www.tokyopop.de